आलोचना का आधुनिक बोध

आलोचना का आधुनिक बोध

रामदरश मिश्र

वाणी प्रकाशन

वाणी प्रकाशन

4695, 21-ए, दरियागंज, नयी दिल्ली 110 002

शाखा

अशोक राजपथ, पटना 800 004

फ़ोन: +91 11 23273167 फ़ैक्स: +91 11 23275710

www.vaniprakashan.in
vaniprakashan@gmail.com

ALOCHANA KA ADHUNIK BODH
by Ramdarash Mishra

ISBN : 978-93-5072-565-8
Criticism

प्रथम संस्करण

मूल्य : ₹595

न्यू कृष्णा ऑफ़सेट, दिल्ली-110093 में मुद्रित

वाणी प्रकाशन का लोगो मक़बूल फ़िदा हुसेन की कूची से

ये निबन्ध

ये हैं मेरे कुछ चुने हुए आलोचनात्मक निबन्ध। मैं मुख्यतः आधुनिक साहित्य का अध्येता रहा हूँ और समझ तथा शक्ति के अनुकूल उसके विमर्श से गुज़रता रहा हूँ। वैसे मध्यकाल से भी मेरा प्रिय रिश्ता रहा है, किन्तु उसे आस्वाद के तौर पर ही ग्रहण करता रहा हूँ, उसके विवेचन में अपने को प्रवृत्त नहीं किया। तो भी कभी-कभार लेखनी आधुनिक मन के साथ उसके संग हो ली है। 'विद्यापति' 'कबीर' और 'रामचरितमानस' से सम्बन्धित निबन्ध इसी के परिणाम हैं।

इस संग्रह में मैंने उन निबन्धों को विधा-क्रम से सँजोया है, जो मुझे अपने निबन्धों में विशिष्ट लगे हैं। चाहता रहा कि इन निबन्धों के अन्त में उनके रचना-वर्ष का भी उल्लेख हो, किन्तु समस्या यह है कि कुछ के रचना-वर्ष ठीक-ठीक ज्ञात हैं, कुछ के नहीं। अतः एकरूपता बनाए रखने के लिए किसी का भी रचना-वर्ष नहीं दिया जा रहा है। हाँ विद्यापति और 'कबीर' से सम्बन्धित निबन्ध छठे दशक के यानी मेरे निबन्ध-लेखन के प्रारम्भिक दौर के हैं, शेष निबन्ध सन् 1961 और 1990 के बीच के हैं।

–रामदरश मिश्र

अनुक्रम

आधुनिक बोध और साहित्य

इस विषय के सन्दर्भ में सहज ही दो प्रश्न उठते हैं—(1) आधुनिक बोध क्या है? (2) साहित्य की सापेक्षता में उसकी क्या महत्ता है? प्रायः आधुनिक कृतियों की समीक्षा करते हुए यह कह दिया जाता है कि अमुक कृति संवेदनात्मक गहराई के कारण बड़ी ही प्रभावकारी है, परन्तु आधुनिक बोध का उसमें अभाव है और यह कहकर समीक्षक कृति को कुछ घटिया सिद्ध करना चाहता है। तो पहला प्रश्न है—आधुनिक बोध क्या है? आधुनिक बोध युगीन चेतना का बोध है या केवल आधुनिक काल की कोई मौलिक उपलब्धि? हर सच्चे सर्जन के मूल में नवीनता होती है। यह नवीनता चेतन-अचेतन दोनों रूपों में सर्जन में प्रतिफलित होती है। हर प्रबुद्ध सर्जक अपने युग का प्रबुद्ध चेता होता है, उसकी संवेदना अपने में नवीन तत्त्वों को समेटती रहती है। अतः जब वह सर्जन करता है, तब उसके व्यक्तित्व में आत्मसात् सारी परम्परागत और नवीन चेतनाएँ अपने-आप व्यक्त होती रहती हैं। दूसरे, वह अपने सर्जन के समय जागरूक रहता है—युगीन चेतना के प्रति भी और कला के प्रति भी। युगीन चेतना फैशन के तौर पर ओढ़ी हुई कोई चीज नहीं है, वह ऐतिहासिक सन्दर्भ में पूरे समाज के जीवन के मूल्य और प्रणाली को प्रभावित करने वाली नवीन शक्ति है। अतः युग-चेतना को छोड़कर हम किसी जीवन्त समाज को सही रूप में अंकित नहीं कर सकते। युग-चेतना को छोड़कर समाज को प्रस्तुत करने से दो खतरे सामने आते हैं—एक तो यह कि वह समाज अपने यथार्थ रूप में प्रस्तुत नहीं हो पाता, दूसरा यह कि सर्जक का यह कार्य सर्जन न होकर बीते हुए समाज का स्थूल प्रस्तुतीकरण हो जाता है। हर सर्जन के पीछे एक दृष्टि होती है। वह दृष्टि सहज ही नहीं मिल जाती, युगीन परिस्थितियों और चेतनाओं के परिवेश में जीवन-सत्यों को पहचानने की शक्ति प्राप्त करने से मिलती है। अतः इस नवीन दृष्टि से सम्पन्न व्यक्ति ही समाज के नये प्रश्नों, भाव-सौन्दर्य के नये आयामों, नये मूल्यों, नये सामाजिक सम्बन्धों को समझ सकता है, वही सर्जन कर सकता है। अतः मैं युगीन चेतना के बोध को सर्जन के लिए अनिवार्य आवश्यकता मानता हूँ। यह जाहिर है कि युगीन चेतना हर नये

युग की अपनी होती है। उसकी कुछ अपनी विशिष्टताएँ होती हैं, कुछ परम्परागत धाराएँ। अतः हर सच्चा कवि पेषित को पेषित नहीं करता। युग-चेतना की सापेक्षता में नया सर्जन करता है। इस प्रकार पिछले युगों की सापेक्षता में हर नये युग का सर्जक कवि आधुनिक बोधवाला होता है। तुलसी, सूर, कबीर, प्रसाद, पन्त, निराला–सभी इस अर्थ में आधुनिक बोध से सम्पन्न कवि हैं।

आधुनिक बोध का दूसरा अर्थ है वह बोध, जिसे आधुनिक युग ने दिया है। आधुनिक काल अपनी विशिष्ट प्रकृति के कारण पिछले सारे युगों से भिन्न है। पिछले सारे युग एक-दूसरे से भिन्न दीखते हुए भी आत्मा के एक सूत्र में बँधे हैं। हम कह सकते हैं कि सारे पिछले युगों की मूल चेतना आध्यात्मिक या धार्मिक रही है। मूल्य सत्य ब्रह्म माना गया है। उसी की अभिव्यक्ति यह जगत् है। सृष्टि के समस्त व्यापारों और व्यवस्थाओं में उसी की इच्छा अभिव्यक्त है। जगत् में जहाँ जो कुछ हो रहा है, ईश्वरी संकेत पर हो रहा है। मनुष्य अपने पूर्व-जन्म के कर्मों का फल भोगता है। अतः सामाजिक व्यवस्था के मूल में ईश्वरी न्याय है। जो विषमता दिखाई दे रही है, वह स्वयं मनुष्य के कर्मफल का परिणाम है। इसमें ईश्वरी न्याय है। अतः सामाजिक विषमता के प्रति असन्तोष, विद्रोह जैसी वृत्तियाँ इन युगों में पनप ही नहीं सकती थीं। करुणा, दया की याचना अवश्य होती थी। आधुनिक काल ने पिछले युगों की धर्म-चेतना या अध्यात्म-चेतना को तोड़कर फेंक दिया और घोषित किया कि संसार ही सत्य है। इसी संसार में (परलोक में नहीं) सुखी और तृप्त होना है। डारविन के विकासवादी सिद्धान्त ने अध्यात्मवादी दृष्टिकोण (जो यह मानता है कि जीव ब्रह्म का अंश है। अतः वह मूलतः शुद्ध, पवित्र और ज्योतिर्मान है, किन्तु माया के आवरण में पड़ जाने के कारण क्षुद्र दिखाई दे रहा है, यानी वह ऊपर से नीचे की ओर अवतरित हुआ है) के विरुद्ध यह प्रतिपादित किया कि मनुष्य का विकास अन्य प्राणियों की तरह जीवाणुओं से हुआ है। मनुष्य के पूर्वज बन्दर थे। अतः मनुष्य मूलतः पशु वृत्तिवाला है। आहार, निद्रा, भय, मैथुन आदि प्राथमिक वृत्तियाँ अन्य पशुओं की भाँति मनुष्य में बलवान हैं, किन्तु वह अन्य पशुओं की तरह ठहरा नहीं है, उसके जीवाणु में ही अदम्य जिजीविषा मौजूद थी। उसी जिजीविषा के कारण मनुष्य अपनी पशुसुलभ वृत्तियों से लड़ता हुआ निर्माण करता चला है; सभ्यता, संस्कृति, साहित्य, नैतिकता का विकास करता चला है। आधुनिक काल की समग्र दृष्टि भौतिकवादी है। विज्ञान का विकास इस काल की प्रमुख घटना है। विज्ञान के आविष्कार और विकास ने ही आधुनिक युग के समस्त मूल्यों का निर्माण और विकास किया है। धर्म का स्थान अर्थ ने, कल्पना का स्थान प्रयोग ने, नैतिकता का स्थान यथार्थ ने और भावुकता का स्थान बौद्धिकता ने ले लिया है। इस तरह पूरा-का-पूरा आधुनिक युग विश्वास, आस्था, श्रद्धा के स्थान पर सन्देह, वितर्क अनास्था और प्रयोग को लेकर

चला है। वह 'टाइप' की जगह व्यक्तित्व को स्वीकारता है और साथ-ही-साथ व्यक्ति की साधना का सही रूप उसे मानता है जो सामाजिक हित में नियोजित हो। इसलिए आज के युग में एक ओर समाजवाद और राष्ट्रवाद का स्वर बुलन्द है, तो दूसरी ओर व्यक्तिगत स्वातन्त्र्य और प्रजातान्त्रिक अधिकार का। स्वतन्त्र व्यक्तित्व और उसका सामाजिक दायित्व—दोनों का एकीकरण आज के युग की विशेषता है।

जब यह मान लिया गया कि यह संसार ही सत्य है; इसका निर्माण, विकास और अन्त किसी अदृष्ट सत्ता के हाथों नहीं होता, वरन् प्रकृति की शक्तियों द्वारा होता है, तो प्रकृति की शक्तियों को पहचानने के लिए, उनकी व्याख्या करने के लिए विज्ञान प्रयत्नशील होता गया। आधुनिक काल में हम देखते हैं कि हर क्षेत्र में भावात्मक मान्यता, श्रद्धा और धार्मिक प्रतीति के स्थान पर बौद्धिक प्रयोग हो रहे हैं। प्रकृति हमारे सौन्दर्य-बोध को तृप्त करने का उपादान मात्र नहीं रही, वरन् वह हमारे जीवन को शक्ति देने का मूल स्रोत बन गयी और उसके पास केवल सौन्दर्य-दृष्टि और भावुकता लेकर नहीं पहुँचा जा सकता। उसके रहस्यों और शक्ति-स्रोतों को जानने के लिए बौद्धिक प्रयोग हो रहे हैं। जिन वस्तुओं को हम कल्पना और भावुकता द्वारा एक कल्पित रूप देते आये थे, वे वस्तुएँ आज के विज्ञान के प्रयोग द्वारा कुछ और ही प्रतीत होने लगी हैं। प्रकृति के रहस्यों को जानने के लिए विज्ञान की अनेक शाखाएँ अलग-अलग ढंग से कार्य कर रही हैं। रसायनशास्त्र, शरीरशास्त्र आदि विज्ञान की धाराएँ प्रयोग द्वारा नये-नये सत्य उद्घाटित कर रही हैं। इनके अतिरिक्त मनोविज्ञान मन के भीतर स्थित रहस्यों का और समाजशास्त्र, अर्थशास्त्र, राजनीतिशास्त्र आदि मानव-समाज की शक्तियों, सम्भावनाओं और प्रकृतियों का बौद्धिक विश्लेषण कर रहे हैं। इस प्रकार विज्ञान व्यक्ति-मानव और समूह-मानव की आन्तरिक और वाह्य, व्यक्तिगत और सामूहिक वृत्तियों तथा प्रकृतियों का वस्तुगत विवेचन करने में संलग्न है।

आधुनिक काल के इस वैज्ञानिक अन्वेषण और उपलब्धि के सम्बन्ध में कोई मतभेद नहीं, किन्तु जीवन के सत्यों और मूल्यों की खोज तथा स्थापना के विषय में विभिन्न मत दिखाई पड़ते हैं। यानी जो स्थूल हैं, जो प्रयोग-सापेक्ष हैं वे विवाद के विषय नही हैं। विवाद के विषय हैं जीवित तत्त्व, जिन्हें स्थूल वस्तु-जगत् प्रभावित करता रहता है। मानव-मन, सौन्दर्य-बोध, समाज-सत्य, मानव-मूल्य, जीवन-मूल्य आदि जीवन्त गतिशील मानव-समुदाय के सम्बन्ध रखने वाले प्रश्न और विषय विभिन्न विचारकों को विभिन्न प्रकार से सोचने के लिए प्रेरित करते हैं। मनोविज्ञान के क्षेत्र में फ्रायड की स्थापनाएँ बहुत प्रचलित हुईं, किन्तु उन्हीं के शिष्यों द्वारा उनकी अपूर्णता का विरोध हुआ। समाजवाद के निर्माण के क्षेत्र में मार्क्स और एंजिल्स ने जो स्थापनाएँ कीं उनकी विभिन्न व्याख्याएँ हुईं और विभिन्न समाजवादी

देश अपने-अपने ढंग से उनका निष्कर्ष निकालकर आपस में ही टकराते हैं। इसके अतिरिक्त सिद्धान्त रूप में भी यह बहुतों द्वारा अमान्य किया गया है। पूँजीवादी जनतान्त्रिक देश इस समाजवादी व्यवस्था में आस्था नहीं रखते। उनके दृष्टिकोण से समाजवादी देशों में व्यक्तित्व समाज के ढाँचे में ढलकर उसकी यान्त्रिक इकाई बन जाता है। तीसरी ओर तानाशाही है जो कभी पाकिस्तान की तरह साम्प्रदायिक उन्माद पर आधारित है, कभी चीन की तरह साम्यवादी आतंक पर। जहाँ तक मानव-मूल्यों और जीवन-मूल्यों का प्रश्न है मार्क्सवाद सामूहिक मानवता के भविष्य में आस्था रखता है। श्रम-जीवियों के संघर्ष से निर्मित होने वाले सुन्दर समाज की कल्पना उसके मन में है। अतः सामाजिक जीवन उसकी दृष्टि में सहयोग और प्रेम का जीवन है। लड़ाई है, परन्तु शोषक तत्त्वों से। इस प्रकार शोषक, जर्जर मूल्यों और शक्तियों को तोड़कर सामूहिक मानवता ऐसे समाज का निर्माण करती है जहाँ मनुष्य मनुष्य के लिए पूरक बनता है। अनियन्त्रित स्वच्छन्दता यहाँ जीवन मूल्य नहीं, जीवन-घातक मानी जाती है। दूसरी ओर अस्तित्ववाद है जो मानव-जीवन को कोई मूल्य नहीं देता, उसे निरर्थक और जीने की एक मजबूरी मानता है। हम सब एक-दूसरे के लिए अजनबी हैं। एक-दूसरे के लिए नरक हैं। मृत्यु हमारी सबसे बड़ी विवशता है। हमारी स्वतन्त्रता ही कुछ अंशों में हमें सार्थक कर सकती है, किन्तु हम स्वतन्त्र नहीं हैं। हम देखते हैं हमें वरण करने की स्वच्छन्दता नहीं है। अस्तित्ववादी दर्शन निश्चय ही व्यक्तिवादी, अनास्थावादी और जीवन के मूल्यों को नकारने वाला दर्शन है। वह मानव को निरुद्देश्यता के मैदान में भटकने के लिए छोड़ देता है। यह अवश्य है कि अस्तित्ववाद में भी कई प्रकार के चिन्तन-धाराएँ दिखाई पड़ती हैं। कोई निरीश्वरवादी धारा है तो कोई ईश्वरवादी। कुछ लेखकों को सम्बन्ध राजनीति के ऐसे वर्गों से है जो विश्वासों में सामाजिक हैं। ऐसे लोगों, लेखकों की कृतियों में जीवन की निरर्थकतावादी मान्यता के बीच से सामाजिक विश्वास और जीवन-शक्ति के स्वर अवश्य मुखर हो जाते हैं। इतना सब कहने का अर्थ यह है कि इन सारे आधुनिक विचारों की विभिन्नता के जंगल में कोई कहीं भटकता है कोई कहीं, कोई किसी मत को स्वीकारता है कोई किसी मत को। यदि आधुनिक युग की चेतना के बोध को आधुनिक बोध मानें तो प्रश्न यह है कि इनमें से कौन-सी जीवन-चेतना आधुनिक है?

दूसरा प्रश्न है—साहित्य के सन्दर्भ में आधुनिक बोध की क्या महत्ता है? आधुनिक बोध अपने-आप में अलग चर्चा का विषय हो सकता है, किन्तु जब हम साहित्य के सन्दर्भ में आधुनिक बोध का जिक्र करते हैं तो उसे साहित्य-सर्जन के मौलिक प्रश्नों के साथ जुड़कर चलना होता है। और जब बहुत-से आलोचक साहित्य में साहित्यिकता का ध्यान न रखकर अलग से आधुनिक बोध खोजने

लगते हैं तो भ्रान्ति के शिकार होते हैं। यह बहुत स्पष्ट बात है कि अन्य क्षेत्रों में जिस गति से परिवर्तन और विकास होता है उस गति से साहित्य में नहीं। साहित्य-सर्जन की प्रक्रिया इतनी जटिल और भीतरी होती है कि वह बाहर की घटनाओं, आविष्कारों और तथ्यों से एकाएक प्रभावित नहीं होता। वह जीवन से प्रभावित होता है और जीवन वाह्य घटनाओं, तथ्यों और परिस्थितियों से प्रभावित होता है। साहित्य का सम्बन्ध मूलतः मानवीय संवेदना और अन्तर-सत्यों से होता है। जब तथ्य-जगत् मानव के अन्तर-जगत् से जुड़ जाता है। तब कविता का विषय बनता है। तथ्य-जगत् के बीच हम जीते हैं, तथ्य-जगत् हमारे साथ रागात्मक सम्बन्ध जोड़ते रहते हैं। ये केवल हमारे राग-बोध और सौन्दर्य-दृष्टि को ही प्रभावित नहीं करते, नये मूल्यों की सृष्टि भी करते हैं। नये-नये तथ्य-जगत् सामने आते रहते हैं, वे तथ्य धीरे-धीरे हमारे जीवन के सम्बन्धों में घुलते जाते हैं और मन को तथा जीवन-मूल्यों को प्रभावित करते रहते हैं। अतः यह सत्य है कि तथ्य-जगत् के परिवर्तन के साथ हमारा अन्तर्जगत् बदलता है, किन्तु बदलने की प्रक्रिया बड़ी ही मन्द और भीतरी होती है। किसी तथ्य के सामने आने पर राजनीति के, विज्ञान के या अन्य ज्ञानात्मक साहित्य के सिद्धान्त एकाएक बदल सकते हैं और पुराने सिद्धान्त निकम्मे सिद्ध हो सकते हैं, किन्तु मन को बदलने के लिए वर्षों की अवधि अपेक्षित होती है। हमारी संवेदनाएँ साहित्य में उभरती हैं। ये संवेदनाएँ नयी होकर भी पुरानी संवेदनाओं से विच्छिन्न नहीं होतीं। इन संवेदनाओं के पीछे रूढ़ियों का संस्कार लगा होता है और ये नवयुग की नयी आँच से नयी ऊष्मा और प्रकार ग्रहण करती हैं। संवेदनाएँ संश्लिष्ट और गहन होती हैं। ये भौतिक पदार्थों के ज्ञान की तरह स्पष्टतः यह या वह नहीं होतीं। अतः आधुनिक बोध का अर्थ साहित्य में वही नहीं होता जो ज्ञान-विज्ञान के अन्य क्षेत्रों में होता है।

एक उदाहरण से हम इसे समझें। पहले-पहल जब कल-कारखाने कायम हुए तो हमारे सामन्ती संस्कारग्रस्त मन को ये बाँध नहीं सके। ये हमारे लिए बड़े ही अजनबी और भयावह थे। एक वैज्ञानिक के लिए, एक इंजीनियर के लिए कारखानों के यन्त्र-कौशल का बोध तो श्रेयस्कर हो सकता था, वह बोध उसके लिए अपने क्षेत्र का आधुनिक बोध भी कहा जा सकता था; किन्तु आप कल्पना कीजिए कि कल-कारखानों के कायम होते ही कोई कवि इन पर कविताएँ लिखने लगता तो उसका विषय-बोध आधुनिक तो जरूर होता, परन्तु कविता नहीं बन पाती, क्योंकि कल-कारखाने हमारे जीवन के साथ तब तक घुल-मिल नहीं सके थे, रागात्मक सम्बन्ध नहीं स्थापित कर सके थे। साहित्यकार को समय की प्रतीक्षा करनी पड़ी। आज ये कल-कारखाने हमारे जीवन के साथ रागात्मक सूत्रों में वैसे ही जुड़ गये हैं जैसे हमारे खेत-खलिहान। कल-कारखानों के प्रत्येक अंग पर मानव के

हाथों की ही नहीं, मन की भी छाप है। मजदूरों के अपने सपने इनके बीच बने-बिगड़े हैं। उनकी शक्तियाँ और विवशताएँ इनके बीच रेंगती हैं। उनका समय मशीन की गति के साथ धड़कता-भागता है। यानी कि ये कल-कारखाने जीवन के साथ जुड़े हुए हैं। जब कोई कलाकार मजदूरों का चित्र खींचता है तो उनके साथ कल-कारखानों का परिवेश अपने-आप खिंचता चला जाता है। इसी प्रकार कल-कारखानों का चित्र केवल यन्त्रों और दीवारों का चित्र नहीं होता, वह अनन्त मानवों की जिन्दगी का चित्र होता है। इसी प्रकार रेलें, मोटरें, सड़कें, टेलीफोन, पोस्ट-ऑफिस नवप्रतिष्ठित स्थूल वस्तुएँ ही नहीं हैं वरन् ये अपने-अपने ढंग से आज के मानव-समुदाय की सम्वेदना से जुड़े हुए हैं। अतएव जब आज का कवि आज की जिन्दगी को चित्रित करना चाहता है तो इन तमाम उपकरणों को परिवेश और बिम्ब के रूप में चुनता है। बिम्ब हमारी अनुभूतियों के चित्र होते हैं। ये उपकरण अपने-अपने भीतर हमारे जीवन की अनुभूतियों में कसे होते हैं। अतः जब ये बिम्ब-रूप में प्रयुक्त होते हैं तो इनके भीतर सन्निहित अनुभूतियाँ उभर आती हैं। लोग आधुनिक बोध और साहित्य के इस सम्बन्ध को न समझकर हर नये विचार, हर नये ज्ञान, हर नये दर्शन को साहित्यबद्ध कर देने को ही आधुनिक बोध मानने लगते हैं, किन्तु यह द्रष्टव्य है कि जब किसी सामयिक, राजनीतिक, दार्शनिक, सामाजिक, वैज्ञानिक आन्दोलन को उपजीव्य बनाकर साहित्य रचा गया है तो वह स्थायित्व और गहराई नहीं प्राप्त कर सका है, वह सामयिक बोध का घोषणा-पत्र बन गया है। ऐसा इसलिए हुआ कि इन नवीनतम सत्यों को जन-जीवन में और स्वयं अपने जीवन में घुल जाने देने के पहले कवि उनका प्रवक्ता बन गया है। ये तथ्य हमारे जीवन से रागात्मक सम्बन्ध यानी मानसिक सम्बन्ध जोड़ने के पहले साहित्य के विषय बन गये या यह भी कह सकते हैं कि जीवन के साथ जुड़े इनके गहरे सम्बन्धों को उद्घाटित करने के स्थान पर साहित्य ने इन आधुनिक तथ्यों के ऊपरी फेन को ही प्रस्तुत कर दिया है। इससे इस बात का पता चलता है कि साहित्यकार को आधुनिक बोध तो है, परन्तु साहित्यबोध नहीं है।

आधुनिक काल में जीवन-सम्बन्धी इतने दृष्टिकोण हैं, प्रश्नों को समझने की इतनी अलग-अलग दृष्टियाँ हैं कि यही निर्णय कर पाना मुश्किल होता है कि किसे आधुनिक माना जाए? कुछ लोग यह मानते हैं कि आज के जीवन का सबसे बड़ा प्रश्न है आर्थिक विषमता। इस विषमता की तीव्र चेतना और मार्क्सवादी ढँग से उसको पाटने में विश्वास रखने वाली दृष्टि आधुनिक है। ये लोग पूँजीवाद के साथ संघर्ष आवश्यक मानते हैं। (अब तो सह-अस्तित्व की भी बात उठने लगी है)। अभी उस दिन बनारस में मेरे एक बनारसी कम्युनिस्ट मित्र ललकार कर कह रहे थे कि पूँजीवाद के विरुद्ध साम्यवादी चेतना के बोध के अतिरिक्त और कोई बोध आधुनिक नहीं है। हमारी आज की सबसे बड़ी समस्या है आर्थिक विषमता

और उसका सबसे बड़ा समाधान है साम्यवादी समाज की स्थापना। दूसरे लोग ऐसा मानते हैं कि व्यक्तित्व की स्वतन्त्रता का बोध ही आधुनिक बोध है। व्यक्ति की स्वाधीनता आज खतरे में है। इस खतरे का बोध ही आधुनिक बोध है। इसलिए पश्चिम में और कुछ दिनों पूर्व हिन्दी में भी बड़े जोर-शोर से लेखक की स्वाधीनता का और उसके बहाने व्यक्ति की स्वाधीनता का प्रश्न उठाया गया था। व्यक्तित्व के चेतन-आयाम की अपेक्षा अचेतन-आयाम का महत्त्व मनोविज्ञान ने प्रतिपादित किया है। चेतन स्तर पर हम समाज के दायित्व का बोध रखते हैं—नीति, कानून, भय-लज्जा आदि की धारणा चेतन स्तर पर होती है। इन सारी धारणाओं के प्रबल होने पर अचेतन स्थित हमारी वासनाएँ दमित होती हैं हमारी निजी स्वतन्त्रता दायित्व के नीचे दबकर हमारे व्यक्तित्व का विघटन करती है। मनोविश्लेषणावाद ने अचेतन के गहन अन्तराल में स्थित हमारे जीवन की शक्तियों, व्यापारों, आचार-विचारों के स्रोतों का विवेचन कर यह सिद्ध किया कि चेतन का अंश हमारे व्यक्तित्व में बहुत थोड़ा होता है और हमारा व्यक्तित्व चेतना की शृंखला से बँधा हुआ सुनियोजित एक दिशोन्मुख प्रवाह नहीं है, यह तो विक्षुब्ध जल-कुंड है। यानी हमारी व्यक्तित्व-चेतना क्षणों में बँटी हुई है, बिखरी हुई है, एक-दूसरे से असम्बद्ध है, कभी कुछ, कभी कुछ लक्षित होने वाली है। इस प्रकार व्यक्ति के स्वतन्त्र होने का अर्थ है उसे अचेतन में स्थित उसकी वासनाओं की तृप्ति का उसे अधिकार प्राप्त होना। वीट कवियों की स्वतन्त्रता की माँग में इस प्रकार की इच्छा निहित है। मनोविश्लेषणवादी, अतियथार्थवादी सभी अपने-अपने ढंग से व्यक्तित्व की इस अचेतनवादी धारणा को स्वीकार करते हैं और व्यक्तित्व की स्वतन्त्रता की माँग इसी अचेतन स्तर पर करते हैं। सबकी प्रक्रिया में अन्तर अवश्य है। किसके बोध को आधुनिक माना जाए? किन्तु यदि आज की इन तमाम विभिन्न दिखने वाली प्रवृत्तियों और दृष्टियों में कोई समानता लक्षित होती है तो वह है प्रश्नाकुल बुद्धिवादी प्रवृत्ति और यथार्थवादी दृष्टि। काल्पनिक रोमांस, विह्वल भावुकता, आदर्शवादिता, अलौकिकता, आध्यात्मिकता के स्थान पर भौतिकता, यथार्थवादिता और बौद्धिकता की प्रधानता दिखाई पड़ती है। इसलिए सारी पिछली मान्यताएँ आज खोखली दिखाई पड़ती हैं और नयी मान्यताओं की खोज में आज का संसार आकुल है। उसकी प्रश्नाकुल बुद्धिवादी दृष्टि उसे कहीं ठहरने नहीं देती। यथार्थवाद की कोई सीमा निश्चित नहीं। आधुनिक काल के प्रारम्भ से ही वह विभिन्न छायाएँ ग्रहण करता आ रहा है। हिन्दी साहित्य को ही लें तो ज्ञात होगा कि भारतेन्दु काल, द्विवेदी काल, छायावाद काल, प्रगतिवाद काल, प्रयोगवाद काल तथा नयी कविता के कवियों ने अपने-अपने ढंग से यथार्थ को पकड़ने का प्रयत्न किया है। यानी यथार्थ के नये-नये आयाम इन कविताओं में उभरे हैं। प्रसाद जी ने यथार्थवाद की एक प्रमुख विशेषता बताई है—लघुता की ओर

दृष्टिपात। लघुता वह है जो संसार का व्यापक यथार्थ है, परन्तु जिसे महत् निरूपण के चक्कर में छोड़ दिया गया था। कवियों ने मानव-श्रेणियों में, जीवन-प्रसंगों में, व्यापारों और समयों में वर्ग-भेद किया था। कुछ को महत् मान लिया था कुछ को लघु। आधुनिक काल के यथार्थोन्मुख दृष्टि वाले कवियों का ध्यान जीवन-जगत् के इन्हीं उपेक्षित तत्त्वों की ओर गया। यह यर्थाथवादी दृष्टि एक नया मानववाद लेकर उभरी। भारतेन्दु काल में भुखमरी, अकाल, चुंगी, टैक्स, गरीबी आदि सामाजिक जीवन को प्रभावित करने वाले परन्तु साहित्य में अब तक उपेक्षित विषय कविता के विषय बने। द्विवेदी काल के कवियों ने महिमामय अतीत के परिवेश में आधुनिक युग की चरित्र-चेतना को व्यंजित किया। उपेक्षित पात्रों के मानवीय संवेदन को व्यक्त किया तथा उन्हें आधुनिक चेतना के धरातल पर प्रतिष्ठित किया। 'प्रियप्रवास' की राधा, 'यशोधरा' की यशोधरा, 'साकेत' की उर्मिला आदि को देखने से इस बात का अन्दाज मिल जाता है। इतना ही नहीं, रामनरेश त्रिपाठी ने दीनों एवं दुखियों की आहों और आँसुओं में भगवान का दर्शन किया। छायावाद में व्यक्तिगत जीवन की सारी संवेदना रूप पाने के लिए तड़प उठी। महादेवी जी के शब्दों में कवियों ने प्रत्येक साँस का इतिहास लिखना चाहा। प्रगतिवाद ने युग-युग से उपेक्षित गरीब शोषित मानवता को स्वर दिया। प्रयोगवाद ने अचेतन स्थित गन्दी, जंगली, उपेक्षित मानी जाने वाली व्यक्ति-चेतना की शक्ति को खोजा और स्वर दिया। नयी कविता में आज के युग के सभी स्वर कवि के व्यक्तित्व और दृष्टि के अनुसार व्यक्त हो रहे हैं। ज्यों-ज्यों हमारा समाज बदलता जा रहा है और उसे देखने की दृष्टियों का विकास होता जा रहा है त्यों-त्यों साहित्य का स्वर भी बदलता जा रहा है। इसका अर्थ यह कदापि नहीं है कि जिस साहित्य का बोध जितना ही नवीनतम होगा वह उतना ही उच्चकोटि का होगा। इस दृष्टि से शमशेर, श्रीकान्त वर्मा, कुँवरनारायण आदि सूर, तुलसी, प्रसाद, निराला से बड़े कवि मान लिए जाएँगे। इसलिए यहाँ मैं फिर इस बात पर जोर दूँगा कि आधुनिक बोध एक चीज है और उसे साहित्यिक सन्दर्भ में देखना दूसरी चीज। साहित्य का उपजीव्य जीवन है। जीवन्त और सर्जनात्मक जीवन सदैव अपने युग की चेतना से सम्पृक्त रहता है। यदि युग-चेतना से जीवन सम्पृक्त नहीं रहता तो पुरानी बातों का पिष्टपेषण करता है। ऐसे जीवन पर आधारित साहित्य में परम्पराबद्ध रसमयता तो हो सकती है परन्तु उसमें रचनात्मकता नहीं होती, अपने काल की प्रश्नाकुलता नहीं होती, युगीन परिस्थितियों में विकसित संवेदना नहीं होती, शुद्ध परम्परागत रसज्ञता और रूप-चारुता होती है, किन्तु दूसरी ओर भी एक खतरा है। आधुनिक बोध को जीवन के भीतर से नहीं, बल्कि ज्ञान-विज्ञान की पुस्तकों से लेने पर प्रश्नाकुलता तो आती है, किन्तु लगता है यह प्रश्नाकुलता किसी निर्जीव प्रतिमा के ऊपर ओढ़ा दी गयी है। लगता है यह ऊपर का

आवरणमात्र है जो कहीं बाहर से मँगाया गया है और अपने यहाँ की जिन्दगी पर डाल दिया गया है। जब तक नयी चेतना जीवन में आत्मसात् नहीं हो जाती और कवि उस लोक-चेतना को आत्मसात् नहीं कर लेता तब तक वह जीवन्त साहित्य की सृष्टि नहीं कर सकता। आज विज्ञान अन्वेषण और परीक्षण द्वारा अनेक तथ्यों का पता लगा रहा है। वे अपनी-अपनी जगह पर सत्य हैं, किन्तु वे साहित्य के सत्य नहीं बन जाते जब तक वे हमारे जीवन से जुड़ नहीं जाते। अन्तरिक्ष-यात्रा ने ज्ञान का नया आयाम उद्घाटित किया है। अभी और भी आयाम उद्घाटित होंगे, किन्तु अन्तरिक्ष-यात्रा जन-जीवन के साथ रागात्मक सम्बन्ध नहीं जोड़ सकी है। इसलिए हमारे जीवन-सत्य अभी उससे प्रभावित नहीं हुए हैं। दो-चार यात्री घूमघाम आए हों या कुछ वैज्ञानिक उसकी तकनीकी बातों से परिचित हों यह बात दूसरी है। अतः मैं मानता हूँ कि आधुनिक बोध का अर्थ है जीवन की नवीन चेतना का बोध। तब एक प्रश्न उठता है—कहाँ की जीवन-चेतना का बोध? सभी जगहों की जीवन-चेतना एक-सी नहीं होती। हम लाख हल्ला-गुल्ला करें कि आज पूरा संसार एक हो गया है, पूरे संसार की समस्याएँ और संवेदनाएँ एक हो गयी हैं, जीवन-मूल्यों में समान रूप से विघटन पैदा हो गया है, मगर यह पूरा-पूरा सत्य नहीं है। आज भी जीवन-संस्कारों और मूल्य-आस्थाओं की दृष्टि से पूरब-पश्चिम में भेद है। इस भेद का कारण उनकी ऐतिहासिक परम्पराएँ और समसामयिक परिस्थितियाँ दोनों हैं। पश्चिम के देश दो-दो विश्व-युद्धों की विभीषिकाओं से गुजरे हैं। युद्ध के हाथों मानव-मूल्यों, जीवन-आस्थाओं और छवियों की टूटती हुई प्रतिमाएँ वे देख चुके हैं। उनकी भौतिकवादी सभ्यता मानव-मूल्यों की प्रतिमा के खंडित हो जाने पर एक भटकती हुई प्यास, अदम्य लालसा, अगाध अतृप्ति, सन्देह भय के सिवा कुछ और नहीं बचती। पश्चिम भौतिक दृष्टि से सुखी है, परन्तु एक अनवरत बेचैनी, एक भटकाव, एक बिखराव उसे पीड़ित कर रहा है। सामूहिक रूप से यानी राष्ट्र के रूप में पश्चिम के देश पूरब के देशों से भले ही सबल हों, समृद्ध हों, किन्तु वहाँ के व्यक्ति अलग-अलग रूप से जैसे मृत्यु की तलाश में हैं—इसलिए अस्तित्ववाद, व्यक्तिवाद, अतियथार्थवाद जैसे दर्शन वहाँ पनपते हैं। ये दर्शन वहाँ के लिए सहज हो सकते हैं, इसमें पश्चिम का जीवन-बोध ध्वनित हो सकता है, परन्तु भारत में जीवन के प्रति यह अनास्था, तीखी मृत्यु चेतना, टूटने की अनुभूति प्रधान सत्य के रूप में नहीं दिखाई पड़ती। सच बात तो यह है कि पूरब में विज्ञान का वह युग भी नहीं आया जो पश्चिम के देशों में आ चुका है; इसलिए विज्ञान का जीवन-मूल्यों और पद्धतियों पर पड़ता हुआ भला या बुरा प्रभाव यहाँ आत्यन्तिक रूप में लक्षित नहीं होता। भारत को ही लें—कुछ बड़े-बड़े शहरों को छोड़कर शेष शहरों और कस्बों में विज्ञान का उग्र रूप लक्षित नहीं होता। गाँवों की तो बात ही छोड़ दीजिए जहाँ बहुत हुआ तो ट्यूबवेल पहुँच गया है, किसी धनी-मानी के यहाँ

ट्रैक्टर पहुँच गया है या साइकिलें दिखाई पड़ती हैं। यानी वहाँ विज्ञान के नाम पर अभी साइकिल-युग है। अतः विज्ञान का सारा परिवेश, सारा उसका प्रभाव, उससे निर्मित दृष्टि अभी भारत में वैसी नहीं दिखाई पड़ती जैसी विज्ञान-समृद्ध पश्चिमी देशों में। मुम्बई, दिल्ली, कोलकाता जैसे बड़े-बड़े शहर ही वैज्ञानिक यान्त्रिकता से अधिक आक्रान्त हैं, अतः इन बड़े-बड़े शहरों में बसने वाले मानव-जीवन के मूल्यों और सम्बन्धों पर वैज्ञानिक सभ्यता का पर्याप्त असर है। शेष कस्बों और गाँवों के जीवन में यह असर अल्प है। दूसरी बात यह है कि भारत जैसे अनेक एशियाई और अफ्रीकी देश सदियों की पराधीनता से मुक्त हुए हैं या हो रहे हैं। वे अभी-अभी निर्माण में रत हुए हैं। वे जीवन का नया उन्मेष अनुभव करने के स्थान पर स्तब्धता, जड़ता कैसे अनुभव करेंगे? उनकी आन्तरिक कठिनाइयाँ हैं, असफलताएँ हैं, व्यक्तियों की विवशताएँ हैं, प्रशासनिक अयोग्यताएँ हैं, अन्याय है, अत्याचार है किन्तु कुल मिलाकर इनकी प्रवृत्ति मरण-धर्मा नहीं है; अन्याय, विवशता, असफलता को अपरिहार्य स्थिति मानकर निराशावादी, अनास्थावादी, मरणोपासिका दृष्टि का विकास यहाँ नहीं हुआ है, बल्कि इन स्थितियों से लड़ने की अदम्य लालसा जन-मानस में कसमसाती रहती है। लोक-जीवन से अलग हटकर, व्यक्ति-जीवन की विवशताओं को ही सत्य मान लेने से यह मृत्योन्मुख दृष्टि उगती है। मैं कहना चाहूँगा कि भारत में अभी इस पराजित जीवन का स्वर प्रधान नहीं होने पाया है। कहना न होगा अमेरिका आदि समृद्ध देशों में समृद्धि के बीच रिक्तता, व्यर्थता, सूनापन अनुभव करना आत्मिक शक्ति के अभाव का सूचक है। भारत में आत्मिक शक्ति की कमी नहीं है। इसने सदियों से इसी संस्कार में जीना सीखा है। यहाँ आर्थिक रिक्तता सबसे बड़ी मुसीबत बनकर आती है और इस आर्थिक रिक्तता की स्थिति में भी हम वह अशान्ति, असन्तोष और व्यर्थता महसूस नहीं करते जो पश्चिम के लोग आर्थिक समृद्धि के बीच महसूस करते हैं। सन्देह, घृणा, अकेलेपन की वैसी अनुभूति यहाँ नहीं होती, जैसी पश्चिम में होती है। यहाँ-वहाँ के इतिहासों में अन्तर है, परम्परागत संस्कारों का अन्तर है और विज्ञान के विकास के परिवेश में परिवर्तित परिस्थितियों का अन्तर है। इन अन्तरों को ध्यान में लाए बिना जो लोग पश्चिमी विचारकों और कवियों के बोधों को आज का भारतीय जीवन-बोध मान लेते हैं वे गलती करते हैं। आज जबकि पश्चिम वाले युद्धों की विभीषिकाओं से ध्वस्त होकर तथा वैज्ञानिक सभ्यता के अकेलेपन की अनुभूति से बेचैन होकर भारतीय सभ्यता की ओर आशा से देख रहे हैं उस समय पश्चिम वालों की यथार्थ संवेदना को अपने ऊपर आरोपित करने के लिए हम तुले हुए हैं। मुझे तो ऐसा लगता है कि विश्वजनीन आधुनिक बोध के चक्कर में हम अपने पाँव-नीचे की जमीन को भूले जा रहे हैं, आसपास के वातावरण को भूले जा रहे हैं। हम विश्व-नागरिक होने का सपना तो देख रहे हैं, किन्तु अपने ही देश के परिवेश

से कटे जा रहे हैं। यही कारण है कि आज की नयी कविता में कवि बिखराव, टूटन, दर्द, कुंठा, सूनेपन की बात करता नजर आता है। ऐसा नहीं है कि ये चीजें यहाँ नहीं हैं। विशेषतः शहरी मध्यवर्गीय व्यक्ति के जीवन में यह अकेलापन, सूनापन टूटन अधिक है; किन्तु यहाँ और भी चीजें हैं। सामूहिक रूप से भारतीय जीवन अभी जीवन-मूल्यों में आस्था रखता है। समस्त सन्नाटे के बावजूद इसमें सामूहिक आशा और आस्था के स्वर मुखर हैं। वर्तमान विवशता को एक सामयिक स्थिति मानकर इससे उबरने की सक्रिय लालसा है और अनागत की सुन्दरता और शक्ति के प्रति अदम्य विश्वास है, विश्वास है कि वह आ रहा है। इन सारे स्वरों को अपने से बाहर निकलकर सुनने की आवश्यकता है और तभी यहाँ की जिन्दगी की सच्ची तस्वीर उतारी जा सकती है। मगर दुर्भाग्य से शहरी मध्यवर्गीय व्यक्ति-जीवन की जड़ता, ठहराव, स्तब्धता, टूटन, कुंठा को ही आधुनिक बोध मान लिया जाता है और इन्हें व्यक्त करने वाली कविताओं को आधुनिक बोध सम्पन्न कविताएँ कहकर महत्त्व दिया जाता है। इस सारी जड़ता, ठहराव, कुंठा का तीव्र बोध कवि को होना चाहिए, किन्तु इन्हें इनके व्यापक परिवेश में देखने की आवश्यकता है। इन्हें तोड़ने की चेष्टा करने वाली अव्यक्त आकुलता भी आधुनिक बोध है। यदि युद्ध और अशान्ति का बोध आधुनिक बोध है, अपने-अपने स्वार्थों के लिए टकराने वाले राष्ट्रों की टकराहट और उस टकराहट से पैदा होने वाली चिनगारियों और धुओं को समझना आधुनिक बोध है तो शान्ति के लिए प्रयत्नशील भारत और अन्य तटस्थ राष्ट्रों की आवाज को समझना भी आधुनिक बोध है। चक्कर काटती हुई युद्ध और अशान्ति की काली छाया के बीच ज्योति की बाँहें उठाए दौड़ती शान्ति को समझना भी आधुनिक बोध है। यदि मानव-मूल्यों को कुचलकर स्वार्थ, संकीर्ण राष्ट्र-भावना, रंगभेद आदि से प्रेरित होकर जीने वाले साम्राज्यवादी देशों की क्रूरता और उनकी दिशाहीन, असंगतिपूर्ण, आत्मपराजित आन्तरिक जीवन-धारा को समझना आधुनिक बोध है तो स्वतन्त्रता, भेदहीन मानवता, न्याय और मूल्यों के लिए लड़ने वाले तथा उन्हें नैतिक शक्ति और सहयोग प्रदान करने वाले देशों की चेतना को जानना भी आधुनिक बोध है।

कहा गया है कि जीवन की यथार्थ युग-चेतना को समझना ही आधुनिक बोध है। जीवन किसका? स्वयं कलाकार का या कलाकार से इतर जगत् का? यह सत्य है कि कलाकार अपनी अनुभूतियों के माध्यम से जगत् की अनुभूतियों और चेतना को व्यक्त करता है, किन्तु वह स्वयं जगत् नहीं है, उसे जगत् को समझना होता है और जगत्-जीवन का कोई एक स्तर नहीं है। भारत में ही बड़े-छोटे शहर हैं, कस्बे हैं, गाँव हैं—गाँव में भी पहाड़ी गाँव हैं, जंगली गाँव हैं, समुद्र-तटीय गाँव हैं, मैदानी गाँव हैं। जब सर्जक इन शहरों, कस्बों या गाँवों को साहित्य का विषय बनाता है तो किसके बोध को व्यक्त करता है? अपने बोध को या इन नगरों और

गाँवों के जीवन-बोध को? स्पष्ट है कि सच्चा यथार्थवादी सर्जक उस जीवन के बोध को प्रधानता देगा जिसे वह अंकित करना चाहता है। शहरी जीवन के रचनाकार आंचलिक कथाकारों पर पिछड़ेपन का आरोप लगाते हैं जैसे कि आंचलिक कथाकार उपन्यास में अपना ही बोध व्यक्त कर रहा है। चाहे शहरी जीवन का चित्रकार हो, चाहे देहाती जीवन का, उसकी कलात्मक ईमानदारी इस बात में है कि वह उस जीवन के बोध को समझे। यह आवश्यक नहीं कि वह अपने व्यक्तित्व में उसी बोध तक सीमित है। हाँ, आत्मपरक कृतियों में—जैसे व्यक्ति-व्यंजक निबन्धों में, गीतों में, निजी संवेदनाएँ व्यक्त करने वाली कविताओं में—वह सीधे अपना बोध व्यक्त करता है यानी इनमें सीधे वह होता है अपनी संवेदना, दृष्टि और मूल्य-चेतना के साथ। किन्तु प्रबन्ध-काव्यों में, कथा-साहित्य में गृहीत जीवन को उसकी समग्र चेतना के साथ मूर्तिमान कर देना ही सर्जक की ईमानदारी और शक्ति का द्योतक होता है। यह अवश्य है कि सर्जक की अपनी रचनात्मक इच्छा सारे कथानक को इस ढंग से नियोजित करती है कि उसमें प्रच्छन्न रूप से उसकी दृष्टि झलक उठती है। वही दृष्टि सारी रचना को एक विशेष प्रभाव से अन्वित करती है। गाँव और शहर की जिन्दगी में काफी फर्क है। यद्यपि आधुनिक युग ने दोनों को अपने-अपने ढंग से काफी प्रभावित किया है। भौतिक सभ्यता की स्वार्थपरता, अर्थस्पर्द्धा, अधिकार-लिप्सा आदि का शिकार गाँव भी हुआ है। गाँवों के लोग शहरों से जुड़े हैं और उन लोगों के जरिये शहर का हवा-पानी देहात में आता रहता है। इसलिए जीवन की पुरानी मान्यताओं में फर्क आता जा रहा है। पंचायत ने राजनीति का पाठ पढ़ा दिया है—कहीं सही ढंग से, कहीं गलत ढंग से। फिर भी गाँव और शहर की जीवन-प्रक्रियाओं और मूल्य-चेतनाओं में मौलिक अन्तर है। शहर का व्यक्ति चाहे तो अकेला रह सकता है—घर से दफ्तर, दफ्तर से घर। घर में बन्द होकर वह अपनी दुनिया को समेट सकता है। कामकाज के लिए और मनोरंजन के लिए बाहर निकलता है, वह भी चारों ओर से बन्द-बन्द-सा। इसलिए शहर में प्रकृति का विशेष महत्त्व नहीं। शहर का यान्त्रिक व्यक्ति प्रकृति की ओर से सूखता जा रहा है। प्रकृति शहरी जीवन के जीविकोपार्जन में सहयोग नहीं देती, वह तो वहाँ गमलों में, अहातों में शोभा के लिए बन्द होती है। तीज-त्योहार कैलेण्डर की तारीखों में लटकते रहते हैं। मगर गाँव में प्रकृति जीविका का साधन है। जमीन, हवा, पानी, सूरज, मौसम, सुबह-शाम, खेत-खलिहान, बगीचे ये सब गाँवों की जीविका उगाते हैं। ये उनके जीवन हैं, मात्र शोभा नहीं। चूँकि ये उनके जीवन हैं अतः शोभा भी हैं। किसान इन सबको जानता है। इनसे उसका रागात्मक सम्बन्ध है। किसान की सम्पत्ति घर से बाहर फैली होती है। सबके खेत-खलिहान, बाग-बगीचे, ताल-पोखरे आपस में मिले होते हैं, इसलिए सबको घर से बाहर एक-दूसरे से मिलना ही पड़ता है। एक अनिवार्य सामूहिकता का भाव

उन्हें बाँधता रहता है। आपके अनचाहे भी कोई आपके खेत उखाड़ सकता है, खलिहान में आग लगा सकता है। इसलिए मेल के रूप में भी और संघर्ष के रूप में भी सामूहिक भावना गाँव की प्रकृति बन जाती है। गाँव के जीवन पर लिखे गये साहित्य–विशेषतया कथा-साहित्य–में प्रकृति का व्यापक चित्रण होना स्वाभाविक है। इसकी अनिवार्यता को समझे बिना आलोचक प्रायः कह दिया करते हैं कि आंचलिक उपन्यासों में प्रकृति का फालतू चित्रण है और शहर पर लिखे गये उपन्यासों में यह फालतू चित्रण नहीं है, संयम है। शहरी वातावरण में लिखे गये कथा-साहित्य का वातावरण और होगा ही। वहाँ कमरे के भीतर की चीजों को–सितार को, वायलिन को, गुलदस्ते को, सोफासेट को, परदे को–हम पाएँगे या शहरों की दुकानों को, मकानों को, सड़कों को, नाचगृहों को पाएँगे। अब इसी को आप आधुनिक बोध कह लें और आंचलिक उपन्यासों के बोध को पुराना बोध कह लें तो कौन रोकता है? कलाकार का आधुनिक बोध आधुनिक किस्म के लोगों की सृष्टि करने में है या जो वास्तविक जीवन हमारे सामने है उसके समग्र परिवेश में उसकी आधुनिक चेतना को व्यक्त करने में है? उदाहरणस्वरूप 'गोदान' को लिया जाये। 'गोदान' आधुनिक काल की श्रेष्ठ कथा-कृतियों में से है। यह आधुनिक क्यों है? क्या इसलिए कि आधुनिकतम सभ्यता के प्रतीक मालती और मेहता उसमें हैं, मिल-मालिक खन्ना उसमें हैं–नहीं; 'गोदान' इसलिए न तो श्रेष्ठ है न आधुनिक। 'गोदान' की श्रेष्ठता, और आधुनिकता का कारण यह है कि उसमें आधुनिक परिवेश में किसान-जीवन की समस्त पीड़ा, संघर्ष, राग-विराग, बेबसी और शक्ति का मार्मिक चित्रण हुआ है। शोषण के सारे सूत्रों से सूत्रित कर किसान-जीवन की समस्त आकांक्षाओं, बोधों और मूल्यों को रूपायित किया गया है। कहाँ बेचारा पिछड़े ग्रामीण संस्कारों से ग्रस्त आस्थावादी-ईश्वरवादी भोला-भाला होरी और कहाँ आधुनिकतम व्यक्ति-चेतना के प्रतीक मेहता और तितली मालती! परन्तु यह सत्य है कि 'गोदान' की श्रेष्ठता और आधुनिकता होरी और गोबर तथा अन्य ग्रामीण पात्रों के कारण है। यहाँ तुलना के लिए 'अपने-अपने अजनबी' को ले सकते हैं। यह अस्तित्ववादी दर्शन से प्रभावित उपन्यास है जिसमें एक विशेष स्थिति में भौतिकवादी-अनीश्वरवादी और जीवनास्थावादी-ईश्वरवादी दृष्टियों का संघर्ष दिखाया गया है। मृत्यु की अनुभूति की सूक्ष्म विवेचना की गयी है। शिल्प में, दृष्टि में, बोध में यह कृति आधुनिकतम कही जा सकती है किन्तु उसमें 'गोदान' की-सी आँच क्यों नहीं है, जीवन का ताप क्यों नहीं है? इसलिए कि इसमें लेखक ने अपने आधुनिकतम विचारों को व्यक्त करने के लिए दो पात्रों को गढ़ा है जबकि 'गोदान' में एक विराट् परिवेश में जीते हुए व्यक्तियों को उनकी समस्त जीवन्तता के साथ प्रस्तुत किया गया है। यहाँ बोध आरोपित नहीं है। जीवन में से लपट की तरह उभरा है। यह नहीं कि लेखक का अपना कोई बोध

नहीं होता। होता है, युगीन सन्दर्भों में जीवन के सत्यों और मूल्यों के प्रति उसकी अपनी दृष्टि होती है, उस दृष्टि से वह अपने सर्जन को एक अभिप्रेत दिशा और व्यक्तित्व देता है, परन्तु उसका सबसे बड़ा बोध होना चाहिए औरों के बोध को समझना।

साहित्य का मूल सम्बन्ध मानव की संवेदना से है। संवेदना के बिना साहित्य नहीं बनता चाहे उसमें बुद्धिवाद का कितना भी ऊहापोह क्यों न हो, दर्शन की नयी-नयी भंगिमा क्यों न हो। बुद्धि, दर्शन, चिन्तन, ज्ञान, विज्ञान सबको पहले जीवन में आत्मसात् होना पड़ता है। आत्मसात् होकर मानव-संवेदना का अंग बनना पड़ता है। तभी शक्तिशाली साहित्य की सृष्टि होती है। साहित्य-सृष्टि एक जटिल प्रक्रिया है जिसमें सौन्दर्य-चेतना, भाव-बोध, मूल्य-बोध, जीवन-चिन्तन सभी संश्लिष्ट रूप से प्रस्तुत होते हैं। मूल्यों का बोध सर्जक को तत्कालीन जीवन-सन्दर्भों से प्राप्त होता है, बहुत-सी मर्यादाएँ और मूल्य-मान्यताएँ किसी युग में आकर पुरानी पड़ जाती हैं, सारहीन सिद्ध हो जाती हैं। युग नये मूल्यों की खोज करता है, नये जीवन-दर्शन बनते हैं। जाग्रत संवेदना और विश्लेषण-शक्ति-सम्पन्न बुद्धि इन मूल्यों की संक्रान्तियों की चेतना का अनुभव करती है, नये मूल्यों की खोज करती है। कुन्द संवेदनशील और बुद्धिहीन लोग पुराने मूल्यों को ही ओढ़कर चलते रहते हैं। दर्शन, मूल्य-बोध आदि की नवीनता साहित्य में उभरती रहती है किन्तु साहित्य संवेदना के माध्यम से प्राचीन और नवीन को एक शृंखला में बाँधे रहता है। हमारी सौन्दर्य-चेतना और संवेदनाओं में युगीन परिस्थितियों और जीवन-दर्शन के कारण नयी छायाएँ उगती रहती हैं, किन्तु कुल मिलाकर मानव-संवेदना और सौन्दर्य भावना मानव की सम्पत्ति हैं। ये हमें एक-दूसरे से जोड़ती हैं, अतीत को वर्तमान से जोड़ती हैं, एक देश को दूसरे देश से जोड़ती हैं। हम यह देखते हैं कि आज अनेक प्रकार के वादों से हमारा मतभेद है। हम उन्हें स्वीकार नहीं कर पाते, किन्तु जब हम उनका अच्छा साहित्य पढ़ते हैं तो हमें अच्छा लगता है, क्योंकि वे सारे मतभेदों के बावजूद मूलतः मानव-संवेदना को चित्रित करते हैं, उसे गहराई से उभारते हैं और वहाँ हम सभी समान रूप से आस्वाद लेते नजर आते है; किन्तु जो साहित्य मानव-संवेदना को मूल आधार न बनाकर अपने दर्शन और बोध को चित्रित करने लगता है उसे दूसरी दृष्टि वाले लोग उपेक्षा की दृष्टि से देखते हैं, उसमें मानव-मानव को जोड़ने वाली एकत्व-विधायिनी संवेदना नहीं होती, विकल्प-विधायिनी बुद्धि मात्र होती है। अक्सर हम लोग बहस के दौरान कह दिया करते हैं कि बहस तो बहुत हुई, अब कविता सुनाइए और हम देखते हैं कि हम जिस व्यक्ति की बातों से सहमत नहीं थे उसकी कविताओं को खूब पसन्द कर रहे हैं। कारण यही है कि कविताओं में मानव-संवेदना का चित्र मुख्य होता है, अन्य चीजों का चित्रण गौण। संवेदनाओं के ही कारण हम समय की दूरियाँ पार

कर आदिकाल के कवियों की कविताओं का आस्वाद ले लेते हैं, मध्यकालीन कविता में तन्मय हो जाते हैं। सुख-दुःख, राग-विराग, सौन्दर्य-असौन्दर्य की संवेदना प्राचीन है और चिर-नवीन है। इन संवेदनाओं को जाग्रत रखने वाले उपादान बदलते रहते हैं, और सामाजिक सम्बन्धों की जटिलता के अनुसार संवेदनाओं में जटिलता आती रहती है। एक का दूसरे में संक्रमण होता रहता है। आज की संवेदनाएँ उलझी हुई हैं, क्योंकि सामाजिक सम्बन्ध उलझे हुए हैं, मूल्य उलझे हुए हैं। इन संवेदनाओं को उनकी समस्त गहनता, सच्चाई और तीव्रता में पकड़कर उन्हें चित्रित करना सर्जक का मूल धर्म है। इसी से कृति में शक्ति और मर्मस्पर्शिता आती है। आज की बहुत-सी नयी कविताएँ संवेदना का, सौन्दर्य का कुशल अंकन करने में ही सार्थक हैं और बहुत-सी कविताएँ आधुनिक कहे जाने वाले किसी बोध को व्यक्त करने के चक्कर में संवेदना से कट गयी हैं। संवेदना को उसके आधुनिक परिप्रेक्ष्य में समझना और अंकित करना भी आधुनिक बोध ही कहा जाना चाहिए—कम-से-कम साहित्य के क्षेत्र में। प्रकृति-सम्बन्धी बहुत-सी ताजा कविताएँ, प्रेम-सौन्दर्य के बहुत-से ताजे चित्र, क्षणों की अनुभूतियाँ और विभिन्न मानसिक अवस्थाओं को बिम्बों के माध्यम से उभारने वाली कविताएँ नयी कविता में बहुतायत से मिलेंगी। इन सारी कविताओं की संवेदनात्मक गहराई के भीतर ख्वाहमख्वाह के लिए आधुनिक युग का दर्शन सम्बन्धी, ज्ञान-विज्ञान सम्बन्धी कोई बोध खोजने लगें तो आप यही कहेंगे कि ये कविताएँ कविता की दृष्टि से मर्मस्पर्शी हैं, परन्तु इनमें आधुनिक बोध नहीं है। और कई बार तो आधुनिक बोध वह होता है जिसे आलोचक आधुनिक बोध समझ लेता है और उसका वह बोध आलोच्य कवियों के साथ उसके सम्बन्धों के अनुसार बदलता रहता है।

पाठक की रचनाधर्मिता

डॉ. रवीन्द्रनाथ श्रीवास्तव ने भाषाविज्ञान का सहारा लेकर तीन प्रकार का लेखन बताया है—(1) सकर्मक लेखन, (2) अकर्मक लेखन, (3) बलार्थक सकर्मक या बलार्थक अकर्मक लेखन। भाषाविज्ञान के इस रूपक के बिना भी लोग बहुत साफ तौर पर यह समझते आये हैं कि एक लेखन वह होता है कि जिसमें बात कैसी है, कितने महत्त्व की है, का विचार न कर उसे बहुत चमत्कारी ढंग से कहने पर बल दिया जाता है। दूसरा लेखन वह होता है जिसमें किसी बात (भले ही वह दर्शन, राजनीति या अन्य किसी प्रकार की ज्ञानात्मक धारा की बात हो) पर और उसके आगे बढ़कर उसके प्रचार पर जोर दिया जाता है। इसमें बात के सौन्दर्यबोधात्मक पहलू की उपेक्षा रहती है। तीसरा लेखन वह है जिसमें बात पर बल तो दिया जाता है, किन्तु वह बात प्रमुखतः सौन्दर्यबोधात्मक होती है। लेखन अपने आप में कर्म तो नहीं होता, वह किसी और कर्म से जुड़ता है, किन्तु यह कर्म ज्ञान के साहित्य का ज्ञानात्मक कर्म न होकर संवेदनात्मक कर्म होता है। और यह कर्म रचना में ऊपर नहीं होता, उसके भीतर होता है अर्थात् वह भाषा तथा शिल्प के अन्य उपकरणों में रचा-बसा होता है, इसलिए शिल्प का महत्त्व कम नहीं होता।

सवाल यह है कि रचना को पढ़ते समय सही पाठक क्या पाना चाहता है? सही पाठक से तात्पर्य उस पाठक से है जो साहित्य की तरह पढ़ता है; धर्म, दर्शन, विज्ञान या राजनीति की तरह नहीं। वह चाहता है कि कोई रचना उसके भीतर सौन्दर्यबोध के विविध गहरे आयाम उद्घाटित करे, यानी रचना पढ़कर उसका सौन्दर्यबोध तृप्त हो और सम्पन्नतर बने। सौन्दर्यबोध के अन्तर्गत अनुभव और विचार की भागीदारी निहित होती है। यदि कोई रचना किसी वाद का या विचारधारा का प्रचार करती है तो वह बहुत ऊपरी होती है और साहित्य के पाठक को तृप्ति प्रदान नहीं कर सकती। यदि रचना एक बहुत छोटी-सी संवेदना लेकर शिल्प की जटिलताओं में उलझ जाती है और शिल्प को ही वस्तु मानकर उसके सौन्दर्य को उभारने की कोशिश करती है तो भी पाठक तृप्त नहीं होता। यहाँ मैं फिर साहित्य के सही पाठक की बात उठाऊँगा क्योंकि बहुत से पाठक रामचरितमानस

को धर्म ग्रन्थ के रूप में ही पढ़कर तृप्त होते हैं या नैतिकता की शिक्षा लेने के लिए नीति के साहित्य को पढ़कर प्रसन्न होते हैं और बहुत से कला संस्कार के पाठक संवेदना-निरपेक्ष होकर शिल्प की बारीकियों की खोजबीन करते हैं और उसी में कृतकृत्यता अनुभव करते हैं।

ज़ाहिर है जो साहित्य सपाट है, जो प्रचार करता है, जिसमें लेखक किसी ज्ञानात्मक अर्थ को पूरा-का-पूरा स्वयं कह देता हो, उसमें पाठक को रचने के लिए कुछ बचता नहीं है या बहुत कम बचता है। शब्दार्थ अपने चरम रूप में स्वतः ही खुल जाता है। एक और बात ध्यान देने की है—वह यह है कि कला-रचना अनुभव से होती है रागात्मकता से होती है। ज्ञानात्मक प्रचार करने वाले साहित्य के प्रति आकृष्ट पाठक के लिए ज़रूरी नहीं कि वह उस ज्ञान में छिपे जीवन अनुभव से भी गुज़रा हो। यह ज़रूरी नहीं कि साहित्य के धार्मिक ज्ञान को सराहने वाले पाठक धर्म के अनुभव से गुज़रे हो। वे तो धर्म की महिमा रूढ़ संस्कारों वश गा लेते हैं। मार्क्सवादी साहित्य के समाजवादी बोध को एक मार्क्सवादी दर्शन से जुड़ा हुआ पाठक ललक से ग्रहण तो कर लेगा, किन्तु यदि वह सामाजिक जीवन के अनुभव से नहीं गुज़रा है तो वह दर्शन के स्पर्श से कुछ रच नहीं पाएगा, उस दर्शन को अर्थ-बोध के स्तर पर ग्रहण करके छुट्‌टी पा लेगा।

पाठकीय रचनात्मकता के दो रूप हो सकते हैं—(1) कृति में निहित गहरी मर्म-छवियों का अपनी शक्ति के अनुसार उद्‌घाटन, (2) कृति के समान्तर कुछ नया रच लेना। वास्तव में रचनात्मकता के पहले रूप को रचना के स्थान पर कृति की पहचान कहना ज़्यादा संगत होगा।

दरअसल पहचान मूलक रचनात्मकता की सम्भावना वहाँ ज़्यादा होती है जहाँ साहित्य को पढ़ने के बाद उसमें घनीभूत अनुभवों के माध्यम से हमारे अनुभवों के स्तर-स्तर खुलते चलते हों। रचनात्मकता के लिए रचना के अनुभव के घनत्व का होना तो ज़रूरी होता ही है पाठक में भी कुछ चीजें आवश्यक होती हैं। वे हैं—(1) अनुभव प्रवणता, (2) कल्पनाशीलता और (3) रचना की गहरी समझ। क्लासिक साहित्य का सौन्दर्यबोध विराट, गहरे और जटिल मानवीय अनुभवों तथा विचारों से बना होता है, वह अपने को एकाएक नहीं खोलता। उसके अभिप्राय की अनन्त सम्भावनाएँ होती हैं। परतों में परतें होती हैं। ये परतें धागे की गुत्थियाँ नहीं हैं, बल्कि अनुभवों की सघनता हैं। पाठक अपनी अनुभव प्रवणता, समझ और कल्पनाशीलता के अनुसार उनके अर्थ पाता रहता है। उदाहरण के लिए मैं 'रामचरितमानस' की दो अति सामान्य-सी दिखने वाली पंक्तियाँ ले रहा हूँ—

इहाँ न सुधि सीता कै पाई,
उहाँ गये मारिहि कपिराई।

ये पंक्तियाँ मैंने कितनी बार गुनगुनाई होंगी और इनका एक सामान्य

सूचनात्मक अर्थ लेकर छोड़ दिया होगा और एक दिन जब मैं उन्हें यों ही गा रहा था तो न जाने कौन-सी सजगता उस क्षण में उभरी कि मैं इन पंक्तियों से जूझने लगा और जूझते-जूझते उनके भीतर निहित कुछ गहरी मर्म-छवियों की खोज करने लगा। यदि यह मान लिया जाए कि इन पंक्तियों का अर्थ केवल इतना है कि अंगद कह रहे हैं—यहाँ सीता का पता नहीं चला, उधर असफल लौटने पर सुग्रीव मारेंगे, तो आगे जो अर्थ खुल रहा है वह मेरी पाठकीय रचना है। यदि यह मान लिया जाए कि जो अर्थ खुल रहा है वह तुलसी को अभिप्रेत था और मैं वहाँ तक नहीं पहुँच रहा था तो वह रचना की पहचान होगी। वास्तव में रचना के सन्दर्भ में पहचान और रचनात्मकता के बीच की दूरी साफ नहीं है। आखिर पाठक उस रचना के सन्दर्भ में ही कुछ रच रहा है, किन्तु यह कैसे मालूम हो कि वह जो रच रहा है उसे देना लेखक को अभिप्रेत नहीं था? यदि अभिप्रेत था तो यह पाठकीय पहचान हुई, रचना नहीं हुई। यदि लेखक के अभिप्रेत के अतिरिक्त पाठक कुछ दे रहा है तो उसकी रचना हुई, किन्तु इसका पता कैसे चले?

हाँ, तो बात उस चौपाई की हो रही थी। यह चौपाई सूचना से अधिक पीड़ाबोध प्रदान करती है। पीड़ाबोध भी दो तरह का होता है– (1) दूसरों द्वारा दिया गया, (2) अपने भीतर से उत्पन्न। इस चौपाई में ऐसा लगता है कि यह पीड़ाबोध दूसरों द्वारा दिया गया है। अंगद को अपने राजा द्वारा सीता की खोज का काम सौंपा गया है। वह काम पूरा नहीं हुआ, वह दुःख तो है ही, लौटने पर जान से हाथ धोना पड़ेगा। यानी सौंपी गयी ड्यूटी की असफलता और मालिक द्वारा दी जाने वाली ताड़ना का बोध अंगद को सहना पड़ रहा है, किन्तु फिर सवाल होता है कि क्या यह चौपाई इस पर-प्रदत्त पीड़ाबोध की चौपाई है? नहीं, यह भीतरी विडम्बना से पैदा हो रही है। सीता की सुधि नहीं मिली। इसकी मर्मान्तक पीड़ा अंगद को हो रही है। यह मालिक द्वारा सौंपी गयी ड्यूटी के असफलता-बोध की पीड़ा नहीं है बल्कि जैसे अपने ही नैतिक कर्तव्य की असफलता से उत्पन्न आत्मा की तड़प है। अंगद केवल अपने राजा की आज्ञा का पालन नहीं कर रहे हैं बल्कि अपने जीवनदाता महा करुणा-सिन्धु राम की पत्नी की खोज कर रहे हैं। अंगद को विश्वास है कि पिता-वध के पश्चात् ही सुग्रीव ने उनका वध कर दिया होता, वे राम की कृपा से बचे हैं–

पिता बधे पर मारत मोही,
राखा राम, निहोर न ओही।

इसलिए सीता की खोज न कर पाना अंगद के लिए मरण तुल्य है।

'दुहुँ प्रकार भई मृत्यु हमारी'

सुग्रीव मार डालेंगे, यह तो मृत्यु है ही, किन्तु सीता की सुधि न पाना मृत्यु कैसे है। ज़ाहिर है यह मृत्यु की तरह दारुण पीड़ा है जो अंगद के अन्तरतम से

पैदा हो रही है। और विडम्बना यह है कि अंगद जिस काम की सफलता सुग्रीव से ज़्यादा चाहते हैं, उससे अधिक आन्तरिकता से चाहते हैं, उसमें असफल होने की पीड़ा तो वे झेल ही रहे हैं, उसके लिए वे सुग्रीव उसे मारेंगे जो राम से दुनियावी कर्तव्यवश जुड़े हुए हैं। यह कितनी पीड़ादायक और विडम्बनापूर्ण स्थिति है। इस गहरे अर्थ को पाठक की रचनात्मकता कहा जाये या रचना की पहचान?

अच्छी रचना में अनेक सन्दर्भ और शब्द अपने भीतर अतिरिक्त अर्थ-छवियों की सम्भावनाएँ छिपाए रहते हैं। जब हम उन सन्दर्भों या शब्दों के पारस्परिक तनाव या साहचर्य पर गौर करते हैं। तब एक नए अर्थ-छवि की रचना हो जाती है। पाठक जितनी ही सजगता से इनकी पहचान करता है उतनी ही अधिक अर्थ-छवियाँ उसकी पकड़ में आती हैं।

पाठक सही अर्थों में रचना वहाँ करता है जहाँ मूल रचना अत्यन्त आत्मपरक होती है, जहाँ रचनाकार अपने भाव-जगत् की निर्मिति मूर्त आलम्बनों के सहारे नहीं करता और न उसकी अभिव्यक्ति उनके माध्यम से करता है। जहाँ उसकी रचना अनियन्त्रित होती है, अरूप होती है, दुरूह होती है और अधिकाधिक प्रतीकात्मक होती है वहाँ पाठक किसी एक निश्चित अभिप्राय की प्राप्ति नहीं कर पाता और अपनी ओर से अपनी समझ, संस्कार और कल्पना-प्रवणता के अनुसार एक दूसरा ही अभिप्राय-जगत् निर्मित कर लेता है या कर सकता है। वस्तु-जगत् से जुड़ी हुई रचना में भाव-जगत् से जुड़े कुछ मूर्त सन्दर्भ होते हैं, ये पाठक को उस रचना में निहित या सम्भावित अभिप्राय की गहराइयों की ओर ले जाते हैं, किन्तु आत्मोन्मुखी रचनाओं में पाठक एक समान्तर या भिन्न रचना कर लेने की छूट पा लेता है। छायावादी रचनाओं में यह छूट मिल जाती है। विशेषतया महादेवी वर्मा की कविताएँ भिन्न-भिन्न प्रकार के पाठकों को भिन्न-भिन्न अभिप्रायों की निर्मिति का अवसर प्रदान कर देती है। इसी प्रकार मुक्त साहचर्य वाली रचनाएँ इतनी व्यक्तिगत हो उठती हैं कि पाठक सामान्यतः दो खंडित बिम्बों के बीच की दूरी को एक ही अभिप्राय से नहीं भर पाता। इस दूरी के कविगत अभिप्राय इतने अरूप या अदृश्य होते हैं कि हर पाठक उन्हें पाता नहीं, उन्हें गढ़ता है। इस गढ़ने में वह तृप्ति नहीं होती जो रचना के भीतर निहित अर्थ-सम्भावना की पहचान में होती है।

इसी प्रकार क्षीण संवेदना वाली शिल्पाग्रही रचनाओं में भी पाठक की रचनाशीलता को मुक्त भाव से एक अलग दुनिया बना लेने की छूट होती है। कहीं जटिल प्रतीकों की छवि होती है, कहीं अनेक सूक्ष्म अर्थछायाएँ उभारने वाले शब्द होते हैं, वाक्य विन्यास होते हैं, बिम्ब होते हैं। संगीतात्मक तत्त्व होते हैं, छूटे हुए अवकाश होते हैं, अप्रस्तुत विधान होते हैं, लेकिन ये किसी एक बड़ी केन्द्रीय संवेदना से अनुप्राणित नहीं होते, इसीलिए किसी घनीभूत अभिप्राय की पहचान की ओर

पाठक को नहीं ठेलते। वे छोटी-छोटी दीप्तियाँ लेकर अपनी-अपनी जगह पर स्थित होते हैं। पाठक उनकी अलग-अलग दीप्तियों की पहचान कर सकता है। इस पहचान में भी पाठक की कल्पनाशीलता और बौद्धिकता (संवेदनशीलता नहीं) बहुत सजग हो उठती है और इनकी जो पहचान उभरती है वह वही नहीं होती जो रचना में होती है, बल्कि पाठक उस पहचान की कल्पना कर लेता है जिसे आप रचना भी कह सकते हैं और उनके समग्र प्रभाव की भी रचना करता है। क्योंकि समग्र प्रभाव मूल रचना में बहुत क्षीण होता है। प्रयोगवाद की बहुत-सी रचनाएँ और नयी-कविता या अकविता की बहुत-सी इस मिज़ाज की रचनाएँ पाठक की रचनाशीलता को एक अलग रचना की निर्मिति की बहुत छूट देती हैं। यह भी ध्यान देने की बात है कि इसी प्रवृत्ति की कहानियाँ इतनी छूट नहीं देतीं क्योंकि कहानी कितनी भी आत्मपरक या शिल्पाग्रही हो, कथा के क्षीण तन्तु उसे जगत् से कुछ-न-कुछ जोड़े होते हैं और उसका एक समग्र प्रभाव पकड़ में आ जाता है।

पाठकीय रचनाशीलता का एक और आयाम है जिसकी ओर डॉ. श्रीवास्तव ने भी संकेत किया है, वह है क्लासिक रचनाओं में अपने समय के अनुसार एक नये अभिप्राय की रचना कर लेना। यह काम लेखक भी करता है और पाठक भी। लेखक मिथकों और प्राचीन कथाओं को लेकर समसामयिक जीवन के सन्दर्भ पुनर्सर्जित करता है और पाठक क्लासिक रचनाओं में अपने समय के अनुसार नयी अर्थ-ध्वनियाँ पैदा कर लेता है। लेकिन यह कार्य कुशल हाथों में पड़कर अत्यन्त सुन्दर हो उठता है और उत्साही अकुशलों के हाथों फूहड़ और चपटा हो जाता है। मूल रचना में हमारे समय के साथ जुड़ जाने की सम्भावना निहित होनी चाहिए। मूल रचना के मूल स्वभाव के विपरीत हमें पाठकीय रचना करने का अधिकार नहीं होता। पाठकीय रचना मूल रचना के स्वभाव की ही दिशा में आगे के समय को लेकर होती है। कबीर की कविताओं में सम्भावना है कि हम उनका उपयोग अपने समय की व्यवस्था, जात-पाँत, सम्प्रदायवाद, आदि असत्यों के विरुद्ध करें यानी हम उनसे अपने समय के अर्थ की रचना कर लें। तुलसी में दूसरे प्रकार की सम्भावना है, जायसी में दूसरे प्रकार की। सम्भावनाएँ सबमें हैं किन्तु हमें यह छूट नहीं है कि कबीर के द्वारा मार्क्सवादी दर्शन और तुलसी के द्वारा मनोविश्लेषणात्मक दर्शन से सम्बन्धित अर्थों की रचना करें। क्लासिक रचनाओं से पाठक अपने समय की गहरी मानवीय चिन्ता से जुड़े अर्थ की ही रचना कर सकता है सतह पर उतराये तात्कालिक अर्थों की नहीं इस पाठकीय रचना का आधार जीवन-यथार्थ के अनेकानेक गहरे आयामों से जुड़े साहित्य ही हो सकते हैं—बिहारी, मतिराम, पद्माकर, आदि रचनाकारों के एक आयामी साहित्य नहीं।

कविता और कविता के आसपास

कविता अन्त में कविता ही बचती है वह चाहे कितनी भी मुद्राएँ धारण करे, कितने ही रूप-रंग बदले, कितने ही आन्दोलनों के बीच से गुज़रे। ये मुद्राएँ, ये रूप-रंग, ये आन्दोलन कविता के आसपास की चीज़ें हैं। उसे एक तात्कालिक उत्तेजना ज़रूर प्रदान करते हैं, तात्कालिक रूप से उसके मूल्यांकन को भी प्रभावित करते हैं और आस्वाद के धरातलों पर भी असर डालते हैं, किन्तु अन्त में बचती है कविता ही। कविता कहकर मैं उसे कोई अरूप, चिरन्तन, निरपेक्ष वस्तु नहीं मान रहा हूँ। कविता मनुष्य की एक बहुत गहरी भीतरी ज़रूरत है। वह एक ऐसी ज़रूरत है कि दूसरी ज़रूरतें किसी तरह उसका पर्याय नहीं हो सकतीं, किन्तु यह ज़रूरत अन्य ज़रूरतों से प्रभावित होती रहती है। प्रभावित होकर उसका रूप-रंग ही नहीं बदलता उसकी प्रकृति में भी नये आयाम उभरते हैं और सच पूछिए तो प्रकृति में आये हुए नये आयामों के कारण ही उसे रूप-रंग बदलना होता है। कविता की ज़रूरत क्या है? इसे तरह-तरह से कहा जा सकता है, किन्तु बहुत अच्छी तरह से कहने के लिए मैं आचार्य रामचन्द्र शुक्ल का सहारा ले रहा हूँ। "जिस प्रकार आत्मा की मुक्तावस्था ज्ञान दशा कहलाती है उसी प्रकार हृदय की मुक्तावस्था रस दशा कहलाती है। हृदय की इसी मुक्ति की साधना के लिए मनुष्य की वाणी जो शब्द विधान करती आयी है उसे कविता कहते हैं। इस साधना को हम भावयोग कहते हैं! और कर्मयोग और ज्ञानयोग का समकक्ष मानते हैं।" इस परिभाषा से स्पष्ट है कि शुक्लजी कविता को भीतरी ज़रूरत मानते हैं वह हृदय की मुक्ति के लिए भीतरी ज़रूरत है और वह कर्मयोग और ज्ञानयोग के समकक्ष है—न उसका पर्याय है न उनसे हीन, लेकिन भाव अपने-आप में कोई स्वतन्त्र निरपेक्ष सत्ता नहीं है। उसकी सृष्टि रूप-जगत् के बीच ही होती है। यह रूप-जगत् वैविध्यपूर्ण और बहुआयामी है। यह परिवर्तनशील है इसलिए भाव-जगत् भी वैविध्यपूर्ण, बहुआयामी तथा परिवर्तनशील है। वास्तव में नाना रूपात्मक जगत् के बीच ही भाव बनता है और उसकी सार्थकता जगत् में व्याप्त होकर अनेक असत्यों और विभेदों में खोई मनुष्य-मनुष्य के बीच की मौलिक एकता और सत्य की

अनुभूति कराने में ही है। अर्थात् व्यक्ति के भीतर जो विश्व मानव है उसको जिलाए रखता है और यह कार्य होता है कविता (या सम्पूर्ण साहित्य) के माध्यम से। इसलिए कविता आदमी की भीतरी ज़रूरत है।

वह फिराक के शब्दों में हमारी इनसानियत वापस करती है। वह किसी आर्थिक या राजनीतिक लड़ाई का हथियार नहीं है। हथियार बनाकर हम उसकी सार्थकता बहुत छोटी कर देते हैं। यदि वह हथियार है भी तो प्रकारान्तर से। वह हमारी संवेदनाओं को अत्यधिक मानवीय बनाती है। उन्हें समृद्ध और तीव्र करके हमें हमारी असली पहचान कराती है। हमारे सौन्दर्यबोध को अधिक तीव्र और सजग बनाकर हमें भौतिक यान्त्रिकता और पशुता से ऊपर उठाती है। साथ-ही वह हमारी समझ को, जीवन-दृष्टि को विकसित करती रहती है। इसीलिए ज्यों-ज्यों भौतिक यान्त्रिकता और पशुता की स्थिति गाढ़ी होती जायेगी कविता की ज़रूरत बढ़ती जायेगी। कविता ही मनुष्य को मनुष्य की पहचान वापस करती रहती है, इसके लिए उसे मूलतः संवेदनात्मक होना ही पड़ेगा। संवेदना या भाव ही मूलतः कविता के केन्द्र में है। संवेदना केन्द्र में होकर भी स्वतः रचना नहीं बनती। एक तो संवेदना स्वयं युगीन सन्दर्भों में नयी होती चलती है, नये सामाजिक अनुभव उसमें जुड़ते हैं, उसे नये-नये आयाम देते हैं दूसरे बड़े रचनाकार के पास के एक चिन्तनमूला जीवन-दृष्टि होती है, वह जीवन-दृष्टि भी काल-सन्दर्भों से प्रभावित होती है। वह दृष्टि संवेदनाओं का मूल्यांकन कर उनके प्रासंगिक-अप्रासंगिक होने का निर्णय करती है और प्रासंगिक संवेदनाओं से एक ऐसी तस्वीर रचती है जो हमें हमारे आज के संश्लिष्ट जीवन की सही भीतरी पहचान कराती है। आज का जीवन इतना संश्लिष्ट और बहुआयामी है कि उसे किसी एक बिन्दु पर खड़ा होकर देखने का दावा नहीं किया जा सकता। ''सभ्यता की बुद्धि के साथ-साथ ज्यों-ज्यों मनुष्य के व्यापार बहुरूपी और जटिल होते गये, त्यों-त्यों उनके मूल रूप बहुत आच्छन्न होते गये। भावों के आदिम तथा सीधे लक्ष्यों के अतिरिक्त और-और लक्षणों की स्थापना होती गयी। वासनाजन्य मूल व्यापारों के सिवा बुद्धि द्वारा निश्चित व्यापारों का विधान बढ़ता गया।'' इसीलिए अपने उपर्युक्त कथन के क्रम में 'शुक्लजी मानते हैं कि ज्यों-ज्यों हमारी वृत्तियों पर सभ्यता के नये-नये आवरण चढ़ते जाएँगे त्यों-त्यों एक ओर तो कविता की आवश्यकता बढ़ती जाएगी, दूसरी ओर कवि कर्म कठिन होता जाएगा।'

आज सभ्यता का आवरण काफी घना हो गया है। वासनाजन्य मूल व्यापारों के सिवा बुद्धि द्वारा निश्चित व्यापारों का विधान काफी बढ़ गया है। इसलिए निश्चित है कि आज कविता की आवश्यकता अधिक बढ़ गयी है और साथ ही कवि-कर्म भी बहुत कठिन हो गया है। सभ्यता के सारे घने आवरणों को भेदकर मनुष्य को उसके मौलिक मनुष्यत्व का अहसास कराना सबके बूते की बात नहीं

रह गयी है। बौद्धिकता, यान्त्रिकता, मूल्यहीनता, आदि समकालीन मानव-व्यापारों और स्थितियों को यथार्थ के नाम पर खड़ा कर देने वाले कवियों की कमी नहीं है किन्तु, इनके बीच खोये हुए मानवीय अनुभवों और संवेदनों की खोज कठिन हो गयी है। परिस्थितियों और अनुभवों, संवेदना और बौद्धिकता, सम्बन्धों और मूल्यों की अराजकता की स्थिति और उनके अस्तित्व की अनिवार्यता की अनुभूति, भावों की सरलता और संक्रान्ति के तनावों से गुजरकर मनुष्य की अस्मिता की पहचान उभारना सरल नहीं होता, इसलिए बहुत से कवि सरल सीधी भावात्मकता की उमंग लेकर चलते हैं (जो समकालीन जटिल जीवन के लिए बहुत प्रासंगिक नहीं है) और दूसरे बहुत से कवि देशी या विदेशी बौद्धिकता का दबाव दे-देकर कविता को चिन्तन से महिमान्वित करना चाहते हैं। बौद्धिकता का एक आन्दोलन खड़ा कर पाठकों को आतंकित करते हैं और अपने परिवेश के अनुभूत्यात्मक जीवन से कटे हुए रहकर भी कुछ दिनों के लिए बड़ा कवि होने का रुतबा जीत लेते हैं; किन्तु जब समय गुजर जाता है और पाठक उसके आतंक से मुक्त होता है तो वह फिर कविता से कविता चाहता है और तब?

'तार सप्तक' के माध्यम से हिन्दी में प्रयोगवादी कविता का एक आन्दोलन शुरू हुआ था। यह काव्य-संकलन काफी वाद-विवाद, सहमति-असहमति के बीच रास्ता बनाता हुआ अपने को स्थापित करने में समर्थ हो गया और 'नयी कविता' के दौर में उसकी कड़ी में दो संकलन और जुड़ गये। इस तरह सप्तकों का अस्तित्व हिन्दी की समकालीन कविता की नियति बन गया। 'तारसप्तक' के सन्दर्भ में उस समय परम्परागत कविताओं से अलगाव, कविता-सम्बन्धी अनेक प्रश्नों और प्रयोगों की चर्चा जितनी प्रासंगिक हो उठी थी उतनी कविता नहीं। इसीलिए इतनी कमजोर कविताओं के बावजूद 'तार सप्तक' बड़ी चालाकी से हिन्दी कविता की नयी धारा का एक नियामक मोड़ मान लिया गया और उसमें संकलित कवि आधुनिक कविता के विशिष्ट कवि स्वीकार लिये गये, किन्तु अब जब कि सब कुछ थम गया है या कविता ने नये-नये मोड़ ले लिये हैं तब यह पहचान करने का समय आ गया है कि इस महान दस्तावेज में कविता कितनी थी? यह भी एक विचित्र तथ्य हाथ लगता है कि 'तार सप्तक' के सबसे बड़े स्तम्भ और नेता अज्ञेय तार सप्तक के निहायत कमज़ोर कवि हैं। उनकी कविता को कविता नहीं वरन् गद्यकार, चिन्तक, प्रयोगशील अज्ञेय का व्यक्तित्व गौरवान्वित करता है, अर्थात् कविता कवितेतर तत्त्वों से गौरव प्राप्त करती है। इसलिए अज्ञेय की कविताएँ अपने निजी संसार की लघुता और रिक्तता के बावजूद विशिष्ट बनी चलती रहीं। इन कविताओं में संवेदना की न तो सघनता है और न व्यापकता। वास्तव में अज्ञेय अपनी रूमानी संवेदना को आधुनिकता का स्वरूप देने के लिए ऊपर से एक जटिल बौद्धिकता का आरोपण करते हैं। यह जटिल बौद्धिकता न

तो संवेदना का अंग बन पाती है और न वह कोई बहुत बड़ी चिन्तनात्मक उपलब्धि ही होती है। बौद्धिकता उनकी बहुत-सी कविताओं में सूक्ति-कथन बनकर एकदम ऊपर उतर जाती है। यानी लगता है कि कवि कविता न लिखकर किसी विचार का प्रतिपादन कर रहा है। 'अच्छा खंडित सत्य' जैसी अनेक कविताएँ इस बात का प्रमाण हैं। लगता है कि संवेदना की धारा को अज्ञेय जानबूझकर तोड़ देते हैं और एक झटका देते हैं। आज के युग में एक संवेदना के साथ दूसरी संवेदना चलती रहती है और एक संवेदना से दूसरी संवेदना निकलकर संवेदना के मुक्त आसंगों को रूपायित करती चलती हैं। इस संवेदना के साथ मनुष्य की चिन्तनात्मक प्रक्रिया भी चलती रहती है, किन्तु अज्ञेय की कविताओं में उभरने वाला तोड़ या झटका जैसे जानबूझकर तार्किक पद्धति पर सर्जित किया जाता है। यह आकस्मिक नहीं है कि अज्ञेय की कविताओं में, विशेषतया तार सप्तक की कविताओं में तर्क-पद्धति का दबाव बहुत ज़्यादा है। भारी-भारी शब्दों में लदे लम्बे-लम्बे वाक्य, बार-बार डैश, दुरूह वाक्य-योजना, एक वाक्य के बीच से दूसरे वाक्य की घुसपैठ, 'क्योंकि' 'इसलिए' पद्धति की योजना आदि उनकी कविताओं पर संवेदना का नहीं, तर्क का शासन सूचित करते हैं। अज्ञेय ने बड़ी चालांकी से अपनी कविताओं को छायावाद से और स्वयं अपने सहयात्रियों से अलगाने के लिए यह बौद्धिकता की पद्धति अपनाई है, किन्तु इससे लगता है कि अज्ञेय की कविताएँ हकलाती हुई चल रही हैं। कहीं-कहीं अज्ञेय एक बाहरी दृश्य प्रस्तुत कर उसी के समानान्तर एक आन्तरिक दृश्य प्रस्तुत करते हैं। यह कविता की पद्धति नहीं है, व्याख्या की पद्धति है। इस पर भी ये कविताएँ बिम्ब उभारने के स्थान पर विशेषताओं और भावों का बोध कराती हैं। अज्ञेय ने प्रेषणीयता को सिद्धान्त के स्तर पर अपनाया ज़रूर, लेकिन उन्होंने दूसरी ओर एक बहुत कवितेतर कारण से कविता को दुरूह बना दिया। अज्ञेय को इसमें वैशिष्ट्य का लाभ तो मिला और यह भी लाभ मिला कि वे अपनी संवेदना की कमजोरी को छिपा सके किन्तु, कविता कमजोर हो गयी। एक पत्रकार द्वारा 'जैसे तुझे स्वीकार हो' कविता के दुरूह घोषित किए जाने पर अज्ञेय ने छद्म नाम से पैरोडी लिख भेजी जो निश्चय ही कविता से बेहतर थी। अच्छा हो अज्ञेय अपनी इन सारी कविताओं की पैरोडी लिख दें शायद इन्हीं में से कुछ कविता मिल जाए।

और जब हम घूम-फिर कविता की ओर आते हैं, तो लगता है, अज्ञेय की कविता उनकी उन कविताओं में है, जिनमें प्रकृति और मानव के सौन्दर्य और प्रेम का कोई संश्लिष्ट बिम्ब उभारा गया है। इन कविताओं में कवि कवि भी है और विशिष्ट भी। इनमें संवेदना की सघनता भी है और संवेदना के नये स्तरों को पहचाना भी गया है। इनमें रूमानियत के आवेग को बाधित कर बौद्धिकता संवेदना को अधिक तटस्थ बनाने का प्रयास करती है। ये कविताएँ रूमानी

कविताओं की तरह उफान में नहीं होतीं, बल्कि मन्द-मन्द दीप्त होती हैं और अनुभूति की एक अखंडता आद्योपान्त व्याप्त रहती है। इसलिए ये कविताएँ हमें प्रभावित करती हैं, अपने सौन्दर्य से हमारी संवेदनाओं को अधिक सघन और नवीन बनाकर हमारी भीतरी ज़रूरत पूरी करती हैं। वास्तव में अज्ञेय की दिक्कत यह है कि वे सब कुछ बनना चाहते हैं। वे कविताओं में कवि के साथ चिन्तक भी बनना चाहते हैं। अपने को व्यक्ति-केन्द्रित-संवेदना के साथ-साथ सामाजिक सत्य के साथ भी जोड़ना चाहते हैं, युगबोध के नेतृत्व करने का मोह पालते हुए आध्यात्मिक सत्य की चिरन्तनता से भी जुड़ना चाहते हैं और इन सारी बातों का किसी आन्तरिक स्तर पर समन्वय न कर पाने के कारण वे भिन्न-भिन्न आयामों में बँट जाते हैं। जहाँ वे सामाजिक सत्य से जुड़ना चाहते हैं वहाँ वे प्रामाणिक नहीं रह पाते। लगता है सामाजिक जीवन को अपने अनुभव में पचाकर कवि कविता नहीं लिख रहा है, बल्कि अपने भीतर सामाजिक जीवन की विराटता और वैविध्य की कल्पना कर लेता है। इसलिए यह विराटत्व वैविध्यपूर्ण तो लगता है, किन्तु विश्वसनीय नहीं लगता। 'मैं वहाँ हूँ', 'असाध्य वीणा', आदि कविताएँ इस सन्दर्भ में देखी जा सकती हैं। इसी तरह युगबोध और सत्य की चिरन्तनता, संवेदना और चिन्तन को आन्तरिक स्तर पर रचकर कविता को बहुत प्रभावशाली बना पाने में अज्ञेय समर्थ नहीं होते। कविता यदि हमारी भीतरी ज़रूरत है और यदि उसकी ज़रूरत हमारी संवेदना को गहराने के लिए होती है तो अज्ञेय की वे ही कविताएँ हमारे भीतर के निकट मालूम पड़ती हैं, जो उनके अपने संस्कार और अनुभव में रच-पचकर अपेक्षाकृत अधिक निश्छलता से फूटती है।

मुक्तिबोध दूसरे कवि हैं जो तार सप्तक के समय में तो नहीं, किन्तु बाद में चलकर अपनी काव्यात्मक शक्ति का अहसास करा सके। मुक्तिबोध 'तार सप्तक' में शामिल ज़रूर थे, किन्तु व सामयिक और कवितेतर साधनों से अपनी कविता को गौरवान्वित करने की होड़ में शरीक नहीं हुए। इसलिए उनकी कविताएँ अपनी सारी भीतरी ताकत के बावजूद बहुत दिनों तक उपेक्षित-सी रहीं, किन्तु वह भीतरी ताकत धीरे-धीरे उभरती गयी और सारे अप्राकृतिक दबाव के हटते ही वह समसामयिक कविता के केन्द्र में आ गयी। वह ताकत है अनुभव की समृद्धि। मुक्तिबोध के काव्य की दो विशेषताएँ ध्यान देने योग्य हैं—एक तो उनके काव्य की मूल शक्ति उनका सामाजिक अनुभव है—अज्ञेय की तरह तार्किक पद्धति वाली अहंनिष्ठ वैचारिकता नहीं, दूसरे मुक्तिबोध का एक निश्चित काव्य व्यक्तित्व है, जो निरन्तर विकसित होता गया है। उस व्यक्तित्व में चिन्तन भी है और प्रखर चिन्तन है, किन्तु वह उनके सामाजिक अनुभव में रच-पचकर कविता में उभरता है, वह मुद्रा बनकर या तर्क बनकर अनुभव के ऊपर अपने को टाँगता नहीं है। चिन्तन से दीप्त सामाजिक अनुभव अपने अनुकूल प्रयोग की राह से गुजरता गया

है। मुक्तिबोध चौंकाते नहीं हैं, इसलिए अपने प्रारम्भिक काल में वे आलोचक और पाठक का ध्यान नहीं खींच पाए, किन्तु चूँकि उनका रास्ता कविता का ही था, यानी अनुभव का था और वह भी सामाजिक अनुभव का, इसलिए धीरे-धीरे वे सशक्त होते गये और उनकी मानवीय संवेदना की परिधि विस्तृत होती गयी। इनकी कविता में वर्तमान जीवन की सारी विसंगति, विडम्बना, क्रूरता और अराजकता का स्वर उभरा है, किन्तु वह एक फैशन नहीं है, बल्कि वह गहरा अनुभव है और इसी दुनिया में एक और दुनिया है—मानव-अस्मिता की, आन्तरिक स्तर पर जिसकी खोज कवि करता चलता है। इस तरह मुक्तिबोध का काव्य-संसार, अनुभवों से बना है, किन्तु यह अनुभव बड़ा संक्रान्त है। वह व्यक्ति और समाज, संवेदना और चिन्तन, यथार्थ और मूल्य-चेतना और शक्ति के जटिल सूत्रों से बुना हुआ है। मुक्तिबोध की कविता हमारे भीतर आज की जटिल जिन्दगी का अहसास जगाती है। किन्तु मुक्तिबोध भी कम दुरूह कवि नहीं हैं। इस दुरूहता का कारण उनका दुरूह-जटिल अनुभव तो है ही, फैंटेसी वाला शिल्प भी है, लेकिन इन दोनों के अतिरिक्त एक तीसरा कारण भी है; वह यह कि मुक्तिबोध अपने सशक्त और सघन अनुभवों को पूरा-पूरा रच पाने में समर्थ नहीं हो पाते। विशेषतया 'अँधेरे में' और 'ब्रह्मराक्षस' जैसी लम्बी-लम्बी कविताओं में प्रभाव की गठन की जगह प्रभाव का बिखराव ही अधिक दिखता है—जैसे अनुभवों के बड़े-बड़े शिलाखंड एक-दूसरे से असम्बद्ध यहाँ से वहाँ तक पड़े हुए हैं। यह दूसरी बात है कि इस असम्बद्ध सम्बद्धता का भी एक सौन्दर्य है।

कविता के सन्दर्भ में मुक्तिबोध के साथ कुछ और नाम ऐसे हैं, जिन्हें लेकर कविता और कविता के आसपास की बात की जा सकती है। वे हैं गिरिजाकुमार माथुर, भवानीप्रसाद मिश्र, शमशेर और धर्मवीर भारती। संवेदना के धरातल पर पारम्परिक कविता से नयी कविता को अलगाने वालों में गिरिजाकुमार का अपना महत्त्व है। गिरिजाकुमार माथुर की संवेदना भी मूलतः मानव और प्रकृति-प्रेम की संवेदना है, किन्तु वह संवेदना अधिक मूर्त है, वह सूक्ष्म होकर भी ठोस है। प्रकृति की रंगमयता, उदासी, सौन्दर्य-प्यास, प्रेम-प्रसंगों की स्मृतियों का दंश, सुन्दर वातावरण में साथी-विहीन अकेलेपन का बोध, आदि इनकी संवेदना और अनुभूति के अंग हैं। इनके रचना-लोक में विभिन्न रूप-रंगों में, ध्वनियों, गन्धों और स्पर्शों में इन्हीं के दर्शन होते हैं। वह चाहे 'आज हैं केशर रंग रंगे वन' हो चाहे 'रेडियम की छाया' हो, चाहे 'क्वार की दोपहरी' हो चाहे 'भीगा दिन' हो, सर्वत्र इसी स्वर की प्रधानता है। इन कविताओं की दुनिया कविता की ही दुनिया है। वह एक सीमित अनुभव-लोक में रहकर भी कविता का अहसास दिलाती है और अज्ञेय की सायास विशिष्ट बनाई गयी कविता से अधिक हमारे भीतर के समीप दिखाई पड़ती है, किन्तु ऐसे कवि की जो परिणति होती है, वह माथुर की भी हुई। वे निरन्तर एक

विकासशील काव्य-व्यक्तित्व नहीं निर्मित कर सके, क्योंकि वे अपनी मूल प्रकृति से हटकर उन तमाम चीजों पर कविता लिखते गये, जिन्हें वे अपने अनुभव का अंग नहीं बना सके। इसलिए वे मुक्तिबोध की तरह अपने सामाजिक अनुभवों से एक बड़ी और सशक्त कविता रचने की जगह समाज के अनेक आयामों पर कविता लिखने लगे और कविता के नाम पर 'हम सब बौने हैं', जैसे आज की सामाजिक विडम्बना से सम्बन्धित अनेक वक्तव्य उगलने लगे और इस प्रश्न को जन्म देने लगे कि कविता आखिर कहाँ है। उनकी पहली सीमित कविताओं में या उनकी बाद की विराट् आयामी कविताओं में?

शमशेर एक ऐसे कवि हैं, जो कविता से हटे नहीं। शमशेर मूलतः और पूर्णतः सौन्दर्य-बोध के कवि हैं। वे सौन्दर्य से प्रभावित होते हैं और सौन्दर्य का प्रभाव जगाते हैं। कुछ अपवादों को छोड़कर वे अपने इसी अनुभव के संसार में आदि से अब तक यात्रा करते रहे हैं। इसलिए शमशेर का एक निश्चित काव्य-व्यक्तित्व है। इसीलिए वे ऊपरी घटनाओं और अवधारणाओं के पीछे नहीं भागे हैं। साथ ही उन्होंने अनुभव की आँच से तपी अनेक धाराओं और कालों की कविताओं को खुलकर पसन्द किया है, किन्तु शमशेर के साथ एक दूसरी दिक्कत है, वह यह है कि वे अनुभव के स्तर पर ही बहुत दुरूह हो उठते हैं। एक तो वे अनुभव के बहुत सूक्ष्म स्तरों को उठाते हैं, दूसरे इन स्तरों में एकसूत्रता के स्थान पर मुक्त साहचर्य होता है। इस मुक्त साहचर्य को वे खंडित बिम्बों से व्यक्त करते हैं। इसलिए कविता खंडित रूप से अपनी आँच का अनुभव तो कराती है, किन्तु वह अखंड अहसास उभार पाने में सफल नहीं हो पाती। इन कविताओं को व्याख्यायित करके उनके सौन्दर्य का आकलन तो किया जा सकता है, किन्तु उनके सौन्दर्य को कविता के साथ-साथ सहज भाव से जिया नहीं जा सकता।

भवानीप्रसाद मिश्र इस समूचे दौर की कविता और कविता-हीनता की स्थिति को समझने के लिए बड़े प्रासंगिक कवि हैं। भवानीप्रसाद मिश्र एक खास किस्म के आधुनिक कवियों द्वारा पसन्द नहीं किए जाते, क्योंकि वह बौद्धिक तेवर और दुरूह प्रयोगवादिता उनमें नहीं है, जिसके आधार पर ये कवि आधुनिक बनने का दावा करते हैं। भवानीप्रसाद मिश्र अपनी अनेक सीमाओं के बावजूद एक प्रभावशाली कवि हैं। ये सहज संवेदना के कवि हैं, कवि की संवेदना कहीं बहुत सूक्ष्म और आत्मगत है, जैसे 'कमल के फूल', 'वाणी की हीनता', 'टूटने का सुख', आदि में; कहीं बहुत प्रत्यक्ष और परिवेश सम्पृक्त है जैसे 'सतपुड़ा के घने जंगल', 'सन्नाटा', 'गीत फरोश', आदि में। मिश्रजी की अभिव्यक्ति भी बहुत सहज है यद्यपि वह नयी कविता की प्रतीकात्मकता और बिम्बधर्मिता से संयुक्त है। भवानीप्रसाद मिश्र की कविताएँ इतनी सहज होकर इस बात का विश्वास दिलाती हैं कि सूक्ष्म और सघन अनुभवों को भी प्रेषणीय बनाया जा सकता है और ऐसी कविताएँ अपने

प्रभाव में अधिक सघन और गहरी होती हैं और यह भी प्रमाणित करती हैं कि कविता का सीधा सम्बन्ध मनुष्य के अन्तर्जगत् को समृद्ध करने से है। किसी बाहरी लड़ाई का हथियार बनने या किसी बाहरी समस्या को उठाने और उसका बौद्धिक समाधान ढूँढने से नहीं। बौद्धिक स्तर पर जीवन की समझदारी और अनेक सामाजिक समस्याएँ कविता के लिए वर्जित नहीं हैं। वे उसके भीतर से आकर उसे समृद्ध करती हैं और बाहर से आकर उसे कमजोर बनाती हैं। भवानीप्रसाद मिश्र ने भी जहाँ आदर्शों को, प्रश्नों को, सामाजिकता को बाहर से लिया है वहाँ कविता अत्यन्त सतही बन गयी है। 'असाधारण', 'स्नेह-शपथ' जैसी अनेक कविताएँ इस सन्दर्भ में देखी जा सकती हैं। भवानी की कविता की शक्ति है उनके व्यक्तिगत और सामाजिक अनुभवों का वेग और उनकी निश्छल कलात्मक अभिव्यक्ति, किन्तु जहाँ इनकी कविता फार्मूलाबद्ध, आदर्शवादिता, अनुभूति के सतहीपन तथा अभिव्यक्ति के तुकान्तवादी विस्तार और कलात्मक असंयम में पड़ जाती है वहाँ बहुत कमजोर हो जाती है; किन्तु कुल मिलाकर भवानी का अपना एक विशिष्ट काव्य-व्यक्तित्व है जो 'गीत फरोश' से लेकर 'बुनी हुई रस्सी' तक अपनी सीमाओं के बावजूद बड़ा प्रभावशाली लगता है। इस कवि की उपेक्षा इस बात की परिचायक है कि अज्ञेय द्वारा आरोपित बौद्धिक जटिलता कहीं इस पूरे दौर में कविता के संवेदनात्मक रूप को अस्वीकार करने के षड्यन्त्र में जाने-अनजाने शरीक हो गयी थी।

धर्मवीर भारती की कविताएँ कविता की भावात्मक सत्ता और उसकी पारदर्शी गहनता के समर्थन में अपने को प्रस्तुत करती हैं। भारती और उनके समान अनेक कवियों पर आसानी से रूमानी कवि होने का आरोप लगाकर एक खास तरह का आधुनिकतावादी वर्ग छुट्टी पा सकता है, किन्तु भारती की कविताएँ इस बात की साक्षी हैं कि रूमानियत से आज भी 'अन्धायुग' और 'कनुप्रिया' जैसी विशिष्ट रचनाएँ 'इमर्ज' हो सकती हैं। क्या वजह है कि रूमानियत के आरोप को झेलती हुई भी 'अन्धायुग' और 'कनुप्रिया' जैसी रचनाएँ इस पूरे दौर की अत्यधिक प्रभावशाली रचनाएँ बनने में समर्थ हो सकीं। जब अनेक लोगों की कृतियाँ अनेक बहसों और विश्लेषणों से गुजर रही थीं। तब ये कृतियाँ तथा कुछ फुटकर कविताएँ अपनी पारदर्शी अनुभव-सघनता और एक समकालीन मानवीय दृष्टि के कारण सीधे पाठक के भीतर उतर रही थीं। इन कविताओं को लेकर व्यक्तिवादी या समाजवादी दृष्टिकोण, रूमानियत, अरूमानियत, आदि पर बहस हो सकती है और भिन्न-भिन्न विचार व्यक्त किये जा सकते हैं, किन्तु इससे इनकार नहीं किया जा सकता है कि ये कविताएँ हैं और प्रभावशाली कविताएँ हैं। यह सच है कि भारती की बहुत-सी प्रारम्भिक कविताएँ कैशोर भावुकता की कविताएँ हैं और बहुत कच्ची हैं, किन्तु वे चीजों के प्रति कवि की संवेदनात्मक रुझान को तो व्यक्त करती ही

है। यही रुझान आगे चलकर सघन संवेदना और गहरी जीवन-दृष्टि पाकर ऐसी कृतियों की सृष्टि करने में समर्थ हुईं जो गहन होकर पारदर्शी हैं। भारती की इन कविताओं से समाजवादी लड़ाई नहीं लड़ी जा सकती (और किसी कविता से लड़ी जा सकती है इसमें मुझे सन्देह है) किन्तु ये कविताएँ हमारी संवेदना को गहराती हैं और साथ ही साथ उसे समकालीन बनाती हैं। मूल्यों और सम्बन्धों की विच्छिन्नता से भरे आज के भारतीय जीवन के गहरे और संक्रान्त अनुभवों और एक मानवीय दृष्टि से निर्मित 'अन्धायुग' भी कविता है और 'फागुन की शाम' भी कविता है। दोनों कविताएँ अपने-अपने ढंग से हमारी संवेदना को गहराई से स्पर्श करती हैं।

कविता और कविता के आसपास का अन्तर आज की कविता तक आते-आते काफी सिमट गया। इसके सिमटने के दो रूप हैं एक तो यह कि तमाम चीजें हमारी जिन्दगी में घुसपैठ कर रही हैं और घुसपैठ कर उसका अंग बनती चली जा रही हैं और कविता निरन्तर ज़िन्दगी के करीब आ रही है, इसलिए ज़िन्दगी में घुसी हुई वे तमाम चीज़ें जो कविता के आसपास रही हैं कविता की संवेदना का अंग बनती चली जा रही हैं। दूसरे यह कि कविता की संवेदनात्मक सत्ता को केन्द्र से च्युत कर आसपास की चीजों को कविता के केन्द्र की ओर ढकेला जा रहा है। पहले ढंग का सिमटना तो एक स्वस्थ प्रक्रिया है किन्तु दूसरे ढंग का सिमटना कविता के लिए बहुत खतरनाक है। यह खतरा आज की कविता के साथ बहुत गहराई से जुड़ गया है। आज की कविता ने कविता लिखने और जाँचने के लिए कई नकली कठघरे बना लिए हैं। पहला कठघरा है, जल्दी-जल्दी बदलने वाली पीढ़ियों का। यह सच है कि कविता रोज़मर्रा की ज़िन्दगी में साँस लेकर भी रोज़मर्रा की ज़िन्दगी का पर्याय नहीं है, इसलिए रोज़मर्रा की ज़िन्दगी के बाहरी तत्त्वों की तरह अपने को जल्दी-जल्दी नहीं बदलती रहती। कवि को अपने समय की ज़िन्दगी की गहरी पहचान में ही बहुत वक्त लग जाता है, फिर उसे समसामयिकता के बिन्दु से चलकर एक काफी लम्बे समय में व्याप्त मानव-जीवन की पहचान करनी होती है; फिर कविता शब्द-साधना है। कवि को अपनी बात कहने का सलीका प्राप्त करने में कुछ समय लगता है। ज़ाहिर है कि कवि अपने प्रौढ़ वय तक आते-आते जीवन को अधिक संश्लिष्टता और व्यापकता के साथ समझने में सक्षम होता है। अपवादों की बात छोड़ दें, किन्तु आज पटापट पीढ़ियाँ आती हैं, पटापट जीवन को समझ लेती हैं, पटापट काव्य की उपलब्धियाँ प्राप्त कर लेती हैं और पटापट 'आउट' कर दी जाती हैं। इस तरह यह कठघरा लोगों को अपनी उत्तम काव्य-आयु तक पहुँचने के पहले ही चुका हुआ घोषित कर देता है और जो किशोर आयु के कवि सामयिक उत्तेजना लिए आते हैं उन्हें ही प्रासंगिक और यथार्थ द्रष्टा कवि मान लेता है।

दूसरा कठघरा है विषय का। यह विचित्र अन्तर्विरोध है कि आज की कविता ने नयी कविता को व्यापक सामाजिक यथार्थ से विच्छिन्न व्यक्ति-केन्द्रित काव्य घोषित कर व्यापक सामाजिक जीवन के यथार्थ की काव्य-यात्रा शुरू की, किन्तु यह यात्रा बहुत सीमित और एकरस हो गयी। नयी कविता ने विषय का बँटवारा नहीं किया था। उसने कवि की नयी संवेदना की आँच में पगे प्रत्येक विषय को अपने में समेटा, इसलिए उसमें अनेक कवियों के अपने-अपने रंग हैं, संवेदना की अलग-अलग दीप्तियाँ हैं यानी हर कविता का अपना वैशिष्ट्य है; किन्तु आज की कविता भले ही विराट् भारतीय जनजीवन में अपने व्याप्त होने की घोषणा करती हो, किन्तु वह घूम-फिरकर संसद और सड़क तक ही रह गयी है। नाम उसके भले ही अलग-अलग हों, चीज एक ही है। इतने बड़े विराट् फलक पर यात्रा करने का दावा करती हुई आज की कविता कुछ खास समकालीन व्यवस्थाओं के प्रति आक्रोश, युवा-पीढ़ी के आत्मपीड़न के एक खास किस्म के फार्मूले, हर मूल्य और सौन्दर्य के प्रति लटके वाली विरक्ति और जुगुप्सा से बँधकर रह जाएगी, इसे कौन जानता था? इन्हीं विषयों के भीतर आज की कविता चक्कर काटती रही है और समझती रही है कि पूरे देशकाल की बुनियादी चेतना को वह बड़ी गहराई से पकड़ रही है। इसमें शक नहीं कि वह जो कुछ कह रही है वह आज का यथार्थ है, किन्तु जिस तरह मनुष्य का यथार्थ बहुत व्यापक और बहुआयामी होता है उसी तरह कविता का भी। जीने के लिए मनुष्य केवल क्रूर और सपाट यथार्थ की ही यात्रा नहीं करता वह इनसे यात्रा करता हुआ भी सौन्दर्य के उन बहुत से बिन्दुओं और स्तरों से जुड़ना चाहता है जो यथार्थ के अत्यन्त क्रूर वातावरण में भी कहीं न कहीं जीवित रहते हैं। जो सामने है, हम जिसमें आए-दिन जी रहे हैं और जीकर ऊब रहे हैं उसका मात्र अहसास कराते रहना न तो चरम पुरुषार्थ है, न सहज कवि-कर्म की इतिश्री। शुक्लजी ने कहा था कि सभ्यता के विकास के साथ कवि-कर्म कठिन होता जाएगा और आवश्यक भी। वह कठिन हो गया है इसकी पहचान तो ऊपरी यथार्थ का पर्याय बनने के होड़ में लगी हुई आज की कविता से हो ही रही है। वह आवश्यक भी है इसकी प्रतीति नहीं हो रही है। वजह यह है कि वह हमारे भीतर के तलछट को ऊपर लाकर आज की सभ्यता की गन्दगी को ही अभिव्यक्त कर रही है, खोई हुई इनसानियत हम कैसे वापस पाएँ, जीवन कैसे अधिकाधिक सह्य बने, यान्त्रिकता की परतें तोड़कर मानवीय संवेदना कैसे अपनी अस्मिता की रक्षा कर सके, इन सारी बातों से कविता का कोई सरोकार नहीं रह गया है। यह नहीं है कि हमारे जीवन में इन चीजों का अस्तित्व एकदम लुप्त हो गया है, किन्तु आज की कविता इन्हें जानबूझकर नहीं देखना चाहती, क्योंकि उसे आधुनिक होना है और आधुनिक होने के लिए वह जाने-अनजाने ज़रूरी समझती है कि यह सब कुछ किया जाए। उसने भीतर-ही-भीतर यह फैसला कर लिया है

कि मनुष्य और प्रकृति इन दोनों के उन रूपों को अस्वीकारा जाए जो कहीं सौन्दर्य के स्तर पर आदमी को आदमी से जोड़ते हैं। इसलिए अघोषित रूप में ही सही आज की कविता व्यापक जीवन की यात्रा का दावा करती हुई अपने लिए जीवन के कुछ विषयों को ही लेकर चल रही है और लगता है जैसे सभी लोग मिलकर एक ही कविता लिख रहे हैं और उन विषयों से अलग हटकर लिखने वाले कवियों को आज का कवि मानने से एकदम इनकार करते हैं।

तीसरा कठघरा है भाषा और शिल्प की एक निर्णीत रूप में स्वीकृति। यह सच है कि भाषा बदलती है और एक विशेष युग में भाषा का सामान्य स्वरूप भी प्राप्त करती है, किन्तु फिर भी अलग-अलग कवि भाषा का अलग-अलग तरह से इस्तेमाल करते हैं। भाषा की सार्थकता इस बात में है कि वह कवि की अपनी संवेदना के साथ कितनी जुड़ सकी है। यह सच है कि युग मानव-संवेदना और कवि-संवेदना को बदलता है। इस बदली हुई संवेदना, और इसे केन्द्र में रखकर परम्परागत मानव-संवेदना की पहचान करना और उनकी अभिव्यक्ति करना कवि का कार्य होता है और इसी के सन्दर्भ में हर युग की कविता की भाषा समष्टिगत रूप में परम्परागत भाषा से कुछ अलग हो उठती है, किन्तु इस समष्टिगत रूप के बावजूद हर कवि के सन्दर्भ में भाषा एक वैशिष्ट्य पाती है। यह वैशिष्ट्य उस कवि की निजी दृष्टि, निजी संवेदना और अनुभव के कारण उत्पन्न होता है। यह आज की कविता की विडम्बना है कि उसने मात्र सामूहिक तौर पर एक भाषा ग्रहण की है। कुछ खास शब्द, कुछ खास मुहावरे, कुछ खास लटके पहन लिये हैं और वह बड़ी आसानी से अपने से इतर भाषा को रूमानी या पुरानी भाषा घोषित कर देती है। भाषा के साथ ही लटकेबाजी भी आज की कविता के साथ जुड़ गयी है। किसी केन्द्रीय संवेदना या अनुभूति के अभाव में आज कविता का बन जाना आसान हो गया है। वह देश और काल के विराट् फलक पर से कहीं से कुछ चीजें उठा लेती है और आज के बने-बनाये मुहावरे या अन्दाज में उन्हें अलग-अलग कहती चली जाती है। यानी उन्हें मूर्त करने के स्थान पर वक्तव्य देती चली जाती है और लोग समझते हैं कि कविता की जा रही है। इस कविता-यात्रा का एक अनिवार्य तत्त्व है लटकेबाजी, यानी एक बात कहकर उसमें थोड़ा अलग हटकर एक लटका डाल दिया जाता है। वह लटका उस बात से निःसृत नहीं होता, वह चौंकाने के लिए, प्रभावित करने के लिए ऊपर से जोड़ा जाता है। लटका किसी चुस्त कथन के रूप में तो होता ही है, तुकों का विरोध करते हुए तुकों के प्रति भयानक आसक्ति के रूप में भी होता है। आज के बहुचर्चित कवि धूमिल स्वयं इस लटकेबाजी के सर्वोत्तम उदाहरण हैं शायद इसीलिए वे हर कविता को एक वक्तव्य मानते हैं।

अनेक तेज-तेवरों, लटकों, चुस्तबयानी, निषेध की भंगिमाओं से लदी-फँदी

आज की कविता कल कविता के रूप में कितना शेष बचेगी इसका अहसास अभी से बड़ी तेजी के साथ होने लगा है। उसने लोगों में कविता के प्रति बहुत दूर तक अरुचि पैदा कर दी है और बहुत शीघ्र ही अपनी स्वयं की रूढ़ियों का शिकार हो गयी है। यह बात बड़ी तेजी से उजागर होती जा रही है। यह सब लिखते हुए मैं आज की कविता की कुछ उपलब्धियों को अस्वीकार नहीं करता। आज की कविता जिस पथ पर चली है उस पथ की कुछ अपनी शक्तियाँ भी हैं जो इस कविता को प्राप्त हुई हैं। उसने आज की विसंगतिमयी व्यवस्था के विरुद्ध आक्रोश का स्वर उठाया है। उसने जीवन को अत्यधिक प्रभावित करने वाले राजनीतिक सन्दर्भों और चेतनाओं की पहचान उभारी है, उसने रोज़मर्रा की ज़िन्दगी के और करीब होने का प्रयत्न किया है और भाषा को बोलचाल की भाषा के अधिक पास लाने की चेष्टा की है, किन्तु उसने इस पथ पर चलकर मात्र इसी को पथ मान लिया यह उसकी सबसे बड़ी सीमा है। किसी एक पथ को ही कविता का एकमात्र पथ मान लेना कविता का प्रकृत पथ नहीं है।

काव्य में प्रेषणीयता की समस्या

इसमें सन्देह नहीं कि कविता जब पाठक से सीधे संवाद करती है तब उसका प्रभाव सीधा पड़ता है। यह बात और है कि पहली बार प्राप्त किया हुआ प्रभाव पूरा नहीं होता। प्रभाव को पूरा बनाने के लिए वह कविता बार-बार पढ़नी पढ़ती है। इस प्रक्रिया में आलोचकों के विवेचन का भी सहारा लेना पड़ता है। अच्छी कविता हर बार के पठन के समय अपनी छवि की एक अतिरिक्त छाया खोलती है, किन्तु जो कविता किन्हीं अर्थों में पाठक से सीधा संवाद न करती हो और केवल बौद्धिक विश्लेषण के बल पर ठहरी हो उसे चाहे कितना भी महान सिद्ध कर दिया जाए वह अपना असर नहीं छोड़ सकती। कविता का काम होता है भीतर हांट करना। वह हमारे भाव और विचार की मिली-जुली दुनिया को उद्‌बुद्ध करती है। हांट करने के गुण को कुछ लोग रूमानियत से जोड़ देते हैं, किन्तु यह सीमाबन्दी सही नहीं है। रूमानी कविता या शुद्ध भाववादी कविता बड़ी आसानी से हमारे भाव-जगत् को आन्दोलित करती है, उसका प्रभाव बड़ी तेजी के साथ भीतर प्रवेश करता है और वह अपनी भावात्मक सत्ता के साथ भीतर उमड़ती-घुमड़ती रहती है, किन्तु यथार्थवाद के निरन्तर दबाव से कविता या साहित्य की भावात्मक सत्ता अधिक जटिल और संश्लिष्ट होती गयी है जो समकालीन जीवन-चिन्तन से गहरे रूप से जुड़ी है। इस प्रकार की कविता तत्काल भीतर नहीं उतरती, धीरे-धीरे उतरती है, उसकी संक्रान्त संवेदना की पंखुड़ियों के खुलने में समय लगता है, लेकिन यह कहना गलत है कि इस प्रकार की कविता की सार्थकता हांट करने में नहीं, बल्कि समझ के स्तर पर विश्लेषित होने में ही है। यह कविता भी हांट करके ही अपनी सार्थकता प्रमाणित करती है। वह अपनी संक्रान्त और संश्लिष्ट संवेदना के नाते देर से भीतर ज़रूर उतरती है, किन्तु उतरती ही नहीं, उसे मथती रहती है बल्कि इसमें मथने की शक्ति ज़्यादा और गहरी होती है। कोई भी प्रभावशाली रचना अपने गहरे प्रभाव के कारण पाठक के भीतर निरन्तर जीती है, बार-बार उसे याद आती है, बार-बार उसमें अपनी छवि की नयी छायाएँ उभारती है, वह हांट करती है। जो रचना भावात्मक सत्ता की दृष्टि से कमजोर हो और पाठक की सारी ताकत बौद्धिक स्तर

पर उसके तमाम बिखरे और उलझे हुए बौद्धिक सूत्रों को सुलझाने में लगी रहे, वह हांट क्या करेगी?

सीधी-सादी का अर्थ सपाट ही होता है, यह कहना उतना ही गलत है जितना यह कहना कि असादगी गहरी ही होती है। कविता सपाटता में होती ही नहीं क्योंकि पंक्तियाँ चाहे सीधी-सादी हों चाहे उलझी हुई, सब में विपथन होता है अर्थात् उनमें से सहज भाव से जो अर्थ निकलता है वही अर्थ अभिप्रेत नहीं होता। काव्य का अर्थ सामान्य अर्थ से अलग हटकर उभरता है। इसलिए सीधी-सादी कविता लिखना अधिक कठिन होता है, सीधी-सादी पंक्तियों में गहरी अर्थवत्ता भरना बहुत कठिन है, किन्तु आदर्श स्थिति यही है। विरले सिद्ध कवि ही सादी कविता लिख पाते हैं। कबीर और तुलसीदास ऐसे ही कवियों में से थे। सादी कविता ऊपर से सुलझी हुई और जानी-पहचानी होती है, इसलिए वह बहुत ही आसानी से भीतर प्रवेश कर जाती है। उसके अर्थ के कुछ परिचित आयामों को सीधे और तत्काल ग्रहण कर पाठक उससे प्रभावित हो जाता है और यह कविता भीतर जाकर पाठक की क्षमता के अनुरूप धीरे-धीरे अपने गहन अर्थों के गुंजलक खोलना शुरू करती है और पाठक उसकी व्याप्ति में अधिकाधिक समाहित होने लगता है। ऐसी काव्य पंक्तियाँ या समूची कविताएँ न जाने कब तक हमारे भीतर बजती रहती हैं। दिनकर की 'रश्मिरथी' की दो सीधी-सादी पंक्तियाँ न जाने कब से मुझे उद्वेलित किए हुए हैं—

अब चली चला की बेला है,
मन लगता बड़ा अकेला है।

ये पंक्तियाँ पहले ही पाठ में विदाई के अनेक आयामों से जुड़े हुए व्यक्तियों को विदाई के अकेलेपन की सम्वेदना से जोड़ देती हैं। हर व्यक्ति विदाई के अनुभव से गुज़रा होता है, किन्तु धीरे-धीरे विदाई के सामान्य अकेलेपन के भीतर से विशेष अकेलेपन का विशिष्ट अनुभव गहराने लगता है। विदाई के अनुभव में से मृत्यु की विदाई का अनुभव उभरता है और फिर उस व्यक्ति की मृत्यु की विदाई और तज्जन्य अकेलेपन की अनुभूति उभरती है जो जीवन भर दान देता रहा और सामाजिक अपमान और भाग्य की विडम्बना की निरन्तर चोट खाता हुआ अपने अखण्ड पौरुष के बल पर अटूट जीता रहा। काव्य में आए हुए सन्दर्भ और चरित्र-बिम्ब सामान्य अनुभव को विशिष्ट अनुभव के रूप में गहराकर उसे पाठक के भीतर निरन्तर यात्रा करने के लिए छोड़ देते हैं।

यह सत्य है कि कविता अपनी ध्वन्यात्मकता और विशिष्ट रचना-प्रक्रिया के कारण सर्वजन प्रेषणीय नहीं होती, हो ही नहीं सकती। सर्वजन प्रेषणीय होने के लिए उसे सपाट गद्य होना पड़ेगा, किन्तु यह भी सत्य है कि कुछ प्रवृत्तियों, कुछ युगों और कुछ व्यक्तियों की कविताएँ इस प्रकार दुरूह हो जाती हैं कि वे कविता

के लिए अपने को तैयार करने वाले पाठकों की पकड़ में भी नहीं आतीं। समय बीतने के साथ और निरन्तन पठन-पाठन की प्रक्रिया में से गुज़रने के बाद वे कविताएँ अपना अर्थ खोलने लगती हैं, फिर भी काफी कुछ ऐसा होता है जो लगातार हैरान करता है और बहुत बौद्धिक विश्लेषण करने के पश्चात् उसमें से कुछ निकलता भी है तो वह पाठक के भीतर कोई अनुभव-बिम्ब न बना सकने के कारण अपनी काव्यात्मक चरितार्थता सिद्ध नहीं कर पाता। कुछ कवि अपनी उलझी हुई सम्वेदना और दुरूह अभिव्यक्ति-पद्धति के नाते हमेशा अप्रेषणीय ही बने रहते हैं। जब-जब कविता सामूहिक रूप से या एक धारा के रूप में अधिक अप्रेषणीय होने लगती है यानी समझदार पाठकों की भी समझ के बाहर होने लगती है, तब-तब साहित्य में प्रेषणीयता के संकट पर बात होने लगती है। छायावाद के समय यह संकट उपस्थित हुआ था, फिर प्रयोगवाद से शुरू होने वाली और नयी कविता से होकर आज तक आने वाली कविता के सन्दर्भ में इसका अनुभव किया गया। यह अनुभव कवियों ने भी किया, आलोचकों ने भी और पाठकों ने तो किया ही। अज्ञेय ने प्रेषणीयता के संकट को रचनात्मक स्तर पर समझने-बूझने का प्रयत्न किया, किन्तु अनेक कवियों ने इसे संकट न समझकर पाठकों की नासमझी को ही कोसा और उन्हें लगातार सलाह देते रहे कि वे अपनी समझ ठीक करें और अपनी मानसिकता को कवियों की मानसिकता के करीब लायें। आलोचक भी अपने बौद्धिक आभिजात्य को बनाए रखने के लिए सैद्धान्तिक चर्चाएँ करते रहे और कविता के विश्लेषण से जूझने से बचते रहे। इधर प्रेषणीयता पर चर्चाएँ होने लगी हैं और अब रचनाकार भी स्वीकार करने लगे हैं कि प्रयोगवाद से लेकर आज तक की कविता काफी दुरूह हो गयी और यह दुरूहता सर्जनात्मक आवश्यकता की उपज ही नहीं है कुछ और भी है। यह स्वीकृति शुभ लक्षण है, इससे उस कविता का विकास हो सकता है जो स्वयं में खुलती हुई अपने पाठकों के भीतर खोलने का प्रयत्न करेगी।

हमें देखना चाहिए कि प्रेषणीयता कविता का कोई बुनियादी तत्त्व है या नहीं? यदि है तो इसके मार्ग में जो बाधाएँ आती हैं वे क्यों आती हैं? वे सर्जनात्मकता की उपज हैं या खोखले कौशल की? यह सच है कि प्रेषणीयता काव्यसर्जना का अंग नहीं है, किन्तु उसका फल ज़रूर है। कवि कविता लिखता है अपने को अभिव्यक्त करने के लिए। 'अपने' का हम क्या अर्थ लेते हैं बहुत कुछ इस पर अवलम्बित है। बहुत से प्रगतिशील 'अपनी अभिव्यक्ति' का अर्थ बहुत निजी सन्दर्भ में लेकर अभिव्यक्ति के प्रश्न को बहुत संकुचित और व्यक्तिवादी मान बैठते हैं और उनका तर्क होता है कि कविता में हमें उस ज़िन्दगी को चित्रित करना चाहिए जो संघर्षशील है भले ही वह हमारी ज़िन्दगी न हो। यानी हमें अपनी और अपने वर्ग की ज़िन्दगी (जिसके अनुभव का हम दम भरते हैं) से निकलकर

संघर्षशील किसान-मजदूर की ज़िन्दगी के यथार्थ का उद्घाटन करना चाहिए। यह ठीक है; किन्तु प्रश्न यह है कि क्या हम किसान और मज़दूर की ज़िन्दगी के पाठक और द्रष्टा मात्र होकर कविता में उसे उभार सकते हैं या उसे अपने अनुभव और चिन्तन में उतारना भी होता है। किसान मज़दूर की ज़िन्दगी जब कवि के अनुभव का अंग बन जाती है तो कवि का 'मैं' बहुत व्यापक हो उठता है और वह किसी नेता की तरह बाहर-बाहर से किसान और मजदूर के जीवन के आर्थिक और सामाजिक आँकड़े नहीं पेश करता, बल्कि सम्वेदना के धरातल पर उसके यथार्थ को अभिव्यक्त करता है, किन्तु अभिव्यक्ति को व्यक्तिवाद के साथ जोड़ देने का कारण यह था कि बहुत से व्यक्तिवादी सम्वेदना के कवि अभिव्यक्ति का नाम ले-लेकर अपनी असामाजिक सम्वेदना और सीमित अनुभवों को न्यायसंगत सिद्ध करने लगे।

हाँ, तो में कह रहा था कि कवि कविता में अपने को अभिव्यक्त करता है। बाहर का यथार्थ उसके भीतर एक नया यथार्थ बन जाता है– कवि उसे अभिव्यक्त करना चाहता है। भीतर का यथार्थ अपनी सरलता और जटिलता, अन्तर्मुखता और वस्तून्मुखता के अनुसार अभिव्यक्ति के साधनों की खोज और प्रयोग करता है। काव्य-सर्जना की प्रक्रिया में उसका सारा ध्यान अपने भीतर के यथार्थ को अभिव्यक्त करने की ओर होता है, किन्तु उसकी सर्जना का पुरस्कार क्या होता है? क्या यथार्थ की अभिव्यक्ति अपने आप में अपना कुल पुरस्कार है? नहीं, उस अभिव्यक्ति को पाठकों तक पहुँचाना होता है, उसे अहसास दिलाना होता है कि वह केवल कवि का ही यथार्थ नहीं है, अनेक लोगों का यथार्थ है। इतना ही नहीं बल्कि उस कवि-यथार्थ को बहुतों के भीतर सोई हुई चेतना को जगाना होता है। ''सुरसरि सम सब कर हित होई'' का सिद्धान्त तभी साकार होगा जब लोग उस रचना को पढ़ें और समझें। साधारणीकरण तभी होगा जब रचना में निहित भाव सबके भावों को छू सकें और छूने के लिए ज़रूरी है कि दूसरों तक सम्प्रेषित हो सकें। रचना हो जाने के बाद लेखक स्वयं उसका पाठक हो जाता है और चाहता है कि अनेक लोग उसके पाठक हों। इसलिए नयी कविता के सही कवियों और चिन्तकों ने प्रेषणीयता के प्रश्न को नकारा नहीं, उसके मार्ग में आने वाली कठिनाइयों पर विचार किया। यह सही है कि प्रेषणीयता का सम्बन्ध एक ओर रचना से है तो दूसरी ओर पाठक से। और रचना अपने समय की नयी मानसिकता और नयी रचना प्रक्रिया से जुड़ी होती है जो पारम्परिक मानसिकता और शिल्प के संस्कारी पाठक की पकड़ में नहीं आती। इसलिए पाठक से भी माँग की जाती है कि वह अपने को बदले। इरविन हो ने 'मार्डन क्रिटिसिज्म' की भूमिका में लिखा है कि संस्कृति के स्थापित अभिभावकों को लगता है

कि आधुनिक लेखक हठपूर्वक अगम्य बनता है। वह अपरिचित शिल्प को अपनाता है, वह ऐसे विषय चुनता है जो लोगों को उद्विग्न करते हैं और उन्हें ऐसा सोचने को विवश करते हैं कि लेखक लोगों के सर्वाधिक प्रियोपोषित भावों के प्रति विद्रोह करने का प्रयत्न करता है। इरविन हो इस प्रकार के लोगों की शंकाओं का उत्तर देते हुए आगे लिखते हैं कि संस्कृति के विकास के कुछ मोड़ों पर, विशेषतया बेचैनी और उद्विग्नता के मोड़ों पर, लेखक अपने को अपने पाठकों का तिरस्कार करता हुआ पाता है, किन्तु किसी सनक या निर्णय से नहीं, बल्कि किसी गहरी नैतिक और मनोवैज्ञानिक आवश्यकतावश। ये लेखक इस बात से परिचित भी नहीं हो सकते कि वे अपने युग की प्रामाणिक मान्य बातों को चुनौती दे रहे हैं तो भी उनका आघात क्रान्तिकारी होता है। इरविन हो लेखक और पाठक के बीच उपस्थित तनाव की स्थिति में आलोचक की महत्ता स्वीकार करते हैं। आधुनिक-साहित्य जितना ही अधिक जटिल दिखाई पड़ता है आलोचक का दायित्व उतना ही बढ़ जाता है, उसे प्रश्नों की प्रवृत्ति खोलनी पड़ती है। नये साहित्य के सन्दर्भ में प्रेषणीयता में उपस्थित कठिनाई की चर्चा करते हुए अज्ञेय ने 'दूसरा सप्तक' की भूमिका में लिखा है कि प्राचीन काल में भाषा का मुहावरा एक था, विशेष ज्ञान के काल में भावों के एक रहते हुए भी उसके मुहावरे अनेक हो गये हैं। भाषा आज भी प्रेषण का माध्यम है लेकिन ऐसी कोई भाषा नहीं जिसे सब समझते हों।

उपर्युक्त विद्वानों या इसी प्रकार के अनेक विद्वानों के मत के आलोक में यह समझा जा सकता है कि आधुनिक काल में उत्पन्न प्रेषणीयता का संकट सर्जनात्मकता के भीतर से ही पैदा हुआ है ऊपर से लादा नहीं गया है, किन्तु यदि हम आधुनिक काल की कृतियों पर समग्र भाव से विचार करें तो इस संकट को मात्र नयी सर्जनात्मकता की उपज नहीं मान सकते, उस छद्म की भी उपज मानेंगे जो लेखक के अनुभव के स्थान पर उभरता है या अनुभव को सही रूप में उभरने से बाधित करता रहता है। यह सत्य भी उद्घाटित होगा कि जब कवि वस्तु-जगत् से कटकर अपनी अन्तर्गुहा में चक्कर काटने लगता है तब प्रेषणीयता का संकट बढ़ जाता है। यह भी ज्ञात होगा कि जब अनुभव के स्थान पर पच्चीकारी कवि की दृष्टि में महत्त्वपूर्ण हो जाती है जब कविता अपनी अन्तर-छवि खो बैठती है और इसलिए यह पाठकों के अन्तर में प्रवेश करने के स्थान पर बुद्धि से टकराने की माँग करती है और बुद्धि से टकरा-टकराकर जो देती है वह बहुत नगण्य होता है, जिसे हृदय सहेजकर रखना नहीं चाहता।

ऊपर छायावाद की चर्चा हुई है। आधुनिक काल में छायावाद अपनी अप्रेषणीयता के लिए काफी चर्चित रहा। क्या उसकी अप्रेषणीयता का कारण इतना ही था कि वह एक सर्वथा नयी भावभूमि और शिल्प लेकर आया था? नहीं, इतना ही नहीं था,

उसकी अप्रेषणीयता के और भी कई कारण थे, जिससे यह काव्य बचा होता तो न केवल अधिक प्रेषणीय बना होता, बल्कि और शक्तिशाली भी हुआ होता। पहला कारण यह था कि छायावादी काव्य वस्तु-जगत् से काफी कट गया था। नाना रूपात्मक संसार से अनुभव का ताप ग्रहण करने के स्थान पर उस पर अपने अनुभवों का आरोप कर रहा था। बाहर का जगत् अपने रूप-रंग, सुख-दुःख, यातना-संघर्ष से इस कविता के भीतर के जगत् को अधिक ठोस और सघन नहीं बना रहा था, बल्कि भीतर का जगत् अपनी निजी पूँजी लेकर बाहरी जगत् में अपने को फैलाकर अपने को और भी झीना और अशक्त बना रहा था। जब हमारे मूर्त जगत् के जाने-पहचाने बिम्बों से काव्य के भीतर के जगत् का नाता क्षीण हो जाता है और भीतर का जगत् अपने को अपने भीतर से ही गहराने की कोशिश करता है तो काव्य कमज़ोर भी होता है और अपारदर्शी भी। अनेक विशेषताओं के कारण छायावाद आधुनिक काल का गौरव काव्य है इसमें सन्देह नहीं, किन्तु अपने वायवीपन, अमूर्तता और अत्यधिक अन्तर्मुखता के कारण वह शक्ति नहीं पा सका जिसे पा सकता था। दूसरा कारण यह है कि छायावादी कवि लौकिक सम्वेदना की प्रामाणिकता और आध्यात्मिक सम्वेदना की अप्रामाणिकता के द्वन्द्व से पीड़ित है। वह जानबूझकर आध्यात्मिकता का छद्म ओढ़ता है। कविता को दर्शन के तौर पर पढ़ने वाले पाठकों और आलोचकों के लिए कोई कठिनाई नहीं होती, वे बड़ी आसानी से ईश्वर-जीव के सम्बन्धों वाला अर्थ लगाकर सन्तुष्ट हो लेते हैं और प्रामाणिक लौकिक अनुभवों और आध्यात्मिक अनुभवों के छद्म की टकराहट से उत्पन्न कविता की टूटन पर उसकी नज़र ही नहीं जाती, किन्तु कविता के स्तर पर ये कविताएँ दुरूह हो उठती हैं क्योंकि कविता का सही पाठक इनमें अनुभवों की अन्विति खोजता है, बिम्बों का निर्वाह खोजता है और अनुभवों के भीतर से ही विचार का उभार देखना चाहता है, किन्तु जब वह देखता है कि वस्तु-जगत् से बहुत सघनता से न जुड़ पाने के कारण अमूर्तता और वायवीपन से ग्रस्त हो उठी छायावादी कविता अपने अन्तर्जगत् में भी भाव और विचार दोनों स्तरों पर टूटी और बिखरी हुई है तो प्रेषणीयता का संकट उसके सामने उपस्थित हो ही जाता है। कहीं-कहीं कल्पना की आँधी जब एक छोटे-से प्रस्तुत के लिए अनेक अप्रस्तुतों का अम्बार खड़ा कर देती है और प्रस्तुत-अप्रस्तुत की संगति और सन्तुलन बिगड़ जाता है तब दुरूहता की या अस्पष्टता की सृष्टि हो ही जाती है। यह सच है कि छायावादी कविता या ऐसी ही अन्य दुरूह कविता-धाराओं के पठन और आस्वादन के लिए एक नयी मानसिकता और काव्य-तर्क की आवश्यकता है, किन्तु कवि के लिए भी आवश्यक है कि वह पाठक से इतनी तैयारी की माँग करके उसे अपने अनुभव की अभिव्यक्ति के नाम पर उलझे हुए छद्म तरीके से एक हल्की-सी सम्वेदना न थमा दे।

प्रयोगवाद से शुरू होने वाली कविता भी दुरूहता का शिकार हो उठी। छायावाद के पश्चात् प्रगतिवाद आया और व्यक्तिवादी काव्य धारा भी। इन दोनों में अपने ढँग से काफी खुलापन था–सपाटता की सीमा तक खुलापन, किन्तु यह सपाटता नकली गहराई की अपेक्षा तो अच्छी ही थी। प्रयोगवादी कविता फिर अन्तर्मुखी होने लगी। उसकी अन्तर्मुखता अचेतन की गुहा में चक्कर काटने लगी। मनोविश्लेषणवादी दर्शन से प्रभावित यह अन्तर्गुहावासी काव्य मुक्त साहचर्य, खंडित बिम्बों, स्वप्न-प्रतीकों, आदि से भर गया। काव्य जब व्यक्तिवादी होता है तब कभी संगीत होने लगता है कभी स्वप्न। पश्चिम में अनेक कवियों और आलोचकों ने काव्य को संगीत और स्वप्न के करीब माना है। हिन्दी में सैद्धान्तिक स्तर पर इसकी ज़ोरदार स्थापना तो नहीं हुई, किन्तु कविता में इसका असर निश्चित रूप से दिखाई पड़ता है। संगीत अर्थहीन प्रवाह है जो वाह्य यथार्थ से नहीं जुड़ा होता, कविता वाह्य यथार्थ ये जुड़ा अर्थ प्रवाह है। संगीत का माध्यम स्वर है कविता का शब्द। शब्द सामाजिक सम्पत्ति है, वह समाज द्वारा स्वीकृत अर्थ वहन करता है। वह संगीत नहीं हो सकता, संगीत का सहारा अवश्य लेता है। संगीत मात्र एक प्रभाव पैदा करता है वह जीवन के यथार्थ के भीतर से गुज़रकर जीवन की पहचान नहीं करता। काव्य मूर्त जगत् से निर्मित होता है अतः वह अपेक्षाकृत अधिक मूर्त होता है। काव्य को संगीत के करीब ले जाने का आग्रह काव्य को संगीत के समान अमूर्त बना देता है, उसे अर्थहीन प्रवाह के रूप में परिणत करना चाहता है इसलिए वह काव्य अप्रेषणीय हो उठता है। यह आकस्मिक नहीं है कि नयी कविता के अनेक कवियों ने संगीत को सुनकर कविताएँ लिखीं।

स्वप्नों का प्रयोग साहित्य में होता रहा, किन्तु फ्रायड ने स्वप्नों को अचेतन मन से जोड़कर उनकी नयी व्याख्या की। सपने अचेतन मन में दमित वासनाओं की और खंडित व्यक्तित्वों की प्रतीकात्मक अभिव्यक्तियाँ हैं। वे अलग-अलग टूटे हुए प्रतीकात्मक बिम्ब होते हैं, उनमें ऊपर-ऊपर कोई संगति नहीं दीखती किन्तु एक आन्तरिक संगति होती है–अर्थात् मुक्त साहचर्य होता है। प्रयोगवादी कवियों तथा नयी कविता के व्यक्तिवादी सम्वेदना वाले कवियों ने इसी आधार पर खंडित बिम्बों का प्रयोग किया और कविता दुरूह हो गयी। दरअसल सपनों के पारस्परिक सम्बन्धों को जोड़ना आसान नहीं होता। वास्तविक सपनों और कविता में निर्मित सपनों में अन्तर होता है। वास्तविक सपने तो प्राकृतिक होते हैं, वे एक सामूहिक नियम से जुड़े होते हैं, किन्तु निर्मित सपनों में तो कवि की कल्पना मदद करती है, इनमें कवि ही समझता है कि वह इस बिम्ब के बाद इस बिम्ब का इस्तेमाल क्यों कर रहा है। ऐसी कविताएँ प्रेषित नहीं हो पातीं। कविता के पूरे सन्दर्भ को देखते हुए बिम्बों के सम्बन्धों का अनुमान किया जा सकता है। बौद्धिकता से

प्रेरित और निर्मित काव्य को समझने के लिए अतिरिक्त बौद्धिक अस्त्र का इस्तेमाल करना पड़ता है। ध्यान देने की बात है कि नयी कविता में काफी ऐसे कवि हैं जो सामाजिक दृष्टि से परिवेश-जीवन के यथार्थ के अनुभवों और बिम्बों से सृजन करते हैं और उनसे कोई विचार ध्वनित करते हैं। इनकी कविताएँ अधिक मूर्त, सघन और पारदर्शी हैं, किन्तु अपने ही भीतर चक्कर काटने वाले कवि अधिक दुरूह हो गये हैं। अपवाद के रूप में छायावाद में निराला और नयी कविता में मुक्तिबोध देखे जा सकते हैं जो अपने अत्यधिक सामाजिक भावभूमि के बावजूद दुरूह कवि हैं। इसलिए यह निष्कर्ष निकाल लेना गलत होगा कि सामाजिक भावभूमि के ग्रहण से कविता अपने आप पारदर्शी हो जाती है। दरअसल कविता की बनावट में भावभूमि के साथ अन्य कई उपकरणों का योगदान होता है। यह सही है कि भावभूमि अन्य उपकरणों के चुनाव में बहुत योगदान देती है, किन्तु लिखते-लिखते कवि की एक कलात्मक रुचि और संस्कार भी बन जाता है और यह भी कि कवि अपने समय के काव्य में प्रचलित शिल्प-सम्बन्धी अनेक विशेषताओं को ग्रहण करता है। वह अपने सामाजिक भावबोध को अभिव्यक्त करते समय इन सबका सहारा लेता है। निराला को सामासिकता और शब्द की मितव्ययिता अधिक प्रिय थी। पाठक को अभिप्रेत अर्थ तक पहुँचाने में यह अत्यधिक सामासिकता और विशेषतया शब्द की मितव्ययिता समर्थ नहीं हो पाती। 'तुलसीदास' काव्य में तो कहीं-कहीं दो-एक शब्दों से पूरे वाक्य का काम लिया गया है। मुक्तिबोध ने अपने समय में प्रचलित स्वप्न-बिम्बों और फंतासी का सहारा लिया। शायद वे जिस सामाजिक यथार्थ की अभिव्यक्ति करना चाहते रहे, वह बहुत उलझा हुआ संक्रान्त, अन्तर्विरोधग्रस्त था।

कविता की प्रेषणीयता में एक कठिनाई उत्पन्न हुई कविता की भाषा को वस्तु मान लेने पर। 'भाषा और सम्वेदना' नामक अपनी पुस्तक में डॉ. रामस्वरूप चतुर्वेदी ने इस प्रश्न पर विचार करते हुए सार्त्र के इस कथन का विरोध किया कि कवि शब्दों को वस्तु के रूप में मानता है, चिह्न के रूप में नहीं। डॉ. चतुर्वेदी ने इस मान्यता से उत्पन्न कठिनाई की ओर संकेत करते हुए लिखा है—"यदि हम अपना ध्यान केन्द्रित करते हैं शब्दों पर, उनकी संगीतात्मकता और चित्रमयता पर, उनकी चयन और क्रम सम्बन्धी शिल्प-कुशलता पर जैसा कि आधुनिक कवि और नये समीक्षक हमसे आशा करते हैं, तो कविता की भाषा अपारदर्शी हो जाती है : हम उसी को देखते हैं, उसके माध्यम से कुछ और नहीं।" भाषा को वस्तु मान लेने का आग्रह नयी कविता के साठोत्तरी दौर में अपना विकृत प्रभाव दिखाने लगा। बात कहने की कुछ नहीं या जो बात है वह बहुत निरर्थक और असामाजिक है। किन्तु इससे क्या? वस्तु तो भाषा है भाव नहीं। जब कविता अत्यधिक अपारदर्शी हो गयी तो कुछ अकवियों ने पाठकों

की चिन्ता करनी ही छोड़ दी और पाँचवें पाठक की तलाश शुरू कर दी। कविता धीरे-धीरे पाठक खोती गयी, खोती जा रही है और वह भी इसलिए नहीं कि वह कुछ ऐसी बड़ी बात कह रही है कि पाठक की छोटी मानसिकता उसे पकड़ नहीं पा रही है बल्कि इसलिए कि वह जो कुछ कह रही है वह एक तो बहुत ही असार्थक और सम्वेदनशून्य है दूसरे उसे जानबूझकर उलझाया गया है। आम आदमी और सपाट बयानी को लेकर चलने वाली इधर की कविता कविता और पाठक के बीच की खाई कहाँ तक पाटती है और वह कविता कहाँ तक बनी रह पाती है, देखना है।

कविता में अनुभूति और विचार

कविता में विचार और अनुभूति की पारस्परिकता की पहचान करने के क्रम में यह देखना ज़रूरी है कि कविता का मूलभूत तत्त्व क्या है? और वह तत्त्व मूलभूत होने के बावजूद सशक्त कविता की रचना में कैसे दूसरे तत्त्वों की सहायता लेने के लिए विवश हो जाता है। इसमें कोई सन्देह नहीं कि कविता का मूलभूत तत्त्व अनुभूति ही है। एक अबोध बच्चे की हँसी भी कविता है और एक बहुत पहुँचे हुए दार्शनिक का मात्र चिन्तन कविता नहीं है। पन्तजी की यह पंक्ति—

वियोगी होगा पहला कवि,
आह से उपजा होगा गान।
उमड़कर आँखों से चुपचाप,
बही होगी कविता अनजान।

सूचित करती हैं कि कविता चुपचाप आँखों से निकलकर बही होगी। कविता आँखों से निकली हो या न निकली हो, किन्तु इतना तो हम लोग देखते ही हैं कि बिना किसी विचार-दबाव के व्यक्ति के सुख-दुःख से अपने आप जो उद्‌गार निकल आते हैं उन्हें भी हम कविता कहते हैं। मैंने लोककवि बिसराम के बिरहे पढ़े हैं, उन बिरहों में कवि ने अपनी पत्नी के मर जाने पर भीतर उपजी वेदना को सहज उद्‌गार के रूप में व्यक्त किया है। ऐसी कविताएँ किस कोटि की हैं यह अलग बात है, किन्तु ये कविताएँ नहीं हैं, ऐसा कहने की ग़लती हम नहीं कर सकते। विचार हमारे अनुभव का सहकर्मी है। सूक्ष्म रूप से उसकी यात्रा अनुभव के साथ शुरू हो जाती है। अनुभव को अनुभूति का रूप देने में विचार का बड़ा हाथ होता है। अनुभव व्यक्तिगत होता है वह कच्चा माल है। कविता की रचना व्यक्ति ही करता है किन्तु रच ली जाने के पश्चात् वह सामाजिक सम्पत्ति बन जाती है और इसलिए ज़रूरी होता है कि प्रामाणिक अनुभव सार्थक अनुभव यानी अनुभूति बन जाए। कवि अपने अनुभव-पुंज में से उन्हीं की अभिव्यक्ति करना चाहता है जो सामाजिक अनुभवों से जुड़ते हों, जो अपने माध्यम से समाज के चित्त को आन्दोलित करते हों। इन्हें ही सार्थक अनुभव कहते हैं, ये ही अनुभव काव्य में अनुभूति बन जाते हैं। प्रामाणिक अनुभवों में से सार्थक अनुभवों का

चुनाव करती है हमारी दृष्टि जो मूलतः वैचारिक होती है। वैचारिक दृष्टि पारम्परिक भी हो सकती है और युगीन भी। अपने-अपने ढँग से ये विचार-दृष्टियाँ अनुभवों का चुनाव करती हैं। व्यक्तिगत अनुभव को कविता के अनुभव तक ले जाने की क्रिया में विचार की अनिवार्य भूमिका स्पष्ट है।

एक दूसरी बात भी ध्यान देने की है—वह यह कि विचार हमारे व्यक्तिगत अनुभवों की निर्मिति में भी सहायक होता है। एक ही परिस्थिति में दो प्रौढ़ व्यक्ति ठीक एक-सा अनुभव नहीं करते। इसके लिए उनकी मानसिक बनावट ज़िम्मेवार होती है और मानसिक बनावट में विचार-दृष्टि बहुत महत्त्वपूर्ण भूमिका अदा करती है। यदि हमारी दृष्टि प्रगतिशील है तो एक छोटे-मोटे गरीब चोर को चोरी करते हुए देखकर हमारे भीतर उसके प्रति घृणा और क्रोध नहीं उत्पन्न होगा, बल्कि उसकी गरीबी के प्रति करुणा पैदा होगी और सामाजिक अत्याचार के प्रति क्रोध उत्पन्न होगा जबकि दूसरे अनेक व्यक्ति क्रोध और घृणा से उसकी लानत-मलामत करने लग जाएगे। कुछ परिस्थितियाँ ऐसी होती हैं जो सबके भीतर समान प्रकार के अनुभव उत्पन्न करती हैं किन्तु यहाँ भी दृष्टि का अन्तर दिखाई पड़ सकता है। व्यक्तियों के अनुसार कुछ के अनुभव अधिक गहरे और संक्रान्त होंगे, कुछ के अधिक उत्तेजनात्मक और सपाट होंगे। फिर यहाँ एक बात ध्यान देने की है कि जैसे विचार हमारे व्यक्तित्व के निर्माण में सहायक होकर हमारे अनुभवों की निर्मिति में भागीदार होता है, उसी प्रकार अनुभव भी हमारे विचारों के निर्माण में सहायक होते हैं। कभी-कभी जो ज्ञान हम बहुत पढ़-लिखकर नहीं प्राप्त कर पाते, उसे एक बहुत अनुभवी व्यक्ति अपने अनुभव से प्राप्त कर लेता है। सच बात तो यह है कि पोथियों से प्राप्त विचार प्राणवान तभी होता है जब वह अनुभव का अंग बन जाता है। अनुभव से प्राप्त ज्ञान को विश्लेषित कर एक सार्वभौम सिद्धान्त के रूप में परिणत करने के लिए पुस्तकीय ज्ञान की बड़ी आवश्यकता होती है, किन्तु उसी प्रकार पुस्तकीय ज्ञान को प्राणवान बनाने के लिए उसे अनुभव में उतारना भी ज़रूरी होता है। अनुभव में उतरकर वह ज्ञान प्राणवान ही नहीं होता, कुछ विशिष्ट ज्ञान हो जाता है। जब यह नहीं होता तो जीवन और काव्य दोनों में अनुभव और विचार का अलगाव दिखाई पड़ने लगता है और दोनों आहत होते हैं।

विचार और अनुभूति की साझेदारी कविता में हमेशा से रही है, किन्तु जितनी प्रत्यक्ष साझेदारी आज की कविता में दिखाई पड़ती है सम्भवतः उतनी कभी नहीं रही। इसीलिए कुछ कवियों और आलोचकों ने आज की कविता के वैशिष्ट्य को सूचित करने के लिए उसे 'विचार कविता' नाम दिया है। यह नाम सही है या गलत इस विवाद में पड़े बिना मैं यह कह सकता हूँ कि आज की कविता पर विचार का दबाव ज़्यादा है। मैंने ऊपर अनुभूति को कविता के केन्द्र में रखकर विचार के साथ उसके सरोकार की ओर संकेत किया है और आज की कविता हो या कल की, सबके केन्द्र में अनुभूति को ही मानता हूँ किन्तु यह स्पष्ट दीख रहा है कि आज मात्र अनुभूति की प्रेरणा से कविता नहीं बन रही है। सौन्दर्यवादी

मुक्तकों या गीतों की सृष्टि शुद्ध अनुभूति के स्फुरण से होती रही है, किन्तु आज यह सम्भव नहीं रहा। आज गीत या मुक्तक लिखने के पहले भी कवि किसी विचार-बिन्दु को मन में रखता है, वह जीवन की किसी संक्रान्त मनःस्थिति पर विचार करना चाहता है, उसके सम्बन्ध में एक जीवन-दृष्टि उभारना चाहता है, वह मात्र सौन्दर्यानुभूति की अभिव्यक्त करके सन्तुष्ट नहीं होना चाहता।

प्रबन्ध काव्यों की रचना में विचार की साझेदारी हमेशा से महत्त्वपूर्ण रही है। रामायण, महाभारत, कुमारसम्भव, रघुवंश, रामचरितमानस किसी भी महत्त्वपूर्ण प्रबन्ध काव्य को लीजिए, आपको अनुभव होगा कि कवि जीवन के महत्त्वपूर्ण अनुभवों को एक विशिष्ट दृष्टि से संयोजित कर जीवन और जगत् के सम्बन्ध में एक वैचारिक दृष्टि भी प्रदान करता है, एक चिन्तनात्मक भूमिका भी निर्मित करता है। इस चिन्तनात्मक भूमिका का निर्वाह कृति के निष्कर्ष के रूप में भी होता है, पात्रों के सम्वादों में व्यक्त विचारों में भी होता है और कवि द्वारा व्यक्त सूक्तियों में भी होता है। फिर भी सर्वत्र अनुभव और विचार की सहयात्रा लक्षित नहीं होती। कथा घटनाओं और अनुभवों को लेकर बहती रहती है और स्थान-स्थान पर विचारों से जुड़ती रहती है। आधुनिक काल के आरम्भ में भाव और विचार की धारा कुछ हद तक साथ बहती हुई लक्षित होती है और आज की कविता तक आते-आते भाव और विचार की यह सहयात्रा और भी गाढ़ी हो गयी।

आधुनिक युग में पुराने चाल के प्रबन्ध काव्य भी लिखे गये, जिनमें कथा तत्त्व प्रधान रहा, किन्तु उनमें भी आधुनिक चिन्तन ज़ोर मारता रहा, किन्तु वैचारिकता के आग्रह ने पुराने चाल के प्रबन्धों के ढाँचे को अस्वीकार कर दिया। नये प्रबन्धों ने कथा का क्षीण आधार लेकर संक्रान्त जीवन-सत्यों और मूल्यों की पहचान उभारनी चाही। यहाँ प्रबन्ध कथा-रस प्रधान नहीं रहा, कथा तो मात्र निमित्त बनकर आयी—वैचारिक कशमकश को उद्घाटित करने के लिए। 'कुरुक्षेत्र', 'अन्धायुग', 'आत्मजयी', 'संशय की एक रात' जैसी प्रबन्धात्मक कृतियाँ अपनी वैचारिक भूमिका के कारण ही पारम्परिक प्रबन्धात्मक कृतियों से अलग दिखाई पड़ती हैं और आधुनिक अर्थ में सार्थक हैं। इन प्रबन्धात्मक कृतियों के अतिरिक्त अनेक लम्बी कविताएँ लिखी गयीं। जिनकी प्रेरणा विचार से ही प्राप्त हुई। अर्थात् ये लम्बी कविताएँ किसी अनुभव के उद्गार के रूप में सामने नहीं आयीं, बल्कि अपने समय और सामाजिक जीवन के अनेकानेक संक्रान्त प्रश्नों, सम्बन्धों और मूल्यों पर विचार से उत्पन्न हुईं। इन लम्बी कविताओं को यदि द्विवेदी काल, छायावाद काल और प्रगतिवाद काल की लम्बी कविताओं के क्रम में रखकर देखें तो ज्ञात होगा कि लम्बी कविताएँ क्रमशः कथात्मकता से कथाहीनता और भावोद्गार से वैचारिकता की ओर अग्रसर होती गयी हैं। 'अँधेरे में', 'पटकथा', आदि कविताओं के प्रेरक शक्ति के रूप में विचार ही आया है। कवि खंड-खंड रूप में

कथा-सन्दर्भों की या कुछ प्रसंगों की योजना करता हुआ आज की बेतरतीब ज़िन्दगी के मूलभूत प्रश्नों और वास्तविकताओं की अनुभवात्मक और वैचारिक पहचान उभारना चाहता है, पूरी कविता जीवन के प्रति हमारी सम्वेदना और समझ को, हमारी वैचारिक दृष्टि को समृद्ध करना चाहती है, जीवन-मूल्यों की स्थिरता और गतिशीलता की परीक्षा करना चाहती है, इसीलिए नयी कविता में लम्बी कविता की एक खास अहमियत है। वह प्रबन्धात्मक काव्यों, पिछली लम्बी कविताओं और छोटी-छोटी कविताओं से अलग है—अपनी चेतना और संरचनात्मकता में विशिष्ट। इसका प्रेरणा-बिन्दु जीवन-चिन्तन है, कथा या भावुकता का उद्‌गार नहीं।

प्रबन्धात्मक और लम्बी कविताओं में विचार की उपस्थिति अनिवार्य होती है और यह किसी-न-किसी रूप में हर काल और हर धारा की कविता में पायी जाती है। किन्तु (जैसा कि ऊपर कहा जा चुका है) आज की छोटी-छोटी कविताओं और गीतों में भी विचार की उपस्थिति है अर्थात् छोटी-से-छोटी कविता और गीत लिखने के पीछे शुद्ध अनुभूति का विस्फोट नहीं होता, कोई-न-कोई विचार-बिन्दु भी होता है। कवि इनमें भी जीवन-जगत् सम्बन्धी किसी सामयिक या कालातीत मानव-सत्य पर चिन्तनात्मक रुख अख़्तियार करता है और अनुभव के माध्यम से जीवन-सत्य की पहचान उभारता है। ऐसा सर्वत्र होता है, यह नहीं कहा जा सकता। आज भी कुछ छोटी कविताएँ और गीत निश्चय ही ऐसे हैं जो शुद्ध रूप से अनुभव या सौन्दर्य-दीप्तियाँ व्यंजित करते हैं और पाठक को अनुभव से गुज़ारकर उनके अनुभवों को सघन करते हैं। ऐसे काव्य का महत्त्व कम नहीं आँका जाना चाहिए। किन्तु मैं मुख्य प्रवृत्ति की बात कर रहा था और मुख्य प्रवृत्ति वैचारिकता की ओर झुकाव की है। अज्ञेय, प्रभाकर माचवे, भारती, सर्वेश्वर दयाल सक्सेना, विजयदेवनारायण साही, आदि नये कवियों और आज के अनेक युवा कवियों की अनेक छोटी-छोटी कविताएँ और गीत सामने रखकर इस बात की परीक्षा की जा सकती है कि ये कविताएँ अनुभव से गुज़रती ज़रूर हैं, किन्तु इनका प्रेरणा-बिन्दु कोई विचार होता है और इनकी प्रभाव-निष्पत्ति में भी अनुभव और वैचारिकता की सह-उपस्थिति होती है।

फिर यहाँ लौटकर अनुभव पर आता हूँ क्योंकि ऊपर विचार के सम्बन्ध में व्यक्त चर्चा इस बात का भ्रम पैदा कर सकती है कि मैं विचार को काव्य-सर्जना के केन्द्र में रख रहा हूँ। नहीं, मैं विचार को काव्य-सर्जना के केन्द्र में नहीं रख रहा हूँ, मैं उसे प्रेरक तत्त्व के रूप में ले रहा हूँ। अनुभव के रचने में उसका जो चिरन्तन योगदान रहा है वह तो रहा ही है, वह आज अनुभव के साथ-साथ यात्रा करता हुआ और काव्य-सर्जना का प्रेरक तत्त्व बनता हुआ अपने को आज एक विशिष्ट रूप में स्थापित कर रहा है, किन्तु आज भी केन्द्र में है अनुभूति ही।

कविता में विचार दो तरह से आता है--एक तो शुद्ध विचार के रूप में, दूसरे प्रेरक तत्त्व के रूप में। जब विचार कविता के केन्द्र में आ जाता है तब कविता सूक्ति या सिद्धान्त बन जाती है और उसका तर्क कविता का तर्क न बनकर गणित या तर्कशास्त्र का तर्क बन जाता है। वह 'चूँकि', 'इसलिए', 'क्योंकि' के शब्द-ब्यूह से गुजरने लगती है और कोष्ठकों में अभिप्राय समझाने लगती है। अज्ञेय के काव्य में बौद्धिकता का यह स्वरूप देखा जा सकता है। उन्होंने एक ओर 'अच्छा खंडित सत्य' जैसी कई कविताओं में शुद्ध रूप से नये साहित्य का सिद्धान्त व्यक्त किया है तो दूसरी ओर अपनी अन्य अनेक अनुभवशील कविताओं में भी तर्कशास्त्र का तर्क इस्तेमाल किया है। तीसरी ओर 'असाध्य-वीणा' जैसी कविताओं में एक चिरन्तन फार्मूले को लेकर बौद्धिक कविता लिखी है। इससे स्पष्ट होता है कि विचार जब अनुभव का साथ छोड़कर कविता के केन्द्र में आ जाता है तब कविता मर जाती है। जब मैं विचार को आज की कविता के प्रेरक तत्त्व के रूप में स्वीकार कर रहा हूँ तो इसका आशय यही है कि कवि किसी समकालीन विचार-बिन्दु से जीवन की एक पहचान उभारना चाहता है, वह सहज भाव से भीतर उठे हुए किसी अनुभव या सौन्दर्य-बोध का उद्‌गार नहीं कर देना चाहता, किन्तु कविता जीवन की पहचान उभारने के लिए अनुभव-बिम्बों से ही गुजरती है। कवि के विचार उसके जीवन-अनुभवों के बिम्बों का संयोजन करते हैं। अनुभव-बिम्बों के साथ-साथ अनुभव से ही जुड़े हुए विचार-बिम्बों का और चिन्तनात्मक प्रतिक्रिया का तनाव चलता रहता है। कविता का विचार घोषित और सामान्यीकृत नहीं होता, वह अनुभव-बिम्बों से जुड़ा होने के कारण विशिष्ट और व्यंजक होता है। काव्य-रचना की प्रक्रिया और सार्थक अनुभवों का चुनाव अनुभव और विचार दोनों को अपने प्रभाव में सामाजिक बना देता है। विशिष्ट से सामाजिक बना देने की शक्ति बिम्ब में ही होती है और काव्य का बिम्ब मूलतः अनुभव-बिम्ब ही होता है। विचार-बिम्ब प्रायः उसी से निःसृत होते हैं और उससे जुड़े और तने रहकर ही वे काव्य में अपनी सार्थकता प्रमाणित करते हैं। इसीलिए यह स्पष्ट है कि जिस बिम्ब का अनुभव-जगत् जितना व्यापक और सघन होगा उसमें सर्जना की सम्भावनाएँ उतनी ही बलवती होंगी। और जो कवि अपने व्यापक और सघन अनुभवों के साथ अपनी वैचारिकता को जितनी कलात्मकता और तनाव के साथ बुन सकेगा वह उतना ही वज़नदार कवि होगा क्योंकि वह केवल अनुभवों का संयोजन मात्र नहीं करेगा, उनके साथ-साथ जीवन के बुनियादी प्रश्नों और मूल्यों के प्रति हमारी समझदारी और पहचान भी विकसित करेगा, किन्तु यहाँ पुनः एक बात स्पष्ट कर दी जानी चाहिए कि मात्र अनुभव से बनी हुई कविता भी कविता है, किन्तु अनुभव से कटे हुए बड़े से बड़े विचार से बनी हुई कविता कविता कही ही नहीं जा सकती।

'अँधेरे में' कविता में वैचारिकता का दबाव ज़रूर है, किन्तु कविता हमें समकालीन जीवन के अनेक विषम और गहन अनुभव-बिम्बों से गुज़ारती है, हम ज़िन्दगी का साक्षात्कार करते चलते हैं, उसी में से विचार उपजते और तनते चलते हैं, किन्तु यही बात 'असाध्य वीणा' के बारे में नहीं कही जा सकती। लगता है कि एक विचार पहले से बना-बनाया है, उसे व्यक्त करने के लिए एक कथा गढ़ दी गयी है और उस कथा की घटनाएँ और सन्दर्भ भी जैसे पूर्वनिर्मित हों। इसीलिए 'अँधेरे में' बहुत वज़नदार कविता है। 'आत्मजयी' अपने अन्तिम भाग में मात्र चिन्तन-बिम्ब रह गया है, इसलिए कविता की दृष्टि से उतना अंश निष्प्राण हो गया है। अनुभववाद के नाम पर अनुभव का ही विरोध करने वाले, और कच्चे-पक्के विचार उगलने वाले कवियों की कविता को बुनियादी शर्त की पहचान करके ही उसके भीतर प्रवेश करना चाहिए।

सन्दर्भ

1. (पुरानी कविता में) अनेक प्रकार के सामान्य विषयों पर जैसे बुढ़ापा, विधिविडम्बना, जगत्-सच्चाई-सार, गोरक्षा, माता का स्नेह, सपूत, कपूत—कुछ दूर तक चलती हुई विचारों और भावों की मिश्रित धारा के रूप में छोटे-छोटे प्रबन्धों या निबन्धों की चाल न था। इस प्रकार के विषय कुछ उक्ति वैचित्र्य के साथ एक ही पद्य में कहे जाते थे अर्थात् वे मुक्त की सूक्तियों के रूप में ही होते थे। (हिन्दी साहित्य का इतिहास, पृ. 656—आ. रामचन्द्र शुक्ल)

लोक-संस्कृति और साहित्य

संस्कृति शब्द अपने आप में इतना लचीला है कि इसकी अनेक व्याख्याएँ की गयी हैं। उन व्याख्याओं के जाल में उलझकर यह कहा जा सकता है कि मानव की रक्षा और उत्कर्ष के लिए जो वैचारिक और भावात्मक प्रयत्न होते रहे हैं, उनका सामूहिक रूप संस्कृति है। इसके अन्तर्गत धर्म, दर्शन, साहित्य, कलाएँ सभी समाहित हो जाती हैं। इन भावात्मक और वैचारिक प्रयत्नों का प्रतिफलन बाहरी जगत् में होता रहता है जिनके फलस्वरूप विशेष प्रकार के रीति-रिवाज, वेश-भूषा, आदि बनते हैं और पर्वों, त्योहारों, उत्सवों, आदि की योजना होती रहती है। इस प्रकार संस्कृति के भीतरी और बाहरी—दो पक्ष हो जाते हैं। भीतरी पक्ष में भावात्मक और वैचारिक प्रयत्नों को लिया जा सकता है तथा बाहरी पक्ष में रीति-रिवाज, वेश-भूषा, पर्व, त्योहार, आदि आते हैं। प्रायः देखा गया है कि भावात्मक और वैचारिक जगत् में हलचलें मचती रहती हैं। युगीन सन्दर्भों के दबाव हमारे मानवीय अनुभवों दृष्टियों और मूल्यों में तनाव पैदा कर उन्हें परिवर्तित करते रहते हैं, किन्तु वेश-भूषा, रीति-रिवाज, आदि क्रमागत ढंग से चलते रहते हैं। परिवर्तन इनमें भी होते हैं, किन्तु ये जातीय संस्कृति के प्रतीक के रूप में किसी न किसी रूप में वर्तमान रहते हैं। इनमें तेज बदलाव नहीं दिखाई पड़ते। फैशन के स्तर पर आने वाले बदलावों की बात नहीं कही जा रही है। फैशन के स्तर पर बदलाव के बावजूद व्यक्ति विभिन्न सांस्कृतिक अवसरों पर परम्परावादी ढँग के वस्त्र आदि पहनते हैं। पर्वों और त्योहारों की स्थिति तो और भी स्थायी है। अनेक देशों और जातियों के अपने-अपने पर्व और त्योहार हैं। आधुनिकता के विकास के बावजूद ये ज्यों-के-त्यों बरकरार हैं, हाँ इनके साथ व्यक्ति के लगाव में कुछ कमी अवश्य आयी है।

संस्कृति का एक पहलू लोक-संस्कृति है। संस्कृति की परिधि में आधुनिक-बोध सम्पन्न शिक्षित समाज की संस्कृति भी आती है और क्रमागत मान्यताओं, विश्वासों और मूल्य चेतना से जुड़े हुए अनपढ़ या कम पढ़े-लिखे देहाती अंचल के लोगों की संस्कृति भी आती है। लोक से अभिप्राय मनुष्य समाज के उस वर्ग से है जो अभिजात संस्कार, शास्त्रीयता और पाण्डित्य की चेतना और पांडित्य के अहंकार से

शून्य है और जो एक परम्परा के प्रवाह में जीवित है। इसी लोक की संस्कृति का नाम लोक-संस्कृति है। लोक-संस्कृति अपेक्षाकृत अधिक स्थिर, परम्परावादी और सामूहिक होती है। उसमें परिवर्तन की प्रक्रिया बहुत मन्द गति से काम करती है। लोक-संस्कृति का एक पक्ष (आन्तरिक पक्ष) लोक-जीवन के रागात्मक अनुभवों और जिन्दगी के बारे में लोक की सोच-समझ, मान्यताओं तथा मूल्य-चेतना से बना है, दूसरा पक्ष (वाह्य पक्ष) पर्व त्योहार, प्रकृति, रीति-रिवाज तथा वेश-भूषा से बना है। ये दोनों पक्ष काफी दूर तक एक-दूसरे से प्रभावित हैं। बाह्य पक्ष एक वस्तु के रूप में लोक-जीवन की भावना और वैचारिकता को अपने ऊपर टिकाता है और दूसरी ओर आन्तरिक पक्ष अपने को मूर्त करने के लिए वाह्य पक्ष का विधान करता है। लोक-संस्कृति की अभिव्यक्ति के कई माध्यम हैं जिनमें सर्वाधिक महत्त्वपूर्ण माध्यम लोक-साहित्य है। लोक-साहित्य में एक ओर लोक-जीवन का दुःख-दर्द, हर्ष-उल्लास का अनुभव तथा जीवन पर वैचारिक प्रतिक्रियाएँ मिलती हैं, दूसरी ओर पर्वों, त्योहारों और प्रकृति के विविध चित्र मिलते हैं। लोक-जीवन के दुःख-दर्द, हर्ष-उल्लास और वैचारिक प्रतिक्रियाओं का स्वर प्रायः पारम्परिक अधिक होता है जो समकालीन अर्थव्यवस्था के ठोस दबाव का परिणाम न होकर नियति के क्रूर विधान का परिणाम होता है—जिनकी वैचारिकता सामाजिक विषमताओं की बेचैनियों से पैदा न होकर बने-बनाये रूप में चलती आती है, किन्तु आधुनिक काल में आकर लोक-साहित्य अपने समय की बेचैनियों से जुड़ जाता है देश की गुलामी और समाज की जड़ता के विरुद्ध जो अनेक वैचारिक और भावात्मक आन्दोलन उठे उनमें केवल पढ़े-लिखे लोग ही शामिल नहीं थे, अनपढ़ किसान और मजदूर भी शामिल थे। शहर ही शामिल नहीं था, गाँव भी शामिल था। अर्थात् वह समुदाय भी शामिल था जिससे लोक बनता है। मैदान, जंगल, पहाड़ सभी इलाकों में एक नयी चेतना उत्पन्न हो रही थी। यह चेतना राष्ट्रीय थी जिसमें सामाजिक जागरण का स्वर भी था और आर्थिक विषमता की पहचान की आहट भी थी। इस प्रकार लोक-चेतना पारम्परिक सुख-दुःख, राग-विराग और मूल्य-दृष्टि को वहन करने के स्थान पर नये ठोस राजनीतिक, आर्थिक और सामाजिक सन्दर्भों में प्राप्त सुख-दुःख, राग-विराग और मूल्य-दृष्टि से स्पन्दित होने लगी थी। ईश्वरीय न्याय-व्यवस्था के नाम पर होने वाले सामाजिक शोषण के प्रति उसमें समझ उभरने लगी थी। इस प्रकार इस काल की लोक-संस्कृति अपनी वैचारिक और भावात्मक भूमि पर अधिक युगीन होने लगी थी। लेकिन लोक-संस्कृति युगीन संस्पर्श पाकर भी अपनी परम्परा की जड़ों से नहीं कटती। सदियों से बहता चला आता मानवीय दुःख-दर्द उसमें बहता रहता है। हम लोक-साहित्य के माध्यम से लोक-संस्कृति की इस परम्पराशीलता और युगीन चेतना की सहयात्रा की पहचान कर सकते हैं। लोक-साहित्य की एक सशक्त विधा है लोकगीत। यदि भोजपुरी लोकगीतों को

आधार बनाकर बात की जाये तो ज्ञात होगा कि इनमें विभिन्न सांस्कृतिक अवसरों, पर्वों और ऋतुओं के अनुसार विभिन्न प्रकार के लोकगीत हैं। सांस्कृतिक अवसरों में जन्म, यज्ञोपवीत, विवाह, आदि आते हैं। सोहर इस अवसर पर सर्वाधिक महत्त्वपूर्ण लोकगीत है। पर्वों में होली, दीवाली, शिवरात्रि, नागपंचमी, कार्तिक-स्नान तथा अन्य छोटे-छोटे त्योहार आते हैं। इन सबके लिए अलग-अलग लोकगीत हैं। ऋतुओं से सम्बन्धित लोकगीत हैं—होली, चैता, कजली, आदि। इसी प्रकार धोबी, कहार, हरिजन, आदि जातियों के अपने-अपने गीत हैं। कुछ प्राचीन कथाओं पर बने हुए लोकगीत हैं। ये गीत पीढ़ी-दर-पीढ़ी ज्यों-के-त्यों चले आते हैं। ये गीत हमें प्रभावित करते हैं क्योंकि इनके आलम्बन थोड़े-बहुत अनुपात में अभी हमारे समाज में हैं। ये गीत प्रायः मानवीय संयोग-वियोग से उत्पन्न उल्लास और वेदना तथा आलम्बन और उद्दीपन के रूप में स्थित प्रकृति-सौन्दर्य के हैं। इनके अतिरिक्त मांगलिक अवसरों के उल्लास तथा प्रेमेतर मानवीय वेदना के भी स्वर इनमें हैं। प्रकृति तो अनादि काल से अपने आदिम रूप में स्थित है ही, किन्तु हमारे मानवीय सुख-दुःख को जगाने वाली ग्रामीण सामाजिक व्यवस्था भी बहुत कुछ सदियों से अपने पारम्परिक रूप में स्थित रहती आयी है। पुत्र-जन्म का शुभ माना जाना, लड़की के जन्म का विषादकारी माना जाना, लड़की की शादी का आर्थिक और मानवीय दर्द, उसके अनिश्चित भविष्य की पीड़ा, कमाने के लिए पुरुष का परदेश जाना, वर्षों तक न लौटना, पत्नी का वियोग-जन्य पीड़ा से गुजरना, घर की आर्थिक मजबूरी, विषम विवाह, असफल प्रेम, आदि न जाने कितने सन्दर्भ हैं जो सदियों से हैं और आज भी मिटे नहीं हैं। लोकगीतों में इनकी बड़ी मार्मिक अभिव्यक्तियाँ हुई हैं। इसलिए पारम्परिक प्रकार के लोकगीत आज भी प्रासंगिक बने हुए हैं किन्तु अब धीरे-धीरे शहरोन्मुख लोक-चेतना के लिए इनका आकर्षण कम हो रहा है। अब इनकी जगह फिल्मी गीत महत्त्व पाने लगे हैं। युगीन सन्दर्भ में यह लोक-चेतना और संस्कृति के बदलाव का एक संकेत है। धीरे-धीरे लोक-चेतना व्यावसायिक और नगरोन्मुख हो रही है इसलिए वह लोकगीतों को अनाधुनिक समझकर छोड़ने लगी है।

इन पारम्परिक लोकगीतों के साथ-साथ आधुनिक काल में नयी सामाजिक, राजनीतिक, आर्थिक चेतना के अनेक गीत लिखे गये। पारम्परिक लोक-छन्दों में नयी वस्तु भर दी गयी। कजली, बिरहा, होली, गाली (शादी के अवसर पर गाया जाने वाला गीत), आदि अनेक लोक-छन्दों में अनेक समकालीन प्रसंगों और चेतनाओं को रूपायित किया गया। प्रेम के प्रसंगों को गाने वाले छन्द सामाजिक और राष्ट्रीय ऊर्जा के गीत गाने लगे। शोषित जातियों ने अपने पारम्परिक गीतों में शोषण के विरुद्ध प्रत्यक्ष या प्रच्छन्न स्वर ऊँचे किए हैं।

आधुनिक काल में लोक-जीवन की पारम्परिक स्तब्धता टूटने लगी और

स्वाधीनता के पश्चात् तो उसके टूटने का क्रम बहुत तेज हो गया। गाँवों में नयी राजनीतिक, आर्थिक परिस्थितियाँ और तज्जन्य प्रभाव उभरे। इसके फलस्वरूप सामाजिक जीवन बहुत तेज़ी से बदलने लगा। शिक्षा का प्रसार होने लगा। शहरों से सम्पर्क घना हो गया। फलस्वरूप गाँव की अति भावात्मक मानसिकता व्यावसायिकता, उपयोगिता और बौद्धिक चतुराई से सम्पन्न होती गयी। सम्बन्धों और मूल्यों में बहुत बदलाव आये। प्रकृति और पर्वों के प्रति रागात्मक लगाव कम होता गया। राजनीति के प्रभाव ने एक ओर लोक-जीवन को अपने अधिकारों के प्रति सचेत किया, दूसरी ओर उसमें भयानक टूटन, स्वार्थ न्यस्तता, असुरक्षा, आदि भर दी। आज लोक-जीवन एक दूसरा ही लोक-जीवन है। चाहे भला हो, चाहे बुरा, यही यथार्थ है और इसकी संस्कृति अत्यन्त संक्रान्त और बहुआयामी बन गयी है। नये सन्दर्भों में एक ओर लोक-चेतना अत्यन्त जटिल बन गयी है, दूसरी ओर स्थायी रूप में वर्तमान प्रकृति के प्रति उसका लगाव कम हो रहा है। इस लगाव की कमी का परिणाम यह हो रहा है कि जंगल, बाग, बगीचे कटते चले जा रहे हैं और खेत बनते जा रहे हैं।

प्राणवान शिष्ट साहित्य का लोक-संस्कृति से गहरा सम्बन्ध होता है। शिष्ट साहित्य की दो कोटियाँ देखी जाती हैं। एक कोटि व्यक्तिनिष्ठ साहित्य की है, दूसरी कोटि समाजनिष्ठ साहित्य की है। व्यक्तिनिष्ठ साहित्य में रचनाकार अपने मन में या किसी अन्य व्यक्ति के मन में उठे हुए भावात्मक उद्‌गारों को वाणी देता है। यदि वह रचनाकार किसी अभिजात कुल में पैदा हुआ है और आगे भी अभिजात या कुलीन लोगों के परिवेश में ही घिरा रहता है तो ज़ाहिर है कि उसकी भावनाओं, उसके संस्कारों, उसके अनुभवों का जनसामान्य से कहीं जुड़ाव लक्षित नहीं होगा। उसके अनुभवों या भावनाओं का सम्बन्ध या तो स्वयं उससे होगा या उस विशेष कुलीन वर्ग से होगा जिसके बीच उसकी जीवन-यात्रा चलती है। रीतिकाल में हम यह देखते हैं। यद्यपि कवि सामान्य वर्ग में पैदा हुए थे, किन्तु जीविका और यश के लिए वे राजाओं और सामन्तों के दरबारों के परिवेश में बँध गये थे। इसलिए उनकी कविताओं का सम्बन्ध शृंगारिक भावना से जुड़ गया था और यह शृंगारिक भावना भी प्रायः स्थूल और उत्तेजक थी। इसका सम्बन्ध या तो कवियों की निजी रुचि से जुड़ गया था या दरबारी परिवेश से। लोक-संस्कृति से इसका कोई सरोकार नहीं था। यों ऊपर-ऊपर से लोक-संस्कृति के कुछ स्थूल उपकरणों का शृंगारिक सन्दर्भ में स्थूल उपयोग अवश्य आभासित होता है, किन्तु लोक-संस्कृति की मूल चेतना यहाँ सर्वथा अनुपस्थित है।

आधुनिक काल में मन की ग्रन्थियों को खोलने के क्रम में और एक विशेष प्रकार की आधुनिकता की समझ को रूपायित करने की प्रक्रिया में अनेक लेखकों ने अपने ही व्यक्ति या अन्य व्यक्ति के बहुत सीमित सत्य को उद्‌घाटित किया है

और चाहे इन रचनाओं के केन्द्र में वह स्वयं रहा हो या कोई अन्य व्यक्ति, वह प्रायः पढ़ा-लिखा शहरी मध्यवर्गीय व्यक्ति ही है जिसका लोक-जीवन से कोई सम्बन्ध नहीं दिखाई पड़ता। इसलिए ये रचनाएँ चाहे कितनी ही गहराई का आभास क्यों न देती हों, उनमें जीवन की शक्ति का अभाव दिखाई पड़ता है। इनकी गहराई वास्तविक नहीं, काल्पनिक है और इस प्रकार का साहित्य एक विशेष प्रकार की मानसिकता को कुछ समय के लिए तुष्टि भले ही प्रदान करता हो, उसमें न तो बदलते हुए इतिहास के यथार्थ के ताप होता है और न इतिहास को कोई नयी दिशा देने की शक्ति। इसमें जो विद्रोह दिखाई पड़ता है वह एक निषेध मात्र होता है, वह भी प्रायः यौन सन्दर्भों में। उसमें जीवन की सृजनात्मक शक्ति का अभाव होता है।

इसके विपरीत लोक-संस्कृति से जुड़ा हुआ साहित्य अधिक प्राणवान और स्थायी तथा गहरे प्रभाव वाला होता है। ऊपर लोक-संस्कृति के विवेचन में उसके आन्तरिक और वाह्य पक्षों को तथा उनके सम्बन्धों को विश्लेषित करने की प्रक्रिया में कहा गया है कि लोक-संस्कृति में एक ओर लोक-जीवन की भावात्मक और वैचारिक दुनिया होती है, दूसरी ओर रीति-रिवाज, वेश-भूषा, पर्व-त्योहार और प्राकृतिक परिवेश होते हैं। शिष्ट साहित्य जब एक व्यापक यथार्थ से जुड़ने का प्रयत्न करता है तो वह शिष्ट कहे जाने वाले सीमित समाजों का अतिक्रमण कर एक बड़े समाज के पास जाता है जहाँ शिष्टेतर लोगों की एक बड़ी दुनिया होती है और वह साहित्य उस दुनिया के अनेक प्रकार के अनुभवों, मान्यताओं, विश्वासों, सम्बन्धों, मूल्यों, आदि को तो ग्रहण करता ही है, साथ ही वे जिस परिवेश में मूर्त होते हैं और जिस रूप में मूर्त होते हैं, उन्हें भी अपने भीतर समेटता है। वास्तव में शिष्ट समाज चाहे कितना भी चमकीला और तर्क-सम्पन्न हो, उसमें एक जड़ता होती है और लोक-जीवन चाहे कितना भी खुरदरा और विश्वासमय हो, उसमें एक लोच और गति होती है, उसमें एक बहाव दिखाई पड़ता है। इसलिए जब-जब शिष्ट समाज से जुड़ा हुआ शिष्ट साहित्य जड़ होने लगता है, उसे प्राण और गति प्राप्त करने के लिए लोक-संस्कृति के पास जाना पड़ता है और यह आकस्मिक नहीं है कि साहित्य के पूरे इतिहास में वह दौर अधिक प्राणवान रहा है, जिसका सम्बन्ध लोक-संस्कृति के समग्र रूप से रहा है।

इस दृष्टि से भक्तिकालीन साहित्य की शक्ति देखी जा सकती है। भक्तिकालीन साहित्य भारतीय साहित्य के इतिहास में पहली बार एक आन्दोलन के रूप में लोक-जीवन से जुड़ा। भक्ति के क्षेत्र में जाति-पाँति, ऊँच-नीच का भेदभाव समाप्त हो गया। 'मनियत सबहिं राम के नाते सुहृद सुसेव्य जहाँ लौं' की भावना ने ज़ोर पकड़ा। यह आन्दोलन एक ओर ईश्वर की व्यक्तिगत आराधना से जुड़ा था, दूसरी ओर लोकमंगल से। तुलसी ने रामचरितमानस में भक्ति का ज़ोरदार प्रतिपादन तो

किया ही, साथ ही आराध्य राम को लोक-जीवन के बीच उपस्थित कर लोक-जीवन की विविध आन्तरिक और बाह्य छवियों का उद्घाटन किया। उन्होंने महाकाव्य परम्परा को लोक-जीवन से जोड़कर उसे एक नया आयाम दिया और 'मानस' को देखकर सचमुच यह कहा जा सकता है कि महाकाव्य जातीय जीवन की समग्रता की गाथा होता है, वह केवल नायक के समग्र जीवन का ही चित्र नहीं होता। तुलसी ने प्रस्तुत और अप्रस्तुत दोनों माध्यमों से रामकथा का प्रसार लोक-जीवन के बीच किया और उन्होंने लोक-हृदय, लोक-व्यवहार, लोक-मूल्य, लोक-विश्वास, लोक-भाषा, लोक-रीति, आदि सभी से रामकथा को सम्बलित किया। इसीलिए मानस की रामकथा को एक अलग ही शक्ति और छवि प्राप्त हुई और वह लोक में तथा शिष्ट पाठक समुदाय में इतनी प्रिय हुई। एक सीमित सन्दर्भ में सूरदास ने भी कृषि प्रधान देश के नायक कृष्ण की लीलाओं को लोक-जीवन से जोड़ा। ग्वाल-समुदाय लोक का प्रतीक है और कृष्ण उसके अगुवा हैं। कृष्ण-लीला की गहरी प्रभावोत्पादकता का रहस्य उसकी लोक-संस्कृति से सम्पृक्ति ही है। लोक-संस्कृति की बहिरन्तर छवियाँ कृष्ण-लीला को प्राणवान बनाती हैं। आचार्य रामचन्द्र शुक्ल ने जायसी के पद्मावत के सौन्दर्य का सम्बन्ध भी लोक-संस्कृति से जोड़ा है।

निर्गुण कवियों में लोक-संस्कृति की विद्रोही चेतना का आयाम दिखाई पड़ता है। शिष्ट और कुलीन समाज ने धर्म, संस्कृति, आदि के नाम पर छोटी जातियों के विरुद्ध शोषण का मोर्चा खड़ा कर रखा था। निर्गुण कवि प्रायः छोटी जातियों से आए थे। वे सही अर्थों में लोक प्रतिनिधि थे। वे इस शोषण के विरुद्ध विद्रोही चेतना का अनुभव कर रहे थे और उन्होंने धक्कामार शब्दों में उसे व्यक्त किया। कबीर में यह चेतना सबसे अधिक प्रखर थी। लोक-संस्कृति की विद्रोही चेतना (जो विश्वासों और मान्यताओं के ठहराव पर आघात्त कर संस्कृति को नये आयाम देती है और उसमें एक तेज़ बहाव लाती है) कबीर साहित्य में दिखाई पड़ती है। इसलिए हमारे साहित्य के इतिहास में कबीर साहित्य की शक्ति अनुपम मानी गयी है। भक्त कवियों ने, चाहे व्यक्तिगत साधना का क्षेत्र रहा हो, चाहे सामाजिक यथार्थ का, सर्वत्र लोक-बिम्बों, लोक-कथाओं का प्रयोग किया है। इससे कविता का कथ्य मूर्त होता है। यह मनुष्य के आदिम संस्कारों को सहज ही छूता है और उसके भावों को झनझना देता है।

भक्तिकाल के पश्चात् आधुनिक काल में लोक-संस्कृति से जुड़ने का प्रवाह उमड़ा। भारतेन्दु और उनके साथियों को देश और समाज के उद्धार की जो गहरी चिन्ता व्यापी, उसके फलस्वरूप वे लोग लोक-जीवन से जुड़े। शासन-व्यवस्था और समाज-व्यवस्था की दुहरी विसंगतियों के पाट में पिसते लोक-जीवन की ओर उनकी दृष्टि गयी। महामारी, अकाल, टैक्स, चुंगी, पुलिस और अफसरशाही के जुल्म, अशिक्षा, बेमेल विवाह, आदि को साहित्य का विषय बनाना लेखकों की

लोकोन्मुखी चेतना का परिचायक है। इसलिए एक ओर तो इन लेखकों ने लोक-जीवन की परम्परागत स्तब्धता की पहचान की, दूसरी ओर नयी स्थितियों में उसके मन के बदलाव को देखा, साथ-ही-साथ उसमें नयी चेतना की हलचल पैदा करनी चाही, तीसरी ओर लोक-साहित्य के छन्दों, भाषा और पद्धतियों का इस्तेमाल कर लोक-चेतना के सम्प्रेषण को अधिक सुगम बनाना चाहा। इन्हीं विशेषताओं को देखकर आचार्य शुक्ल ने कहा कि साहित्य और जीवन के बीच जो खाई बनती जा रही थी, उसे भारतेन्दु ने पाटा।

आधुनिक साहित्य का द्वार भारतेन्दु ही खोलते हैं। और वह द्वार उनके और उनके साथियों के इस प्रकार के लोकवादी साहित्य से ही खुलता है। यह बात कही जा सकती है कि भारतेन्दु युग का यह नया साहित्य कलात्मक उपलब्धियों के शिखर नहीं छूता, किन्तु यह बात भी उतने ही बलपूर्वक कही जा सकती है कि बाद की साहित्यिक उपलब्धियों का मूलाधार भारतेन्दु काल की यह लोकोन्मुखता ही है। उसे नींव कह सकते हैं। सशक्त साहित्य की परम्परा खुरदरे जीवन के साहित्य से ही शुरू होती है, चिकने-चुपड़े शिष्ट जीवन के साहित्य से नहीं।

द्विवेदी कालीन साहित्य की चेतना भी राष्ट्र और समाज से जुड़ी रही, किन्तु उसने लोक-जीवन के वर्तमान की अपेक्षा राष्ट्र के अतीत गौरव को अधिक रेखांकित किया। यह सच है कि उसने अतीत को वर्तमान के सन्दर्भ में काफी दूर तक पुनः निर्मित किया है, किन्तु वे सीधे लोक-जीवन के वर्तमान विविध प्रसंगों से कम टकराए और लोक-साहित्य की शक्तियों का कम इस्तेमाल किया।

भारतेन्दु काल के बाद स्वातन्त्र्य काल में लोक-संस्कृति से जुड़ने का अद्भुत समारोह दिखाई पड़ता है। छायावाद की कविता में निराला ही अपनी कुछ कविताओं में लोक-जीवन की चेतना से जुड़ते हुए दिखाई पड़ते हैं। हाँ, कथा साहित्य के क्षेत्र में प्रेमचन्द ने लोक-चेतना को शिष्ट-साहित्य की शक्ति और उपलब्धि का एक प्रमुख आधार ही बना दिया। प्रेमचन्द ने लोक-संस्कृति के नाम पर लोक में प्रचलित जीवन-पद्धतियों को ही नहीं लिया, बल्कि उन्होंने लोक के ठेठ लोगों—अभिशप्त किसानों, मजदूरों तथा आर्थिक और सामाजिक दृष्टि से शोषित अन्य लोगों को अपने कथा-साहित्य का आधार बनाया। लोक-जीवन की सुख-दुःख की विविध सम्वेदनाओं का चित्रण कर उन्होंने उसकी वास्तविक स्थितियों का तो चित्रण किया ही, साथ ही उसमें आने वाले चेतनागत परिवर्तनों को भी रेखांकित किया। यातना, अभाव, परम्परागत मान्यताओं, ईश्वरीय न्याय के नाम पर चलने वाले शोषण के प्रति विश्वासों का चित्रण करने के साथ-साथ लोक-जीवन में उगती हुई नयी ऊर्जा, समझ और विद्रोह-वृत्ति को भी उभारा। प्रेमचन्द के साहित्य में जो शक्ति है, वह लोक-जीवन की इसी चेतना की पहचान की शक्ति है। लोकगीतों

के नये प्रयोग की ओर संकेत करके प्रेमचन्द ने लोक-साहित्य को पारम्परिक सम्वेदना के वाहक के साथ-साथ नयी चेतना का भी वाहक बनाया। 'गोदान' में होली के अवसर पर गोबर और उसके साथियों द्वारा खेला गया स्वांग लोकगीत के माध्यम से शोषण का पर्दाफाश करता है। प्रेमचन्द ने पारम्परिक गीतों का भी प्रयोग किया है, किन्तु उनसे अपने उपन्यास की किसी सम्वेदना को गहराया है। जालपा के वियोग को उसका जाँते पर गाया हुआ गीत 'हमके जोगिन बना के कहाँ गइले रे जोगिया' तथा होरी की बेचैनी को उसके द्वारा गुनगुनाया जाने वाला चैता 'हिया जरत रहत दिन रैन' अधिक घनीभूत कर देता है।

प्रगतिवादी आन्दोलन ने भी अपने को लोक-जीवन और लोक-संस्कृति से जोड़ने का प्रयत्न किया, किन्तु उसके इस प्रयत्न में एक दर्शन के तहत मात्र एक ललक थी, गहरी अनुभूति नहीं थी। इसलिए वह लोक-जीवन और संस्कृति को स्थूल या एकांगी रूप में ही देख सका, उसके साथ गहरा तादात्म्य स्थापित नहीं कर सका, यही वजह है कि उसने एक अच्छे प्रयत्न की शुरुआत तो की, किन्तु उससे स्वयं कोई उपलब्धि नहीं प्राप्त कर सका।

लोक-सम्पृक्ति स्वातन्त्र्यकालीन साहित्य की एक विशेष प्रवृत्ति भी है और उपलब्धि भी। कवियों, कहानीकारों और उपन्यासकारों के एक बहुत बड़े वर्ग ने अपने लेखन को लोक-जीवन, अतः उसकी संस्कृति से जोड़ा। यह बात ध्यान देने की है कि आज़ादी के बाद गाँव बहुत तेज़ी से बदले और शहरों का भी सामान्य वर्ग एक नयी राजनीतिक, आर्थिक और सामाजिक समझ से अनुप्राणित होने लगा। अतः लोक से सम्पृक्ति का अर्थ है उसकी इस नयी चेतना और समझ से सम्पृक्ति तथा उसके साहित्य में जो नया बदलाव आया, उससे सम्पृक्ति।

लोक-जीवन और संस्कृति से सम्पृक्ति यहाँ कई रूपों में देखी जा सकती है। पहली और सर्वाधिक महत्त्व की सम्पृक्ति है लोक की नयी समझ और चेतना से सम्पृक्ति। इसकी सर्वाधिक सशक्त अभिव्यक्ति आंचलिक उपन्यासों में दिखाई पड़ती है। आंचलिक उपन्यासों की शक्ति या उपलब्धि इस बात में नहीं है कि उसने लोक-जीवन को धारण करने वाले विविध अंचलों की आंचलिक रंगत को, उसके भावुक प्रेम-सम्बन्धों को रूमानी दृष्टि से उभारा है, बल्कि इस बात में है कि उसने अंचलों के माध्यम से गाँव के बदले हुए सम्बन्धों, अनुभवों, समझ और मूल्य दृष्टियों को पहचाना और एक जीवन-चेतना का समग्र स्वर उभारने के लिए उन्हें परस्पर संयोजित किया। इस बदलाव के काल में नये और पुराने की अद्भुत टकराहट दिखाई पड़ती है इसलिए लोक-जीवन सरल न रहकर बहुत जटिल बन गया है। इस जटिलता की पहचान ने ही आंचलिक उपन्यासों को गहरी शक्ति दी है। रेणु ने 'मैला आँचल' में गाँव के फूल-शूल, कीचड़-गुलाल सभी को एक-दूसरे की पारस्परिकता में देखा। यही क्रम आगे चलता रहा।

लोक-जीवन और उसकी संस्कृति की इस चेतनागत पहचान के साथ ही आंचलिक उपन्यासकारों ने अंचल के माध्यम से लोक के नये-पुराने रीति-रिवाजों, वेश-भूषा, भाषा और साहित्य पर्वों-त्योहारों, मेलों-हटियों और प्राकृतिक छवियों का बहुत समारोहपूर्ण उद्‌घाटन किया। लोक-प्रकृति के रूप, रस, गन्ध, स्पर्श और शब्द के न जाने कितने सूक्ष्म-स्थूल, कोमल-कठोर बिम्ब इन उपन्यासों में हैं और वे निरपेक्ष रूप से नहीं, मानव जीवन की सापेक्षता में नियोजित हुए हैं। इसी प्रकार अनेक लोकगीतों और लोक-कथाओं का जीवन-सापेक्षता में उपयोग हुआ है। वे सभी अलग-अलग टुकड़े नहीं हैं वरन् अंचल के जीवन-यथार्थ को उद्‌घाटित करने के क्रम में विन्यस्त किए जाने वाले कथानक के अपरिहार्य अंग बनकर आए हैं। बल्कि यों कहा जाए कि मनुष्यों की तरह ये भी कथानक की सर्जना करते हैं। इसलिए कल्पना से बुनी जाने वाली शहरी कथाओं की एकरसता से ऊबे हुए पाठकों को इन उपन्यासों में जीते-जागते पात्र, जीते-जागते सन्दर्भ और वास्तविक वातावरण मिला। लगा कि उपन्यास जानी-पहचानी ज़मीन से फूट रहे हैं। शिष्ट साहित्य लोक-जीवन और उसकी संस्कृति के अक्षय रस-स्रोतों का उपयोग करके कैसे शक्ति प्राप्त करता है, इसका प्रमाण आंचलिक उपन्यास है। स्वातन्त्र्य-कालीन कविता और कहानी के क्षेत्र में अनुभव की प्रामाणिकता की बात उठाई गयी। कवि अपने-अपने परिवेश से जुड़े या जिस परिवेश से जुड़े थे, उसके अनुभवों को कविता में जोड़ा। इससे कविता में एक ताज़गी आयी किन्तु इस जुड़ाव में सर्वाधिक महत्त्वपूर्ण भूमिका लोक-परिवेश से जुड़ाव की है। शहरी मध्यवर्गीय या अभिजात वर्गीय परिवेश से जुड़ाव का भी बहुत महत्त्व है, किन्तु ठेठ अर्थ में लोक से जुड़ी हुई कविताओं ने न केवल एकरसता तोड़ी, बल्कि कविता को उस जीवन से अनुभव के द्वारा जुड़ने के लिए प्रेरित किया जो शक्ति और ताज़गी का अक्षय भंडार है। बच्चन, दिनकर, नरेन्द्र शर्मा जैसे कवियों ने छायावादोत्तर कविता को लोकोन्मुख किया था, किन्तु स्वाधीनता प्राप्ति के बाद यह लोकोन्मुखता अत्यन्त सघन हो गयी। हाँ, यह अवश्य कहना पड़ेगा कि कविता की लोकोन्मुखता आंचलिक उपन्यासों की लोकोन्मुखता की तरह लोक-जीवन के अनेक आयामों से जुड़ी नहीं थी, उसमें तो प्रकृति और प्रेम के सन्दर्भ ही प्रमुख रहे। लोक-प्रकृति और प्रेम के सन्दर्भों ने ही कविता को न जाने कितनी ताज़गी दी। गीतों में तो एक टटका स्वाद भी भर उठा। ठाकुरप्रसाद सिंह के 'वंशी और मादल' के गीत संथाली जीवन और गीतों पर आधारित होने के कारण ही इतनी शक्ति और ताज़गी प्राप्त कर सके। आज़ादी मिलने के बाद ऐसे गीतों की एक लहर-सी आ गयी। 'फागुन की शाम' (धर्मवीर भारती), 'पीके फूटे आज प्यार के' (भवानीप्रसाद मिश्र), 'ओ पिया पानी बरसा' (अज्ञेय), 'माझी न बजाओ वंशी' (केदारनाथ अग्रवाल), 'गीतों से भरे दिन फागुन के ये' (केदारनाथ सिंह) जैसे अनेक गीत इस सन्दर्भ में

देखे जा सकते हैं। इन गीतों में प्रकृति और प्रेम के रूप, रस, गन्ध, स्पर्श और स्वर के जो अनेक अनछुए बिम्ब दिखाई पड़ते हैं, उनका आधार लोक है और गीतों की गति का आधार लोकगीत हैं। गीतेतर नयी कविता में भी परिवेश-अनुभवों, बिम्बों, शब्दों, आदि के रूप में लोक-जीवन का गाढ़ा रंग लक्षित होता है और यह निस्सन्देह कहा जा सकता है कि नयी कविता की छवि, शक्ति और उपलब्धि के आधारों में से एक मुख्य आधार है लोक-जीवन और संस्कृति से उसकी गहरी सम्पृक्ति।

हिन्दी कविता में नयी कविता के बाद फिर एक दौर ऐसा आता है जिसमें कविता लोक-जीवन और उसकी संस्कृति से कट जाती है और इसलिए उसका यह हश्र होता है कि वह काव्येतिहास का एक निष्प्राण अध्याय बनकर चुक जाती है। किन्तु उसके बाद फिर कविता लोक से जुड़ती है, किन्तु यह लोक नयी कविता के प्रेम और प्रकृति वाला लोक नहीं है वरन् नयी सामाजिक, आर्थिक और राजनीतिक समझ और तेवर के साथ शोषण के विरुद्ध संघर्ष करता हुआ लोक है। इसलिए इस लोक से जुड़ने वाली कविता में विद्रोह की चेतना है। यह विद्रोह केवल किताबी नहीं है, बल्कि ऐतिहासिक परिवर्तन से गुज़रने वाले लोक-जीवन की पहचान से आया है। इसलिए अधिक प्रामाणिक और गहरा है। लोक-जीवन में हर स्तर पर जो परिवर्तन हो रहे हैं, उनकी आहट आज के समूचे साहित्य में मिल रही है। यह आहट जितनी ही सच्ची और प्रामाणिक होगी, साहित्य उतना ही प्राणवान और टिकाऊ होगा।

गीत-खग विद्यापति

कवि विद्यापति शैव थे या वैष्णव, उनकी शृंगारिक कविताएँ लौकिक हैं या भक्तिपरक? इन विवादों में उलझे रहने से कवि के काव्यत्व के उचित मूल्यांकन का अवकाश कम रह जाता है। विद्यापति जैसे रस-मग्न कवि की काव्यात्मक उपलब्धियों को शास्त्रीय रूढ़ दृष्टि से भी नहीं देखा जा सकता। अलंकार और रीति के बँधे-बँधाए खाने में खतिया देने से गीतात्मक सहजता के प्रति न्याय होना सम्भव नहीं। अतः आइए हम विद्यापति को एक सहज रस-मग्न गीत-कवि के रूप में देखें।

विद्यापति ने अवहट्ट भाषा में कीर्तिलता प्रबन्ध काव्य की रचना की। उक्त काव्य में प्रबन्ध काव्य की विशेषताओं का उचित निर्वाह किया गया, किन्तु उनके पद उनके रस मग्न हृदय के सहज उद्गार हैं इसीलिए कवि ने इन्हें शास्त्रीय भाषा में न गाकर तत्कालीन जनजीवन में प्रवाहित मैथिली भाषा की कोमलकान्त पदावलियों के माध्यम से गाया और लोक-जीवन की रसात्मक प्रतीतियों को मुखर करने के लिए लोक-चित्र, लोक-प्रतीक और लोक-छन्दों को ही ग्रहण किया।

'विद्यापति मैथिल-कोकिल हैं।' मेरी समझ से यह उक्ति विद्यापति के 'पदों की सर्वोत्तम आलोचना है। वसन्त की कोमल पगध्वनि के साथ ही आम्र कुंजों की गन्ध-गर्भा छाँहों में छिपकर कोकिल पंचम स्वर में अपना रसमय हृदय उँडेलने लगता है। वन-वन, बाग-बाग, तरु-तरु और डाल-डाल पर उड़कर, कलियों, लाल-लल दहकते हुए पलाशों, आदिगन्त जवानी में झूमते हुए खेतों और मस्ती में सराबोर गाँवों के समस्त सौन्दर्य और उल्लास को मुखर करने लगता है। वसन्त बीत जाता है और तब ज्वाला की सुनसान चट्टानों में कहीं दबकर बहुत हौले-हौले थके, प्यासे स्वरों में कोकिल कराह उठता है।

जवानी भी तो वसन्त ही है। कोकिल कवि विद्यापति ने इसी जवानी की अनेक अवस्थाओं, प्रेम की मस्ती, विरह के तीखे दर्द और सौन्दर्य-भंगी को अत्यन्त कोमल स्वरों में गाया है। उन स्वरों में न तो समाज की शिथिल दीनता-जर्जर

थरथराहट है, न पतझड़ की उदास नग्नताएँ हैं, न ग्रीष्म का विशद हाहाकार है, न पावस की हरीतिमा और फेनोज्वल बाढ़ का भारी गर्जन है, न शरद के खेतों की अंकुरित जीवन-सृष्टि है। समाज के विभिन्न स्तरों के दुःखों, दर्दों का स्पर्श विद्यापति-पदावली में नहीं है। बुढ़ापे में कोकिल कवि का स्वर मस्ती से उतरकर प्रार्थना मूलक हो गया है और कराह उठा है–

''तातल-सैकत-वारि बिन्दु सम,
सुत - मित - रमनि - समाज,
तोहे बिसार मन ताहे समरपित,
अब मझु हब कोन काज,
माधव, हम परिनाम निरासा।''

कवि का क्षेत्र सीमित है, किन्तु उस क्षेत्र में प्रस्फुटित होने वाले राग-बोध, सौन्दर्य-बोध और अनेक सुन्दर प्रसंगों से कवि का गहरा परिचय है। सौन्दर्य और प्रेम की मस्ती को बिना किसी संकोच के, बिना किसी बनावट के वह लहरा देता है। विद्यापति के कृष्ण और राधा की केलि को कान्ता भाव से भक्ति स्वीकार करने वाले भले ही इष्टदेव और इष्टदेवी कृष्ण और राधिका का आध्यात्मिक विलास मानें, किन्तु कवि ने उन्हें ऐसा चित्रित किया है वे लोक-सामान्य नायक और नायिका के रूप में माँसल श्रृंगारिकता के विभिन्न स्तरों को स्पर्श करते हुए ही अधिक प्रतीत होते हैं। कवि द्वारा चित्रित श्रृंगारिक जीवन के विभिन्न आयाम हैं–वयः सन्धि, नख-शिख, सद्यः-स्नाता, प्रेमप्रसंग, दूती, नोंक-झोंक, सखी-शिक्षा, मिलन, सखी-सम्भाषण, कौतुक, अभिसार, छलना, मान, मान-भंग, विदग्ध-विलास, विरह और भावोल्लास। इन विभिन्न श्रृंगारिक प्रसंगों में कवि रूप-सौन्दर्य पर ही अधिक अटका हुआ जान पड़ता है। वयः सन्धि की अवस्था में नारी के अंगों में कैसे एक माँसल सौन्दर्य निखर उठता है, उसकी चेष्टाओं और भंगिमाओं में कैसे एक मोहकता महक उठती है इन सबका बड़ा ही सजीव चित्र पदावली में उपलब्ध है, किन्तु इस अवस्था में अन्तर में उगने वाले स्वप्निल भावों की व्यंजना कम है।

इसी प्रकार अन्य श्रृंगारिक प्रसंगों में भी कवि की दृष्टि वाह्य रूप-वैभव–शारीरिक सुगढ़ता, लावण्य, मादक हावों, अनुभवों, व्यापारों और अलंकार विन्यास–की ओर अधिक रही है और हृदय के भीतर मन्थन करने वाले संवेगों और अन्तर्द्वन्द्वों के निरूपण की ओर कम। फिर भी विद्यापति–योजना के कुशलतम शिल्पी हैं।

''शैशव जीवन दरसन भेल,
दुहु दल-चले दन्द परि गेल,
कबहु बाँधय कच, कबहु विथारि,
कबहु झाँपय अँग कबहु उघारि,
अति थिर नयन, अथिर कुछ भेल,

उरज - उदय - थल लालिम देल,
चंचल चरन, चित चंचल मान,
जागल मनसिज मुदित नयान,
विद्यापति कह सुन वर कान,
धैरज धरह मिलायव आन।'' (वयः सन्धि)

या

''कामिनि करए सनाने,
हेरतहि हृदय हनए पँचबाने,
चिकुर गरए जल-धारा,
जनि मुख-ससि डर रोअए अँधारा।''

कवि की दृष्टि प्राकृतिक सौन्दर्य को भी उसके आन्तरिक उल्लास में नहीं देख सकी। वसन्त कवि का बहुत प्रसिद्ध प्रकृति-चित्रण है, किन्तु कवि ने कुछ तो परिपाटीबद्ध ढंग से वसन्त के पूर्व गृहीत उपकरणों को सजा दिया है और कुछ तो अंलकारों के घटाटोप में वसन्त-श्री को आवृत कर दिया है। अलंकारों की चमक-दमक ने वसन्त के सहज सौन्दर्य को प्रवाहित होने नहीं दिया है।

लेकिन पदावली में ऐसे अनेक स्थल भी आते हैं जो यह सूचित करते हैं कि कवि में हार्दिकता की कमी नहीं है। जहाँ कवि इन जगमग सौन्दर्य-जालों में भेदकर अन्तर की गहराई में पैठ गया है वहाँ उसने हृदय की मार्मिक छवियों की राशि सामने लाकर बिखेर दी है। विरह की अवस्था में जो आन्तरिक पीड़ा का प्रवाह उमड़ता है उसे कवि ने बड़ी गहराई से पहचाना है। विरह की अवस्था में विद्यापति की राधा को मौत चश्मा लगाकर नहीं खोजती, उनके शरीर को छूकर माघ मास की ठंडी हवा लू नहीं बन जाती, उनकी जान खून का कतरा बनकर आँसुओं के वास्ते नहीं ढल जाती, वरन् वे अपनी गम्भीर मर्म वेदना को बड़े ही सहज रूप में सखियों से कह उठती हैं—

"हे सखि कतहुँ न देखि मधाई,
काँप शरीर धीर नहिं मानस,
अवधि नियर भेल आई,

या

लोचन धाए फेधायल
हरि नहिं आयल रे,

या

झभर बादर माह भादर,
सून मन्दिर मोर,
झम्पि घन गरजंति संतत,

भुवन भरि बरसंतिया
कन्त पाहुन, काम दारुन,
सघन खर सर हंतिया,
या
के पतिया लेइ जाइत रे,
मोरा पियतम पास।''

विरह की गम्भीर मानसिक यातानाएँ सहती हुई राधा का प्रियतम नहीं आया, नहीं आया। फिर आशाएँ स्वप्न बनकर मुखर होने लगीं–

''सुतलि छलहु हम घरवा रे,
गरवाँ मोतिहार,
राति जखन भिनसरवा रे,
पिया आएल हमार।''

किन्तु स्वप्न भिनसार का था इसलिए लगता है प्रियतम जरूर आएँगे। लो शकुन सूचक कागा भी बोलने लगा–

''मोरा रे अँगनवा चनन केरि गछिया,
ताहि चढ़ि कुरुरय काग।''

विरह के अतिरिक्त अन्य स्थानों पर कहीं-कहीं गम्भीर सम्वेदना और अनुभवों के दर्शन हो जाते हैं जैसे मिलन में–

''सुन्दरि चललिहु पहु घर ना
चहुँ दिश सखि सब कर धर ना
जाइतहु लाग परम डर ना,
जइसे ससि काँप राहु डर ना।''

प्रार्थना और नचारी में बौड़म शंकर के हाथ में सौंपी जाती हुई पार्वती की माँ का मातृ-हृदय देखने लायक है। माता मात्र की पीड़ा उसमें ध्वनित हो उठी है–

''हम नहिं आज रहब एहि आँगन,
जो बुढ़ होएत जमाई गे माई,
एक त बइरि भेल बीघ विधाता,
दोसर धिया कर बाप।
तिसरे बइरि भेल नारद बाभन,
जे बूढ़ आनल जमाई गे माई,
पहिलुक बाजन डामरु तोरब,
दोसरे तोरब रुंड माल,
बरद हाँकि बरियात बेलाइब,
धिआ ले जाएब पराई गे माई।''

इस एक पद में माता के हृदय के न जाने कितने उद्‌गार एक साथ फूट उठे हैं। बेबसी, ब्रह्मा की क्रूरता, लड़की के बाप की निष्ठुरता, नारद बाभन का षड्यन्त्र, नालायक दूल्हे के प्रति आक्रोश, नारद के प्रति दंड की भावना और बेटी को लेकर कहीं और भाग जाने की लाचार तड़प, ये अनेक परस्पर गुम्फित भाव माता के दिल को एक साथ झकझोर उठे हैं।

लड़कियों का पराये हाथों में सौंपा जाना समाज का एक नैसर्गिक नियम बन गया है। जिन देशों में नारी-पुरुषों के सम्बन्धों में स्वच्छन्दता है, जहाँ दोनों में बराबरी का भाव है वहाँ तो यह परायापन उतना नहीं खलता किन्तु भारत में तो सामाजिक दबाव के बहुत प्रबल होने के कारण शुरू से ही यह परायापन लड़कियों के लिए बहुत बोझिल-सा रहा है। एक ओर पति के पाने का मधुर उल्लास होता है तो दूसरी ओर पति के घर की अनजान अवस्था, घर के लोगों के अनजान व्यवहार की एक अस्पष्ट-सी तस्वीर प्राणों में डर भर देती है। माँ नारी होने की वजह से इस पराए घर के दर्द की सबसे बड़ी भुक्त-भोगी होती है। इसीलिए वह अपनी बेटी के प्रति बड़ी स्नेहशीला और सहानुभूतिमयी होती है। वह चाहती है कि उसकी बेटी का पति सुन्दर हो, सुशील हो, धनी हो, परिवार भरा-पूरा हो। बेटी के दुःख की आशंका मात्र से उसका हृदय थर्रा उठता है। शंकर के दारिद्र्य की कल्पना कर पार्वती की माँ के हृदय की कैसी दशा हो गयी है, देखिए—

"एत जप तप हम किय लागि कैलहु,
कथिला कएलि नित दान,
हमरि धिया के एहो वर होयता,
अब नहिं रहत परान,
हर के माय बाप नहिं थिकइन,
नाहिं छइन सोदर भाय,
मोर धिया जी सासुर जैती,
बइसति ककर लग जाय,
घास काटि लौती, बसहा चरौती,
कुटती भाँग धतूर,
एको पल गौरी बैसहु न पौती,
रहती ठाढ़ि हजूर।"

प्रार्थना के पदों में कवि ने शंकर, गंगा, सीता, दुर्गा, आदि अनेक देवताओं की स्तुति की है, किन्तु प्रार्थना सम्बन्धी अनेक पद उक्त देवताओं की सुनी-सुनाई गुण-गाथा की ही चर्चा करते हैं। इस दृष्टि से इनमें कवि का कोई अपनापन नहीं मुखर हो सका है। यह जरूर है कि कवि के छन्द और पद-विन्यास पिष्टपेषित भावों वाले पदों में भी एक लयात्मक भंगिमा भर देते हैं, किन्तु कुछ पद ऐसे

अवश्य हैं जिनमें कवि का निजीपन और रागात्मकता मुखर हो उठे हैं—

"कखन हरब दुःख मोर हे भोलानाथ,
दुखहिं जनम भेल दुखहिं गमाएब,
सुख सपनहुँ नहिं भेल हे भोलानाथ,

या

माधव हम परिनाम निरासा,
तुहुँ जग तारन दीन दयामय,
अतय तोहार विसवासा।"

इस प्रकार हम देखते हैं कि कवि ने कहीं तो प्रच्छन्न शास्त्रीय परिपाटी और रूढ़ियों के साथ गाँवों के नायक-नायिकाओं के शृंगारिक केलि-कलापों को सम्पृक्त कर दिया है और कहीं शास्त्रीय रूढ़ियों को एकदम छोड़कर जन-जीवन के सहज शृंगारिक प्रसंगों के साथ शुद्ध और उन्मुक्त हार्दिक उद्‌गारों की प्रवाहित कर दिया है। कवि ने चाहे रूप-विधान किया हो, चाहे भाव विधान, उसके पद सर्वत्र गीतात्मक छवियों से भरपूर हैं। लोक प्रसंगों, लोक भाषा और लोक छन्दों के ग्रहण की वजह से पदावली के पद अपनी रसमयता में तीव्र हो उठे हैं और वे या तो आँखों में एक सौन्दर्य चित्र उतार देते हैं या हृदय में एक रस की धारा प्रवाहित कर देते हैं। विद्यापति ने अनेक लोक छन्दों का प्रयोग उनकी प्रकृति के अनुकूल किया है। विद्यापति शब्द-चयन में अत्यन्त कुशल हैं। कहाँ किस प्रकार के शब्दों और ध्वनियों का चयन वांछित है, किन-किन पदों में मैत्री है इन सब का बोध कवि को खूब है। कहीं-कहीं कवि शब्दों और स्वरों की ध्वन्यात्मकता से ही संगीत की सृष्टि कर देता है। कहीं कहीं छोटी-बड़ी पंक्तियों की योजना करके भावों को आवश्यकतानुसार स्फीत और संकुचित कर देता है।

कुल मिलाकर विद्यापति सौन्दर्य और प्रेम के कवि हैं। पदावली गार्हस्थ्य से ओत-प्रोत है। कवि का सौन्दर्य-बोध इतना जाग्रत है कि कभी भी सौन्दर्य से तृप्त नहीं होता। कवि मानो अपनी नायिका के साथ स्वयं ही तड़प उठता है—

"जनम अवधि हम रूप निहारल,
नयन न तिरपित भेल।"

कबीर की कविता

पंडितों ने कविता में दो पक्ष माने हैं—अनुभूति पक्ष और अभिव्यक्ति पक्ष। कवि अपनी अनुभूति को पाठकों के हृदय में उतारना चाहता है। इसलिए उसे अभिव्यक्ति का आश्रय लेना पड़ता है। वह अपनी अनुभूति अधिकाधिक सफलता से औरों तक प्रेषित कर सके, इसके लिए वह कलात्मक अभिव्यक्ति की साधना करता है। अर्थात् शक्तिशाली भाषा और शैली का अभ्यास करता है। जो भी हो यह अभिव्यक्ति की साधना अनुभूति को प्रेषित करने का एक माध्यम-मात्र है, किन्तु अनुभूति क्या वस्तु है? कवि एक सामाजिक प्राणी है। वह समाज की जीवन्त परम्पराओं, वर्तमान समस्याओं, आकांक्षाओं, संघर्षों, प्रगतियों और समूची स्थूल और सूक्ष्म सौन्दर्य-उपलब्धियों से प्रभावित हुए बिना नहीं रह सकता। कवि तो सामान्य सामाजिक से कुछ अधिक भावुक और ग्रहणशील होता है। वह इन्हें सहज ही जान-पहचान लेता है। जिस कवि में उपर्युक्त प्रभाव का अभाव दिखाई पड़े उसके कवित्व में सन्देह होना चाहिए। कवि की अनुभूति अनेक सूक्ष्म और स्थूल तत्त्वों से बनती है, और उसी अनुभूति को कवि व्यक्त करता है।

प्रश्न होता है कि क्या अनुभूति साध्य है और अभिव्यक्ति साधन? मैं दोनों को साधन मानता हूँ। साध्य है मान-समाज का सामूहिक उत्कर्ष आचार्य हजारीप्रसाद द्विवेदी सारे ज्ञान-विज्ञान का एकमात्र लक्ष्य मनुष्य मानते हैं। जब अनुभूति साधन है और मानव समाज का सामूहिक उत्कर्ष साध्य है तो इन दोनों के बीच एक और तत्त्व की आवश्यकता उत्पन्न होती है। और वह तत्त्व है दृष्टिकोण। संसार की तमाम बिखरी हुई वस्तुओं, घटना-प्रवाहों, विश्वासों, विचार धाराओं में से कौन उस काल की मानवता की भूख को तृप्त करने वाली है, कौन समाज की खंडित इकाइयों को एकता के सूत्र में बाँधने वाली है और कौन मानवता को क्षुद्र स्वार्थों से खंडित करने वाली है, कौन जीवन्त-विश्वासों से समाज को जागरूक कर सकती है, कौन पुरानी मुर्दा रूढ़ियों के अन्धकार में समाज को गहरी नींद लेने के लिए फेंक सकती है, इसका निर्णय परिमार्जित दृष्टिकोण करता है। यह दृष्टिकोण युगानुरूप नवीन और ताजा हुआ करता है। यदि दृष्टिकोण धूमिल और प्रतिक्रियावादी

हुआ तो कवि की अनुभूतियाँ भी कुछ उसी प्रकार की बनेंगी और कवि उनका चयन भी इस प्रकार करेगा कि उनका प्रभाव पाठकों पर तदनुरूप पड़े, लेकिन परिमार्जित और मानवतावादी दृष्टिकोण वाले कवि के हृदय में संसार की समस्त क्रियाओं की प्रतिक्रियाएँ कुछ भिन्न ढंग की अनुभूतियों की सृष्टि करती हैं और वह कवि संसार की घटनाओं का चयन इस दृष्टि से करता है कि सर्वत्र उसका विश्वास ध्वनित हो। ऐसे कवियों का व्यक्तित्व खंडित नहीं होता, उनके दृष्टिकोण (दर्शन या विश्वास भी कह सकते हैं), अनुभूति और अभिव्यक्ति में बड़ी एकमयता होती है।

हिन्दी के भक्तिकालीन आन्दोलन की मौलिक शक्तियों की परीक्षा करने के पश्चात् हम यह कह सकते हैं कि उस काल के सभी कवियों में मानवता के उत्कर्ष की तीव्र आकांक्षा थी। भगवत्-भक्ति उनका परमसाध्य था। राम या कृष्ण इस काल के चरमसत्य थे, जिनके प्रति भक्तों का व्यक्तित्व न्योछावर है। मानवता के चरम सत्य भगवान के प्रति अपने को सम्पूर्ण रूप से अर्पित कर देना ही तत्कालीन भक्तों का इष्ट था। उनकी अनुभूतियाँ भगवत्-रस से तरलायित हैं। सभी उस अखंड सत्य के अंश हैं। अतएव संसार में मौलिक एकता है। संसार को खंडों में बाँटने वाले भ्रम में हैं, मूढ़ हैं। अतः यह स्पष्ट है कि उस काल के भक्त कविता के लिए कविता नहीं लिखते थे। वे अपने चरम सत्य और उसकी अनुभूतियों को व्यक्त करने के लिए कविता लिखते थे। आचार्य हजारीप्रसाद द्विवेदी का मत है, "सूरदास के बाल वर्णन में स्वभावोक्ति की छटा-मात्र देखने वाले घाटे में रहेंगे। बालकृष्ण की एक-एक चेष्टा के चित्रण में कवि कमाल की होशियारी और सूक्ष्म निरीक्षण का परिचय देता है। न उसे शब्दों की कमी है, न अलंकार की और न भावों की, न भाषा की। इसका कारण यशोदा का निखिलानन्द सन्दोह भगवान बालकृष्ण के प्रति एकान्त आत्मसमर्पण है।" इसी प्रकार तुलसी में भक्ति की तन्मयता है और कहीं-कहीं वे कथा का प्रवाह रोककर अपनी भक्ति की याद दिला उठते हैं।

कबीर की कविता की व्याख्या करने के लिए हमने उचित पृष्ठभूमि की सृष्टि कर ली है। कबीर सच्चे तन्मय भक्त थे, अतएव उनकी रचनाओं में भक्ति का प्रवाह तो है ही, अन्य प्रकार की भाव-भूमियाँ भी हैं। लेकिन वे सभी भाव-भूमियाँ किसी-न-किसी प्रकार से भक्ति के ही अंग बनकर आयी हैं। मोटे तौर पर कबीर की रचना के अनुभूति पक्ष को दो भागों में बाँट सकते है : (1) भगवत्-भक्ति सम्बन्धी रचनाएँ, (2) उपदेश सम्बन्धी रचनाएँ। दोनों का विवेचन हम बाद में करेंगे। पहले हम कबीर की कविता के सम्बन्ध में उठाये गये विवादों को समझ लें।

आचार्य शुक्ल ने ऐसे तो स्पष्ट स्वीकार नहीं किया कि कबीर कवि नहीं थे, किन्तु जायसी आदि कवियों की चर्चा के प्रसंगों में उन्होंने जो कबीर के सम्बन्ध में लिखा है उससे ज्ञात होता है कि कबीर को अच्छे कवि के रूप में वे स्वीकार नहीं करते। वे निर्गुण धारा की ज्ञानाश्रयी शाखा के भक्तों की रचनाओं को साहित्यिक नहीं मानते। तथापि वहाँ कबीर को वे और सबसे अलग कर देते हैं, किन्तु साहित्यिकता की दृष्टि से नहीं; ज्ञान-अनुभूति की दृष्टि से। फिर भी शुक्ल जी कबीर की प्रतिभा और उनकी विलक्षण उक्तियों के चमत्कार को स्वीकार करते हैं। बाद में शुक्ल जी की परम्परा को ढोने की घोषणा करने वालों ने कबीर को कवि रूप में एकदम अस्वीकार कर दिया। इसके तीन कारण हैं : (1) कबीर निर्गुण ब्रह्म के उपासक थे और निर्गुण निराकार ब्रह्म चिन्तन का विषय हो सकता है भक्ति (राग) का नहीं (शुक्ल जी इस विचार के प्रवर्तक हैं), (2) कबीर ने ज्ञात की बातें कही हैं, खरे-खोटे उपदेश सुनाए हैं, उनके कथनों में रागात्मक तत्त्वों का सर्वथा अभाव है। (3) कबीर ने जो कुछ कहा है वह ऊट-पटाँग अपरिमार्जित और झाड़-फटकार की शैली में। उलटबाँसियों की शैली निश्चय ही कवि की शैली नहीं है।

कबीर के काव्य पक्ष पर लगाए गये इन आरोपों की परीक्षा करें तो निश्चय ही हम इन आरोपों के थोथेपन और पूर्वग्रहों का पता चल जाएगा। हम कबीर के अनुभूति-पक्ष पर पहले विचार करेंगे। ऊपर मैंने यह स्पष्ट किया है कि कबीर के अनुभूति-पक्ष के दो भाग हैं– (1) भगवत्-भक्ति, (2) उपदेश। भगवत्-भक्ति में कबीर ने तन्मय होकर राम की उपासना की है। ये रचनाएँ प्रायः पदों में हैं। उनकी उपदेशात्मक रचनाएँ प्रायः दोहों में हैं। उन दोहों में हिन्दू-मुस्लिम एकता, उन दोनों को झाड़-फटकार, अनेक वाह्याडम्बरों की कटु आलोचना, संसार के मिथ्या रूप की नश्वरता, प्रेम की महिमा, सतगुरु की स्तुति, आदि सम्बन्धी अनुभूतियाँ अभिव्यक्त हैं। यदि हम गहराई से देखें तो इन दोनों प्रकार की अनुभूतियों को एक ही अखंड अनुभूति के दो पक्ष कह सकते हैं। राम चरम-सत्य हैं। वे भेद-भाव के, जाति-पाँति के, ऊँच-नीच के बन्धनों में नहीं बँध सकते। इसलिए कबीर इन बाह्माचरणवादियों को सदैव एक झटका देते हैं, किन्तु यह झटका कभी ऊपर से नहीं निकलता। अर्थात् वे पढ़-पढ़ाकर, सुन-सुनाकर दिमाग से सोच-साचकर यह उपदेश या झाड़-फटकार नहीं देते। बल्कि यह सारी खीझ, ये एकता सम्बन्धी उक्तियाँ उनकी अनुभूति से पैदा होती हैं। कबीर पंडित तो थे ही नहीं और किसी सम्प्रदाय का अन्धानुकरण भी नहीं किया बल्कि सबके तत्त्वों को अपनी सारग्रहिणी प्रतिभा और तीखी अनुभूति के बल पर अपना बना डाला। अतएव हम कह सकते हैं कि ये सारे उपदेशात्मक स्वर उनके बौद्धिक व्यायाम का फल नहीं, बल्कि उनकी अन्तरात्मा की पुकार थे। अन्य भक्तों में और कबीर में

एक अन्तर यह भी था कि और भक्त (राम-भक्ति और कृष्ण-भक्ति शाखा के भक्त) प्रायः अभिजात वर्ग से आए थे, किन्तु कबीर दलित उपेक्षित और सताये हुए वर्ग से आए थे और समाज की भेदभाव जन्य उपेक्षा को उन्होंने स्वयं भोगा था। इसलिए इन्होंने आभिजात्य-जन्य बड़प्पन के मिथ्या दम्भों और छोटी जातियों पर अत्याचार करने वाले सामाजिक संस्कारों, पुस्तकीय ज्ञानों को बड़े तीखे और सीधे अनुभूति-जन्य स्वरों में झटके मारे हैं। कुछ विद्वानों का मत है कि कबीर ने हिन्दू-मुसलमानों को चिढ़ाया है, किन्तु यह भ्रामक मत है। कबीर ने ये सारी बातें चरम-सत्य की अखंडता और एकता की ओर संकेत करने के लिए कही हैं। हम कह सकते हैं कि कबीर का वक्तव्य-पक्ष बहुत उच्चकोटि का और लोक-मंगलकारी है।

लेकिन क्या सारी अनुभूतियाँ कविता होती हैं? निश्चय की अनुभूतियों को कविता का स्वरूप धारण करने के लिए सामाजिक रागात्मकता की आवश्यकता होती है। किसी अनुभूति को सूखे ढंग से कह देने से कविता नहीं बनती और न व्यक्तिगत अनुभूति को व्यक्त कर देना ही काव्य का जनक होता हे। अर्थात् अनुभूतियों को पाठक पर सीधे-सीधे वाच्यार्थों में न फेंककर ध्वन्यात्मकता, चित्रात्मकता और सरसता से उतारना चाहिए। और दूसरी बात यह है कि कवि अपनी वैयक्तिक अनुभूतियों को लोक-जीवन के मार्मिक प्रतीकों और रागात्मक सम्बन्धों द्वारा ऐसा व्यक्त करे कि उसकी अपनी अनुभूति सबकी प्रतीत होने लगे। निश्चय ही कबीर की रचनाओं में ऐसी बहुत हैं जिनमें कबीर की अनुभूतियाँ रूखे-सूखे ढँग से वाच्यार्थों में व्यक्त हुई हैं। अर्थात् सीधे-सीधे उपदेश हैं, कान्तासम्मित उपदेश नहीं। और वे उपदेश सामाजिक रागात्मकता को प्रभावित कर सकने में असमर्थ हैं। उनमें काव्योचित चित्रात्मकता, प्रतीकविधान और ध्वन्यात्मकता नहीं हैं, किन्तु ऐसा होने पर भी वे पाठकों को प्रभावित करती हैं क्योंकि उनमें अनुभूति की सच्चाई और तीव्रता होती है। शुद्ध काव्य की दृष्टि से उन्हें यदि आप कविता न मानें तो कोई आपत्ति की बात नहीं।

किन्तु इन दोहों, साखियों में से बहुतेरे ऐसे भी हैं जिनमें कबीर ने व्यंग्य और अन्योक्ति पद्धति का सहारा लिया है और कुछ में प्रेम और ज्ञान की मर्मान्तक पीड़ा का बड़ा ही प्रभावशाली चित्र खींचा है। व्यंग्य और अन्योक्ति को काव्य की एक उत्तम विधि स्वीकार किया गया है। अतएव निस्सन्देह रूप से इन्हें हम काव्य कहेंगे। जैसे—

"काँकर पाथर जोरि के मसजिद लियो बनाय।
ता चढ़ि मुल्ला बांग दे क्या बहरा हुआ खुदाय॥"

"बाढ़ी आवत देखि के तरुवर डोलन लाग।

हमें कटे को गम नहीं पंखेरू घर भाग॥
माली आवत देखि के कलियाँ करें पुकार।
फूला फूला चुन लिया काल्हि हमारी बारि॥"

हरि रस पीया जांणिये, जे कबहुँ न जाइ खुमार।
मैंमंता घूमत रहै, नाहीं तन की सार॥
पिंजर प्रेम प्रकासिया अन्तरि भया उजास।
मुख कसतूरी महमहीं, बाँणी फूटी बास॥
सतगुरु साँचा सूरिमाँ, सबद जु बाह्या एक।
लागत ही मैं मिलि गया, पड़ा कलेजे छेक॥

उपर्युक्त उदाहरणों में व्यंग्य और अन्योक्ति के उदाहरणों के अतिरिक्त प्रेम की पीर और ज्ञान के प्रकाश का बड़ा ही चित्रात्मक और तन्मयतापूर्ण चित्रण है। कबीर-साहित्य में ऐसे दोहे बहुत मिलेंगे। मैं नहीं कहता कि सभी इसी कोटि के हैं; निश्चय ही कबीर की उलटबाँसियाँ, नाथपंथियों के हठयोग के प्रतीकों को लेकर रची गयीं। रहस्यात्मक रूपक और कुछ रूखे उपदेश कविता की सीमा में प्रवेश नहीं कर सकते, लेकिन उलटबाँसियों या नीति सम्बन्धी दोहों के दोषी कबीर मात्र नहीं हैं। उलटबाँसियों की भी परम्परा है और सूरदास जैसे रस-मग्न कवि भी उनसे (दृष्टकूटों से) नहीं बच सके। जहाँ तक शुद्ध नीति के दोहों का सम्बन्ध है सभी भक्त कुछ-न-कुछ उसके दोषी हैं। यहाँ तक कि कविता के लिए कविता लिखने वाले बिहारी जैसे शृंगारी कवि भी उनसे नहीं बच सके हैं। तो भी कबीर के इन दोहों को शुद्ध काव्य की दृष्टि से हमें अलग करना ही पड़ेगा।

किन्तु कबीर की कविता की गरिमा दिखाई पड़ती है उनके भक्ति-सम्बन्धी पदों में। कबीर की निर्गुण-उपासना में ही सन्देह करने वालों को यह जानना चाहिए कि सात्विक रूप से 'राम' को निर्गुण, निरुपाधि, अगुण-सगुण के बन्धनों से परे चतुष्कोटि विनिर्मुक्त मानते हुए भी उपासना के क्षेत्र में कबीर उनसे अपना एक सम्बन्ध जोड़ लेते हैं। यह सम्बन्ध सगुण मतावलम्बियों की तरह राम को किसी रूप, देश-काल और कर्म के बन्धन में नहीं बाँधता। यह सम्बन्ध है पति-पत्नी का—कबीर की आत्मा अपने को परमात्मा की पत्नी मानती है, और इस प्रकार कान्ताभाव से भक्ति करती है। इन भक्ति सम्बन्धी रचनाओं में कबीर की कविता का यह स्वरूप दर्शनीय है। ऐसा क्यों हुआ? इसकी परीक्षा कर लेनी चाहिए।

आचार्य शुक्ल जी ने बिम्बग्रहण को ही काव्य के लिए समीचीन माना है। बिम्बग्रहण भी किसका? सामाजिक के हृदय को प्रभावित करने वाले जीवन के मार्मिक स्थलों और मनोभावों का। कवि अपना वक्तव्य हमारे रागात्मक हृदय को

प्रभावित करने वाले लोक-चित्रों के माध्यम से जब ध्वनित करता है तभी उच्चकोटि की कविता बन पाती है। सीधे-सीधे यदि वह ज्ञान या भक्ति का उपदेश देगा तो धर्मशास्त्रों की आज्ञा और कविता में अन्तर ही क्या रहेगा? कबीर की भक्ति सम्बन्धी कविताएँ भक्त के कान्ताभाव की मधुरता से सिक्त हैं। एक तो दाम्पत्य सम्बन्ध मानव जीवन का यों ही बड़ा राग-रंजित और व्यापक प्रभाव-सम्पन्न मार्मिक पक्ष है, दूसरे कबीर की प्रगाढ़ भक्तानुभूति की तीव्रता उसमें मिल गयी है। कबीर की विरहिणी आत्मा प्रियतम से मिलने के लिए बिसूरती है, अथाह वेदना का अनुभव करती हुई भटकती है। कभी प्रियतम से संयोग-सुख प्राप्त करती है और कभी-कभी प्रियतम के सुन्दर देश के आनन्द की कल्पना करती है। तीसरी बात यह है कि कबीर ने अपना कथन दाम्पत्य जीवन के विविध आकर्षक चित्रों और प्रतीकों के माध्यम से व्यक्त किया है। इन सभी संयोगों से कबीर की कान्ताभाव सम्बन्धी भक्ति-कविताएँ बहुत ही रसमय हो उठी हैं और इस रसमयता के प्रभाव में भाषा का अनगढ़पन भी श्रृंगार बन गया है। कबीर की इन्हीं कविताओं ने रवीन्द्र नाथ ठाकुर जैसे महाकवियों को अपने रस में तन्मय किया है। इन कविताओं में अभिव्यक्ति अनुभूति के पीछे-पीछे दौड़ती नज़र आती है और अनुभूति की अजस्र धाराएँ मार्ग में पड़ने वाले अनेक रागात्मक कूलों और उपकूलों को भी सींचती हुई निखिलानन्द सन्दोह चरम-सत्य प्रियतम के रूपसागर में विलीन होने के लिए अनुधावित हैं। शुरू-शुरू में मैंने जो कलात्मक अभिव्यक्ति, रागात्मक अनुभूति और मानवतावादी दृष्टिकोण के तादात्म्य की बात कही है वह यहाँ दिखाई पड़ती है।

कुररी पक्षी न जाने किसके बिछोह में आकाश में गरज-गरजकर ताल भर दे रहा है, लेकिन जिनसे गोविन्द बिछुड़ गया हो उनका क्या हाल होगा? बताओ तो–

''अम्बर कुंजा कुरलियाँ, गरजि भरे सब ताल।
जिनि पैं गोविन्द बीछुटे तिनके कौण हवाल॥''

विरहिणी बहुत दिनों से राम की बाट जोह रही है। मिलन के लिए जी तरस रहा है। मन में शान्ति नहीं है–

''बहुत दिनन की जोवती बाट तुम्हारी राम।
जिव तरसै तुझ मिलन कूं मन नाहीं विसराम॥'

आँखों से निर्झर बह रहे हैं, दिन-रात रहट चल रहे हैं, विरहिणी आत्मा पपीहे की तरह 'पी पी' पुकार रही है। हे राम कब मिलोगे–

''नैनाँ नीझर लाइया, रहट बहै निस जाम।
पपिहा ज्यूँ पिव पिव करौं, कबरु मिलहुगे राम॥''

पथ निहारते-निहारते आँखों में झाईं पड़ गयी है। राम पुकारते-पुकारते जीभ में

छाले पड़ गये हैं। हाय कैसी बेकली है!—

''अंषड़ियाँ झाँई पड़ी पंथ निहारि निहारि।
जीभड़ियाँ छाला पड़्या राम पुकारि पुकारि॥''

आँखें प्रेम से काषायित हो गयी हैं। लोग उन्हें दुखित समझते हैं। अरे वे तो अपने साईं के कारण रो-रो कर लाल हो गयी हैं—

''अँषड़ियाँ प्रेम कसाइयाँ, लोग जाणै दुखड़ियाँ।
साईं अपणैं कारणै, रोइ रोइ रतड़ियाँ॥''

वहाँ प्रियतम के देश में दिन-रात मोती बरस रहे हैं। मुरली शब्द मुखरित हो रहा है। दिन-रात ज्योति बरस रही है। मन मुरली-शब्द सुनकर आनन्दित हो रहा है—

''मोतिया बरसै तौरे देसवाँ दिन राती।
मुरली शब्द सुनि मन आनन्द भयो, जोति बरै दिनराती।''

इसलिए नैहर से मन उचट रहा है

''नैहरवा हमकौ नहिं भावै।
साईं की नगरी परम अति सुन्दर जहाँ कोई जाइ न आवै।
चाँद सुरुज, जहँ पवन न पानी, को सन्देश पहुँचावै?
दरद यह साईं को सुनावै॥''

इसलिए वह स्वयं अपने दर्द की दूतिका बनकर घर से निकल पड़ती है—

''भीजे चुनरिया प्रेमरस बूँदन।
आरती साज कै चली है सुहागिनि,
प्रिय अपने को ढूँढन॥''

और अन्त में उसकी आँखें अलसा रही हैं। वह प्रियतम को सेज पर ले जाने के लिए बेचैन हो उठती है—

''ए अँखियाँ अलस्यानी, पिया हो सेज चलो।''

अभी हमने कबीर की रसमय कविता की कुछ बानगी देखी है। ऐसी बहुत सी कविताएँ कबीर-साहित्य में भरी पड़ी हैं, जिनमें लोक-प्रतीकों के माध्यम से हमारी रागात्मक अनुभूतियों को जगाते हुए कवि ने भगवत्-भक्ति का सरस प्रवाह बहाया है। अनपढ़ कबीर की भाषा भले ही खिचड़ी हो, पदावलियाँ भले ही अपरिमार्जित हों, छन्द भले ही टूटे-फूटे हों, किन्तु अनुभूति-प्रवीण कबीर का वेगवान वक्तव्य जिधर से फूटता है अपना अनगढ़ मार्ग बना लेता है। वह अभिव्यक्ति का मार्ग अपरिमार्जित होकर भी अनुभूति को व्यक्त करने की भरपूर सामर्थ्य रखता है। और उपर्युक्त पद्यों जैसी अनेक कविताओं में वह अपरिमार्जित अभिव्यक्ति चित्रात्मक और कलात्मक हो उठी है।

आज के सन्दर्भ में 'मानस' की प्रासंगिकता

मैं नया कवि हूँ—वैज्ञानिक युग का एक नास्तिक-सा कवि। इसलिए मध्यकालीन महाकाव्य 'रामचरितमानस' में व्यक्त धार्मिक आस्थावाद, राम का ईश्वरत्व और वर्ण-व्यवस्था के प्रति विश्वास मेरा अपना नहीं हो पाता। फिर भी क्या वजह है कि मानस पढ़ते समय प्रत्येक बार मैं उसमें डूब जाता हूँ। वह मध्यकाल का महाकाव्य होकर भी मुझे कहीं अपने बहुत समीप लगने लगता है, हर बार मुझे उसमें कुछ नया प्राप्त होता है। यदि ऐसा है तो मैं सोचने पर विवश हो जाता हूँ कि कविता की प्रासंगिकता केवल विचार और दृष्टि की प्रासंगिकता नहीं होती। विचार और दृष्टि के साथ जो गहन मानवीय अनुभव हैं, प्रासंगिकता की पहचान उन्हें छोड़कर नहीं हो सकती। अपने ही समय में ऐसा क्यों होता है कि समान दृष्टि और विचारों के कवियों की कविताएँ अनुभव के धरातल पर हमें प्रभावित नहीं करतीं और—विपरीत दृष्टि और विचारों की कविताएँ मानवीय अनुभवों से सम्पन्न होने के कारण हमें अधिक आत्मीय लगती हैं। यह सत्य है कि अनुभवों की रचना में विचार और दृष्टि की बड़ी हिस्सेदारी होती है, किन्तु साहित्य-रचना के मूल में प्रमुख भूमिका अनुभव की ही होती है। दृष्टि या विचार इन अनुभवों को पुनर्निर्मित करते हैं और पूरी रचना को भी एक अन्विति देते हैं, किन्तु रचना के मूल में आधारभूत शक्ति अनुभव ही है।

रचना में विचार दो तरह के होते हैं—एक तो वे जो जीवन में बने-बनाए या लेखक के स्वयं के अनुभव से सम्बद्ध वैचारिक निष्कर्षों के रूप में आते हैं जो रचना के ऊपर लादे जाते हैं, दूसरे वे जो रचना के भीतर होते हैं और जो अनुभवों को पुनर्निर्मित कर उनसे सौन्दर्य की सृष्टि करते हैं। विचार का यह स्वरूप हर अच्छी रचना के साथ जुड़ा होता है। वह उसकी आन्तरिक प्रकृति के भीतर पाया जाता है जबकि पहला रूप रचना के माध्यम से पाया जाने वाला सत्य होता है। पहला विचार पूरी रचना को किसी निष्कर्ष तक ले जाता है, दूसरा रचनात्मक अन्तर्दृष्टि है, जो मानवीय सम्वेदनाओं और व्यापारों को आपस में रचकर जीवन से हमारा साक्षात्कार कराता है। यह विचार या अन्तर्दृष्टि हर उत्तम रचना में अनिवार्य

रूप में पाई जाती है। इन अन्तर्दृष्टि से रचित गहरी मानवीय अनुभूतियों वाला काव्य आने वाले युगों के लिए एक बहुत भीतरी स्तर पर प्रासंगिक होता है।

'रामचरितमानस' में दोनों ही विचार-भूमियाँ काम कर रही हैं अर्थात् रचना-दृष्टि भी है और पूरी रचना को किसी एक अन्य निष्कर्ष तक ले जाने वाली दृष्टि भी है। यह अन्य निष्कर्ष क्या है? भक्ति—सारे सन्देहों को दूर करने वाली राम की भक्ति।

राम कथा सुन्दर करतारी।
संशय विहग उड़ावन हारी।

राम की भक्ति में जिसने सन्देह किया, वह काम से गया। मानस में सन्देह दूर करने वाली भक्ति का प्रतिपादन शंकर करते हैं, कागभुसुंडी करते हैं, याज्ञवल्क्य मुनि करते हैं और स्वयं कवि करता है। काव्य का सारा जुलूस निर्विकल्प राम-भक्ति की स्थापना की ओर जा रहा है। स्पष्ट है कि आज के कवि और पाठक का कोई सरोकार इस भक्ति से नहीं जुड़ता। वह न राम को परब्रह्म मानता है और न ईश्वर की भक्ति में उसे आस्था है। राम के परम ब्रह्मत्व को बार-बार प्रतिपादित करने वाले तथा भक्ति का उपदेश देने वाले अंश और उत्तरकांड का अधिकांश हमारे लिए अनावश्यक और अप्रासंगिक प्रतीत होते हैं। ये तथा इनसे अपरिहार्य भाव से जुड़े हुए दार्शनिक विचार हमारे अनुभवों को छुए बिना ऊपर से गुजर जाते हैं, वे हमारी आज की आस्था-अनास्था, मूल्य और मूल्यहीनता के द्वन्द्व से; प्रश्नों तथा समस्याओं से एवं समाधान पाने के लिए उनसे जूझते हमारे आज के चिन्तन से कहीं जुड़ नहीं पाते। तो क्या इसीलिए मानस जैसी एक महान साहित्यिक कृति हमारे लिए सर्वथा अप्रासंगिक हो गयी?

साहित्य की प्रासंगिकता की पहचान विचार और अनुभव दोनों स्तरों पर होनी चाहिए और मुझे लगता है कि मानस अनुभव के स्तर पर हमारे लिए आज भी प्रासंगिक प्रतीत होता है। इस सन्दर्भ में मानस की लोकोन्मुखता की पहचान अत्यधिक महत्त्वपूर्ण है। आज का कवि लोक-जीवन के सत्य को बहुत महत्त्व देता है। उसी आधार पर वह रीतिकाल को भी काटता है और छायावाद तथा अन्य रूमानी काव्यधाराओं को भी। उसे मानस का अध्ययन करते समय यह बात रेखांकित करनी चाहिए कि लोक-जीवन का सत्य अपने अनेक आयामों के साथ यहाँ वर्तमान है। तुलसी ने 'मानस' में ईश्वर, धर्म मूल्य सबको लोक के बीच प्रतिष्ठित किया। सिद्धान्त रूप में इनका लोक-निरपेक्ष रूप हो सकता है, किन्तु व्यवहार में ये लोक-सापेक्ष होकर ही अपनी सत्ता और अर्थमत्ता प्रमाणित करते हैं। इसलिए परम ब्रह्म राम अपने पूरे सौन्दर्य की प्रतीति लोक-जीवन के विविध सन्दर्भों से गुजरकर ही कराते हैं, किसी भक्त के हृदय में अमूर्त सत्य बनकर नहीं। इस प्रक्रिया में तुलसी लोक के विविध सन्दर्भों, विविध व्यापारों और विभिन्न

गहन मनःस्थितियों की जो पहचान उभारते हैं वह अद्वितीय है। महाकाव्यों को समग्र जीवन का चित्र कहा गया है, किन्तु मुझे इन महाकाव्यों का अध्ययन करते समय हमेशा यह लगता रहा है कि इनमें जीवन की जो समग्रता है वह एक व्यक्ति के (नायक के) सन्दर्भ में है। उसी व्यक्ति के जीवन में घटित होने वाली प्रमुख घटनाओं और उनसे सम्बन्धित भावात्मक स्थितियों तथा सभ्यता और संस्कृति के परिचायक कुछ प्रसंगों को ही जीवन की व्यापकता मान लिया गया है। इन महाकाव्यों में सामान्य जीवन तो कहीं आता ही नहीं। सामान्य जीवन कहीं आता भी है तो केवल अभिजात जीवन में घटित घटनाओं का सूत्र जोड़ने का माध्यम बनकर। राम-कथा अपने मूल रूप में ही अनेक तरह से जन-जीवन से जुड़ी कथा है, किन्तु 'मानस' में कवि ने इसे और भी जन-जीवन से जोड़ने का प्रयत्न किया है तथा अप्रस्तुत विधान के रूप में भी सामान्य जीवन के विविध-व्यापारों, सम्वेदनाओं और सम्बन्धों को रूपायित किया है। अर्थात् अप्रस्तुत केवल प्रस्तुत के उपमान बनकर नहीं आए हैं, वे साथ ही साथ लोक-जीवन के अनेकानेक सत्यों का उद्घाटन भी करते हैं और अप्रस्तुत होते हुए भी प्रस्तुत-से बन जाते हैं। रामकथा को लोक-जीवन से जोड़ने का ही परिणाम है कि कथा जहाँ कहीं सामान्य जीवन के बीच गयी है तुलसी उसमें रम गये हैं। राम के साथ अयोध्या की प्रजा का भी यथासम्भव चित्रण हुआ है और राम के वन जाते समय यह प्रजा भी उनके साथ-साथ जाती है। राम इस प्रजा का दबाव महसूस करते हैं। उससे बच निकलने का उपाय सोचते हैं। यही प्रजा फिर भरत के साथ राम को मनाने के लिए चित्रकूट जाती है। राम वन जाते हैं तो गाँव के अनेक नर-नारियों के बीच से गुज़रते हैं, साधु-संन्यासियों के सम्पर्क में आते हैं। और निषाद का प्रसंग तो अद्भुत है। निषाद का भक्त-रूप तो चित्रित हुआ ही है उसका आर्थिक परिवेश भी आया है। निषाद कर्मरत जीवन जीता हुआ चरम मूल्य (राम) में अटूट निष्ठा रखने वाला सरल हृदय शूद्र है। शूद्र की महत्ता का इतना समारोहपूर्ण चित्रण करने वाला कवि शूद्र विरोधी रहा होगा, यह आरोप समझ में नहीं आता। इसी प्रकार शबरी, जटायु, बन्दर-भालू, बन के कोल, किरातों, आदि के साथ रामकथा जुड़कर अपने को सामान्य जीवन के विविध आयामों से जोड़ने का प्रयत्न करती है। इसके साथ ही कवि ने अनेक अन्तर्कथाएँ निर्मित कर मानस को जीवन के अनेक सत्यों से समृद्ध किया है। यह सच है कि सारी कथाएँ, अन्तर्कथाएँ, पात्र और प्रसंग राम की ओर ही दौड़ते हैं, किन्तु उनके अपने स्वभाव की पहचान भी उभरती चलती है और आज का पाठक उसी स्वभाव से जुड़ता है परिणति से नहीं। कलियुग-प्रसंग तो एकदम आज की विसंगतियों का उद्घाटन करता है। यह सच है कि वहाँ जो पाप-पुण्य, नैतिकता-अनैतिकता का विधान किया गया है वह बहुत-कुछ तुलसी की राम-भक्ति और वर्णाश्रम-व्यवस्था के प्रति उनकी आस्था से निर्मित है, किन्तु

इसके बावजूद बहुत-सी सामाजिक विसंगतियाँ और परिस्थितियाँ ऐसी हैं, जो आज की प्रतीत होती हैं। कुछ पंक्तियाँ द्रष्टव्य हैं—

मारग सोइ जो जा कहँ भावा।
पंडित सोइ जो गाल बजावा।
सोइ सयान जो परधन हारी।
जो करु दम्भ सो बड़ आचारी।
जो कह झूठ मसखरी जाना।
कलिजुग सोइ गुणवन्त बखाना।
बहुदाम-संवारहि-धाम यती, विषया हरिलीन रहा विरती
तपसी धनवन्त, दरिद्र गृही, कलि कौतुक तात न जात कही
कुलवन्ति निकारहि नारि सती, गृह आनहिं चेरि निवेरि गती
सुत मानहिं मात पिता तब लौं, अबलानन दीख नहीं जब लौं
कलि बारहिं बार दुकाल परै।
बिन अन्न दुःखी सब लोग मरै।

क्या ये पंक्तियाँ हमें आज की विसंगतियों के बीच नहीं खड़ा कर देतीं?

कवि ने अभिजात-वर्गीय कथा का विस्तार न केवल सामान्य जीवन तक किया है, वरन् प्रकृति के बीच भी किया है। मनुष्य की प्रकृति के प्रति और प्रकृति की मनुष्य के प्रति रागात्मकता को दिखाकर सम्वेदना का एक बहुत व्यापक क्षितिज उद्घाटित किया है। राम के वन-गमन के समय रथ के घोड़े राम की ओर देख-देखकर हिनहिनाते हैं, आँसू गिराते हैं, राम जहाँ-जहाँ जाते हैं वहाँ-वहाँ मेघ छाया करते चलते हैं। जड़ और चेतन की यह सम्वादशीलता कवि की अनुभूति को व्यापक भी बनाती है और गहराती भी है।

अप्रस्तुत विधान में दो बातें ध्यान देने की हैं—एक तो ये अप्रस्तुत प्रकृति और जीवन के विविध क्षेत्रों से लिये गये हैं, दूसरे ये प्रायः संश्लिष्ट हैं अर्थात् एक जड़ वस्तु न होकर कई क्रियाओं, भावों और प्रभावों के संश्लिष्ट रूप हैं। ये अप्रस्तुत दुहरा दायित्व निभाते हैं—प्रस्तुत के रूप-धर्म और प्रभाव को गहराते भी हैं और स्वतः प्रकारान्तर से लोक-जीवन के विविध सत्यों के संक्रान्त रूपों की व्यंजना करते हैं। ये अप्रस्तुत प्रस्तुत के सन्दर्भ में सार्थक तो होते ही हैं, वे कवि के बहुत गहरे और व्यापक अनुभवों का भी परिचय देते हैं। तुलसी पर प्रायः यह आरोप लगाया गया है कि वे प्रकृति में रमते नहीं हैं, प्रकृति के सौन्दर्य का चित्रण करते समय मानवीय जगत् से अप्रस्तुतों की खोज करने लगते हैं। कुछ का तो कहना यह है कि वे मानो इसी मानवीय जगत् के सत्यों के उद्घाटन के लिए प्रकृति का चित्रण करते हैं यानी अप्रस्तुत प्रस्तुत बन जाता है। जो भी हो यह सत्य है कि वे

मानव-जगत् का साथ नहीं छोड़ते। उदाहरण के लिए वर्षा-वर्णन और शरद्-वर्णन के प्रसंग लिये जा सकते हैं। यह सच है कि इनके बहुत से उपमान भक्ति और ज्ञान से सन्दर्भित हैं, किन्तु लोक-जीवन से सन्दर्भित उपमानों की भी कमी नहीं है। ऊपर कहा गया है कि मानस के अप्रस्तुत मुख्यतः संश्लिष्ट अप्रस्तुत हैं—कई-कई क्रियाएँ, व्यापार और भाव एक साथ संग्रथित होकर जीवन का एक प्रभावशाली बिम्ब उभारते हैं और वे बिम्ब प्रस्तुत के बिम्ब में संक्रमित होते हैं। कुछ उदाहरण पर्याप्त होंगे—

ग्रह गृहीत पुनि बात बस, तेहि पुनि बीछी मार।
ताहि पियाइय वारुणी, कहहु कवन उपचार।
जनु धेनु बालक वत्स तजि गृह चरन वन परवस गई।
दिन अन्त पुररुख स्रवत मन हुंकार करि धावत भई।
देखि लाग मधु कुटिल किराती।
जिमि गँव तकै लेउं केहि भाँती।
दलकि उठी सुनि वचन कठोरा।
जनु कुछ गयउ पाक बरतोरा।

यह बात फैशन के स्तर तक जा पहुँची है कि प्रायः कबीर को प्रासंगिक मानकर तुलसी को अप्रासंगिक मान लिया जाता है। इसकी वजह यह है कि कबीर ने धक्कामार शब्दों में सामाजिक, धार्मिक और उपासना-मूलक असत्य पर चोट की है, सत्य के नाम पर असत्य की पक्षधरता करने वाले सारे लोगों को कस कर खरी-खोटी सुनाई है जबकि तुलसी ने वर्णाश्रम-व्यवस्था का पोषण किया है और विद्रोह के स्थान पर समन्वय से काम लिया है। कबीरदास निश्चय ही अपनी ऊर्जा और विद्रोह के कारण हमारे लिए प्रासंगिक हैं, किन्तु तुलसी उपर्युक्त कारणों से अप्रासंगिक हैं कहना तुलसी की काव्य-प्रकृति को न समझना है। तुलसी को प्रासंगिक, अप्रासंगिक कहते समय उनके अन्तर्विरोध को पहचानना जरूरी है। तुलसी जन्म और संस्कार से ब्राह्मण थे, वेद और शास्त्र के परम पंडित थे और वे रामराज्य की स्थापना करना चाहते थे। कबीर का केन्द्रीय पक्ष अस्वीकार का था, तुलसी का स्वीकार का था, कबीर असत्य को अस्वीकार कर रहे थे तुलसी सत्य को स्वीकार कर उसे रचना चाहते थे। तोड़ने में और रचने में जो भेद होता है वही भेद कबीर और तुलसी में है। रचना एक संश्लेषणात्मक कार्य है। तुलसी ने एक समाज को रचना चाहा था। यह रचना समाज के समस्त स्वीकृत रूपों, मान्यताओं और सम्बन्धों को छिन्न-भिन्न करके कल्पना के द्वारा सर्वथा—नये रूपों, मान्यताओं और सम्बन्धों की निर्मिति से सम्भव नहीं थी। प्रचलित सामाजिक ढाँचों को स्वीकार करते हुए उसमें यथासम्भव परिवर्तन से ही यह रचना प्रभावशाली और विश्वसनीय हो सकती थी। जनता में व्याप्त विश्वासों और मान्यताओं का सर्वथा

निषेध करके नहीं, उन्हें नये ढंग से 'एक्सप्लायट' करके ही सामाजिक रचना हो सकती थी। आज भी जब कवि कोई प्रबन्ध लिखना चाहता है तब वह किसी ऐतिहासिक समाज की पीठिका का आधार लेता है। और आज के अस्तित्ववान समाज को विश्वास में लेकर ही उसके विश्वास को तोड़ने का प्रयत्न करता है, वह समाज के भले-बुरे अस्तित्व को सर्वथा अस्वीकार कर कोई क्रान्ति नहीं कर सकता। क्रान्ति करने के लिए भी उसे इस अस्तित्व के भीतर से गुज़रना होता है। इस प्रक्रिया में तुलसी स्वीकार और अस्वीकार के द्वन्द्व से गुज़रते हैं। उनका पंडित और ब्राह्मण व्यक्तित्व एक ओर प्रचलित अभिजात मान्यताओं के साथ हो लेता है तो उनका लोकवादी कवि उनका निषेध करता है। इस द्वन्द्व की प्रक्रिया में सर्वत्र एक समन्वय का स्वर उभरता चलता है। यदि वे सर्वत्र विप्र का समर्थन करते हैं तो उसकी विसंगतियों का पर्दाफाश भी करते हैं। एक ओर वे कहेंगे–

पूजहि विप्र सकल गुन हीना।

तो दूसरी ओर कहेंगे–

द्विज चिह्न जनेउ उघार तपी।

ब्राह्मणों का पक्ष समर्थित करते हुए भी तुलसी ने ब्राह्मण रावण का वध कराया है, परशुराम की खिल्ली उड़ाते हुए कहा है–

द्विज देवता घरहिं कर बाढ़े।

ऐसे अनेक प्रसंग हैं, जो तुलसी के अन्तर्विरोध को व्यक्त करते हैं। इसी प्रकार वे देवताओं, सन्तों, मुनियों आदि का बार-बार यशोगान करते हैं और शूद्रों, नारियों, आदि की अवहेलना-सी करते दीखते हैं, किन्तु दूसरी ओर उनका कवि देवताओं और सन्तों-मुनियों की विसंगतियों का मज़ाक भी उड़ाता है, और निषाद, शबरी जैसे शूद्रों तथा सीता, कौशल्या, अनुसूइया, मन्दोदरी, आदि जैसी नारियों के महत्त्व-गान में विभोर हो जाता है। फिर यह भी कैसे मान लिया जाए कि उनके विभिन्न पात्र जो शूद्रों और नारियों के बारे में प्रचलित विश्वास व्यक्त करते हैं वह तुलसी की निजी मान्यता है। सच यह है कि तुलसी का लक्ष्य विकल्प या असमंजस नहीं है, उनकी सारी काव्य-यात्रा निर्विकल्प भाव से राम में समाहित होती है इसलिए वे अन्ततोगत्वा राम के उपासकों के प्रशंसक ही सिद्ध होते हैं, किन्तु उनका कवि काव्य-यात्रा में उभरने वाले अन्तर्विरोधों या द्वन्द्वों को भरपूर ईमानदारी से पकड़ता है। यह अन्तर्विरोध हमें अपने से जोड़ता है और 'मानस' को अपूर्व काव्य-शक्ति प्रदान करता है। इस सन्दर्भ में कुछ प्रसंगों की चर्चा करना चाहूँगा। नारद-मोह के प्रसंग में कवि ने नारद की विरक्ति और आसक्ति का अद्‌भुत विरोध दिखाया है, किन्तु नारद को मोह देने वाले और मोह हरण करने वाले विष्णु (ईश्वर) की विसंगतियाँ क्या कम हैं? विष्णु के प्रति समर्पित भक्त तुलसी का कवि विष्णु को भी नहीं बख्श सका। मोह भंग होने के पहले नारद

विष्णु की लानत-मलानत करते हुए उनके स्वार्थी रूप पर ज़ोरदार प्रहार करते हैं। यह नारद के माध्यम से कवि ही बोल रहा है, जो भक्ति की मंज़िल तक पहुँचने के पूर्व निरन्तर सजग होकर अपना दायित्व निभाता रहता है। नारद विष्णु का चरित्र उद्घाटित करते हुए कहते हैं–

पर सम्पदा सकहु नहिं देखी।
तुम्हरे ईर्षा कपट विसेषी।
मथत सिन्धु रुद्रहिं बौरायहु।
सुरन प्रेरि विषपान करायहु।
असुर सुरा विष संकरहिं, आपु रमा मणि चार।
स्वारथ साधक कुटिल तम, सदा कपट व्यवहार।
परम स्वतन्त्र न सिर पर कोई।
भावे मनहि करहु तुम सोई।
भलेहि मन्द मन्दहि भल करहू।
विस्मय हर्ष न हिय कछु धरहू।

इसी प्रकार रावण-अंगद संवाद में तुलसी का भक्त-मन अंगद के साथ है, अंगद रामदूत हैं। अंगद रावण की सारी विसंगतियों तथा उसकी कुरूपताओं को उद्घाटित करता हुआ क्रुद्ध वाणी में उस पर चोट करता है तथा साथ ही साथ उसे राम से क्षमा-याचना करने के लिए प्रेरित करता है। तुलसी का कवि अंगद की नैतिकता का पक्ष लेता हुआ रावण के तर्कों की उपेक्षा नहीं करता, वह रावण की ओर भी खड़ा होकर बन्दर जाति की प्रकृति पर चोट करता है। ज़ाहिर है कि अन्ततोगत्वा कविता अंगद के पक्ष में ही जाती है, किन्तु अपनी प्रक्रिया में वह रावण और अंगद दोनों पक्षों की आपसी चोट और तनाव से गुज़रती है। रावण अंगद पर कई चोट करता है–

धन्य कीस जो निज प्रभु काजा।
जहँ तहँ नाचहिं परिहरि लाजा।
नाचि कूदि कर लोग रिझाई।
पतिहित करहिं धर्म निपुनाई।
अंगद स्वामिभक्त तव जाती।
प्रभु गुन कस न कहसि एहि भाँती।

बालि न कबहुँ गाल अस मारा
मिलि तपसिन्ह तैं भएसि लबारा।

और बालि-वध के लिए सारे तर्क उपस्थित करने के बावजूद तुलसी का कवि राम के छिपकर मारने वाले आचरण पर प्रश्न कर ही बैठा और वह प्रश्न अब तक

बज रहा है, कोई विश्वसनीय उत्तर नहीं मिल सका—

धर्म हेतु अवतरेउ गोसाईं।
मारेउ मोहि व्याधि की नाईं।

अन्तर्विरोध की एक अत्यन्त मार्मिक छवि राम-भरत मिलाप प्रसंग में दिखाई पड़ती है। भक्त तुलसी ने तो सुग्रीव और विभीषण को राम के पक्ष में करके उनका यशोगान किया, किन्तु कवि तुलसी ने भाई के साथ भाई के विश्वासघात वाले पक्ष की उपेक्षा नहीं की। राम-भरत मिलाप देखकर ये दोनों अद्भुत आत्मग्लानि से पीड़ित हो गये।

सधन चोर मग मुदित मन धनी गही ज्यों फेंट।
त्यों सुग्रीव विभीषनहिं भई भरत की भेंट।

और इस प्रकार के व्यंग्य के साथ-साथ तुलसी ने कहीं-कहीं आत्म-व्यंग्य की अनूठी छवि प्रस्तुत की है। राम की यह उक्ति द्रष्टव्य है—

हमहिं देखि मृग-निकर पराहीं। मृगी कहहिं तुम कहं भय नाहीं।
तुम आनन्द करहु मृग-जाये। कंचन-मृग खोजन ये आये।

तुलसी की एक अन्य विशेषता ने मुझे बहुत प्रभावित किया और वह है—लिये गये प्रसंगों का भरपूर उपयोग। तुलसी की यह विशेषता पारम्परिक रामकथा को, उसके विविध आयामों को सामान्य जीवन से जोड़कर विशिष्ट रूप दे देती है। जहाँ अन्य महाकाव्यकार अभिजात कथा के परम्परागत महत्त्वपूर्ण प्रसंगों को अपने उक्ति-वैचित्र्य या नवीन अलंकार-योजना से मण्डित कर मौलिक बनाना चाहते हैं। वहाँ तुलसी उन प्रसंगों के समस्त मानवीय और छोटे-छोटे पक्षों की पहचान कर अत्यधिक जीवन्त और मौलिक बना देते हैं। किसी प्रसंग की कोई भी प्रभावकारी छवि छूटने नहीं पाती। कवि इन प्रसंगों में गम्भीर चिन्तक भी होता है और खेलवाड़ी बच्चा भी। व्यंग्य भी करता है और गम्भीर भावधारा भी बहाता है। लगता है कि हम सचमुच किसी मजमे में या किसी घटना के बीच बैठे हुए हैं और उसके सामान्य से सामान्य दृश्य को देख रहे हैं। कुछ प्रमुख प्रसंगों की चर्चा करना चाहूँगा। रावण के विरोध में होने के बावजूद कवि ने अन्त में राम-रावण युद्ध के अवसर पर रावण के युद्ध की ऊर्जा को चारों ओर से देखा है। रावण अकेला लड़ता है और काफी समय तक लड़ता है। एक ही साथ कितनी-कितनी शक्तियाँ उसके विरुद्ध सक्रिय हैं, किन्तु यह महाबली अकेले ही सबसे जूझ रहा है। लोग उससे लड़-लड़कर, थक-थककर बैठ जा रहे हैं, किन्तु वह लड़ता रहता है। दो दिन तक इस युद्ध की प्रक्रिया में तुलसी ने अनेक क्रियाओं और गतियों का विधान किया है। अकेले लड़ता हुआ रावण केवल अपनी शक्ति का ही अहसास नहीं कराता, बल्कि अपने अकेलेपन के माध्यम से एक करुणा और उदासी का भी अनुभव कराता है। तुलसी का कवि इस भयानक स्थिति में भी

कहीं-कहीं कौतुकी हो उठा है–वह देखता है कि रावण ने माया का विस्तार किया है, वानरों, भालुओं को अनन्त रावण दिखाई पड़ते हैं सब घबड़ा उठते हैं। राम एक बाण से माया को काटते हैं और रावण अकेला रह जाता है। देवता राम की स्तुति करते हैं। रावण उन्हें देखता है और बड़े व्यंग्य तथा उपेक्षा से कहता है–

अस्तुति करत देवतन्हि देखे।
भयउं एक मैं इनके लेखे।
सठहु सदा तुम मोर मरायल।
अस कह कोपि गगन पर धायल।

रावण देवताओं को 'मेरे मारे हुए सठ' कहकर उन्हें पकड़ने के लिए आकाश की ओर दौड़ता है तब तक उछलकर अंगद उसका पाँव पकड़ लेता है और नीचे पटक देता है।

इसी प्रकार परशुराम-लक्ष्मण संवाद तथा नारद-मोह में कवि ने इन अभिजात पात्रों को सामान्य मानवीय भूमि पर खड़ा कर इस सामान्य भूमि के छोटे-से-छोटे कोण और तेवर को पहचाना है। लक्ष्मण और परशुराम संवाद नैतिकता, क्रोध, भय, आत्म-विश्वास और उपहास की मिली-जुली घाटियों से गुज़रा है। तुलसी मज़ाकिया लक्ष्मण को बार-बार परशुराम के सामने कर देते हैं। जब वे सामने नहीं होते तब भी अपनी मुस्कान से उन्हें चिढ़ाते रहते हैं।

कह मुनि राम जाइ रिस कैसे।
अजहुँ अनुज तव चितव अनैसे।

इस प्रसंग को तुलसी ने लोक-भाषा की अद्‌भुत शक्ति से अद्‌भुत प्रभाव-क्षमता प्रदान कर दी है।

नारद-मोह प्रसंग में भी जितनी छोटी-छोटी उपहासात्मक स्थितियाँ हो सकती हैं–सबकी ओर तुलसी की दृष्टि गयी है। राजकुमारी के आने पर नारद का बार-बार उकसना और उनकी बगल में बैठे हुए दो चिबिल्ले हर-गणों का मुस्कराना परिचित जीवन का एक अति जाना-पहचाना दृश्य सामने ला देता है–

पुनि पुनि मुनि उकसहिं अकुलाहीं।
देखि दशा हरगण मुसकाहीं।

इसी द्वन्द्व की प्रक्रिया में भाव और विचार के द्वन्द्व को भी देखा जा सकता है। आज की कविता में विचार की प्रधानता स्वीकार की गयी है। अयोध्याकांड में यह दृश्य अद्‌भुत है कि हर व्यक्ति राम के वियोग में रोता है और दूसरे को समझाता है। रोते-रोते दूसरे के सामने मूल्य-चेतना से संयत हो उठता है और मूल्य-चेतना से संयत होकर भी फिर अकेले में रो पड़ता है। और इस द्वन्द्व की अन्तर्यात्रा बड़े मौन भाव से राम के भीतर चलती रहती है। इतना यातनापूर्ण जीवन और मूल्य-चेतना का इतना बड़ा संयम! यदि तुलसी बार-बार राम को परम

ब्रह्म न कहते तो यातना, अकेलेपन तथा मूल्य-चेतना के संघर्ष से निर्मित राम का व्यक्तित्व कुछ और होता और हमारे लिए अधिक प्रासंगिक तथा प्रभावकारी होता। तुलसी की प्रासंगिकता का एक बहुत बड़ा आधार है जन भाषा। उन्होंने 'मानस' में न केवल जनभाषा अवधी का प्रयोग किया वरन् एक भाषा की शक्ति को कितना और कितने प्रकार से दुहा जा सकता है इसका भी परिचय इस महाकवि ने दिया, किन्तु यह एक अलग निबन्ध का विषय है।

तुलसी महाकवि हैं और 'मानस' उनका महाकाव्य। मानस के सौन्दर्य का आकलन अन्य अनेक आधारों पर किया जा सकता है या मानस की अन्य अनेक काव्य-छवियों और शक्तियों का विवेचन किया जा सकता है, किन्तु यहाँ इन सबका विवेचन अभिप्रेत नहीं है। यहाँ केवल कुछ उन प्रमुख विशेषताओं की चर्चा की गयी है, जो हमें आज भी अपने से जोड़ती हैं।

मैथिलीशरण गुप्त का मानववाद

मानवतावाद के रूप में मानववाद का अस्तित्व बहुत पुराना है। इसके बावजूद मानववाद प्रमुख रूप से आधुनिक काल की अवधारणा है। मानववाद की अवधारणा के केन्द्र में मनुष्य है। मनुष्य और उसका परिवेश ही सत्य है, वह अज्ञातसत्ता का उपलक्षण नहीं है, वह स्वतः अपना लक्ष्य है। मानवतावाद अध्यात्मवादी विश्वास के नीचे मानवीय सदाशयता की खोज है, किन्तु मानववाद वैज्ञानिक विचारधारा के तहत मनुष्य की सम्पूर्ण स्वीकृति है। मनुष्य का विकास पशुता से हुआ है इसलिए उसमें पशुता के अवशेष हैं जो रह-रहकर सिर उठाते हैं। और अच्छे-से-अच्छे मनुष्य को कमज़ोर क्षणों में पशु बना देते हैं, किन्तु पशु बने रहना मनुष्य की मनुष्यता नहीं है। मनुष्य पशुता से लड़ता हुआ आया है और इस निरन्तर संघर्ष से ही उसने मनुष्यता अर्जित की है। यह मनुष्यता अर्जित होने के बावजूद उसका गहरा संस्कार बन गयी है। मनुष्य कमज़ोर क्षणों में पशुता से पराजित होने के बावजूद पराजय की स्थिति और मनःस्थिति में पड़े रहना नहीं चाहता, वह होश में आने पर फिर सँभलता है, उठता है और मनुष्यता के कर्म करता है। इसलिए पाप, कमज़ोरी, पशुता, आदि के कारण मनुष्य को कलंकित नहीं करना चाहिए, उन्हें उसका स्वाभाविक कर्म मानकर क्षमा करना चाहिए और उसके भीतर निहित मानबीय सम्भावनाओं को विकसित होने का अवसर देना चाहिए। पाप कोई स्थायी कर्म नहीं होता, न वह कोई ऐसा ठप्पा होता है कि एक बार यदि लग जाए तो फिर छूटता नहीं और व्यक्ति उसी के दबाव के नीचे घुट-घुटकर मरता रहे। वह मनुष्य की सहज च्युति है और कई बार जिसे हम पाप मान लेते हैं वही दूसरे सन्दर्भ में या युग में मूल्य बन जाता है। मनुष्य को केन्द्र में रखकर जब पाप-पुण्य, कर्म-अकर्म, धर्म-अधर्म, मूल्य-मूल्यहीनता, आदि पर विचार होता है तब उनके परम्परागत अर्थ बदल जाते हैं और उन्हें संश्लिष्टता प्राप्त हो जाती है। आधुनिक काल के मानववादी चिन्तन के केन्द्र में मनुष्य ही है—सामान्य मनुष्य। मानववादी चिन्तन मनुष्य समाज के लौकिक सुख-दुःख, समस्याओं, प्रश्नों, भूख-प्यास, आदि की चिन्ता करता है और उनके समाधान का प्रयत्न भी। उन्हें परलोक के हवाले नहीं करता। इसलिए वह एक ओर तो मनुष्य के सामाजिक, आर्थिक,

राजनीतिक, सांस्कृतिक प्रश्नों से टकराता है और एक ऐसी व्यवस्था की चिन्ता करता है जिसमें मनुष्य समाज की लौकिक सत्ता सुखी और सम्पन्न हो सके, दूसरी ओर उसके मानसिक जगत् के अनेक छोटे-बड़े सम्वेदनों, इच्छाओं, आदि को महत्त्व देता है जिनसे मनुष्य मनुष्य बना रहता है, निस्पन्द देवता नहीं बन जाता। यानी वह मनुष्य को न तो देवता मानता है न पशु। मनुष्य पशु होकर भी उदात्त है और देवत्व के गुणों का अधिकारी होकर भी पशुता से मुक्त नहीं है। इसलिए मनुष्य की गिरावट से हम उससे घृणा नहीं करते और न यह आकांक्षा करते हैं कि मनुष्य अपनी सारी सहज इच्छाओं, भूख-प्यास का दमन कर एक आदर्श निस्पन्द देवता बन जाए। मनुष्य की अस्मिता की इस रूप में पहचान आधुनिक काल की सबसे बड़ी देन है।

मनुष्य की पहचान महत् मान लिए गये चन्द मनुष्यों के रूप में नहीं होती वरन् लघु, अभिशप्त, सामान्य माने गये अनंत मनुष्यों के रूप में होती है। इसीलिए आधुनिक साहित्य ने महत् व्यक्तियों की अपेक्षा सामान्य व्यक्तियों को अपना कथ्य बनाया। इसी तथ्य की ओर प्रसादजी ने अपने निबन्ध 'छायावाद और यथार्थवाद' में संकेत किया और लघुता की ओर साहित्यिक दृष्टिपात को आधुनिक साहित्य की प्रमुख विशेषताओं में से एक माना। भारतेन्दु काल के कवियों ने मनुष्य को उसके देश-काल के ठोस परिवेश में पहचानना चाहा। यानी मनुष्य की सामाजिक, राजनीतिक और आर्थिक सत्ता के बीच ही उसकी पहचान होती है। परिवेश की सुन्दरता और स्वास्थ्य के बीच ही मनुष्य समाज स्वस्थ और सुन्दर बना रहता है। इसलिए इस काल के कवियों और लेखकों ने राष्ट्रीय और सामाजिक विसंगतियों को देखा और उन्हें दूर करने की आवाज़ उठाई। इस प्रकार अब तक साहित्य के क्षेत्र में लघु माने जाने वाले अनेक सामाजिक, आर्थिक और अन्यान्य प्रश्नों को केन्द्रित किया जिनकी अब तक उपेक्षा हुई थी। इन लेखकों और कवियों को साहित्य की रसात्मकता की उतनी चिन्ता नहीं थी जितनी मनुष्य के सामाजिक, राष्ट्रीय योग-क्षेम की। इसलिए इनके माध्यम से ऐसा साहित्य सामने आया जिसमें नयी सामाजिक चेतना थी, विषयों की नयी पहचान थी और जनसामान्य की भाषा-शैली की पकड़ थी। इनमें महत् और उससे प्राप्त होने वाली पारम्परिक रसात्मकता के स्थान पर एक खुरदरा बोध था।

मैथिलीशरण गुप्त मानववाद के एक विशिष्ट और वरिष्ठ कवि हैं। उनकी दृष्टि बाहर और भीतर दोनों ओर की लघुताओं की ओर गयी। वे एक ओर सामाजिक और राष्ट्रीय जीवन के व्यापक फलक पर फैले अनन्त विषयों का चुनाव कर रहे थे, दूसरी ओर व्यक्ति के मनोवैज्ञानिक धरातल की पहचान करते हुए उसके सामान्य सुखात्मक, दुखात्मक अनुभवों को रेखांकित कर रहे थे। उनका कथ्य अतीत से लेकर वर्तमान तथा भविष्य तक, उच्चवंश से लेकर किसान तक,

राजनीतिक, आर्थिक और सामाजिक यथार्थ से लेकर मानसिक यथार्थ तक फैला हुआ है, किन्तु उन्हें सर्वत्र सामान्य मनुष्य और मनुष्यता की चिन्ता है। यह सच है कि नवजागरण का स्वर आदर्शवादी है, किन्तु यह आदर्शवाद पारम्परिक नहीं है। इसमें अपने समय की आवश्यकता और चेतना घुसी हुई है। यह सच है कि आरम्भिक कविताओं में गुप्तजी का स्वर अधिक सपाट और इकहरा है, किन्तु वह क्रमशः संश्लिष्ट होता गया है। 'भारत भारती' में वे अपने देश के अतीत, विशेषतया हिन्दू अतीत का गौरव-गान करते हैं, फिर वर्तमान में हो गये उसके अधःपतन का विवरण पेश करते हैं और फिर भविष्य की सम्भावनाएँ उकेरते हैं, किन्तु आगे चलकर उनका स्वर यथार्थ और आदर्श के परस्पर अनुस्यूत जटिल रूप को उभारता है और वह हिन्दू आदर्श से मानवीय आदर्श की ओर उन्मुख होता है। हिन्दू पात्रों से गुजरता हुआ भी उनका स्वर अनेक राष्ट्रीय, सामाजिक और अखिल मानवीय प्रश्नों से टकराता है।

'भारत भारती' गुप्तजी की पहली रचना है जिसने देश के अनन्त पाठकों को एकबारगी झकझोर दिया। यह पुस्तक गुप्तजी की काव्यात्मक क्षमता की ओर संकेत करती हो या न करती हो, देश और समाज के बारे में उनकी गहरी चिन्ता का प्रमाण अवश्य देती है। इस चिन्ता में देश की संस्कृति, राजनीति, अर्थव्यवस्था और सामाजिक संरचना की समझ शामिल है। कहा जा सकता है कि भारतेन्दु की परम्परा में गुप्तजी ने मानववाद के ठोस वस्तुवादी सन्दर्भों का आख्यान किया। इतना ही नहीं, काव्य और कला को एक सीमित दायरे से निकलकर व्यापक जगत् में आने का निमन्त्रण दिय। और उनके वास्तविक मर्म का उद्‌घाटन किया–

करते रहोगे पिष्ट्र पेषण और कब तक कविवरों,
कच, कुच, कटाक्षा पर अहो! अब तो न जीते जी मरो।
आनन्ददायी शिक्षिका है सिद्ध कविता-कामिनी,
है जन्म से ही वह यहाँ श्रीराम की अनुगामिनी।
पर अब तुम्हारे हाथ में वह कामिनी ही रह गयी।
ज्योत्स्ना गयी देखो अँधेरी यामिनी ही रह गयी।

ज़ाहिर है श्रीराम यहाँ मानवीय मूल्य के प्रतीक हैं धार्मिक आस्था मात्र के नहीं। कवि यह कहना चाहता है कि काव्य-कला का मूल सम्बन्ध मानवीय मूल्यों से है–'है जन्म से ही वह यहाँ श्रीराम की अनुगामिनी।' किन्तु भ्रष्ट कला-समझ ने उसे नारी के कुछ अंगों के विधान तक सीमित कर दिया है और कला के उद्देश्य को जीवन के स्फुरण के स्थान पर मनोविलास से बाँध दिया है। गुप्तजी का मानववाद अपने समय के मूर्त राष्ट्रीय और सामाजिक सन्दर्भ में रूप ले रहा था अतः यह वैश्विक स्तर का मानववाद नहीं है, बल्कि एक जीवन्त परिवेश में रूपायित होने वाला वस्तुवाद है। यहाँ मानवता विश्व मात्र की मंगलकामना करने

वाली अरूप करुणा मात्र नहीं है, बल्कि अपने राष्ट्र की सामाजिक, आर्थिक, राजनीतिक और धार्मिक विसंगतियों तथा असत्यों से लड़ती हुई एक नयी मूर्त सर्जना के लिए चिन्तित ऊर्जा भी है।

अधिकार खोकर बैठ रहना
यह महा दुष्कर्म है,
न्यायार्थ अपने बन्धु को भी
दंड देना धर्म है।

'जयद्रथवध' की उपर्युक्त पंक्तियाँ मानववाद के ही तहत कर्म और अकर्म, धर्म और अधर्म की नयी व्याख्या करती हैं या सही व्याख्या को दुहराती हैं। गुलाम देश का कवि एक स्वाधीन देश के कवि से भिन्न तो होगा ही। गुलामी का अभिशाप उसकी मानवता को विश्वमंगल का मन्त्र नहीं सिखाएगा, बल्कि सबसे पहले अपने समाज की बहुआयामी पीड़ा का बोध कराएगा तथा अधिकारों की लड़ाई का पाठ पढ़ाएगा। कवि इस लड़ाई के लिए अपने समय से ही नहीं, अतीत से भी ऊर्जा ग्रहण करेगा, अपने जातीय बिम्बों का भी इस्तेमाल करेगा। गुप्तजी ने यह कार्य किया। उन पर हिन्दू, वैष्णव, अतीतवादी, आदि होने के आरोप लगाए गये, किन्तु इन सारे अवधानों से रस खींचकर वे अन्ततोगत्वा मानववादी ही रहे। आग्रही दृष्टि उन्हें खंडों में बाँटती है, किन्तु समग्र दृष्टि उनकी समग्रता को ही देखती है। वह देखती है कि गुप्तजी कैसे अतीत के हिन्दू मिथ को लगातार वृहत्तर मानवीय सत्य में सर्जित करते गये हैं। प्रश्न है कि उनके हिन्दू राम, लक्ष्मण, कृष्ण, गौतम, सीता, उर्मिला, यशोधरा, विष्णुप्रिया, आदि अनन्त पात्र हिन्दू समाज की कहानी कहते हैं या अपने को मनुष्य मात्र के सुख-दुःख और मूल्य के प्रतीक बना देते हैं।

गुप्तजी ने एक ओर वर्तमान के किसान जैसे उपेक्षित, शोषित पात्र और उसके समाज को लिया और लघुता के प्रति अपनी रुझान व्यक्त की, दूसरी ओर इतिहास और अभिशप्त पुराण के उदात्त पात्रों को लिया। किन्तु ध्यान देने की बात है कि उन्होंने इतिहास या पुराण के महान पात्रों की अपेक्षा उनकी छाँह में दबे हुए अपेक्षाकृत लघु, उपेक्षित और अभिशप्त पात्रों को ही केन्द्र में रखा। 'साकेत' में राम को नहीं उर्मिला को 'यशोधरा' में गौतम को नहीं यशोधरा को और 'विष्णुप्रिया' में चैतन्य को नहीं विष्णुप्रिया को केन्द्रीय पात्र बनाया।

इसके अतिरिक्त यह बात भी ध्यान देने की है कि गुप्तजी ने इन सारे ही पात्रों के मानवीय रूप की पहचान की अर्थात् उनके पारम्परिक औदात्य के नीचे कसमसाती सहज मानवीय संवेदनाओं को उद्घाटित किया और उन्हें महत्त्व दिया। उन्हें महत्ता के भार के नीचे घुटता मनुष्य पसन्द नहीं आया वरन् महत्ता से संवाद करती उसकी सम्वेदनात्मक लघुता पसन्द आयी। यानी इन्होंने महत् पात्रों को एक

सहज खुलापन दिया। 'पंचवटी' में लक्ष्मण बदले हुए लक्ष्मण हैं। वे परम्परानुसार भाई के सेवक तो हैं, किन्तु लक्ष्मण भी हैं यानी व्यक्ति लक्ष्मण की निजता भी उनमें है। इसलिए सोते हुए राम और सीता की पहरेदारी करते हुए वे उर्मिला को याद करते हैं–

बेचारी उर्मिला हमारे लिए
हाय रोती होगी

इस स्मृति में लक्ष्मण और उर्मिला दोनों की दोनों के लिए चिन्ता निहित है। लक्ष्मण उसे याद करते हैं और सोचते हैं कि उर्मिला भी उन्हें याद करती होगी। याद ही नहीं करती होगी–रोती होगी। रोने के दो कारण होंगे–एक तो लक्ष्मण के बिना (पति के बिना) उसकी (पत्नी की) व्यथा यानी अभाव या अकेलेपन की व्यथा, दूसरे बनवासी लक्ष्मण के योग-क्षेम की चिन्ता। वास्तव में लक्ष्मण ने इस दूसरे कारण पर अधिक बल देकर उर्मिला को गौरव प्रदान किया है। इसमें भी उन्होंने 'मेरे लिए' नहीं 'हमारे लिए' कहा–यानी उर्मिला की चिन्ता केवल मेरे लिए नहीं हम सबके लिए होगी। उन्होंने उसके रोने को भी कितना मूल्यवान बना दिया। मानववाद के इस बिन्दु को उभारते हुए गुप्तजी लक्ष्मण के बहाने उसके एक-दूसरे बिन्दु पर सरक जाते हैं। वे वन्य प्रकृति तथा वहाँ के सामान्य जन की सहज जीवन पद्धति की मूल्यवत्ता को रेखांकित करते हैं। लक्ष्मण सोचते हैं उर्मिला व्यर्थ ही हमारी चिन्ता करती होगी। उसे यह चिन्ता होगी कि हम वन में बहुत कष्टमय और अकेला जीवन बिता रहे हैं, लेकिन वह नहीं जानती कि हम प्रकृति के सहज वातावरण में कितने खुश हैं। यहाँ के लोग कितने भोले-भाले, प्यारे हैं। उनका कितना प्यार-भरा साहचर्य हमें प्राप्त होता है। प्रकृति सहज ही हमारे खाने-पीने की व्यवस्था करती रहती है। गुप्तजी बार-बार जीवन की इस सहजता को मूल्य प्रदान करते हैं। वन्य प्रकृति या ग्राम परिवेश की मूल्यहीन या असभ्य मानी जाने वाली ज़िन्दगी की सादगी, निश्छलता, प्यार, भोलापन, आदि को उन्होंने कितना अधिक महत्त्व दिया और वह भी नगर संस्कृति की सापेक्षता में। ध्यान देने की बात है कि कवि ने प्रकृति और ग्राम जीवन तथा उसकी संस्कृति को उच्च नगर संस्कृति और राज-वैभव में पले लक्ष्मण और सीता के माध्यम से महत्त्व दिया है। यानी नगर-संस्कृति से तानकर ग्राम संस्कृति के मूल्य को उभारा है। लक्ष्मण 'पंचवटी' में और सीता 'साकेत' में वन्य प्रकृति और ग्राम जीवन के प्रति अपनी रुझान व्यक्त करती हैं–

मेरी कुटिया में राज भवन मन भाया

अयोध्या के परिवेश में बैठी-बैठी उर्मिला भी सोचती है–

हम राज्य लिये मरते हैं
सच्चा राज्य परन्तु हमारे कर्षक ही करते हैं।

सामान्य जनजीवन के प्रति यह गहरी उन्मुखता, आस्था और मूल्यबोध गुप्तजी के मानववाद की विशिष्ट पहचान है जो छायावाद में आकर लुप्तप्राय हो गया।

गुप्तजी के मानववाद का केन्द्रीय बिन्दु स्त्री है। कहा जा चुका है कि उन्होंने महत् परिवारों की उपेक्षित नारियों-उर्मिला, यशोधरा और विष्णुप्रिया को 'साकेत', 'यशोधरा' और 'विष्णुप्रिया' प्रबन्ध काव्यों के केन्द्रीय पात्र बनाये। गुप्तजी की मानववादी दृष्टि ने इन उपेक्षित पात्रों की नारी सुलभ सम्वेदना की गहरी यात्रा की। उनके मानवीय दर्द, उनके मूल्यबोध और इन दोनों के संघर्ष को रूपायित कर एक ओर इनकी नारी सुलभ सहज सम्वेदनाओं की पहचान की और उसे महत्त्व दिया, दूसरी ओर इन सम्वेदनाओं से कसमसाकर, उनसे संघर्ष कर लहूलुहान होती उनकी मूल्य चेतना का उद्‌घाटन किया। इस प्रकार ये नारियाँ एक ही साथ सामान्य नारी भी लगती हैं और मूल्यों के लिए जूझती विशिष्ट नारी भी, किन्तु इनके दोनों रूप अलग-अलग नहीं हैं, दोनों एक-दूसरे में खुभे हुए हैं। वे वेदना में हाहाकार करती हुई सँभल जाती हैं और मूल्य चेतना के दबाव में संयत होती हुई एकाएक हाहाकार करने लगती हैं—

मुझे फूल मत मारो
मैं अबला बाला वियोगिनी कुछ तो दया विचारो

कामदेव की पीड़ा से बेहाल उर्मिला सँभल जाती है और काम को चुनौती देती हुई कह उठती है—

बल हो तो सिन्दूर-बिन्दु यह-यह हर नेत्र निहारो

यशोधरा गौतम के तप, यश, आदि के प्रति अपने को लगातार आश्वस्त करती हुई बीच-बीच में बेहाल हो जाती है—

आओ हो वनवासी
अब गृहभार नहीं सह सकती, देव तुम्हारी दासी

गुप्तजी ने पारम्परिक सीमा में ही सही इन नारियों को उनकी अस्मिता प्रदान की है। वे स्वाभिमानिनी हैं, सोचने-विचारने वाली हैं, अपने परिवेश के प्रति करुणाशील हैं। उर्मिला अपने वियोग में खो नहीं जाती, बल्कि परिवेश के सभी दुःखी जनों तथा प्राणियों के प्रति सचेत हो उठती है, उनकी पीड़ा को अपनी पीड़ा समझने लगती है। उसका दर्द परिवेश के दर्द से और भी बड़ा हो उठता है और मूल्यवान भी। यशोधरा में अद्‌भुत मानबोध है। वह दर्द झेलकर भी अपने को दयनीय नहीं बनाती। गौतम के आने पर भी वह अपने को कमज़ोर या अधीर नहीं बनाती, बल्कि स्वाभिमान तथा प्रेम के विश्वास से तनी होती है। 'विष्णुप्रिया' में तो कवि और आगे बढ़ गया है। इसमें चैतन्य की माँ शची और पत्नी विष्णुप्रिया दोनों में आधुनिक नारी-सुलभ असन्तोष तथा ईषत् विद्रोही दृष्टि लक्षित होती है। ये दोनों अन्ततोगत्वा भारतीय माँ और पत्नी हैं, अतः दोनों चैतन्य की मंगल-कामना

में ही अपना सुख मानती हैं। उनकी व्यथा से व्यथित होती हैं, किन्तु दोनों मन से चैतन्य के गृहत्याग के कार्य को न्यायसंगत नहीं मान पातीं। विष्णुप्रिया की यह उक्ति हमारी व्यवस्था पर कितनी बड़ी चोट है—

नारी निकले तो असती है, नर यती कहाकर चल निकले

इसी प्रकार जब नित्यानन्द चैतन्य महाप्रभु का आदेश पाकर गृहस्थी बसाने लौट आता है तब शची मानो अपनी धारणाओं और जीवन-मान्यताओं की विजय देखकर विष्णुप्रिया से कहती है—

जीत हुई तेरी बहू हारा वह अन्त में

गुप्तजी ने मानववाद के एक और आयाम को बार-बार रेखांकित किया है—वह है पाप और उसका प्रायश्चित। कैकेयी राम को कितना मानती थी—यह तो सभी कहते आए हैं, किन्तु एक बार अपने स्वार्थवश वह जो गिरी तो फिर किसी ने उसके भीतर झाँकने की कोशिश नहीं की। क्या यह सम्भव है कि राम को इतना चाहने वाली स्त्री एक बार स्वार्थवश गिरकर गिरी ही रह जाएगी, क्या राम के प्रति उसका बद्धमूल प्यार फिर उठने के लिए जोर नहीं मारेगा और वह अपने किए पर पछतावा नहीं करेगी? यदि उसका पछतावा स्वयं नहीं उठता तो क्या जनसमूह के दबाव से भी नहीं उठेगा? सारी प्रजा राम के लिए हाहाकार कर रही है और कैकेयी पर थू-थू कर रही है। क्या इस सामाजिक दबाव का उस पर कोई प्रभाव नहीं पड़ा होगा? और तो और जिस भरत के लिए उसने ये सारे कुकृत्य किए, उसके द्वारा भर्त्सना पाने पर उसे अपने कृत्य की निस्सारता का बोध नहीं हुआ होगा? अवश्य हुआ होगा लेकिन अब तक के कवियों की इस ओर दृष्टि नहीं गयी। गुप्तजी की नयी मानववादी दृष्टि ने इसे पहली बार देखा और इस सत्य को सहज स्वीकार किया कि पाप या गलती करना मनुष्य मात्र के लिए स्वाभाविक है, किन्तु यदि वह अपनी भूल का बोध कर पश्चात्ताप करता है तो और भी ऊँचे उठ जाता है। कैकेयी में इस पश्चात्ताप की अपार सम्भावनाएँ निहित थीं। गुप्तजी ने उन सम्भावनाओं का उपयोग किया। कैकेयी का पश्चात्ताप मानवीय सौन्दर्य से जगमगा उठा है। एक ओर उसका गहरा पश्चात्ताप है—

युग-युग तक चलती रहे कठोर कहानी
रघुकुल में भी थी एक अभागिन रानी

दूसरी ओर उसी से आघात पाने वाले तथा उच्च सामाजिक और मानवीय मूल्य के प्रतिमान राम कह उठते हैं—

सौ बार धन्य वह एक लाल की माई
जिस जननी ने है जना भरत-सा भाई

पश्चात्तापजन्य कैकेयी के नये सौन्दर्य की स्वीकृति केवल व्यक्ति राम नहीं देते, उनके साथ सभा भी देती है, यानी समाज भी देता है—

पगली-सी प्रभु के साथ सभा चिल्लाई

दूसरा प्रसंग नहुष का दिखाई पड़ता है। नहुष अपनी अन्धी कामवासना के कारण स्वर्ग से च्युत हो जाता है। च्युत हो जाना मनुष्य के लिए स्वाभाविक है। च्युत होने के बाद समाज का लांछना सहता हुआ मनुष्य बरबाद हो जाता है, किन्तु मानववादी दृष्टि उसकी जिजीविषा को रेखांकित करती है। गलती के बाद फिर सँभलने की उसकी चेष्टा को महत्त्व देती है। इसीलिए गिरकर नहुष कहता है—

गिरना क्या उसका, उठा ही नहीं जो कभी
मैं ही तो उठा था, आप गिरता हूँ जो अभी
फिर भी उठूँगा और बढ़ के रहूँगा मैं
नर हूँ, पुरुष हूँ मैं, चढ़के रहूँगा मैं।

छायावादी काव्य की प्रगतिशील चेतना

छायावादी कविता में प्रगतिशील चेतना की उपस्थिति दुहरे अर्थ में खोजी जा सकती है। एक तो ठेठ प्रगतिशील अर्थ में, दूसरे अपने समय की नयी चेतना की पहचान के रूप में। ठेठ प्रगतिशील (अर्थात् मार्क्सवादी दृष्टि से प्रभावित) चेतना सन् 1936 के बाद की छायावादी कविता में लक्षित होती है। 1936 के बाद की छायावादी कविता को छायावादी कविता माना भी जाए या नहीं यह भी एक प्रश्न है। 1936 में पन्त का 'युगान्त' प्रकाशित हुआ जिसमें छायावादी युग के अन्त तथा एक नये युग के प्रारम्भ का संकेत मिलता है। इसी क्रम में उनकी 'युगवाणी' (सन् 1936) और 'ग्राम्या' (1940) काव्य-कृतियाँ आयीं। सन् 1940 के बाद आने वाली निराला की काव्य-कृतियों—'कुकुरमुत्ता' (1942), 'अणिमा' (1943), 'बेला' (1943), 'नये पत्ते' (1946) में भी एक नये प्रकार के स्वर की आहट मिलती है। वैसे छायावाद की कालावधि सन् 1935 तक मानी गयी है, किन्तु 1935 के बाद की नयी आहटों के बावजूद एक तो उसका छायावादी स्तर काफी दूर तक उपस्थित है और दूसरे आलोचकों ने छायावादी कवियों की इस प्रगति चेतनाशील कविता को उत्तर छायावादी कविता नाम दिया है अर्थात् छायावाद 1935 के बाद भी वर्तमान है कुछ बदले हुए रूप में। यह निश्चित रूप से कहा जा सकता है कि सन् 1935 के पश्चात् छायावाद में प्रगतिवादी चेतना अपने सही रूप में आयी। 1935 के पूर्व के छायावाद में प्रगतिवादी चेतना है, किन्तु एक दूसरे अर्थ में, एक उदार या लचीले यानी मानवीय और एक नयी चेतना-अर्थ में। किन्तु 1935 के पश्चात् एक निश्चित अर्थ में प्रगतिवादी चेतना फूटती लक्षित होती है और इसका श्रेय सुमित्रानन्दन पन्त को देना पड़ेगा। पन्तजी छायावाद को अलंकृत संगीत मानकर मार्क्सवादी दर्शन और सामाजिक जीवन-यथार्थ की ओर उन्मुख हुए। 1936 में प्रकाशित 'युगान्त' में पन्त की मार्क्सवादी दृष्टि और सामाजिक यथार्थ की ओर उन्मुख होने की प्रवृत्ति बड़े साफ तौर पर दिखाई पड़ती है। एक ओर 'युगान्त' की 'सृष्टि' कविता है जिसमें यथार्थ में सन्निहित प्रत्यय की अवधारणा को मिट्टी और बीज के बिम्ब से उद्घाटित किया गया है दूसरी

ओर 'बाँसों का झुरमुट' कविता है जिसमें श्रमजीवियों का चित्र है—

ये नाप रहे निज घर का मग
कुछ श्रमजीवी धर डगमग डग
भारी है जीवन, भारी पग।

पन्त ने 'युगवाणी' में मार्क्सवादी दर्शन की समझ को और स्पष्ट किया, बल्कि उन्होंने मार्क्सवादी दर्शन को जगह-जगह कविता में उजागर किया और साथ ही जनजीवन के अनेक चित्र अंकित किए। ये चित्र कवि की बदली हुई दृष्टि और परिवर्तित सम्वेदना दोनों के परिचायक हैं। 'ग्राम्या' में ग्राम जीवन के विविध सन्दर्भों, रूपों और सम्वेदनाओं को मूर्त किया गया। एक बूढ़े किसान का चित्र देखिए—

अन्धकार की गुहा सरीखा उन आँखों से डरता है मन,
भरा दूर तक उनमें दारुण दैन्य-दुःख का नीरव रोदन।
फूट रहा उनसे गहरा आतंक, क्षोभ, शोषण, संशय, भ्रम,
डूब कालिमा में उनकी कँपता मन, उनमें मरघट का तम।

'ग्राम्या' के बाद पन्त की काव्य यात्रा प्रगतिवाद से अरविन्दवाद की ओर मुड़ जाती है जिसमें भौतिक योग क्षेम के साथ आध्यात्मिक विकास की चिन्ता लक्षित होती है। निराला पन्त की तरह प्रगतिवादी नहीं हुए। इसका एक मुख्य कारण यह है कि वे अपनी छायावादी कविताओं में भी ज़मीन से जुड़े रहे और उन्होंने अलग से प्रगतिवाद की ओर उन्मुख होने की आवश्यकता नहीं अनुभव की। 1935 के बाद प्रगतिवाद के प्रभाव से निराला की कविताओं में क्रमागत लोकोन्मुखता और सघन और व्यापक हो गयी, किन्तु साथ ही उनकी छायावादी कविताओं का भी क्रम चलता रहा। व्यक्तिगत प्रेमनिवेदन और अराधना के साथ जन-जीवन सम्बन्धी कविताएँ चलती रहीं। निराला की कविताओं में प्रगतिवादी स्वर दो रूप में लक्षित होता है—(1) कवि ने छायावाद से एकदम अलग हटकर प्रगतिशील कविताएँ लिखीं, ये कविताएँ छन्द, भाषा और भावभूमि सभी दृष्टियों से छायावादी कविता से अलग हैं। 'कुकुरमुत्ता,' 'गर्म पकौड़ी', 'प्रेम संगीत', 'रानी और कानी' 'खज़ोहरा','मास्को डायलाग्स', 'स्फटिक शिला' तथा 'नये पत्ते' की अधिकांश कविताएँ ठेठ प्रगतिवादी कविताएँ हैं। (2) छायावादी कविता में लक्षित होने वाला लोकोन्मुख स्वर और अधिक सघन और व्यापक हो गया।

पन्त और निराला दोनों की कविताएँ अपने-अपने ढंग से अपनी शक्ति और सीमाओं के साथ उत्तर छायावादी कविता को प्रगतिवादी चेतना से मंडित करती हैं, किन्तु यह दौर प्रगतिवाद का ही था। प्रगतिवादी दौर से छायावादी कवियों का प्रभावित होना स्वाभाविक था, किन्तु जैसा कि पहले कह चुका हूँ कि छायावादी कविता में प्रगतिवादी चेतना की उपस्थिति की पहचान 1935 के बाद की

छायावादी कविताओं के माध्यम से नहीं की जा सकती। एक तो यह छायावादी दौर का मान्य समय नहीं है दूसरे यह समय प्रगतिवाद उठान का है। इस काल के छायावाद में प्रगतिवाद प्रगतिवादी के रूप में ही है। इस निबन्ध का मूल प्रतिपाद्य तो यह देखना है कि व्यक्तिवादी चेतना का काव्य छायावाद अपने उत्कर्षकाल में किस प्रगतिशील चेतना को अन्तर्निहित किए हुए है? वह प्रगतिशील चेतना क्या है? उसका स्वरूप क्या है? यानी परस्पर विरोधी कही जाने वाली व्यक्तिवादी चेतना और प्रगतिशील (सामाजिक) चेतना में साहचर्य कहाँ है? किस रूप में है?

मार्क्सवादी प्रगतिवाद का अपना एक निश्चित स्वरूप है, प्रकृति और मानव समाज की उसकी अपनी निश्चित व्याख्याएँ और निष्कर्ष हैं। यथार्थ के स्वरूप की उसकी अपनी एक खास पहचान है और इन सारी व्याख्याओं और बहसों का उद्देश्य है श्रमिक समाज के राज्य की स्थापना जो समतामूलक है।

यह स्पष्ट है कि मार्क्सवादी प्रगतिवाद एक जीवनदृष्टि है, स्वयं जीवन नहीं। वह समाज में वर्तमान यर्थाथ की पहचान करता है स्वयं में यथार्थ नहीं बन जाता। हाँ, वह उस यथार्थ की सही पहचान कराकर उसे देखने की दृष्टि बदलता है और दृष्टि बदलकर हमें शोषण के विरुद्ध लड़ने के लिए संघटित और सक्रिय करता है और इस प्रकार वह एक नये समतावादी समाज की रचना में सहायक होता है। किन्तु उसके कुछ ऐसे बिन्दु हैं जिन्हें प्रगतिवादी दृष्टिकोण से न लिखे गये साहित्य में भी खोजा जा सकता है। यानी ये वे बिन्दु हैं जो अलग-अलग समयों के साहित्य में उन-उन समयों के ऐतिहासिक यथार्थ की सीमा में मानवीय दृष्टिकोण से उभरे हैं, जो उस समय में सम्भव हो सकने वाले मानवीय या सामाजिक मूल्यों की स्थापना से जुड़े हैं। इसलिए यदि प्रगतिवादी चेतना को हर काल के साहित्य में देखने के लिए कुछ सामान्य मानदंड बनाएँ तो वे ये होंगे—

(1) वह साहित्य पुरानी जड़ व्यवस्था के विरुद्ध उगने वाली नयी सामाजिक व्यवस्था की चेतना की अभिव्यक्ति करता हो। और मानवीय धरातल पर मानव और मानव के बीच स्थित अर्थमूलक, धर्ममूलक, पदमूलक सारे भेदभाव पर प्रहार करता हो और मानवीय एकता की स्थापना करता हो।

(2) उस साहित्य की दृष्टि धरती की ओर हो अर्थात् वह धरती को छोड़कर आकाश में उड़ने के स्थान पर धरती के जीवन में अगाध आस्था रखता हो और उत्पन्न करता हो।

(3) वह शोषक वर्ग की चमक-दमक से अभिभूत न होकर सामान्य अभिशप्त जीवन की ओर उन्मुख हो उसकी पीड़ा और संघर्ष को उभारता हो।

छायावादी काव्य को सामन्तवादी समाज व्यवस्था के विरुद्ध उठने वाली पूँजीवादी व्यवस्था का स्वर कहा गया है। पूँजीवादी व्यवस्था ऐतिहासिक दृष्टि से क्रान्तिकारी और प्रगतिशील कदम है। सामन्ती व्यवस्था से सर्वहारा के अधिनायकत्व

तक पहुँचने के लिए पूँजीवाद एक अनिवार्य अवस्था है। पूँजीवाद ने सामन्ती व्यवस्था की जड़ सामूहिकता, जाति-व्यवस्था, रूढ़ धार्मिकता, रूढ़िबद्ध मान्यताओं पर चोट की। वैयक्तिक स्वाधीनता पूँजीवाद का मुख्य स्वर था। वैयक्तिक स्वाधीनता मूलतः व्यावसायिक और व्यापारिक प्रतियोगितावादी भावना लेकर उत्पन्न हुई, किन्तु वह जीवन के हर क्षेत्र में, नागरिकता में, सदाचार में, नैतिकता में, साहित्य और राजनीति में फैल गयी। इस नवीन दृष्टि और चेतना को लेकर रोमांटिक साहित्य उठ खड़ा हुआ और बड़े ही उन्मेष और शक्ति से जीवन और साहित्य की रूढ़ प्रवृत्तियों को तोड़ने लगा और लोकानुभूति को लेकर नयी सृष्टि करने लगा। काडवेल के शब्दों में पूँजीवाद ने ऐतिहासिक दृष्टि से एक बहुत ही क्रान्तिकारी भूमिका अदा की है, उसने निर्ममता के साथ उन अनेक सामन्ती बन्धनों को तोड़ दिया जिन्होंने मनुष्य को उसके प्राकृत वरिष्ठों से बाँध रखा था।'' पूँजीवादी व्यवस्था ने जिस वैयक्तिक स्वाधीनता को जन्म दिया वह रूमानी काव्य का मुख्य स्वर बन गयी। इंग्लैंड में पूँजीवादी व्यवस्था का विकास पहले हुआ इसलिए वहाँ रूमानी काव्य का आन्दोलन पहले शुरू हुआ। भारत में पूँजीवाद का आगमन अंग्रेज़ों के आने के बाद हुआ और वह भी उस तीव्रता और सघनता से नहीं हुआ जिस तीव्रता और सघनता से इंग्लैंड में हुआ था। इसलिए छायावाद के रूप में हिन्दी में रूमानी काव्यान्दोलन का आगमन सन् 1920 के आसपास हुआ और पूँजीवाद का विकास सघन रूप में न होने के कारण छायावाद सामन्ती चेतना से सर्वथा मुक्ति नहीं पा सका। छायावादी कवियों ने सामन्तवादी व्यवस्था की रूढ़ियों के दुष्परिणामों का अनुभव और मानवीय धरातल पर मानव मात्र की एक समझने की तड़प का अहसास भी किया। अनुभवशील होने के साथ-साथ ये कवि चिन्तनशील भी थे। ये मनुष्य के सुख-दुःख और मानव सभ्यता के सम्बन्ध में चिन्तन भी करते थे किन्तु उनकी चिन्तन-दृष्टि वैज्ञानिक नहीं थी। इसलिए इनके निष्कर्ष समसामयिक जीवन के ठोस प्रश्नों से न जुड़कर अरूप और चिरन्तनवादी हो उठे हैं। अनुभवों के समसामयिक होने और निष्कर्ष के चिरन्तनवादी हो उठने का अन्तर्विरोध उस समय के भीतर ही वर्तमान है। इसलिए छायावादी काव्य को समय के उस अन्तर्विरोध की अभिव्यक्ति के रूप में ही देखना चाहिए।

छायावाद जिस व्यक्तिवादी चेतना के उन्मेष से स्पन्दित है वह उन्मेष अपने मूल में समाज विरोधी नहीं है। वह विरोधी है सामन्ती जड़ सामूहिकता का। अपने अनुभव, अपनी दृष्टि, अपना चिन्तन, अपनी कल्पना खोकर व्यक्ति जो समूह बनाते हैं उसकी सार्थकता कहाँ है? वह किस रूप में जीवन्त कहा जा सकता है। सड़ी-गली रूढ़िबद्ध वर्णाश्रम व्यवस्था में जकड़े हुए मूल्यों और स्थिर सम्बन्धों में फँसे हुए, व्यक्तियों का समाज किस काम का? पूँजीवादी और छायावादी व्यक्ति-स्वातन्त्र्य व्यक्तियों के अपने अनुभवों, चिन्तन, कल्पना आदि को महत्त्व

देता है और समाज का निषेध न करके एक ऐसे समाज की कल्पना करता है जो स्वतन्त्र और जीवन्त व्यक्तियों से बना हो। यह व्यक्ति-स्वातन्त्र्य, यह व्यक्ति-चेतना का उन्मेष निश्चय ही एक प्रगतिशील चेतना है जो पुरानी व्यवस्था से टकराती एक नयी व्यवस्था के भीतर से फूट रही है। छायावादी कवियों ने इस स्वर को वैज्ञानिक दृष्टि से परीक्षित किया हो या न किया हो उसका अनुभव बड़ी तीव्रता से कर रहे हैं। विविध प्रतीकों से वे इस स्वर की अभिव्यक्ति कर रहे थे। किशोर कवि पन्त के चिन्तन से नहीं, उनके अनुभव से यह स्वर बड़ी तीव्रता से फूट पड़ता है। 'प्रथम रश्मि का आना रंगिणि' कविता में कवि बाल विहंगिनि के रूप में स्वयं ही नयी सुबह की इस नयी किरण के आने की पहचान कर रहा है। यह कविता मात्र प्रकृति चित्र नहीं है वह अपने भीतर विगत यानी रात यानी सामन्तवादी व्यवस्था की सारी जड़ता, एक पता, अन्धविश्वास तथा आगत यानी सुबह यानी पूँजीवादी चेतना की जीवन्तता, गतिशीलता और विविध छविमयता का भी चित्र है। रात का चित्र प्रकारान्तर से सामन्तवादी जीवन का ही चित्र है—

निकल सृष्टि के अन्ध गर्भ से
छायातन बहुत छायाहीन
चक्र रच रहे थे खल निशिचर
चला कुहुक टोना माना
छिपा रही थी मुख शशिबाला
निशि के श्रम से हो श्रीहीन
कमल-क्रोड़ में बन्दी था अलि
कोक शोक से दीवाना
मूर्च्छित थीं इन्द्रियाँ, स्तब्ध जग
जड़ चेतन सब एकाकार
शून्य विश्व के उर में केवल
साँसों का आना-जाना

और अब

तूने ही पहले बहु दर्शिनि
गाया जागृति का गाना
श्री सुख सौरभ का नभचारिणि
गूँथ दिया ताना-बाना
निराकार तम मानो सहसा
ज्योति पुंज में हो साकार
बदल गया द्रुत जगत जाल में
धर कर नाम रूप नाना

खुले पलक, फैली सुवर्ण छवि
जगी सुरभि, डोले मधु बाल
स्पन्दन कम्पन औ नव जीवन
सीखा जग ने अपनाना

छायावाद में मुक्ति की छटपटाहट है। यह मुक्ति व्यक्ति की तो है ही, उसके देश की मुक्ति की भी तड़प भरी हुई है। देश की मुक्ति के लिए भी व्यक्ति की मुक्ति आवश्यक है। जब व्यक्ति जागेगा, आत्मचेता बनेगा, जब आप्त कथनों, धार्मिक रूढ़ियों, विकृत परम्पराओं, अन्धविश्वासों, भयों आदि से मुक्त होकर अपने चिन्तन-मनन, अनुभव और आत्मगौरव पर ध्यान देगा तभी देश को स्वातन्त्र्य प्राप्त होगा। इस मुक्ति में आत्म-केन्द्रण के स्थान पर आत्म-प्रसारण की प्रकृति निहित है। रवीन्द्रनाथ का 'निर्झर स्वप्न भंग' प्रतीकात्मक रूप से सारे सामन्ती बन्धनों को तोड़कर फूट चलने वाली नयी व्यक्तित्व-चेतना की कहानी है। निर्झर आत्मप्रसार की कल्पना से पुलकित हो रहा है। आज वह करुणा धारा ढालेगा, पाषाण-कारा तोड़ेगा, सूर्य की किरणों में हँसी बिखेरेगा और सर्वत्र प्राणों का संचार करेगा। उसके पास अनन्त कथाएँ हैं, अनन्त प्राण हैं, अनन्त सुख हैं, अनन्त साध हैं।

छायावाद की अनेक कविताओं में सीधे या प्रकारान्तर से यह स्वर ध्वनित है। यह नया स्वर एक ओर पुरानी जड़ताओं को तोड़ता है दूसरी ओर व्यक्ति के अनुभव और सौन्दर्य-दृष्टि के अनेक आयाम उद्‌घाटित करता है और वह कल्पना को जाग्रत कर प्रकृति तथा मानव जगत की अनेक अनदेखी-अनजानी घाटियों की यात्रा करने को प्रेरित करता है। कवि कुछ बँधे-बँधाए सन्दर्भों से जुड़े क्रमागत अनुभवों के स्थान पर अपने भीतर उभरने वाले सुख-दुःख के नये अनुभवों के स्तर उद्‌घाटित करने लगे। इस प्रकार मानव-जगत की आन्तरिकता की अनेक छोटी-छोटी दीप्तियाँ उभरने लगीं और हमारे अनुभव समृद्ध होने लगे।

महादेवी वर्मा की कविता 'लाए कौन सन्देश नये घन' में इन छोटे-छोटे नये अनुभवों के स्वर खुलते दिखाई पड़ते हैं। गर्वित आकाश नत हो गया, उसके स्पन्दनहीन हृदय में पुलकों के सावन उमड़ पड़े। सामन्तकाल का चिर निस्पन्द महत् आज सुख-दुःख की सम्वेदना से युक्त प्यारा लघु हो गया। नींद में डूबी रात चौंक पड़ी, दिशाओं का परिमल-अंचल चंचल हो गया, जड़ जग स्पन्दित हो गया और अवनी के हृदय में रुद्ध सपने आज अंकुर बनकर फूट पड़े—मनुष्य के हृदय में चिरकाल से तड़पते हुए सपनों का बाहर अंकुरित होने का अवसर मिला, चातक रो पड़ा, पिक सकुचा गया, मयूर नाच उठे। इसी प्रकार 'उठ-उठ री, लघु-लघु लोल लहर' में लहर छोटे-छोटे अनुभवों को रूपायित करती है।

दूसरी बात यह हुई कि सामन्ती भोगवादी (देहवादी) सौन्दर्य-दृष्टि के स्थान

पर वह सौन्दर्य दृष्टि विकसित हुई जो आन्तरिक चेतना से निर्मित होने के कारण अपनी प्रकृति में सामाजिक मंगल की कामना से स्पन्दित इस सौन्दर्य-दृष्टि की अपनी सीमाएँ हैं, अपनी कमजोरियाँ हैं, किन्तु सामन्ती दृष्टि के परिप्रेक्ष्य में यह अधिक मानवीय और प्रगतिशील सौन्दर्य दृष्टि है–

उज्ज्वल वरदान चेतना का,
सौन्दर्य जिसे सब कहते हैं।

इस दृष्टि का परिणाम है कि कामायनी में काम को एक नया स्वरूप प्रदान किया गया। भक्तों ने काम का प्रतिकार किया था, उसे शंकर द्वारा जलवा दिया था। इसके विपरित रीतिकाल के कवियों ने काम का देहभोग के रूप में खुलकर इस्तेमाल किया। उनके आश्रयदाता सामन्तों ने काम के सेवन में ही अपने को नियोजित कर दिया। इसलिए उनका विनाश हुआ। छायावाद ने काम के उपर्युक्त दोनों एकांगी स्वरूपों का प्रतिकार कर उसे नये रूप में प्रतिष्ठित किया। छायावाद ने काम की सुन्दरता और मांगलिकता से उसके संश्लिष्ट बिम्ब का निर्माण किया। काम सुन्दर तो है ही वह मांगलिक भी है, वही जगत के बिखरे अणु-परमाणुओं को संचालित कर एक रूप में पिरोता है और संसार का संचालन करता है। रागमय होने से ही मनुष्य संसार में कार्य करता है–

यह नीड़ मनोहर कृतियों का,
यह विश्व कर्म रंगस्थल है।

श्रद्धा इसी काम की बेटी है जो सुन्दर तो है ही अपनी प्रकृति में उदार है, मांगलिक है, शक्ति की प्रेरणा है। वह मनु को सृष्टि के विकास के लिए कर्म करने को प्रेरित करती है–

हार बैठे जीवन का दाँव
जीतते जिसको मरकर वीर।

इस श्रद्धा को, इस शीलमय सौन्दर्य को सामन्ती संस्कार से नहीं, बल्कि इस संस्कार के त्याग से पाया जा सकता है, उसके लिए योग्य बनना पड़ता है–

उसको पाने की इच्छा हो
तो योग्य बनो...

यहाँ एक बात फिर दुहरा दूँ कि छायावाद में प्रगति चेतना उसकी अनेक सीमाओं और अन्तर्विरोधों के साथ मौजूद है। इस निबन्ध में प्रमुखतः छायावाद और उस युग की सीमा में उभरने वाली प्रगति चेतना के स्वरूप की ओर ही संकेत किया जा रहा है उसकी कमियों और अन्तर्विरोधों की ओर नहीं।

पूँजीवादी व्यवस्था की व्यक्तिवादी चेतना के आलोक में कवियों ने सामन्तवादी व्यवस्था की अनेक विसंगतियों पर प्रहार किया। कामायनी में देवलोक की आत्यन्तिक विलासिता और उसके परिणामों का चित्र प्रकारान्तर से सामन्त लोक का ही चित्र

है और श्रद्धा की उदार मानसिकता और क्रियाकलाप नये युग की मानवतावादी चेतना के परिचायक हैं। पन्त ने 'प्रथम रश्मि का आना रंगिणि' कविता में रात के माध्यम से साँझ की जड़ता तथा प्रभात के माध्यम से नये युग की चेतना, सौन्दर्य और गति का चित्रण किया है, 'परिवर्तन' कविता में समय के क्रूर परिवर्तन का चित्र है। निराला के 'तुलसीदास' में नवजीवन का आलोक पाकर नये जीवन मूल्यों की स्थापना की और जर्जर मूल्यों के ध्वंस की कहानी है। सामन्तीकाल में पूरी सांस्कृतिक चेतना अवरुद्ध हो गयी थी। निराला ने 'तुलसीदास' में भारतीय संस्कृति के इस दयनीय रूप को देखा–

भारत के नभ का प्रभापूर्य
शीतलच्छाय सांस्कृतिक सूर्य
अस्तमित आज रे तमस्यतूर्य दिग्मंडल
उर के आसन पर शिरस्त्राण
शासन करते हैं मुसलमान
है उर्मिल जल निश्चलत प्राण पर शतदल

तुलसीदास पाँवों में जंजीर बनकर लिपटने वाली खोखली मर्यादाओं को निस्संकोच तड़ातड़ तोड़ते गये। ध्यान देने की बात है कि 'तुलसीदास' में तुलसीदास का व्यक्तित्व बँधकर नहीं खुलकर अनन्त प्रकृति के बीच उन्मुक्त उड़ान भरकर और नवोन्मेषशालिनी प्रतिभा से ऊर्जस्वित होकर ही निखरता है। तुलसी के रूप में स्वयं कवि निराला वर्तमान है।

छायावाद मानववादी चेतना का काव्य है। मानववाद मानव को महत्त्व देता है। वह एक ओर किसी आधिदैविक सत्ता शासन को स्वीकार नहीं करता, दूसरी ओर धन-दौलत और पद के आधार पर किसी मनुष्य की महत्ता स्वीकार नहीं करता, तीसरी ओर वह मनुष्य को उसकी सामान्यता में स्वीकार करता हुआ भी मात्र क्षुद्र वासनाओं का दास नहीं मानता। वह मनुष्य को उसकी पूरी शक्ति और सीमाओं के साथ स्वीकारता है, उसे गतिशील मानता है और मानवीय प्रेम, सद्भाव आदि को ही मानव-सम्बन्धों का संघटक तत्त्व मानकर धर्म, पद, सम्पत्ति, जाति-पाँति आदि के बाहरी अवरोधक विधानों को अस्वीकार करता है। मानववाद मध्यकालीन सामन्ती सम्बन्ध-व्यवस्था और चिन्तन के विरुद्ध एक प्रगतिशील चरण है–वह भले ही बहुत कुछ अरूप हो और आगे चलकर पूँजीवादी व्यवस्था की असंगतियों का शिकार होकर विकृत हो गया हो। छायावाद के कवि प्रसादजी ने आधुनिक काल की कविता को यथार्थवाद के साथ जोड़ा और उन्होंने कहा कि "यथार्थवाद की विशेषताओं में प्रधान है लघुता की ओर दृष्टिपात। लघुता से मेरा तात्पर्य है साहित्य के माने हुए सिद्धान्त के अनुसार महत्ता के काल्पनिक चित्रण के अतिरिक्त व्यक्तिगत जीवन के दुःख और अभावों का वास्तविक उल्लेख।" प्रसादजी ने अपने

समय के स्वभाव को समझते हुए आगे लिखा है–"भारत के लिए उस समय दोनों ही वास्तविक थे– यहाँ के दरिद्र जनसाधारण और महाशक्तिशाली नरपति, किन्तु जनसाधारण और उनकी लघुता के वास्तविक होने का एक रहस्य है। भारतीय नरेशों की उपस्थिति भारत के साम्राज्य को बचा नहीं सकी। फलतः उनकी वास्तविक सत्ता में अविश्वास होना सकारण था। धार्मिक प्रवचनों ने पतन में और विवेक दम्भपूर्ण आडम्बरों ने अपराधों में कोई रुकावट नहीं डाली। तब राजसत्ता कृत्रिम और धार्मिक महत्त्व व्यर्थ हो गया और साधारण मनुष्य जिसे पहले लोग अकिंचन समझते थे वही क्षुद्रता में महान दिखाई पड़ने लगा।"

साधारण मनुष्य को महत्त्व देने की दो परिणतियाँ हो सकती हैं–(1) कवि मनुष्य के सामान्य सुख-दुःख को नगण्य न मानकर उसे उद्घाटित करे। (2) सामान्य उपेक्षित जन के दारिद्र्य और संघर्ष को चित्रित करे। छायावादी कविता ने मुख्यतः पहला ही काम किया। महत्त्वपूर्ण विषयों, नायकों और सन्दर्भों के स्थान पर कवियों ने अपने भीतर के छोटे-छोटे सुखात्मक-दुखात्मक सम्वेदनों की अभिव्यक्ति को महत्त्व दिया। अपने काव्यों और नाटकों में चित्रित पौराणिक और ऐतिहासिक उदात्त नायकों को भी प्यार और कर्तव्य, लघुता-महत्ता, शक्ति-अशक्ति के मानव सुलभ अन्तर्द्वन्द्व से रूपायित किया। जनसाधारण के आर्थिक कष्ट के भी यत्र-तत्र चित्र मिलते हैं विशेषतया निराला की कविताओं और प्रसाद के साहित्य में, किन्तु इस पक्ष का पूरा विकास आगे चलकर प्रगतिवाद में ही हुआ।

मानववादी चेतना से प्रेरित इन कवियों ने प्रेम के आधार पर मानव को एक करने का प्रयत्न किया। इस सन्दर्भ में इन्होंने पद, सम्पत्ति, जाति-पाँति, धर्म सम्प्रदाय सबकी उपेक्षा की। ये सभी कृत्रिम दीवारें हैं। निराला ने रूढ़ियों को तोड़ शुद्ध मानवीय आधार पर प्यार करने वाले और प्यार के लिए साम्राज्य को लात मारने वाले एडवर्ड अष्टम के प्रति प्रणतिभाव व्यक्त किया। निराला स्वयं इन शोषक अमानवीय धार्मिक, सामाजिक और नैतिक दीवारों से टकराते रहे। बाहरी कर्मकांड और भाग्यवाद पर विश्वास करने वाले धर्मात्मा लोग मानवीय सम्वेदना-शून्य होकर हनुमान की औलाद बन्दर को तो पुए खिलाते हैं, किन्तु मानव-सन्तान उनके सामने हाथ पसारे उपेक्षित, अनदेखी-अनचाही रह जाती है–

झोली से पुए निकाल लिये।
बढ़ते कवियों के हाथ दिए।
देखा भी नहीं उधर फिरकर,
जिस ओर रहा वह भिक्षु इतर।
चिल्लाया किया दूर दानव,
बोला मैं–धन्य श्रेष्ठ मानव।

प्रसाद ने अपनी अनेक कहानियों और नाटकों में प्रेम के आधार पर ही अनेक वर्गों और स्थितियों के लोगों को मिलाया है। निराला ने जाति-पाँति की व्यवस्था को अपनी कविताओं और कथाओं में जमकर ठोकर मारी है—

ये कान्य कुब्ज कुल कुलांगार
खाकर पत्तल में करें छेद।

प्रगतिवादी चेतना की एक प्रमुख पहचान इस बात से भी होती है कि उस साहित्य की दृष्टि धरती की ओर हो। किसी प्रगतिवादी दर्शन का रंग दिए बिना भी कविता प्रगतिशील मानी जा सकती है यदि वह आकाश में उड़ान भरने के स्थान पर धरती के विविध रूपों, रंगों, ध्वनियों, गन्धों, आदि के भीतर से यात्रा करती हो और जीवन के स्वस्थ उपभोग के प्रति आस्था जगाती हो। आचार्य रामचन्द्र शुक्लजी कविता में हमारे नाना रूपात्मक संसार से लिये गये आलम्बन पर बार-बार बल देते हैं। ऐसा आलम्बन ही लोक-हृदय को प्रभावित करता है। शुक्लजी पश्चिम के व्यक्तिवादी और कल्पनावादी काव्य तथा प्रकारान्तर से हिन्दी के छायावादी काव्य का विरोध इसीलिए करते हैं कि ये आकाश में उड़ते हैं। शुक्लजी सैद्धान्तिक रूप से सही हैं और बहुत दूर तक छायावाद के सम्बन्ध में उनकी आपत्तियाँ भी सही हैं, फिर भी छायावाद का मूल सम्बन्ध धरती से न होकर आकाश से है यह नहीं कहा जा सकता।

यह सच है कि छायावाद विषय के ग्रहण और भाषा के स्तर पर सामान्य जीवन से बहुत दूर है, उसने प्रकृति के जिन रूपों को लिया है वे रूप भी सामान्य जीवन की प्रकृति के बहुत समीप नहीं हैं, किन्तु यह नहीं कहा जा सकता कि छायावाद की कविता भौतिक जीवन से दूर की कविता है या कि वह हमें भौतिक जीवन के स्वस्थ उपभोग से विमुख कर किसी अज्ञात जगत में ले जाती है। छायावाद में असीम, अज्ञात, आदि शब्द आते हैं, अध्यात्म दर्शन के स्वर भी गूँजते हैं, किन्तु यह तय है कि छायावादी काव्य-चेतना का उद्‌गम और मूलाधार भौतिक जगत के अनुभव ही है। अध्यात्म दर्शन या असीम अज्ञात के प्रति प्रेम का स्वर अवधारणात्मक है और आरोपित है और उसका उपयोग इस जीवन के सन्दर्भ में ही किया गया है। आधुनिक काल की मूल चेतना भौतिकवादी है, किन्तु छायावादकाल तक ईश्वर से या अध्यात्मवाद से उसका सम्बन्ध छूट नहीं सका। किन्तु यह भी ध्यान देने की बात है कि ईश्वर या अध्यात्मवाद या धर्म अपनी उपस्थिति की सार्थकता मानव-मंगल के परिप्रेक्ष्य में ही प्रमाणित करता है। रवीन्द्रनाथ ने और फिर हिन्दी कवि रामनरेश त्रिपाठी ने ईश्वर की सत्ता सामान्य मानव के दुःखों और संघर्षों में देखी। निराला की 'प्रियतम' कविता में एक कर्मशील किसान भगवान को नारद से अधिक प्रिय है। महादेवी वर्मा अपने लघुतम जीवन को ही उस असीम का सुन्दर जीवन मानती हुई पारम्परिक पूजा-पाठ का निषेध करती हैं—

क्या पूजा क्या अर्चन रे,
उस असीम का सुन्दर मन्दिर मेरा लघुतम जीवन रे!

इस प्रकार छायावाद युग तक आते-आते ईश्वर मानवोन्मुख हो गया था। धर्म बाह्य कर्मकांडों में मुक्त होकर मानव-धर्म बन गया था। इस मानवोन्मुख दृष्टि से छायावादी कवियों ने प्रकृति और मनुष्य की अनन्त छवियों को तथा मानवीय सम्वेदनाओं को उद्घाटित करना चाहा था। कहा जा चुका है कि इसमें जनवादी आन्दोलन तो नहीं है और इस दृष्टि से इन्हें रूढ़ अर्थ में प्रगतिवादी काव्य नहीं कहा जा सकता किन्तु स्वस्थ ढंग से मनुष्य के सौन्दर्य और प्रेम को उद्घाटित कर मानव महिमा के प्रति आस्था जगाना भी प्रगतिशील चेतना का एक आयाम है। कम-से-कम इसे प्रतिक्रियावादी नहीं कहा जा सकता। और जो काव्य प्रतिक्रियावादी नहीं है, मनुष्य के मन में मनुष्य के प्रति घृणा नहीं पैदा करता, जो जातिवाद सम्प्रदायवाद का भाव नहीं उभारता, जो मानव प्रगति में रुकावट नहीं डालता, बल्कि उलटे प्रेम के धरातल पर मानव को मानव से जोड़ता है और मानव के सौन्दर्य और अनन्त लघु संवेदनों के प्रति आस्था व्यक्त करता है उसे प्रतिक्रियावादी कैसे कहा जा सकता है और यदि प्रतिक्रियावादी नहीं है तो प्रतिक्रियावादी और प्रगतिवादी दो ही खेमों में बाँटकर साहित्य को देखने वाली दृष्टि इन कविताओं को कहाँ रखेगी? ऐतिहासिक विकास की दृष्टि से और उदार मानव चेतना की दृष्टि से इन कविताओं में प्रगतिशील चेतना की अवस्थिति निश्चित ही दिखाई पड़ती है। हाँ, यह अवश्य कहा जा सकता है कि इन कवियों में जिसने मानवीय और प्रकृति छवि की संवेदना को रहस्यवादी कुहरे के जाल में जितना ही अधिक उलझाया है, जिसके मानवीय अनुभव का स्वरूप जितना ही क्षीण और सीमित है, जिसमें कविता की परिणतियाँ जितनी ही अधिक अध्यात्म-दर्शन से पीड़ित हो गयी हैं, जिसमें निराशा, विरह और कुंठा की व्याप्ति जितनी ही अधिक है उसकी प्रगति चेतना उतनी ही अधिक क्षीण है। यह स्पष्ट कर दूँ कि प्रगतिवाद का वैज्ञानिक दृष्टिकोण तो इस काल में किसी कवि को प्राप्त नहीं हुआ था इसलिए अनुभव के धरातल पर इनकी प्रगति चेतना के अधिक होने या न होने की पहचान की जा सकती है और तब लगता है कि निराला में सर्वाधिक प्रगति चेतना थी। निराला अपने जीवन में विद्रोही रहे। वे समाज की अनेक विभीषिकाओं, असत्यों, अभावों आदि से टकराये, टूटे, टूटकर बनते रहे और व्यक्ति से समाज की सम्वेदना की ओर बढ़ते रहे। इसलिए निराला की कविताओं में एक ओर 'सरोज स्मृति' दिखाई पड़ेगी, जिसमें कवि और कवि के माध्यम से एक विद्रोही व्यक्ति के उठने-गिरने, टूटने-बनने, खोने-पाने, संघर्ष करने और दारिद्र्य भोगने आदि की अनेक विषम और सघन अनुभूतियाँ जीवन्त रूप में मूर्त हुई हैं, दूसरी ओर वह 'तोड़ती पत्थर', 'विधवा', 'भिक्षुक' जैसी कविताएँ अभिशप्त उपेक्षित वर्ग के

व्यक्तियों की गहरी पीड़ा की अभिव्यक्तियाँ हैं, तीसरी ओर 'राम की शक्ति-पूजा' जैसी कविता है जिसमें एक पौराणिक सन्दर्भ को कवि ने समकालीन सम्वेदना और शक्ति से सम्पन्न किया है। निराला की प्रकृति-प्रेम और मानव-प्रेम सम्बन्धी जो कविताएँ हैं वे भी अपने अनुभवों में अधिक लौकिक और सघन हैं। डॉ. रामविलास शर्मा ने राग-विराग की भूमिका में निराला की इस सहज प्रगतिशीलता को बड़ी सफाई से उद्घाटित किया है। उन्हीं के शब्दों में–"कवि चाहे अमृत दे, चाहे विष, इनके स्रोत इसी धरती में हों तो उसकी कविता अमर है।...निराला की कविता इस धरती से दूर कोई मनोरम अपार्थिव लोक नहीं रचती। वह पृथ्वी की आकर्षण-शक्ति से बँधी हुई है। 'जैसे उड़ि जहाज को पंछी फिरि जहाज पर आवै'–वह आकाश में चक्कर काटने के बाद इसी धरती पर लौट आती है।"

यह बात स्पष्ट हो जानी चाहिए कि नारी का या रूप का चित्रण करने से कोई कवि अप्रगतिवादी नहीं होता और न इससे बचकर निकल जाने वाला कवि प्रगतिवादी कहा जा सकता है। रामविलास शर्मा ने निराला की कविताओं में रूप को और रूप से ज्यादा गन्ध को देखा है और यह पहचान करने की कोशिश की है कि कवि अपने स्थूल और सूक्ष्म दोनों रूपों में धरती से जुड़ा है। रूप भी धरती का ही गुण है और गन्ध भी। इसलिए वह सौन्दर्य चित्रण के बीच से भी प्रगतिशील चेतना का वाहक है। अन्य कवियों का रूप और गन्ध-जगत निराला की अपेक्षा विरल है, धरती से कम और भावनाओं से अधिक जुड़ा है और उसमें धरती के रूप और गन्ध का सघन वैविध्य भी नहीं है। इसलिए अनुभव के स्तर पर उनकी प्रगति चेतना निराला की अपेक्षा धूमिल और उथली है।

कविता में प्रगतिशीलता की पहचान कविता की दृष्टि से की जाये तो बहुत-सा अनावश्यक वितंडावाद शान्त हो जाए और तब शायद 'राम की शक्ति-पूजा' की अपेक्षा 'कुकुरमुत्ता' को और केदारनाथ अग्रवाल आदि परवर्ती प्रगतिवादी कवियों की अच्छी सौन्दर्य सन्दर्भित कविताओं की अपेक्षा उनकी हल्की प्रचारवादी कविताओं को तथा अच्छे कवियों की अपेक्षा घटिया पार्टीवादी कवियों को महत्त्व देने की सनक बन्द हो जाए या कम-से-कम कुछ हल्की पड़ जाये।

सन्दर्भ

1. The bonsgeoisie historically has played a most revolutionary part. The bonsgeoisie when even it has got the upper hands on end to all fendal patriorchal idyllic relation. It has pitilessly assunder the mostly fendal ties that bound man to his natural superiors.

— Illusion and Realty by Codwell

कामायनी में सौन्दर्य निरूपण

'उज्ज्वल वरदान चेतना का सौन्दर्य जिसे सब कहते हैं' इन पंक्तियों में कवि ने सौन्दर्य के वस्तुगत (objective) और व्यक्तिगत (subjective) दोनों पक्षों की ओर संकेत किया है। 'सौन्दर्य चेतना का उज्ज्वल वरदान है।' इसका वस्तुगत विश्लेषण इस बात की ओर निर्देश करता है कि वाह्य सौन्दर्य के साथ यदि भीतर का प्रकाश (चेतना का आलोक) किसी को प्राप्त नहीं है तो उसे हम सुन्दर नहीं कह सकते। मोती के पानी की तरह बाहरी और भीतरी सौन्दर्य में अभिन्नता होनी चाहिए। भीतर का सौन्दर्य है चेतना, चेतना का तात्पर्य है संसार में 'स्व' से पर की ओर अहम् से इदम् की ओर निरन्तर बढ़ते रहने की जागरूकता जिससे प्रेम और करुणा की सार्वभौम तरलता का विस्तार होता है। जिस मनुष्य का अन्तर इस प्रकार की चेतना से उद्‌बुद्ध रहता है उसकी मुखाकृति भी एक प्रकार की कान्ति से दीप्त रहती है। हम सुन्दर हृदय वालों की मुखाकृति में सौन्दर्य-भावना का आरोप कर लेते हैं। इसीलिए प्राचीन काल से लेकर आज तक कथा नायकों को दिव्य आकार-प्रकार प्रदान किया गया है। और खलनायकों की सूरत को विकृत और भोंडी करके दिखाया गया है। कुरूप हृदय वाले यदि बाहर से सुन्दर भी होते हैं तो हमारी सौन्दर्य भावना उन पर कुरूपता का आरोप कर लेती है।

'यदुच्युते पार्वति पापवृत्तये
न रूपमित्यव्यभिचारि तद्वचः

कहकर महाकवि कालिदास ने भी बाह्य सौन्दर्य को आन्तरिक सौन्दर्य का प्रतिबिम्ब माना है। यह वैज्ञानिक दृष्टि से भले ही पूर्णतः सत्य न हो, किन्तु भावना की दृष्टि से इसकी पूर्ण सत्यता में कोई सन्देह नहीं।

व्यक्तिगत (subjective) दृष्टि से भी देखने पर ज्ञात होता है कि सौन्दर्य चेतनशील प्राणियों के लिए सम्भव है। उन्हीं के लिए वह वरदान बनता है। मानवेतर प्राणी जो चेतना के वरदान से वंचित है 'स्व' की निर्मिति में इतने व्यस्त रहते हैं कि बाधक होने पर 'पर' का संहार करते हैं, किन्तु मानव चेतनाशील प्राणी

है और उसी चेतना के वरदान के कारण वह अपने अहम् के कंचुक से निकलकर 'इदम् की ओर निरन्तर अग्रसर होता है। उसे मनुष्य के विविध रूपों में कौन कहे, फूलों में, पत्थरों में, काँटों में, आँधी में, तूफान में, पशुओं में, पक्षियों में सर्वत्र सौन्दर्य प्रतिभासित होता है। किन्तु मनुष्यों में भी जिनकी चेतना संकुचित होती है, जिनका अहम् (जो अज्ञान का परिणाम है) सर्प या फन खोलकर फुफकारता रहता है वे संसार में अपने सिवा, अपनी वासना के उपभोग्य वस्तुओं के सिवा और कहीं सौन्दर्य देखते ही नहीं। जब उन्हें प्यास लगेगी तभी उनको पानी सुन्दर लगेगा। कोई सुन्दरी उन्हें सुन्दर इसलिए लगेगी कि वह उनकी वासना की प्यास बुझाएगी अन्यथा वह उनके कठोर हाथों से मसलकर फेंक दी जाएगी। किन्तु चेतनाशील प्राणी को पानी प्यास न लगने पर भी अच्छा लगेगा क्योंकि उससे मानव जाति का पोषण होता है। रमणी का भोला मुख उसे निरपेक्ष रूप से भी परम सुन्दर लगेगा।

प्रसादजी आनन्दवादी परम्परा के कवि थे। कालिदास के अनुसार ही वे योग और भोग, साधना और वासना में तात्त्विक अन्तर नहीं मानते थे। दोनों के समन्वय में ही परम सौन्दर्य का रूप निखरता है। एकांगी होने पर सौन्दर्य की पूर्ण छवि खंडित हो जाती है। इसलिए ये दोनों कवि भीतरी सौन्दर्य का प्रतिफलन वाह्य सौन्दर्य में और वाह्य सौन्दर्य का उत्स-भीतरी सौन्दर्य में देखते हैं। जब तक पार्वती अपने वाह्य रूप के गर्व में बेसुध होकर शंकर को प्राप्त करना चाहती है तब तक शंकर उसे प्राप्त नहीं होते, किन्तु जब वही पार्वती जो विलासिता की इस सीमा पर पहुँच गयी थी कि महार्ह शैया पर सोते समय करवट बदलने के समय अपने ही केशों से च्युत फूलों के संस्पर्श मात्र से कष्ट पाती थी, तपस्या की पराकाष्ठा पर पहुँचकर खुले आकाश के नीचे अपनी पूजा की नंगी भूमि पर अपनी बाँहों का तकिया बना-बनाकर सो जाती है तब अर्जित सौन्दर्य उसके वाह्य सौन्दर्य को दीप्त करता है और तब उसे शंकर का प्रेम प्राप्त होता है। इस प्रकार तपस्या का सौन्दर्य प्राप्त कर जब शंकर और पार्वती उन्मुक्त भोग करते हैं तब उसमें भोग का वेग होते हुए भी निर्लिप्तता है।

युग के अन्तर के साथ प्रसादजी की भी यही दृष्टि मालूम पड़ती है। कामायनी की श्रद्धा बाहर से जितनी सुन्दर है भीतर से भी उतनी ही। किन्तु उसका भीतरी योग-सौन्दर्य वैयक्तिक नहीं सामाजिक है। वह पार्वती की तरह वन में तपस्या नहीं करती, वरन् सृष्टि के प्राणियों के कल्याण के लिए समाज के खुले मैदान में अपने जीवन को खपाती-पचाती है। सौन्दर्य के वस्तुगत पक्ष पर विचार करते हुए हम देख सकते हैं कि प्रसादजी की रमणीय कल्पना प्रकृति के जिन-जिन उपादानों को स्पर्श कर भव्य सौन्दर्य की दीप्ति से जगमगा देती है उनके भीतर

उन्होंने मंगलमयी चेतना का अस्तित्व माना है। कामायनी की सबसे सुन्दर सृष्टि श्रद्धा है। कवि ने जिन सात्विक रंगों की रेखाओं से श्रद्धा की आकृति, वेश-भूषा, भाव-भंगिमा अंकित की है वे श्रद्धा के भीतर की ओर सद्यः संकेत करते हैं। कवि की दृष्टि यह परखने में अत्यन्त कुशल मालूम पड़ती है कि किन रंगों और रूप-रेखाओं में किस प्रकार के मनोवैज्ञानिक भाव चित्रित किए जाने चाहिए। साथ-साथ उसकी विराट उत्प्रेक्षाएँ और उपमाएँ अप्रस्तुत को सामने लाकर प्रस्तुत को और भी मुखर कर देती हैं–

नील परिधान बीच सुकुमार, खुल रहा मृदुल अधखुला अंग।
खिला हो ज्यों बिजली का फूल मेघ-बन-बीच गुलाबी रंग॥
घिर रहे थे घुँघराले बाल, अंश अबलम्बित मुख के पास।
नील घन-शावक से सुकुमार, सुधा भरने को विधु के पास॥
और उस मुख पर वह मुसकान रक्त किसलय पर ले विश्राम।
अरुण की एक किरण अम्लान, अधिक अलसाई हो अभिराम॥

इन पंक्तियों में श्रद्धा का रूप तो प्रस्फुटित हो ही जाता है प्रकृति के प्रति कवि की सूक्ष्म दृष्टि का परिचय भी मिलता है, किन्तु श्रद्धा का यह रूप संसार की लम्पटता और वासना को उकसाने वाला नहीं वरन् हृदय को शीतलता देने वाला है। सच्चा सौन्दर्य वासना की भूख-प्यास को उद्दीप्त नहीं करता वह जलते हृदयों को शीतलता का लेप देता है–

'नयनों की नीलम की घाटी
जिस रस घन से छा जाती हो
वह कौंध कि जिससे अन्तर की
शीतलता ठंडक पाती हो।'

सौन्दर्य में हृदय की शीतलता को भी शीतलता देने की शक्ति होती है फिर तो वह ज्वाला को शान्त करेगी ही। सौन्दर्य वह है जिसका जय-घोष कोमल किसलय मर्मर-रव से सुनाते हैं और जिसमें मन के सुख-दुःख मिलकर उत्सव आनन्द मनाते हैं। श्रद्धा अपूर्व सुन्दरी है क्योंकि वह अपने सौन्दर्य से विनाश की नहीं, निर्माण की सृष्टि करती है। मनु के भटकते-भागते मन-मतंग को जीवन की आस्था की अर्गला से बाँधती है। वह उन हिंसा-प्रिय रमणियों की भाँति नहीं जो मद के आवेग में आकर अपने प्रिय को संसार का विनाश करते हुए देख खिलखिलाती है, जो अपने पतियों को पाशव ज्वाला के अट्टहास को देख वीर पुरुष की रमणी होने के गर्व से फूल उठती है। वह संहार-रत मनु से बार-बार अनुनय करती है–

औरों को हँसते देखो मनु हँसो और सुख पाओ।
अपने सुख को विस्तृत कर लो सबको सुखी बनाओ

सुख को सीमित कर अपने में केवल दुःख छोड़ोगे
अन्य प्राणियों की पीड़ा लख अपना मुँह मोड़ोगे।

इस प्रकार श्रद्धा मनु को सामाजिक कल्याण की ओर प्रेरित करती है। मनु के भागने पर श्रद्धा के भीतरी सौन्दर्य को खूब निखरने का अवकाश मिलता है। वह भावी पुत्र की आशा में अपने एकाकी जीवन के भारी क्षणों को हँस-हँसकर काटती है। फिर बालक मानव को साथ लेकर भटकती हुई पति को खोज रही है। गम्भीर पीड़ा के बोझ से दबकर भी उसकी स्वाभाविक शान्ति और करुणा की ज्योति कभी मन्द नहीं पड़ती और इस गीत में तो अपने भीतर के सच्चे स्वरूप को व्यक्त कर देती है–

तुमुल कोलाहल कलह में
मैं हृदय की बात रे मन
चिर विषाद विलीन मन की
इस व्यथा के तिमिर वन की
मैं उषा-सी ज्योति-रेखा
कुसुम विकसित प्रात रे मन।

उसके पास करुणा और प्रेम का अक्षय सिन्धु है। वह मनु की अत्याचार की कहानी सुनकर उससे घृणा नहीं करती, वरन् उसे घायल देखकर उसके मन की सारी करुणा उमड़ पड़ती है। मनु फिर भागते हैं। वह हतोत्साह हुए बिना उसे फिर खोजने निकल पड़ती है और आह! जिस पुत्र के लिए उसे अपने पति को छोड़ना पड़ा, दर-दर की ठोकरें खानी पड़ी थीं उसी को किस निर्लिप्तता से अपराधिनी इड़ा को सौंप देती है, किसलिए? केवल मनुष्यता के विकास के लिए। और अन्त में जब श्रद्धा, ज्ञान, इच्छा और कर्म को अपनी हँसी की रेखा में गूँथकर मनु के भीतर पाप-ताप का शमन कराकर उसे आनन्द का दर्शन कराती है तब सौन्दर्य के पूर्ण रूप की अभिव्यक्ति करती है।

कामायनी की दूसरी सौन्दर्य-सृष्टि है इड़ा।

वह विश्व मुकुट सा उज्ज्वलतम शशि-खंड सदृश था स्पष्ट भाल,
बिखरी अलकें ज्यों तर्क जाल

इड़ा बुद्धिवादिनी नारी है। उसकी वाह्य रूप-रेखा व्यक्त करती है कि उसके अन्तरतम में बुद्धिवाद की वक्रता विराजमान है। इड़ा का सौन्दर्य मोहक है, वासना की उष्मा में और गरम साँसें फूँकने वाला है। उसमें श्रद्धा-विश्वास की स्थिरता नहीं, बुद्धिवाद की अखंड ज्वाला है। वह मनु का स्वागत करती है बुद्धिवादी सृष्टि के निर्माण और संचालन के लिए, किन्तु जब श्रद्धा पहले पहल मनु से मिलती है तब वह उसके एकाकी जीवन के भार, निराश जीवन से पलायन को देखकर उस पर पसीजती है और भावी सृष्टि की चेतना उसके मन में जगाती है। वह मनु में

मानवीय गुणों का विकास करना चाहती है, उसे हिंसा और मद्यपान से वर्जित करती है, किन्तु इड़ा उसमें मानवीय उच्च गुणों का विकास करने का प्रयत्न न करके उसे मशीन युग की चहल-पहल का संचालक बनाती है। उसकी हिंसा और मद्यपान में सहयोग देती है। श्रद्धा के अभाव में मनु का अहम् अपना फण खोलता-खोलता इड़ा और समस्त सारस्वत नगर को अपनी वासना के जहर से विषाक्त कर देना चाहता है। अन्त में ध्वंस कांड के पश्चात् जब इड़ा ग्लानि करती है तब उसे मानव प्राप्त होता है, आनन्द का दर्शन होता है और तब उसे सच्चा सौन्दर्य प्राप्त होता है।

प्रसादजी प्रकृति को भी चेतना से स्पन्दित मानते हैं। वह प्रकृति कहीं विराट, कहीं कोमल, कहीं शान्त, कहीं श्रृंगारमयी दिखाई देती है। जब देव-वर्ग प्रकृति की उपेक्षा कर उस पर आधिपत्य स्थापित करने की चेष्टा करता है, तब प्रकृति प्रलय का रूप धारण करती है। वह देवों की अमरता के दम्भ को अपने प्रलयकारी रूप से भयभीत करती है। उनके वासनामय संसार को स्वाहा कर देती है। उनके जीवन की भयंकर एकरसता में मानव-जीवन की अनेकरसता भरती है। अतः प्रकृति का यह विराट प्रलयकारी रूप भी अपने में कम सुन्दर नहीं। वह सौन्दर्य कवि की सूक्ष्म दृष्टि और विराट कल्पना का सहारा पाकर और भी सजीव हो उठता है—

अरी आँधियों ओ बिजली की
दिवा-रात्रि तेरा नर्तन,

लहरें व्योम चूमती उठतीं
चपलाएँ असंख्य नचतीं
गरल जलद की खड़ी झड़ी में
बूँदें निज संसृति रचतीं।

वही प्रकृति प्रलय के बाद आशा की अँगड़ाई लेती हुई नव वधू के समान जाग उठती है। उषा सोने के तीर बरसा रही है। चारों ओर उत्फुल्लता छा गयी है। जीवन की लालसा फूट पड़ती है। वे सब एक अज्ञात सौन्दर्य की ओर संकेत कर रही हैं। सुन्दरी उषा, सन्ध्या, रातें, चाँद-तारे आते हैं, मुस्कराकर जीवन का संगीत गाते हैं। हरियाली फूट पड़ी है—

स्वर्ण शालियों की कलमें थीं
दूर-दूर तक फैल रहीं
शरद इन्दिरा के मन्दिर की
मानो कोई गैल रही

शीतल धाराएँ झरनों की
बिखरातीं जीवन-अनुभूति

जहाँ प्रकृति के शृंगार के स्थल आए हैं वहाँ प्रकृति लाज से ब्रीड़ा से झुक गयी है—एक सलज्ज मुस्कान उसके अधरों को आलिंगन पाश में घेरे हुए है—

जब लीला से तुम सीख रहे,
कोरक कोने में छिप रहना
तब शिथिल सुरभि से धरणी में
बिछलन न हुई थी सच कहना
लतिका घूँघट से चितवन की
वह कुसुम दुग्ध की मधु धारा
प्लावित करती मन अजिर रही
था तुच्छ विश्व-वैभव सारा

आनन्द सर्ग में आनन्द के दर्शन से सारी प्रकृति नृत्य-मुखर हो रही है। सुगन्ध और गीत की लहर कण-कण से फूट-फूटकर समस्त वातावरण को सिक्त कर रही है—

वल्लरियाँ नृत्य निरत थीं
बिखरी सुगन्ध की लहरें
फिर वेणु रन्ध्र से उठकर
मूर्छना कहाँ अब ठहरे

उन्मद माधव मलयानिल
दौड़े सब गिरते पड़ते
परिमल से चली नहाकर
काकली सुमन थे झड़ते।

सौन्दर्य के व्यक्तिगत (subjective) दृष्टिकोण पर प्रसाद के विचार क्या थे? मैं कह चुका हूँ कि प्रसादजी मानते हैं कि चेतनशील प्राणी अपने से अलग वस्तुओं या व्यक्तियों में सौन्दर्य का दर्शन करता है, किन्तु जिसका अहम् जितना ही गर्वीला और सामाजिक चेतना जितनी ही संकुचित होगी उसकी सौन्दर्य-दृष्टि उतनी ही कुंठित होगी।

देव जाति में अहम् का दम्भ पराकाष्ठा को पहुँच गया था। वासना को उष्म करने वाली सामग्रियों के अतिरिक्त उन्हें और कहीं आकर्षण दिखाई नहीं देता था। वह वासना की बाढ़ कैसी थी—

भरी वासना-सरिता का वह
कैसा था मदमत्त प्रवाह

चिर किशोर-वय नित्य विलासी
सुरभित जिससे रहा दिगन्त

मधुकर के मरन्द उत्सव सा
मदिर भाव से आवर्तन
सुरा सुरिभ मय वदन अरुण वे
नयन भरे सालस अनुराग
कल कपोल था जहाँ बिछलता
कल्प-वृक्ष का पीत पराग।

सौन्दर्य एकरसता में नहीं अनेक रसता में है। क्षणे-क्षणे यन्नवतामुपैति तदैव रूपं रमणीयताया, किन्तु देवों के सामने सौन्दर्य की नव मूर्ति नहीं, वासना की चिरमूर्ति थी। अतः उनका विनाश हुआ।

देवताओं के अवशेष मनु देव दम्भ के संस्कारों से पूर्ण हैं अतः प्रलय के पश्चात् भी उनमें सौन्दर्य वृत्ति जाग नहीं पाती। श्रद्धा का सौन्दर्य उनके हृदय को ठंडक नहीं देता वरन् उसका यौवन और नारीत्व उसके सेक्स-भावना को 'अपील' करता है। वह श्रद्धा के मनोहर मृग को मार ही डालता है और रह-रहकर नयी-नयी हिंसाओं को जन्म दे रहा है भोग के लिए। अपनी वासना में अन्धा होकर अपनी भावी सन्तान से ईर्ष्या करता है जबकि एक संस्कृत चेतना वाला व्यक्ति उस भावी बालक के सौन्दर्य को कल्पना की आँखों से देखकर आनन्द-विभोर होता है। श्रद्धा का मातृत्व बोझ से दवा शिथिल पीला रूप जब मनु की वासना को उष्म करने लायक नहीं रह जाता तब मनु उसे छोड़ देता है। इड़ा के सम्पर्क में जाकर उसे भी अपने भोग का शिकार बनाना चाहता है। वह इड़ा के संकेतों पर जो इतने नव-निर्माण का संचालन करता है वह सौन्दर्य की प्रेरणा से नहीं वरन् भोग की सम्भावना से। जब इड़ा उसका शिकार नहीं बनती तो सबका ध्वंस करता है। उसे कहीं निरपेक्ष सौन्दर्य का दर्शन नहीं होता। इड़ा सर्ग में वह अपनी व्याख्या सही तौर पर करता है कि मैं आँधी के झोंके के समान अन्धकार में दौड़ता हुआ सबका विनाश कर रहा हूँ, किन्तु तृप्ति हाथ नहीं लग रही है।

वह अन्त में थककर जब श्रद्धा का सहारा लेता है, जब उसका दम्भ और वासना भरा अहम् नतफण होकर श्रद्धा की भावना से भर जाता है तब उसे चारों ओर सौन्दर्य ही सौन्दर्य दिखाई पड़ता है, सारी प्रकृति आनन्द से नाचती हुई उसके हृदय में समन्वय और सौन्दर्य की राशि उँडेलने लगती है। इच्छा, क्रिया और ज्ञान उसे एक में गुँथे दिखाई देते हैं।

नयी कविता और प्रकृति

प्रकृति मानव-जीवन का परिवेश बनकर सदैव से उसके साथ जुड़ी चली आयी है। अतः जब कभी कविता का दृष्टिकोण मानव-जीवन के प्रति बदला है तो प्रकृति के प्रति भी बदला है। क्योंकि वास्तव में मनुष्य के लिए प्रकृति अपने आप में एक स्वतन्त्र सत्ता न होकर विभिन्न प्रकार से उसके भावात्मक-विचारात्मक व्यापारों में बँधी हुई है। नयी कविता की दृष्टि जीवन के प्रति भावात्मक की अपेक्षा अधिक बौद्धिक है। वह रस-दान की अपेक्षा आधुनिक भाव-बोध जगाने के प्रति अधिक सतर्क है। अतः वह प्रकृति को जीवन की संश्लिष्टता के बीच देखती है।

नयी कविता अपने स्वस्थ रूप में प्रयोगवाद की सन्तान नहीं है जैसा कि प्रायः कहा जाता है। प्रगतिवाद ने सिद्धान्ततः जीवन को सामाजिक अखंडता (व्यवहार में भले ही वह किन्हीं वर्गों तक सीमित रह गया हो) के बीच देखने का प्रयास किया। प्रकृति भी केवल रमणीय कल्पना, व्यक्तिगत रुचि-अरुचि की उत्पत्ति तथा कोमल सौन्दर्य की साम्राज्ञी न होकर समाज के कर्ममय जीवन के विराट् व्यापारों की भूमि तथा सहयोगिनी बनकर आयी। सौन्दर्य का मानदंड बदला। सौन्दर्य का चिरन्तन, कोमल, अभिजात स्वरूप नयी दृष्टि में सामयिकता के कर्ममय सामाजिक जीवन-सौन्दर्य के रूप में बदल गया।

देख रहा हूँ आज विश्व को मैं ग्रामीण नयन से —पन्त

प्रकृति का वह रूप जो जनजीवन के कर्म-रूप में जुड़ा हुआ है, जो जीवन के स्वास्थ्य के लिए हवा, पानी, अन्न बनकर खुले मैदानों में लहरा रहा है, ग्राह्य हुआ। सौन्दर्य जीवन में है। प्रकृति का वही अंश सुन्दर है जो जीवनमय है, जो जीवन की अक्षय ताज़गी और शक्ति से ओत-प्रोत है। प्रगतिवाद ने प्रकृति के उसी रूप को स्वीकारा जिसके बीच जीवन को गढ़ने वाला लोक-जन जीता है, मरता है, प्रेम करता है, संघर्ष करता है, रोता है, हँसता है, मिलता है, बिछुड़ता है, सपने देखता है और यथार्थ की ठोकरों से आहत होता है। कहने का अर्थ यह है कि प्रकृति उसके लिए अलग से आरोपित कोई कल्पना-विलास की, मन-बहलाव की या पलायन की चीज़ नहीं होती वह तो उसके जीवन की प्रत्येक साँस के साथ

गुँथी हुई संगिनी होती है, उसके जीवन को बनाने-बिगाड़ने वाली शक्ति के रूप में दिखाई पड़ती है। प्रगतिवादी कवि त्रिलोचन, केदारनाथ अग्रवाल और नागार्जुन की प्रकृतिवादी कविताएँ जनजीवन के इन्हीं सन्दर्भों में लिखी गयी हैं। लोकगीतों में प्रकृति जीवन के इन्हीं अनन्त पहलुओं के दर्दों से सम्पृक्त होकर ध्वनित होती रहती है। कजली, चैता, होली, बिरहा आदि में लोक-जीवन का ही दर्द स्पन्दित होता है।

किन्तु प्रयोगवाद का सम्बन्ध व्यापक जनजीवन से टूटता नज़र आता है। प्रयोगवाद सामाजिक व्यापकता से हटकर व्यक्ति की (सीमित) मनोवैज्ञानिक गहराई में डूबता दिखाई पड़ता है। प्रगतिवाद ने व्यापक सामाजिक जीवन के चित्रण का आग्रह तो किया, किन्तु कई बार कवि उस जीवन के साथ तादात्म्य स्थापित न कर सकने के कारण और कई बार जीवन की अपेक्षा समाजवादी सिद्धान्त पर विशेष बल दे देने के कारण कविता के नाम पर वर्णन देकर रह गया। अनुभूति की सच्चाई के अभाव में इस व्यापकता को गहराई नहीं प्राप्त हो सकी। अतः प्रयोगवाद ने अनुभूति-शून्य व्यापकता के स्थान पर अनुभूतिमय क्षणों और प्रसंगों को ही चित्रित करने पर विशेष बल दिया। जहाँ यह चीज़ स्वीकृत हो गयी कि ईमानदारी से भोगा हुआ क्षण भी कविता के लिए श्रेयस्कर है वहाँ अपनी-अपनी सीमाओं के कटघरे में बन्द कवियों ने जनजीवन की ओर देखना छोड़कर केवल अपनी ओर, अपने भीतर देखना शुरू किया। इन मध्यवर्गीय कवियों का नागरिक जीवन जनजीवन की विराट् धारा से असम्पृक्त होने के कारण उसके बीच उभरने वाले अनेक सत्यों से अपरिचित रहा—अपरिचित न रहा हो तो भी कम-से-कम अनुभूति के स्तर पर उन्हें जी नहीं सका। अतः वे आधुनिक सामाजिक परिवेश के दबाव में छटपटाने वाली अपनी कुण्ठित, खंडित अन्तर्मन की पीड़ाओं और यौन-अतृप्तियों को ही व्यक्त करने लगे। कवियों का सम्बन्ध विशेषतया नगरों से जुड़ गया—जहाँ प्रकृति पालतू होती है। केवल शौक के लिए मनुष्य प्रकृति के कुछ रूपों को गमले में बाँध लेता है। अतः शहरों में रहने वाले कवियों का प्रकृति के उल्लसित अपार क्षेत्र से सम्बन्ध कट जाता है। वह उसे खंड के रूप में देख पाता है, उसका सम्बन्ध लोक-जीवन में अजस्र भाव से बहती हुई धारा से नहीं जोड़ पाता। शहरों में लोग प्रकृति की अपेक्षा यन्त्र जीवन से अधिक सम्बद्ध दिखाई पड़ती है।

प्रयोगवाद का सम्बन्ध मूलतः व्यक्ति के मनोविश्लेषण से था। मन तो यों ही बड़ा उलझा-सा एक संसार है, किन्तु आधुनिक काल में सामाजिक सम्बन्धों के अधिक जटिल हो जाने के कारण उसकी सम्वेदनाएँ और भी उलझ गयी हैं। सम्वेदनाएँ ही क्यों, हर समस्या उलझी हुई है। नैतिक प्रश्न, मूल्यों के प्रश्न आज उतने साफ नहीं हैं जितने पहले थे। वे आपस में बुरी तरह उलझे हुए हैं धागों की

तरह। अतः इन उलझावों को देखने के लिए कविता ने बुद्धिवाद का बहुत सहारा लिया है। सौन्दर्य हो या नैतिकता इन्हें देखने का जो भावुकतावादी दृष्टिकोण था, अर्थहीन सिद्ध हो गया है। अतः बुद्धिवादी प्रयोगवादी कवि प्रकृति के सौन्दर्य को देखकर उल्लसित हो जाना भावुकता मानता है। वह एक तो प्रकृति को बहुत सीमित रूप में देख पाता है, दूसरे उस सीमित रूप को भी नवीन सत्यों (और नवीन सत्यों का अर्थ उसके यहाँ मध्यवर्गीय कवि की व्यक्तिगत कुंठा, दर्द, टूटन, तड़पन है) को व्यक्त करने के उपलक्षणों के रूप में स्वीकारता है। ये कविताएँ जनजीवन के मुक्त उल्लास से कटकर भी कवि की अनुभूत व्यथा में बिंधी होने के कारण तथा बिम्बात्मक होने के कारण दर्द की एक लकीर-सी खिंच जाती हैं। प्रयोगवाद के मुख्य कवि अज्ञेय, शमशेर, गिरिजाकुमार माथुर की अधिकांश कविताएँ इसी प्रकृति की परिचायक हैं। प्रकृति के खंड-खंड रूप खंड-खंड बिम्बों के रूप में आकर खंडित व्यक्तित्वों के बिखरे दर्दों को बिखेर जाते हैं। शमशेर की प्रकृति-सम्बन्धी कविताएँ ऐसे ही खंडित बिम्बों के रूप में आती हैं।

वंचना है चाँदनी सित
झूठ वह आकाश का निरवधि गहन विस्तार
शिशिर की राका निशा सी शान्ति है निस्सार —अज्ञेय

भूमि के कम्पित उरोजों पर झुका-सा
विशद श्वासाहत चिरातुर
स्नेह से आलिप्त
बीज के भवितव्य से उत्फुल्ल
बद्ध
वासना के पंक-सी फैली हुई
सत्य-सी निर्लज्ज, नंगी
और समर्पित। —अज्ञेय

गाएँ मैली, सफेद, काली, भूरी
पत्थर लुढ़क पड़े। पेड़ स्थिर नीरव।
दो पहाड़ियाँ धूम विनिर्मित पावन। —शमशेर

नयी कविता की सबसे बड़ी उपलब्धि यह है कि वह किसी वैचारिक या सैद्धान्तिक सम्प्रदाय में बन्दी न होकर वर्तमान जीवन के हर पहलू को मुक्त दृष्टि से देखने का प्रयास कर रही है, किन्तु वह ऐसी कोई नयी प्रवृत्ति नहीं है जो एकाएक ज़मीन फोड़कर पैदा हो गयी हो या आसमान से बरस पड़ी हो। वह परम्परा की ही उपज है। परम्परा में प्रयोगवाद और प्रगतिवाद दोनों आते हैं। इन दोनों परम्पराओं के कवि अपने-अपने मूल संस्कारों और विकसित रूपों के साथ नयी कविता में दिखाई पड़ते हैं। अतः नयी कविता में प्रकृति का विधान भी

एक-सा नहीं है। कवियों को रुचियों और जीवन संस्कारों के अनुसार प्रकृति-चित्रण का वैविध्य लक्षित होता है।

नयी कविता प्रयोगवादी कविता की बौद्धिक यथार्थवादिता को बहुत सीमा तक ग्रहण किए हुए है। कवियों के जीवनानुभव अनेक खंडों में विभाजित हैं। शहरों में रहने वाले और विकसित होने वाले कवियों का सम्बन्ध केवल शहरी जीवन के परिवेश से होता है। शहरी जीवन तमाम शोरशराबा, भीड़-भड़क्का, रंगीनियों और मोहक चहल-पहल के बावजूद छोटी-छोटी इकाइयों में विभाजित और भीतर से अकेला तथा शून्य-सा लगता है। कहा जा चुका है कि शहर में प्रकृति का कुछ पालतू रूप ही दिखाई पड़ता है। यान्त्रिक सभ्यता उस रूप पर इतनी हावी हो उठती है कि उसका रहा-सहा रूप भी लक्षित नहीं होता। स्वाभाविक है कि शहर के घेरे में ही बन्दी रहने वाले कवि प्रकृति के अनेक परिवर्तनों, मौसम के अनेक उभारों के साथ तादात्म्य तो अनुभव नहीं ही कर पाते, उन्हें देख भी नहीं सकते। गमलों में खिलने वाले कुछ देशी-विदेशी, फूलों, लतिकाओं तक ही उनकी प्रकृति सीमित रहती है, बहुत हुआ तो कभी-कभी पिकनिक पर चले गये जहाँ घड़ी-दो-घड़ी के लिए जी बहलाकर अपने को हल्का कर लिया। शहरों की इसी सीमित प्रकृति के नाते इन शहरी कवियों को पुरानी कविता में वर्णित अनेक लता-फूलों, पेड़-पौधों, नदी-नालों, आदि के दर्शन दुर्लभ रहते हैं और चूँकि वे यथार्थवादी हैं, बौद्धिकतावादी हैं (जो चीज हमारे जीवन से अलग हो गयी है, उसे प्रस्तुत या अप्रस्तुत विधान के रूप में स्वीकारना अयथार्थ है, थोथी भावुकतामात्र है, इस बात के पक्षपाती हैं) अतः शहरी जीवन के साथ सम्बद्ध हो पाने वाली प्रकृति के सीमित रूपों को ही ये अपनाते हैं। प्रकृति का यह सीमित रूप भी यान्त्रिक सभ्यता से आक्रान्त हो गया है। यान्त्रिक सभ्यता ने प्रकृति को देखकर खिल जाने वाली उत्फुल्लता को जीवन की अनेक व्यावसायिक समस्याओं से आक्रान्त कर दिया है। वसन्त कब आया, कब गया, शरद कब खिली, कब गयी; पावस की मस्ती कब उभरी, कब समाप्त हुई; कब कोकिल बोला, कब मोर नाचा, कब खंजन आया, इसका पता शहर में नहीं लगता। कैलेंडर की तारीखों को ही देखकर हमें ज्ञात होता है कि आज होली है, आज दीवाली है, आज शरद पूनम है। प्राचीन कविताओं को पढ़कर ही हम जान पाते हैं कि अमुक पक्षी कब कहाँ बोलता है, अमुक फूल कब कहाँ खिलता है। शहर की भाग-दौड़ में जीवन जीने का एक क्रम बन जाता है। बसन्त आता है—ईंट पत्थर की दीवारों और चिमनियों के धुओं के बीच से अनजान राही की तरह गुज़र जाता है।

नयी कविता में इसीलिए एक ओर सीमित प्रकृति-रूपों के साथ यान्त्रिक जीवन के विशद प्रश्न उलझे हुए आते हैं, दूसरी ओर न दिखाई पड़ने वाले परम्परा-प्राप्त प्राकृतिक उपादान स्वीकार्य नहीं हो पाते। नये प्रकार के विलायती

पेड़-पौधे (जो कि बागीचों और खासकर शोभा के लिए गमलों में लगाए जाते हैं) ही प्रस्तुत और अप्रस्तुत के रूप में आते हैं। कैक्टस का इतना ग्रहण इसी प्रवृत्ति का परिचायक है। ये सीमित प्राकृतिक रूप प्रयोगवादी कविता की परम्परा में ही कवि की विशेष उलझी हुई, विषादपूर्ण, खंडित मनःस्थितियों की अभिव्यक्ति के लिए खंडित बिम्बों के तौर पर प्रयुक्त होते हैं। शमशेर, कुँवर नारायण, राजेन्द्र किशोर, मलयज, विपिन कुमार अग्रवाल, आदि की कविताओं में इस प्रवृत्ति को पाया जा सकता है।

नया कवि या नया विचारक जब आधुनिक बोध या आधुनिक जीवन की बात करता है तो मानो उसकी दृष्टि में केवल शहरी जीवन ही होता है। भारत गाँवों का देश रहा है, आज भी है। गाँवों में भी नये युग के प्रभाव से अनेक परिवर्तन आए हैं, यान्त्रिकता का प्रवेश वहाँ भी हो चला है, किन्तु कुल मिलाकर वे अभी भी गाँव ही हैं। गाँवों का जीवन शहरों से बहुत कुछ भिन्न है। गाँवों में आज भी मौसम आते हैं अपने रंगारंग उभार के साथ। गाँवों का जीवन आज भी बहुत कुछ प्रकृति के जीवन के साथ सम्बद्ध है। जिन कवियों के संस्कार गाँवों में बने हैं, जिन्होंने गाँवों की ज़िन्दगी देखी है, जो प्रकृति के मुक्त और वैविध्यपूर्ण क्षेत्र के बीच मानव-जीवन को बनते, सँवरते और संघर्ष करते देख चुके हैं, वे आज भी प्रकृति के रूपों से नाता नहीं तोड़ पाते हैं। वे आज भले ही शहरों में आकर बस गये हों, लेकिन उनका सम्बन्ध गाँवों से टूटता नहीं है। वे जो ज़िन्दगी एक विराट् परिवेश में जी चुके हैं वह ज़िन्दगी संस्कार-रूप में बद्धमूल होकर और कभी-कभी प्रत्यक्ष रूप में फिर से सामने उपस्थित होकर कवि को अपने प्रति लिखने के लिए प्रेरित करती है। जागरूक कवि गाँवों की विस्तृत ज़मीन पर फैली हुई प्रकृति को देखता है और देखता है उनसे गुँथी हुई नयी ज़िन्दगी को। जैसे शहरो के मानव-जीवन के साथ यान्त्रिक पदार्थों का अपरिहार्य सम्बन्ध दिखाई पड़ता है वैसे ही गाँव की ज़िन्दगी का सम्बन्ध आज भी प्रकृति के अनेक उपादानों के साथ जुड़ा हुआ दीखता है। हाँ, यान्त्रिक युग का प्रभाव कुछ सीमा तक वहाँ भी हल्के-हल्के धुएँ के समान छाया हुआ है। नया कवि अपनी कविताओं या कहानियों में प्रकृति के साथ जुड़ती हुई इस हल्की-हल्की यान्त्रिकता और उसके कारण करवट लेते हुए जीवन-मूल्यों की ओर संकेत करना नहीं भूलता। सर्वेश्वर दयाल सक्सेना की 'यहीं कहीं एक कच्ची सड़क थी' कविता में ग्रामीण जीवन-मूल्यों पर छा उठने वाली शहरी-सभ्यता का बड़ा अच्छा चित्र है—

सुनो सुनो
यहीं कहीं एक कच्ची सड़क थी
जो मेरे गाँव को जाती थी
अब वह कहाँ गयी

किसने कहा उसे पक्की सड़क में बदल दो
उसकी छाती को बेलौस कर दो
स्याह कर दो यह नैसर्गिक छटा
विदेशी तारकोल से
किसने कहा कि उससे कहो
अपना अंग अंग खोल
प्रशस्त हो गन्धहीन पालतू
चटकीले रंगों वाले वृक्षों के बीच घूमे
चिकना घड़ा हो जाए भरी बरसात में।

कवि का ग्रामीण जीवन-मूल्यों के प्रति एक अद्भुत खिंचाव और यान्त्रिकता द्वारा उसके नष्ट हो जाने पर एक गहरी तड़प इस कविता में व्यक्त होती है जो यह संकेत करती है कि नयी कविता में ऐसे कवियों का भी एक दल है जो ग्रामीण-जीवन के भी बोध और उसके बीच उभरने वाले सम्वेदनों को नयी कविता के लिए त्याज्य नहीं मानता, वह केवल शहरों(और वह भी बड़े-बड़े शहरों) की जीवन-प्रक्रिया को ही आधुनिक जीवन-बोध का आदर्श नहीं मानता।

ये कवि बोध को शहरी जीवन, ज्ञान-विज्ञान की पुस्तकों के विशेष पारिभाषिक शब्दों या विशेष क्षेत्रों में ही उपलब्ध नव आविष्कृत उपकरणों के ही साथ सीमित नहीं रखते, बल्कि देहातों में बहते हुए जन-प्रवाह के सामान्य और विशेष जीवन की चिन्ताओं, भावों और व्यापारों के साथ भी जोड़ते हैं। इस प्रकार नयी कविता में ऐसे अनेक कवि हैं जो ग्रामीण जीवन-संस्कारों से गुज़रे हैं और प्रकृति-चित्रण और गीत-रचना के संकट-काल में भी प्रकृति-चित्रण करते हैं और गीत रचते हैं। गीतों के क्षेत्रों में कार्य करने वालों को भी दो क्षेत्रों में बाँटा जा सकता है। एक वे हैं जो पिष्टपेषित रोमानी लहज़ों, भावों, बिम्बों और छन्दों को अभी भी नहीं छोड़ सके हैं। अतः वे गीत लिखकर भी (गीतकार के रूप में प्रख्यात होकर भी) गीतकार नहीं बन पाते, क्योंकि गीतों की मूल प्रेरक शक्ति उनमें नहीं होती। उनमें भावुकता की बहक अधिक होती है, जीवन के सूक्ष्म भावों की पकड़ की दृष्टि कम। नये भावों की पकड़ या भावों की नयी पकड़ के अभाव में बड़ी छिछली भावुकता के साथ पुरानी बातों को गूँजती हुई पदावली में दुहराते हैं। गीतों की मूल विशेषता है उसके प्रभाव की अन्विति, किन्तु इन गीतों में एक प्रेरक मूल शक्ति के अभाव के नाते और सूक्तियों के ऊपरी जोड़-बटोर के नाते ऊपरी झंकार तो होती है, किन्तु भीतर को वेध देने वाला प्रभाव नहीं होता।

किन्तु इस प्रसंग में मैं जिन गीतकारों की बात कर रहा हूँ वे जीवन की नवीन चेतना और बोध से सम्पन्न हैं। वे शहरी जीवन के प्रसंग में, यान्त्रिक सभ्यता तथा मध्यमवर्गीय व्यक्ति की उलझी सम्वेदनाओं के सन्दर्भ में जो कविताएँ लिखते

हैं वे कथ्य की नवीनता के अनुसार अभिव्यक्ति में बड़ी ही नवीन होती हैं। ये कवि जब गीत लिखते हैं तो इनके गीतों में जीवन या प्रकृति के वे रूप उभरते हैं जो या तो नये सन्दर्भ या नयी अर्थमत्ता से युक्त होते हैं, या जिनका सौन्दर्य नयी दृष्टि से देखा गया होता है, या उस सौन्दर्य के प्रति एक नवीन प्रतिक्रिया व्यक्त की गयी होती है, या चिर जाने-पहचाने किन्तु अछूते उपकरणों को इस ढंग से चित्रित किया जाता है कि एक ओर वे अपनी ताज़गी के कारण मन को ताज़ा स्फूर्ति से भर देते हैं, दूसरी ओर जनजीवन के भीतर से या व्यापक अनुभव-जगत् से लिए जाने के कारण लोक-संवेद्य हो पाते हैं। नया कवि प्रकृति-सम्बन्धी अपने गीतों में या गीतात्मक कविताओं में जो नया बिम्ब या प्रतीक लेता है वह एक ओर प्रस्तुत चित्र के रूप में आकर हमारे नये भाव-बोध का आलम्बन बनता है, दूसरी ओर वह अप्रस्तुत विधान के रूप में प्रस्तुत चित्रों को भाव-बोध के स्तर तक ले जाने में सहायक होता है। पुराने घिसे-पिटे दृश्यों के चित्र पिष्टपेषित रूप में आकर हमारे भाव-बोध के आधार नहीं बन पाते तथा पुराने प्राकृतिक उपमान या प्रतीक मात्र वाच्य होकर बिना कोई प्रभाव जगाए आते हैं चले जाते हैं।

नयी चेतना से सम्पन्न कवियों द्वारा लिखी जाने वाली प्रकृति-सम्बन्धी कविताओं में द्विवेदीकालीन कविता की न तो इतिवृत्तात्मकता होती है, न छायावादी कविता की-सी स्फीत रंगीनी होती है, न प्रगतिवादी कविता की-सी माँसलता और आग्रहवादिता होती है, वरन् उसमें मनुष्य के अनुभवों के अमूर्त क्षणों की सहज अभिव्यक्ति होती है। ये अनुभव के क्षण आकार में छोटे होते हैं, परन्तु प्रभाव में गहरे होते हैं, अभिव्यक्त होने पर लगते हैं कि ये हमारे भीतर थे। ये कितने सहज ढंग से कहे गये हैं, किन्तु इस सहजता की रक्षा में कवि को कितनी नवीन अभिव्यक्ति को खोजना पड़ा है?

गीतों से भरे दिन फागुन के ये
गाए जाने को जी करता
ये बाँधे नहीं बँधते
बाँहें रह जातीं खुली की खुली
ये तोले नहीं तुलते
इन पर ये आँखें तुली की तुली
ये कोयल के बोल उड़ा करते
इन्हें थामे हिया रहता। —केदारनाथ सिंह

यहाँ तक तो मैंने गीतों की बातें की, किन्तु गँवईं संस्कारों से युक्त कवि केवल गीतों में ही अपने को अभिव्यक्त कर सके हों ऐसी बात नहीं। ये गीतेतर छन्दों या अछन्दों में भी अपनी इस प्रवृत्ति को लेकर कई बार प्रकट हुए हैं। अज्ञेय और भारती की बहुत-सी कविताएँ ऐसी हैं जो ठीक-ठीक गीत की परिभाषा में नहीं

आतीं फिर भी उनमें गीत की प्राणमत्ता है। वे गीत तो नहीं हैं, किन्तु गीतात्मक अवश्य हैं। इन कविताओं में अज्ञेय, भारती, नरेश मेहता ने जनजीवन से सम्बद्ध प्रकृति की बड़ी ही मार्मिक छवियाँ आँकी हैं।

इन प्रकृति-चित्रणों में लोकगीतों की प्राणमत्ता और रूपविन्यास है। त्रिलोचन के सानेटों में जो प्रकृति आयी है वह जनजीवन के भीतर से ही उभरती मालूम पड़ती है। वह खंडित मनःस्थिति के बिखराव को ढोने वाले केवल खंडित बिम्बों के रूप में नहीं है वरन् जीवन की लय को समग्रता में बाँधने वाली एक सामूहिक चेतना के रूप में है–

नया वर्ष आया है, माथे पर होली की
भस्म लगाए, अंगों में बहार रंगों की
छाई है, अमराई में नूतन ढँगों की
सिन्दूरी केसरिया मंजरियाँ होली की
छटा बढ़ाती है बहार पिक की बोली की
सभी कान वालों के पग में नव भंगों की
बेड़ी अलख डाल जाती है इन संगों की
स्मृति उतनी सुखकर है जितनी हमजोली की
फूले हैं पलाश, सेमल, गुलाब-वनबेला
जामुन, नीम, लिसौड़ा, अभिनव दल आए हैं
पीपल पाकड़ में, मतवाली है मैनाएँ
फूल-फूल का रस लेती हैं, यह मधु-मेला
भला फिर कहाँ? मानव ने जो दुःख पाए हैं
वे जावें, जीवन में नयी उमंगें आएँ। –त्रिलोचन

नयी कविता की सीमा में परिगणित होने वाले आधुनिक प्रकृति-गीत आकार में छोटे होते हैं और जीवन के अनेक सन्दर्भों को छूते हैं। उन प्रकृति गीतों में कहीं उल्लास की, कहीं विषाद की, कहीं अन्यमनस्कता की, कहीं प्यार की उदासी की, कहीं टूटने की, कहीं बनने की एक अनछुई जीवनानुभूति बड़ी सहजता से व्यक्त हो जाती है। इन गीतों का सम्बन्ध आधुनिक (विशेषतया शहरी) जीवन के विशेष क्षेत्रों में उभरने वाले वैज्ञानिक, रासायनिक, मेडिकल, अर्थशास्त्रीय विशेष और विचित्र सत्यों से भले ही न हो, किन्तु देहातों में जिए जाने वाले सामान्य जीवन से अवश्य होता है। अतः उन्हें आधुनिक न कहना सत्य के एक बहुत बड़े हिस्से को झुठलाना है। बौद्धिकता का नाम ले-लेकर हम जीवन की तरलता पर परदा डाल देते हैं जो अभी भी सहृदयों और देहाती क्षेत्रों में निवास करने वाली जनता में शेष है, शेष ही नहीं है, उनके जीवन की शक्तियों का स्रोत है। केदारनाथ अग्रवाल, नागार्जुन, त्रिलोचन, भारती, नरेश मेहता, शंभुनाथ सिंह, सर्वेश्वर दयाल सक्सेना,

ठाकुरप्रसाद सिंह, भवानीप्रसाद मिश्र, केदारनाथ सिंह, रवीन्द्र 'भ्रमर', महेन्द्र शंकर, आदि कवियों की प्रकृति-काव्य-सम्बन्धी उपलब्धियाँ इस प्रसंग में उल्लेख्य हैं। इन कवियों की कविताओं में लोकगीतों की सी ताज़गी और शक्ति है।

'पी के फूटे आज प्यार के पानी बरसा रे' —भवानी प्रसाद मिश्र

'हवा हूँ हवा हूँ वसन्ती हवा मैं' —केदारनाथ अग्रवाल

'पीले फूल कनेर के' —नरेश मेहता

'घाट के रस्ते उस बंसवट से
इस पीली-सी चिड़िया
उसका कुछ अच्छा-सा नाम है' —भारती

'टेर रही प्रिया तुम कहाँ' —शंभुनाथ सिंह

'थिर नहीं मन का हिरना, साँवन बाँध गया।' —महेन्द्र शंकर

'सीढ़ी से सरक गयी धूप
कलशों पर ठहर गयी शाम' —रवीन्द्र 'भ्रमर'

किन्तु इस प्रकार की कविता को सबसे अधिक समृद्धि प्रदान की है ठाकुर प्रसाद सिंह ने। 'वंशी और मादल' की सभी कविताएँ संथाल परगना के प्राकृतिक और सामाजिक परिवेश से फूटी हैं, किन्तु उनका सम्बन्ध सहृदय नामक प्रत्येक व्यक्ति के दर्द से है, क्योंकि इन कविताओं में जो तड़प है—तन्मयता का भाव है—जो मस्ती और उदासी है वह जीवन से फूटी है, कल्पना विलास या खंडित और सीमित यान्त्रिक जीवन से नहीं। इन छोटे-छोटे प्रकृति चित्रों में जो ताज़गी और जीवन का दर्द है वह इन कविताओं की सबसे बड़ी उपलब्धि है। उदाहरण के लिए कुछ कविताएँ प्रस्तुत हैं—

चिड़ियों ने पर्वत पर घोंसला बनाया
दिन में रो, रात-रात जी भर कर गाया
पर्वत के खरहे, लौटे, लौटे मोर
लो पलास फूले रंगते बन के छोर
दिन उदास, तन टूटे, ठंडी है भोर

रह रहकर भर जाते आँखों के कोर
आँखे भर आयीं प्रिय, मन यह भर आया
कोयल ने ओंठों से बाँसुरी बजाई
पिड़कुलियों ने सूनी दोपहर जगाई
पतझड़ ने आज नहीं सोने मुझको दिया
मुड़े-तुड़े पत्तों ने खिड़की खटकाई
मन ने पिछली बातों को फिर दुहराया

पर्वत की घाटी का जल चंचल
झरने का दूध धवल
एक घड़ा सिर पर ले
एक उठा हाथ में
मैं चलती जल चलता साथ में
मेरी कच्ची कोमल देह पर
छलक-छलक जाता है छल छल छल
जल चंचल
झरने का दूध नवल।

असाध्यवीणा (अज्ञेय)

'असाध्यवीणा' का आधार एक जापानी कथा है। यह कथा आकोकुरा की पुस्तक 'दि बुक ऑफ टी' में संगृहीत है। इस कथा का नाम है Taming of the Harp। इस कथा में वर्णित है कि किरी नामक एक विशाल पवित्र वृक्ष से एक जादूगर ने एक वीणा बनाए। चीन के सम्राट ने इस वाद्ययन्त्र को सँभालकर रखा था और वह चाहता था कि कोई उसे बजाए पर कोई उसे बजा न सका। अन्त में वीणाकारों के राजकुमार पी.वो ने अपनी साधना द्वारा बजाया। सम्राट ने उससे वीणा बजाने का रहस्य पूछा तो उसने उत्तर दिया कि औरों को वीणा बजाने में सफलता इसलिए नहीं मिली कि वे सभी अपनी बात करते थे। मैंने वीणा में सोए हुए संगीत को जगाया, अपने-आपको भूलकर, मैं स्वयं नहीं जान सका कि मैं वाद्ययन्त्र हूँ या वाद्ययन्त्र मैं।

'असाध्यवीणा' में इस छोटी-सी कथा का इस्तेमाल एक अवधारणा की अभिव्यक्ति के लिए किया गया है जो प्रतीकात्मक होने के कारण लौकिक और अलौकिक दो स्तरों पर चरितार्थ होती है। लौकिक स्तर पर किरी तरु समष्टि का प्रतीक है। अलौकिक स्तर पर वह ब्रह्म है, महामौन है जिसमें संगीत सोता है, विराट है जो आकाश से लेकर पाताल तक व्याप्त है जो नाना ध्वनियों और गतियों का साक्षी और गृहीता है। उसी से वीणा बनी है, अतः वीणा में भी वे सारी गतियाँ व ध्वनियाँ हैं। वीणा व्यक्ति के भौतिक अस्तित्व का प्रतीक है। उसे वही बजा सकता है अर्थात् उसमें से संगीत की सृष्टि कर सकता है जो महामौन या ब्रह्म का साधक हो। अहंकार लेकर उसे नहीं बजाया जा सकता। पूर्ण समर्पण से ही उसे पाया जा सकता है।

लौकिक अर्थ में व्यक्ति बजकर भी नहीं बजता क्योंकि बजने का अर्थ है—उस परम संगीत से झंकृत होना। इस संगीत को मौन के जरिये, साधना के जरिये, समर्पण के जरिये ही पाया जा सकता है। प्रियंवद कहता है—'राजन, पर मैं तो कलावन्त हूँ नहीं, शिष्य साधक हूँ। जीवन के अनकहे सत्य का साक्षी।' साधना के द्वारा जो संगीत झंकृत होता है वह इतना प्रभावशाली होता है कि

सबको एक साथ प्रभावित कर देता है। सभी अपने-अपने संस्कार और आकांक्षा के अनुसार प्रभाव ग्रहण करते हैं।

लौकिक स्तर पर किरी तरु उस समष्टि का प्रतीक है जिसमें विराट परम्परा और सामाजिक चेतना निहित होती है, जो हर समय की ध्वनियों, गतियों आदि को अपने में समेटती हुई गतिशील रहती है। किरी तरु केवल एक समय के बिन्दु पर जीवित नहीं है, वह अनेक समयों को पार करता है, इसीलिए वह सामयिकता से निर्मित होती हुई एक सुदीर्घ परम्परा का प्रतीक बन जाता है। वीणा या कलाकृति उससे अर्थात् उसके सत्य के साक्षात्कार से निर्मित होती है। उस कलाकृति का आस्वादन उन अनुभवों का साक्षात्कार है जो समष्टि के हैं। वीणा बजाने वाला और कलाकृति का आस्वाद लेने वाला यदि अनुभवों से नहीं जुड़ता तो कलाकृति उसके लिए निर्जीव है। वीणा वज्रकीर्ति के जीवन भर की साधना रही है। उसमें किरी तरु के अर्थात् समष्टि के सारे स्वर उसने भर दिए हैं, इसलिए उसे वही बजा सकता है जो स्वकेन्द्रित न हो, जो वीणा में या कलाकृति में भरे हुए समष्टि के सत्य को पहचानता हो अर्थात् जो अपने भीतर किरी तरु को जी लेने की क्षमता रखता हो। प्रियंवद में वह क्षमता है, इसलिए वह बजाने में सफल होता है। समष्टि के अनुभवों से निर्मित कलाकृति का प्रभाव सामूहिक होता है। सभी लोग इसके प्रभाव को ग्रहण करते हैं, किन्तु अपने-अपने संस्कार के अनुसार।

यह कथ्य प्रतीक रूप से समष्टि को उपस्थित करता हुआ उसे अलौकिक और लौकिक दो स्तरों पर चरितार्थ करना चाहता है, इसलिए यह कविता नयी कविता के स्वभावानुसार अपने अर्थ और प्रभाव में बहुआयामी हो उठती है। लेकिन इसका एक दुष्परिणाम यह हुआ है कि दोनों ही स्तर अस्पष्ट हो गये हैं या उलझ गये हैं। कोई भी आयाम अपने पूरे वेग और स्पष्टता के साथ पाठक के आगे मूर्त नहीं हो पाता। भक्त कवि ईश्वर के प्रति बहुत स्पष्ट रूप से समर्पित होता है—धारणा में भी और सम्वेदना में भी। दूसरी ओर भौतिकवादी कवि सीधे-सीधे धरती से जुड़े होते हैं, इसलिए इन दोनों ही प्रकार के कवियों की अवधारणात्मक और संवेदनात्मक जटिलताएँ एक क्षेत्र-विशेष की होती हैं। यानी एक क्षेत्र-विशेष के भीतर की अवधारणा और सम्वेदना गहनता की पहचान से उत्पन्न होती है किन्तु छायावादी कवि लोक और परलोक इन दो विरोधी क्षेत्रों के बीच उलझे हुए हैं। ये कवि प्रतीकों के माध्यम से लौकिकता और अलौकिकता का ऐसा घोल तैयार करते हैं जिसमें किसी का भी चेहरा साफ दिखाई नहीं पड़ता। अज्ञेय काफी हद तक परम्परा के अनुयायी हैं विशेषतया अपनी परवर्ती कविताओं में। छायावादी कवियों की तरह इन्होंने भी अपनी कविताओं में ब्रह्म का नाम न लेकर भी विचित्र-विचित्र प्रतीकों से ब्रह्म की अवधारणा को अभिव्यक्त किया है और बहुत मुखर होकर महामौन का दर्शन स्थापित किया है।

'असाध्यवीणा' यदि ब्रह्म तक ही सीमित रहती तो शिकायत न होती। काव्यात्मक बिम्बों के माध्यम से उद्घाटित होने के कारण एक आध्यात्मिक अवधारणा अधिक प्रिय ही लगती। हम मान लेते कि कवि ब्रह्म के व्यापक रूप को इन्द्रिय-बोधों, गतियों, आदि के विभिन्न लौकिक बिम्बों से उजागर कर हमें एक सत्त्व तक पहुँचा आता है, किन्तु ऐसा नहीं हुआ है। यह कविता लौकिक स्तर पर भी समष्टि के रूप को चित्रित करना चाहती है और साथ ही यह कविता के रूप में भी बड़ी ही महत्त्वाकांक्षिणी प्रतीत होती है, इसलिए महत्त्वाकांक्षिणी कविता के स्तर पर इसकी पहचान होनी चाहिए। लौकिक स्तर पर समष्टि की पहचान चिड़ियों, जानवरों, वनस्पतियों, आदि के परिवेश के मूर्तरूप किरी तरु की स्मृति से की गयी है। उसमें न तो मनुष्य है, न वर्तमान का संघर्ष।

प्रियंवद जिस समष्टि को अपनी स्मृति में उतारता है, वह शाश्वत होने का आभास भले ही देता हो जीवन्त होने का परिचय नहीं देता। अज्ञेय ने अपनी कविताओं में बार-बार समष्टि से जुड़ने की बात कही है, किन्तु इन सारी कविताओं में वे अनुभव के स्तर पर जुड़ने का अहसास नहीं करा पाते। कवि 'असाध्यवीणा' जैसी लम्बी कविता में भी समष्टि से जुड़ने की प्रक्रिया से नहीं गुजरता, केवल जुड़ने की बात कहता है। इस प्रकार इस कविता में समष्टि से जुड़ने की न प्रक्रिया है और न अनुभव। मूलतः अवधारणामूलक होने के कारण इसमें मानवजीवन के विविध स्तर भी नहीं है। कवि की दृष्टि में तो आध्यात्मिक अवधारणा है, किन्तु वह सामाजिक अवधारणा को भी छोड़ना नहीं चाहता। इन दो विरोधी आयामों की रक्षा करने के प्रयास में लौकिक आयाम का निर्वाह नहीं हो पाया है या गलत ढंग से हुआ है, जैसे—किसी सामाजिक सत्य की अभिव्यक्ति करने वाला प्रभाव अनेक पाठकों पर पड़ता है। परिमाणात्मक रूप में तो वह प्रभाव अलग-अलग पड़ सकता है, किन्तु गुणात्मक रूप में उस प्रभाव में अलगाव नहीं होता। ब्रह्म के स्वरूप के अलग-अलग प्रभाव की बात गीता में उठाई गयी है। तुलसी ने भी कहा है—

'जा की रही भावना जैसी, प्रभु मूरति, देखी तिन तैसी।'

'असाध्यवीणा' के भी कवि की दृष्टि में ब्रह्म के अलग-अलग प्रभाव की यह अवधारणा वर्तमान है और उस सन्दर्भ में यह बात सही जान पड़ती है, किन्तु हमारे समय की कशमकश या व्यापक संघर्ष की पहचान को उभारना 'असाध्यवीणा' का लक्ष्य नहीं है। उसकी समष्टि की अवधारणा पारम्परिक ही होकर रह जाती है।

इसमें कथा का तत्त्व अत्यन्त क्षीण है। एक छोटी-सी कथा को लेकर अतीत के उन अनेक सन्दर्भों को उभारा गया है जो अपने वैविध्य के बावजूद जीवन के उन अनुभवों को नहीं छू पाते जिनसे हम गुजर रहे हैं। वे सारे सन्दर्भ, सारे इन्द्रियबोध, सारे प्राकृतिक व्यापार अपने-आप में आकर्षक होने के बावजूद एक स्थिर बोध तक ही हमें ले जाते हैं, अनुभव तक नहीं। कथा की क्षीणता और

सघनता का सम्बन्ध सामाजिक यथार्थ की क्षीणता और सघनता से होता है। वास्तव में कथा में सामाजिकता होती है, जो कविता को अति अन्तर्मुखी होने से बचाती है, और वृहत्तर परिवेश से जोड़ती है। सामाजिक यथार्थ से जुड़ने वाला कवि कथा का सहारा जरूर लेता है। शुक्लजी ने प्रबन्ध-काव्यों को प्रयत्नावस्था का काव्य कहा है। नयी कविता के दौर में जब लम्बी कविताएँ लिखी गयीं तब महसूस किया गया कि कवि अपने छोटे-छोटे अनुभवों से सन्तुष्ट न होकर सामाजिक अनुभवों से जुड़ने के लिए बेचैन है। जिन कवियों को सामाजिक यथार्थ का व्यापक और गहरा अनुभव था वे लम्बी कविता का माध्यम स्वीकार करने लगे। मुक्तिबोध इसके सर्वोत्तम उदाहरण हैं। लम्बी कविताओं में या तो इतिहास की किसी कथा को समसामयिकता के सन्दर्भ में नये रूप में प्रस्तुत किया गया है या अपने आसपास से छोटी-छोटी कथाएँ चुनकर उन्हें खंडित या अखंडित भाव से जोड़कर ऐसी कविताएँ लिखी गयी हैं जो न पारम्परिक अर्थ में प्रबन्धात्मक हैं और न मुक्तक। 'असाध्यवीणा' नयी कविता के दौर की लम्बी कविता है, किन्तु यह कथा-तत्त्व का आग्रह लेकर भी कथात्मक नहीं हो पाई है और कथा के आग्रह को तोड़कर भी आपस में टकराती, छिन्न-भिन्न होती और सामाजिक विषमताओं का अहसास कराती अनेक सन्दर्भ कथाओं के निकट नहीं पहुँच पाई। मुक्तिबोध की कविता 'अँधेरे में' की सापेक्षता में 'असाध्यवीणा' की संरचना को समझने में सहायता मिल सकती है। 'अँधेरे में' कोई कथा नहीं है। अनेक सन्दर्भ कथाएँ हैं जो एक-दूसरे को धक्का मारती हुई चलती हैं, परस्पर विलीन होती हैं, किन्तु 'असाध्यवीणा' कथाश्रयी होकर भी कथा के प्रति उदासीन है। यहाँ तक कि कथा के लिए अनिवार्य जिज्ञासा के तनाव की प्रारम्भिक शर्त का भी निर्वाह इसमें नहीं हुआ है। प्रारम्भ में ही यह कहकर कि 'प्रियंवद आ गये और हमारी आशा पूरी होगी' पाठक की कथासुलभ जिज्ञासा को शान्त कर दिया गया है।

अपनी पूरी संरचना में यह काव्य कसा हुआ नहीं है क्योंकि इसमें बातें तो बहुत हैं, किन्तु ये बातें बैठे-ठाले का चिन्तन लगती हैं। क्रियागत, मनोगत, परिस्थितिगत तनाव से उत्पन्न अनुभवों और बोधों की यात्रा यहाँ नही दिखाई पड़ती। इतनी लम्बी कविता घटित संघर्षों और मूर्त तनावों के बिना सार्थक नहीं हो सकती। प्रियंवद में कोई भी तनाव नहीं है। वह अपने को स्मृति के प्रति पूर्णतः समर्पित कर देता है और वीणा बजाने लगता है और वीणा बजने लगती है। अटूट आस्था, समर्पण, अहम् का विलयन, आदि आध्यात्मिक सन्दर्भ में तो पूर्ण रूप से चरितार्थ हो सकते हैं, किन्तु लौकिक स्तर पर तो ये स्फीत और सपाटता ही प्रदान करते हैं अपनी पूरी संरचना में स्फीत और सपाट तथा प्रभाव में असघन होने के बावजूद यह कविता खंड-खंड रूप में प्रभावशाली बिम्बों की रचना कर सकी है। इस कविता में विविध इन्द्रिय बोधों के प्रभावशाली चित्र हैं जिनकी रचना

में कवि ने लघु-गुरु, परुष-कोमल, सुखात्मक-दुखात्मक, आदि परस्पर विरोधी भावों या बोधों को एक साथ संयोजित किया है जिससे परिवेश के संक्रान्त स्वरूप का उद्घाटन हो सका है। कवि ने कई स्थलों पर किरी तरु के संश्लिष्ट बिम्ब उभारे हैं। एक ही बिम्ब से विराटता और गहराई, कठोरता और कोमलता आदि के छोटे-छोटे चित्र संगृहीत हैं।

स्मरण के सन्दर्भ में किरी तरु के परिवेश का समग्र बिम्ब प्रकृति और ऋतुओं के अनेक छोटे-छोटे बिम्बों से गुम्फित किया गया है। इन बिम्बों में रूप, स्वर, स्पर्श, घ्राण, क्रिया आदि से सम्बन्धित सभी तरह के बिम्ब हैं। जैसे—रूपबिम्ब के रूप में पल्लवन, पतझर के अनन्त रूप, खद्योतों का चमकना, भौंरों का उड़ना, आदि अनेक बिम्ब इस विराट बिम्ब के भीतर समाहित हैं। भौंरों का गुंजार, चिड़ियों की काकली और अन्य अनेक प्रकार के पशु-पक्षियों के स्वर—श्रव्यबिम्ब हैं। इसी प्रकार अन्य इन्द्रिय बोधों के भी अनेक सुन्दर बिम्ब भरे पड़े हैं, जैसे—शिलाओं पर बहते हुए झरने में स्वरबिम्ब के साथ स्पर्शबिम्ब भी है।

ये इन्द्रिय बोध सम्बन्धी बिम्ब परस्पर गुँथे हुए हैं। अर्थात् वे परस्पर संक्रान्त हो रहे हैं। यह संक्रान्ति इस रूप में तो है ही कि एक इन्द्रिय बोध को दूसरे इन्द्रिय बोध में परिणत किया गया है, साथ ही एक ही पंक्ति में एक ही दृश्य से एकाधिक इन्द्रिय बोधों के बिम्ब उभारे गये हैं। पहले प्रकार के बिम्ब के उदाहरण के रूप में—

कांद लम्बी टिट्टिभ की

या

झंझा की पुकार तप्त

जैसे बिम्ब ले सकते हैं।

टिट्टिभ की कांद श्रव्य है किन्तु लम्बी दृश्यबिम्ब है। श्रव्य के साथ दृश्यबिम्ब को जोड़ दिया गया है। 'पुकार' शब्द श्रव्यबिम्ब है, 'तप्त' स्पर्शबिम्ब।

दूसरे प्रकार की संक्रान्ति के उदाहरण रूप में—

'घनी रात में महुए का चुपचाप टपकना,
बदली कौंध पत्तियों में वर्षा बूँदों की पट-पट'

जैसी पंक्तियाँ ले सकते हैं। इसमें घनी रात की गहनता, महुए के टप-टप चूने के स्वर और चारों ओर फैलती उसकी गन्ध—ये तीन बोध समाहित हैं। इस प्रकार विविध दृश्यों से बने इस विराट बिम्ब में आने वाले ये छोटे-छोटे बिम्ब विविध ऋतुओं और प्रकृति के अनेक चर-अचर व्यापारों और रूपों से लिये गये हैं। ये बिम्ब अपने-आप में बहुत ही प्रभावशाली हैं। कहीं-कहीं इनमें परस्पर विपर्यय स्थापित कर हल्का तनाव लाने का प्रयास किया गया है। रूप को अरूप और अरूप को रूप दिया गया है। जैसे स्पन्दित सन्नाटा अस्पर्श छुअन।

अज्ञेय की भाषा के कई रूप हैं। अज्ञेय ने अपनी कविता की शुरुआत छायावादी कविता से की थी। उनके प्रारम्भिक काव्य में छायावादी भाषा दिखाई पड़ती है। 'भग्नदूत' और 'चिन्ता' नामक काव्य-संग्रहों में नारी-पुरुष के भावप्रवण आकर्षणों की सम्वेदना को रूपायित करने वाली भाषा, छायावादी भाषा की भावुकता और अनुगूँज लिये हुए है। अज्ञेय की भाषा का दूसरा रूप उनकी प्रयोगवादी कविताओं में दिखाई पड़ता है अर्थात् 'तारसप्तक', 'इत्यलम्', 'हरी घास पर क्षण भर' की कविताओं में। अज्ञेय की इन कविताओं की भाषा संस्कृत की पदावली से युक्त भाषा तो है, किन्तु उसमें छायावादी भाषा की-सी कोमलता, प्रांजलता और आकारलघुता नहीं है। उसमें लम्बे-लम्बे वाक्य बोझिल दुरूह शब्द दिखाई पड़ते हैं। बार-बार दुरूह वाक्य-योजना, वाक्य के बीच में दूसरे वाक्य की घुसपैठ, 'क्योंकि' 'इसलिए' जैसे तार्किक शब्दों की योजना इनकी भाषा में दिखाई पड़ती है। अर्थात् इस भाषा पर सम्वेदना का शासन कम तर्क का शासन अधिक दिखाई पड़ता है। कहीं-कहीं एक विशेष्य, अनेक विशेषणों से आक्रान्त हो जाता है। इनकी भाषा का तीसरा रूप नयी कविता के दौर में दिखाई पड़ता है। यह तीसरा रूप काफी जीवन्त है। इसमें लोकभाषा के शब्दों की स्वीकृति है। छोटे-छोटे बिखरे शब्द भाषा को अधिक खुलापन देते हैं। भाषा का यह रूप मूलतः उनकी छोटी कविताओं में लक्षित होता है क्योंकि ये छोटी कविताएँ प्रायः सम्वेदनात्मक हैं। इनमें प्रकृति या मानव के सौन्दर्य की अभिव्यक्ति है या सामाजिक व्यंग्य है। इसलिए इनकी भाषा अधिक लोकोन्मुख और सम्वेदनाशासित हो गयी हैं। 'असाध्यवीणा' में भाषा प्रायः इसी स्तर की है।

'असाध्यवीणा' एक लम्बी कविता है और कथा के माध्यम से तथा अनेक बिम्बों के माध्यम से भी जीवन के कई आयामों से गुजरती है, इसलिए भाषा भी अनेक रूपात्मक हो उठी है। जैसे—कथाकथन के समय भाषा अभिधात्मक हो उठी है। अनेक छोटे-छोटे सामान्य अर्थबोध कराने वाले शब्दों की राशि यहाँ दिखाई पड़ती है। यह भाषा अपेक्षाकृत गद्य के समीप की भाषा है, किन्तु चूँकि इसमें कथा की भूमिका बहुत छोटी है। इसलिए ऐसी भाषा कम ही है। इस कविता में बिम्बों की भूमिका बड़ी है। भाषा भी प्रायः बिम्बात्मक ही है। सम्वेदना के अनुसार भाषा अपनी शब्द-योजना में, वाक्य-विन्यास में अलग हो उठती है। कहा जा चुका है कि एक ही बड़े बिम्ब में कोमल-कठोर, सुखात्मक-दुखात्मक, स्वरमूलक-गन्धमूलक, रूपमूलक-स्पर्शमूलक—अनके बिम्ब आपस में संग्रथित होकर आए हैं। भाषा इन बिम्बों के निर्माण के समय अनेक रूप धारण कर लेती है अर्थात् अभिप्रेत सम्वेदना के अनुसार ही उसके शब्द कोमल-कठोर, लघु-दीर्घ हो उठते हैं। वाक्य भी छोटे और बड़े हो जाते हैं। इन बिम्बों में विरोधकारी तनाव भी सर्जित किया गया है। यह तनाव कहीं तो विरोधी व्यापारों का है और कहीं एक ही सम्वेदना के

आन्तरिक विरोध का है। इसलिए कवि ने कहीं तो कोमल-कठोर या अन्य विरोधी व्यापारों के अनुसार कोमल-कठोर शब्दों वाले दीर्घ और लघु वाक्यों की रचना की है और कहीं अस्पर्श छुअन, स्पन्दित सन्नाटा, जैसे विशेषण और विशेष्य को परस्पर गुम्फित कर विशेष्य के बाहरी-भीतरी संवेदनात्मक तनाव को व्यंजित किया है। इस कविता में वर्तमान-अतीत दोनों की यात्रा चलती है और अतीत के दो आयाम हैं—दार्शनिक और सामाजिक। इसलिए कवि ने ऐसे शब्दों के भी प्रयोग किए हैं, जो दार्शनिक ध्वनियों को अपने द्वारा व्यंजित करते हों, जैसे : संयत, संयुक्त, निर्वाक, अशेष, आदि। अतीत से जुड़ी होने के नाते यह कविता नामों को भी अतीत के सन्दर्भ में रखती है—जैसे 'ब्रजकीर्ति, 'प्रियंवद', 'केशकम्बली', 'गुफा-गेह'।

कविता अतीत के साथ-साथ वर्तमान की भी यात्रा करती है, क्योंकि वर्तमान में ही एक बिन्दु पर स्थिर होकर अतीत को स्मरण में उतारा गया है। वर्तमान के बिन्दु पर ही कविता अनेक लोगों, उनके परिवेशों और क्रिया-व्यापारों को अपने में समेटती है। वीणा के बजने पर अनेक लोग अलग-अलग तरह से उसके प्रभाव को ग्रहण करते हैं। कविता इस प्रक्रिया में राजा-रानी, अमीर-गरीब, चाटुकार, मुक्तिकामी, शिकारी, वधू, शिशु, मण्डी, मन्दिर, हथौड़े, नौका आदि अनेक सन्दर्भों से गुजरती है। भाषा भी अनेक रूप धारण करती हुई, अनेक प्रकार के शब्दों को वहन करती हुई छोटे और बड़े वाक्यों की अन्विति करती हुई चलती है। यह सही है कि भाषा में सम्वेदना का घनत्व नहीं है, किन्तु अनेकरूपता और रंगमयता निश्चय ही है। भाषा सम्वेदनात्मक बिम्बों की जगहों पर ही सघन हुई है, किन्तु प्रश्न है कि कथा और कथ्य को देखते हुए इतने बिम्बों की क्या आवश्यकता थी? इन बिम्बों को यदि हम कथा और कथ्य की संगति में देखें तो प्रतीत होगा कि ये बिम्ब अनेक रूपात्मक होने के बावजूद कविता को स्फीति ही प्रदान करते हैं। इस कविता में भाषा सौन्दर्य कविता की पूरी अन्विति में उतना नहीं है जितना कि अलग-अलग बिम्बों के रूप में।

अँधेरे में (मुक्तिबोध)

'अँधेरे में' एक ऐसी लम्बी कविता है जो अपना प्रतिमान स्वयं है। यह न तो किसी कथा पर आधारित है, न मात्र अपने जीवन के ऊहापोह से गुजरती है। यह न एक बने-बनाए आशावाद के सरल मार्ग से चलती है न जुगुप्सा, निराशा और यौन-पिपासा के कीचड़ में पाँव धँसाकर चलती है, यह एक ऐसी कविता है जो स्वयं सामाजिक सन्दर्भों से कथा गढ़ती है वह भी कोई एकसूत्रित कथा नहीं, खंड कथा। उस कथा को कवि की आत्मकथा से जोड़ती है, कवि की भी आत्मकथा कोई बनी-बनाई कथा नहीं है वह उसकी यातना, उसकी सम्वेदना, उसकी चिन्तन से बनती हुई कथा है—खंड कथा। कवि (जिसे इस कविता का नायक कहा जा सकता है) की आत्मकथा एक ऐसे कवि की आत्मकथा है जो अपने में डूबा हुआ न होकर बाहर से जुड़ा है, किन्तु ऐसा भी नहीं है कि वह अधिकांश प्रगतिवादियों की तरह मात्र बाहर है। इसलिए उसके भीतर और बाहर की कथा के साहचर्य और टकराहट से एक ऐसी कविता बनती चलती है जो अपनी सम्वेदना से जटिल है, बहुआयामी है और संरचना में नाटकीय तथा अपने भीतर से निर्मित। टकराहटें, बाहर-भीतर की ही नहीं हैं बाहर और बाहर तथा भीतर और भीतर की भी हैं। समाज के कई स्तर और रूप हैं, वे आपस में टकराते हैं; कवि के भीतर कई रूप हैं चेतन और अवचेतन के, निराशा और आशा के, क्रिया और कर्महीनता के, भय और साहस के। भीतर तथा भीतर बाहर और बाहर तथा बाहर और भीतर की टकराहटों से यह कविता बनती है अर्थात् यह आत्मसंघर्ष और सामाजिक संघर्ष तथा आत्म और अनात्म के संघर्ष से गुजरने वाली कविता है, इसलिए यह एक जटिल, गहरी तथा बहुआयामी कविता है। कवि ने इस जटिल कथ्य की अभिव्यक्ति के लिए स्वप्न और फैंटेसी की शैली अपनाई है। इसलिए मुक्त साहचर्य की पद्धति जहाँ कथा को विस्तार देती है और सामाजिक यथार्थ के अनेक संक्रान्त और जटिल सम्बन्धों को सरलता से उजागर करती है वहीं दुरूहता भी भरती है। यह दुरूहता न केवल कविता की गति को मारती है वरन् कविता की अनेक संगत और असंगत तथा परस्पर विरोधी व्याख्याएँ करने की छूट देती है। यही वजह है

कि इस कविता की तथा स्वयं मुक्तिबोध की तरह-तरह की व्याख्याएँ हुई हैं—मार्क्सवादी व्याख्या भी, अस्तित्ववादी व्याख्या भी और मनोविश्लेषणवादी व्याख्या भी। यह सच है कि मुक्तिबोध के काव्य में इन तीनों ही व्याख्याओं की काफी गुंजाइश है किन्तु इस प्रकार की दुरूह और कई प्रकार की अर्थसम्भावनाएँ फेंकने वाली कविताओं के मूल स्वर की पहचान के लिए हमें कवि की अन्य कविताओं तथा आलोचनाओं (यदि हैं तो) तथा जीवनी-सन्दर्भों की सहायता लेनी चाहिए। समग्र भाव से देखने पर मुक्तिबोध का मूल स्वर प्रगतिवादी ही लगता है। इसलिए 'अँधेरे में' कविता की जटिलता और दुरूहता के बीच अन्तर्निहित प्रगतिवादी स्वर को ही मूल स्वर मानना संगत होगा।

कविता का आरम्भ होता है जिन्दगी के अँधेरे कमरों से। कवि अँधेरे कमरों का नाम लेकर छोड़ देता है अँधेरे का चित्रण नहीं करता, फिलहाल यह काम हमारी कल्पना को सौंप देता है। चित्र शुरू होता है इन अँधेरे कमरों में टहलते हुए किसी प्रकाशमय व्यक्तित्व के अस्तित्व-बोध से। अँधेरे में बन्दी प्रकाशमय व्यक्तित्व जीवित है और गतिमान है। उसका बोध तो हो रहा है, किन्तु वह दिखाई नहीं पड़ता। यहीं यह बात समझ लेनी चाहिए कि अँधेरा और प्रकाशमय व्यक्तित्व के दुहरे अर्थ में ग्रहण किए गये हैं। यह अँधेरा सामाजिक विसंगति और विरूपता का भी अँधेरा है और कवि के अवचेतन मन का भी। तथा प्रकाशमय व्यक्तित्व सामाजिक मूल्य और रचनाधर्मिता का भी व्यक्तित्व है तथा कवि की चरम अभिव्यक्ति का भी जो उसे काम्य है। इसी क्रम में एक छोटा-सा मोड़ लक्षित होता है—अँधेरे में टहलते हुए अदृश्य व्यक्तित्व के होने का बोध और गहरा हो जाता है जब कवि अनुभव करता है कि उस व्यक्तित्व के दबाव से पुराने अँधेरे कमरे का अस्तित्व दरक उठा है। वह अदृश्य प्रकाश अस्तित्व अपने संघर्ष से अँधेरे के ऊपर अपनी आकृति बना लेता है। फिर यह क्रम एक छोटा-सा मोड़ लेता है—वह प्रकाश-पुरुष दिखाई पड़ने लगता है, किन्तु पहचान में नहीं आता—

> **भव्य ललाट है**
> **दृढ़ हनु**
> **कोई अनजानी अन-पहचानी आकृति।**
> **कौन वह दिखाई जो देता, पर**
> **नहीं जाना जाता है**
> **कौन मनु?**

यहाँ एक मोड़ उपस्थित होता है। कवि अँधेरे के चित्रण की ओर उन्मुख होता है। कमरों का अँधेरा पूरे विश्व में फैला हुआ दिखाई पड़ता है। कमरे घर में होते हैं, इसलिए घर को हम कवि के जीवन का प्रतीक मान सकते हैं। यहाँ लगता है कि चारों ओर अँधेरा है, कवि के जीवन में भी और बाहरी परिवेश में भी, और दोनों

में गहरा साहचर्य है। यह भी कह सकते हैं कि परिवेश का अँधेरा ही कवि के जीवन का अँधेरा बन गया है। कवि ने बाहरी अँधेरे को फिलहाल पहाड़ी के उस पार तालाब के बिम्ब से रूपायित किया है और अँधेरे और प्रकाश-पुरुष का हल्का-सा तनाव सर्जित कर दिया है। तालाब के काले जल के भीतर से उभरकर प्रकाश-पुरुष का मुस्काता-सा चेहरा फैल जाता है, किन्तु कवि अभी भी उसे पहचान नहीं पाता, उससे अपना तादात्म्य स्थापित नहीं कर पाता।

यहाँ एक बड़ा नाटकीय मोड़ उपस्थित होता है। जिस अँधेरे को ऊपर ताल के बिम्ब से थोड़ा-सा चित्रित किया गया था उसे यहाँ आकर विस्तार और सघनता प्राप्त हो जाती है। अँधेरे का चित्र कई व्यापारों और गतियों से संग्रथित होकर बहुत प्रभावशाली हो उठता है और फिर उसी प्रकाश-पुरुष से उसकी टकराहट—

लाल लाल कुहरा
कुहरे में, सामने, रक्तालोक-स्नात पुरुष एक
रहस्य साक्षात्

वह पुरुष अभी भी समझ में नहीं आया है किन्तु धीरे-धीरे कवि को अनुभव होने लगता है कि वह पुरुष कहीं उसकी अपनी ही अस्मिता का रूप है। कवि उसके साथ आत्म सम्बन्ध अनुभव करने लगता है—

वह रहस्यमय व्यक्ति
अब तक न पाई गयी मेरी अभिव्यक्ति है
पूर्ण अवस्था वह
निज सम्भावनाओं, निहित प्रभावों प्रतिभाओं की
मेरे परिपूर्ण का आविर्भाव
हृदय में रिस रहे
आत्मा की प्रतिमा

इस प्रकार बाहर चल रहे अँधेरे और प्रकाश के संघर्ष तथा कवि के भीतर चल रहे अचेतन के अँधेरे और चेतन के विवेक के संघर्ष की दुहरी कथाएँ व्यंजित होती हुई आपस में जुड़ी होती हैं और जुड़कर जटिल सम्वेदना की सृष्टि करती हैं।

दूसरे खंड में फिर कमरे के भीतर का चित्र उभरता है। कमरे में सूनापन है और अँधेरा है, किन्तु उसमें से स्वर उभर रहे हैं? सन्नाटे और स्वर का संघर्ष चल रहा है। उधर दरवाजे की साँकल बज रही है। कोई कवि को बुला रहा है। आधी रात में कोई मिलने आया है। कवि के अचेतन के अन्धकार को तोड़कर उसका प्रकाशमय चेतन उसके व्यक्तित्व में उदित होना चाहता है और(कवि तथा समाज के) जीवन के अन्धकार को तोड़कर मूल्यों का प्रकाश उभरना चाहता है। पहले खंड में जिस तनाव और टकराहट का बीजारोपण हुआ था उसी का बार-बार तरह-तरह से, भिन्न-भिन्न प्रसंगों और बिम्बों से गहन विस्तार होता रहता है। वह प्रकाश-पुरुष

अवसर-अनवसर प्रकट होता रहता है। वह कवि की सुविधाओं का तनिक भी खयाल नहीं करता। यह पंक्ति मूल सम्वेदना को और आगे बढ़ाती है। मूल चेतना यथास्थिति को तोड़ती है। यथास्थिति बड़ी सुखदायक होती है, किन्तु मूल्य का प्रकाश पीड़ा और विवेक से पैदा होता है वह व्यक्ति को निरन्तर कोंचता है, समय-असमय जगाता है, पीड़ित करता है, बिना पीड़ा के प्रकाश नहीं मिलता और यह प्रकाश बड़ा ही सुन्दर होता है। साक्षात्कार होने पर जाग्रत व्यक्ति उसे आत्मीय समझने लगता है। कवि को इस प्रकाशमय रूप में लीन हो जाने की इच्छा होती है, किन्तु उसे कमजोरियों से लगाव हो गया है इसलिए वह अपने या सामाजिक इस प्रकाशमय रूप को देखने की क्रिया स्थगित करता रहता है। वह सौन्दर्य को, मूल्य चेतना को पसन्द तो करता है, किन्तु उसे सही रूप में पा लेने के जो खतरे हैं उन्हें उठाना नहीं चाहता क्योंकि उसे सुविधाओं या यथास्थिति में जीने की आदत पड़ गयी है। इसलिए वह उससे कतराता है। मुक्तिबोध ने सामाजिक मूल्यों की चुनौती और उसे न स्वीकार पाने की समकालीन कवियों की असमर्थता की ओर संकेत किया है–

वह बिठा देता है तुंग शिखर के
खतरनाक खुरदरे कगार-तट पर
शोचनीय स्थिति में ही छोड़ देता है मुझको।
कहता है–पार करो पर्वत-सन्धि के गह्वर
रस्सी के पुल पर चलकर
दूर उस शिखर-कगार पर स्वयं ही पहुँचो
अरे भाई, मुझे नहीं चाहिए शिखरों की यात्रा
मुझे डर लगता है ऊँचाइयों से
बजने दो साँकल।

प्रकाश-पुरुष या मूल्यबोध अँधेरे में सोए सांसारिक सत्यों को पहचानता है, झूठ-सच की समीक्षा करता है, वह भविष्य का प्रकाशमय चित्र खींचता है। इसे सुविधाजीवी का मन सह नहीं पाता, किन्तु उसे छोड़ सकना भी तो सम्भव नहीं, उसे छोड़कर कवि का अस्तित्व ही क्या रहेगा–

नहीं, नहीं उसको मैं छोड़ नहीं सकूँगा
सहना पड़े मुझे चाहे जो भले ही।

इस निश्चय के पश्चात् कवि लड़खड़ाता हुआ उठ खड़ा होता है, दरवाजा खोलने के लिए ताकि प्रकाश-पुरुष आ सके। यह उठ खड़ा होना आत्म-जागरण है, जड़ संस्कारों को तोड़कर बाहर झाँकना है, अपने से बाहर निकलना है। यह क्रिया तभी सम्भव है जब व्यक्ति अपने आसपास के अस्तित्व के साथ साहचर्य स्थापित कर ले। यह साहचर्य ही शक्ति बनता है। प्रगतिवादी कवि मुक्तिबोध की

दृष्टि में आत्म-जागरण का सन्दर्भ सामाजिक ही हो सकता है। कवि इन्द्रिय बोधों के बहुत संक्रान्त और प्रभावशाली बिम्बों की रचना करते हुए कहता है–

अँधेरे के ओर-छोर टटोलकर
बढ़ता हूँ आगे
पैरों से महसूस करता हूँ–धरती का फैलाव
हाथों से महसूस करता हूँ दुनिया
मस्तक अनुभव करता है आकाश
दिल में तड़पता है अँधेरे का अन्दाज
आँखें ये तथ्य को सूँघती-सी लगतीं
केवल शक्ति है स्पर्श की गहरी

कवि बाहर झाँकता है। कवि ने फिर अँधेरे का बहुत प्रभावशाली चित्रण किया है। बाहर कोई नहीं है, कोई नहीं है। इस अँधियारे में चीखकर एक पक्षी कहता है कि वह (प्रकाश-पुरुष) चला गया है, नहीं आएगा अब तू उसको खोज। दरवाजे पर दस्तक देने वाला जगाकर चला गया है और गाँव-शहर में व्याप्त हो गया है। अब परिवेश में व्याप्त इस पुरुष की खोज आत्मजाग्रत कवि को करनी पड़ेगी। यहाँ रहस्यवादी स्वर का सामाजिक सन्दर्भ में इस्तेमाल किया गया है।

तीसरे खंड में अँधेरे और प्रकाश के तनाव की यात्रा और भी सन्दर्भबहुला और गहरी हो उठती है। कमरे का अँधेरा, कमरे के बाहर का अँधेरा और इस सघन अँधेरे में व्याप्त सन्देह और भय की अनुभूति, इस परिवेश को तोड़-तोड़कर उगता हुआ मूल्य-बोध। यह स्वप्न है या जागृति, यह स्वप्न के भीतर की जागृति है या जागृति के भीतर स्वप्न चल रहा है। दोनों की ही संक्रान्त अवस्था है। सब कुछ स्वप्न में चल रहा हो सकता है, किन्तु ऐसा लगता है कि सब कुछ खुली आँखों देखा जा रहा है यानी यथार्थ है–सामाजिक अन्धकार का यथार्थ, अन्धकार के यथार्थ में से रह-रहकर उभरता और आहत होता प्रकाश का यथार्थ इस सामाजिक अन्धकार में रोज-रोज दुर्घटनाएँ घटित होती हैं इसलिए इसके बीच में स्थित मन में सन्देह होने लगता है, भय जाग पड़ता है, कि कहीं कोई रेल-एक्सीडेंट न हो जाये। कवि ने यहाँ बारी-बारी से फैंटेसी में कई महापुरुषों की अवतारणा की है। अँधेरे का जुलूस, जुलूस की भयावह गतिविधियाँ, अनेक वस्तुओं के, स्वरों के, रंगों के प्रभावशाली बिम्ब, सार्थक विशेषणों और अप्रस्तुत विधानों द्वारा अँधेरे की संवेदना की अभिव्यक्ति... बहुत ही प्रभावशाली खंड लक्षित होता है। जुलूस के बीच में ताल्स्ताय, तिलक, गाँधी, आदि का आना अँधेरे के साथ प्रकाश के तनाव को तो सर्जित करता ही है एक अजब त्रासदी की भी सृष्टि करता है जैसे सारे प्रकाश-पुरुष अपनी मानवीय पीड़ा और करुणा लिए युगों से अँधेरे में भटक रहे हैं।

हाँ, सितारों के बीच रुकते-घूमते वे शायद ताल्स्ताय हैं। नहीं, नहीं, शायद

उन्हीं जैसे कोई और हैं। वह और कोई नहीं, कवि के भीतर का ही मूल्यबोध है—सन्देह और भय के भीतर से चमकने वाला। कवि इस प्रकार बारी-बारी से अनेक प्रकाश-पुरुषों से अपनी ही मूल्य-चेतना का तादात्म्य करता चलता है। यह जुलूस बहुत डरावना है। शहर सोया है। जुलूस शहर के अचेतन से उपजा हुआ उसी का विसंगतिग्रस्त रूप है। इस जुलूस में शामिल जो व्यक्ति हैं वे बहुत प्रतिष्ठित माने जाते हैं किन्तु यहाँ वे कितने विकृत रूप में हैं। यह जुलूस किसी मृतक की शोभा यात्रा है। इस यात्रा में बैंड बज रहे हैं, संगीनधारी सैनिक चल रहे हैं, बड़ा डरावना दृश्य है और विचित्र बात तो यह है कि इसमें सभी तरह के लोग शामिल हैं—मन्त्री, उद्योगपति, आलोचक, विचारक, कवि, कर्नल, ब्रिगेडियर, सेनापति, सेनाध्यक्ष और कुख्यात डकैत डोमाजी उस्ताद। सभी अपने असली रूप में एक ही कतार में हैं।

जुलूस की दृष्टि कवि पर पड़ती है और एक शोर उठता है—

मारो गोली, दागो साले को एकदम
दुनिया की नजरों से हटकर
छिपे तरीके से हम जा रहे थे कि
आधी रात—अँधेरे में उसने
देख लिया हमको
व जान गया वह सब
मार डालो, उसको खत्म करो एकदम

जुलूस विवेक-दृष्टि का विरोध करता है। इसे नग्न रूप से देखने वालों की हत्या कर दी जाती है।

चौथे खंड में फिर एक नयी गति आती है। सुबह होने वाली है फिर भी चारों ओर बिखराव है और चुपचाप सेना सड़कें घेर लेती हैं। जन क्रान्ति के दमन के लिए मार्शल लॉ लगा दिया जाता है, कवि दम छोड़कर भागता है और कई-कई मोड़ घूम जाता है।

भागता मैं दम छोड़
घूम गया कई-कई मोड़

ये पंक्तियाँ इस कविता में कई बार आती हैं और हर बार जन क्रान्ति के दमन के लिए तत्पर व्यवस्था की अमानवीय क्रूरता, भयावहता तथा तज्जन्य कवि या जन की असहायता और भय का चित्रण करती हैं जैसे यह टेक हो जो कविता में अपने प्रभाव की आवृत्ति करती रहती है। कवि दमन सम्बन्धी चित्र खींचता है। भागने के क्रम में एक बरगद दिखाई पड़ता है इसी के नीचे एक सिरफिरा पागल रहता है। यह पागल वास्तव में क्रान्ति चेता कवि है जो जन-जागृति के समय

सावधान होकर आत्मोद्‌बोध के गीत गा रहा है साथ ही अपने अतीत की निष्क्रियता को धिक्कारता हुआ देश-काल विच्छिन्न स्वार्थरत कवियों की विसंगति का उद्‌घाटन करता है। उस पागल के गीत सुनकर एक नयी स्फूर्ति होती है, एक नया संघर्ष-बोध जाग पड़ता है और वह अपनी निष्क्रियता को सामाजिक विसंगति का उत्तरदायी समझने लगता है। बाहरी संघर्ष के समानान्तर कवि के भीतर संघर्ष चलने लगता है—

चक्र से चक्र लगा हुआ है...।
उतनी ही तेजी से भीतरी दुनिया में
चलता है द्वन्द्व कि
फिक्र से फिक्र लगी हुई है

ये वे स्थल हैं जो कविता को बाहर और भीतर के तनाव से भर देते हैं। जहाँ कवि प्रगतिशील तो लक्षित होता है, किन्तु सामाजिक यथार्थ का सीधा-सपाट चित्रण करने वाला प्रगतिशील नहीं, वह सामाजिक यथार्थ और व्यक्तिमन के यथार्थ की जटिल बुनावट से एक अधिक गहरे और व्यापक यथार्थ की पहचान करता है। यहाँ जनसंघर्ष भी है, उसका दमन भी है, कवि का पलायन भी है, पागल का अतीत भी है, जाग्रत वर्तमान भी है और कवि के नये आत्मोद्‌बोध के साथ उसकी यह समझदारी भी है कि उसकी निष्क्रियता ही इस सामाजिक विसंगति की उत्तरदायी है। कई स्तरों पर चलती हुई संघर्ष-गाथा से बुनी होने के कारण ही 'अँधेरे में' कविता प्रगतिशील कविता भी है और कविता के रूप में बहुत ताकतवर भी।

कवि बरगद के पास खड़ा है। बरगद गाँव की जिन्दगी की सामूहिकता का प्रतीक मालूम पड़ता है जो विराट और शीतलताप्रद है। इसके नीचे बैठकर भूखे-प्यासे गरीब अपनी थकान मिटाते हैं और कवि तथा कलाकार एक संघर्ष-चेतना प्राप्त करते हैं। कवि का मन आम जीवन की पीड़ा से घुल रहा है। वह टूटे हुए घरों के अन्धकार (गहरे अभाव) में घुलकर उससे एक हो रहा है। इस सामाजिक मानसिकता के कारण उसके भीतर कोई चीज महक रही है, किन्तु वह चीज दिखाई नहीं पड़ती। महक में पीड़ा है और पीड़ा में महक है।

पाँचवें खंड में फिर एक मोड़ आता है। महक भरी मानसिकता में खोह का आगमन होता है क्योंकि किसी ने एकाएक उसके कन्धे पर हाथ रख दिया है। फिर वह भागता है—

भागता मैं दम छोड़
घूम गया कई-कई मोड़

बन्दूकें धाँय-धाँय छूटने लगती हैं और मकानों के ऊपर गेरुआ प्रकाश फैलने

लगता है। कवि भागकर एक प्राकृत गुफा में छिप जाता है। तिलस्मी खोह की कल्पना पर तिलस्मी उपन्यासों का प्रभाव जान पड़ता है और बकौल डॉ. प्रभाकर माचवे कवि स्वयं अपने जीवन में इन गुफाओं के अनुभव से गुजरा था। यह तिलस्मी खोह बाहर के सन्दर्भ में उतना अर्थ नहीं फेंकती जितना कि भीतर के सन्दर्भ में। यह खोह अपना ही अचेतन रूप है जहाँ आदमी बाहर से डरकर, भागकर आ छिपता है, किन्तु कवि अनुभव करता है कि अपने भीतर अपनी कितनी ही छवियाँ और द्युतियाँ छिपी हुई हैं। इन छवियों और द्युतियों को सामाजिक जीवन से विच्छिन्न कर अपने ही भीतर छिपा लिया गया है।

फिर सीन बदलता है। सुनसान चौराहा है, उदासी है, बिखरी गतियाँ हैं, मद्धिम प्रकाश है, सिपाही ऊँघ रहे हैं फिर भी चौकन्ने हैं, संगीनों के जत्थे खड़े हैं जैसे चौराहे पर इन्हीं का शासन हो—

भागता मैं दम छोड़
घूम गया कई-कई मोड़

कवि भय से भाग रहा है—ठंडे लम्बे-चौड़े कोलतारी रास्ते पर। कोई नहीं है, कोई नहीं है, केवल अपना भय है। इस स्थिति और मनःस्थिति में तिलक के रूप में फिर प्रकाश-पुरुष का उदय होता है। कवि भय में प्रकाश को लाता है, किन्तु प्रकाश को भी संक्रान्त रूप में लाता है—दुःखी और आहत रूप में। प्रकाश-पुरुष तिलक ने जिस देश के लिए इतना कुछ किया वह देश भय का और संगीनों का देश बन जाए यह कितनी बड़ी विडम्बना है। इसलिए वे आहत हैं, उनकी नासिका से खून बह रहा है।

हाय, हाय पितः पितः ओ
चिन्ता में इतने न उलझो
हम अभी जिन्दा हैं
चिन्ता क्या है?

कवि की यह पीड़ा उस मूल्यबोध से पैदा हुई है जो तिलक-जैसे प्रकाश-पुरुषों से जुड़ी हुई है। उसे तिलक के स्पर्श से अपने भीतर करुणा, बिजली की चिनगारियों और खून के तालाब का अनुभव होने लगता है। उसकी भीतर 'जबर्दस्त फ़िक्र' पैदा हो जाती है। विवेक तीखा-सा रंदा चलाने लगता है। नयी कविता ने मूल्य को ऊपर से आरोपित नहीं किया, विवेक और पीड़ा से जुड़े मानवीय अनुभवों के भीतर से उसे पाना चाहा है। इस मूल्यबोध के तीव्र होने पर कवि मन-ही-मन एक निर्णय लेता है कि बन्दूक का धड़ाका होता है। चारों ओर रोने-चीख़ने की आवाजें और वेदना की थरथराहट व्याप जाती है। यह बन्दूक शायद गोडसे की बन्दूक है जिसने गाँधीजी की हत्या की है या यह बन्दूक उस

क्रूर व्यवस्था की हो सकती है जो इनसानों का खून करती है। इस परिवेश में बोरा ओढ़े (जनता के प्रतीक) गाँधी दिखाई पड़ते हैं। वे कह रहे हैं–

दुनिया न कचरे का ढेर जिस पर
दानों को चुगने चढ़ा हुआ कोई भी कुक्कुट
कोई भी मुरगा
यदि बाँग दे उठे जोरदार
बन जाए मसीहा
वे कह रहे हैं–
मिट्टी के लोंदे में किरणीले कण-कण
गुण हैं
जनता के गुणों से ही सम्भव
भावी का उद्भव

गाँधीजी की बाँह में एक बच्चा (जन भविष्य) है, उसे नयी पीढ़ी के हाथ सौंप देते हैं।

मेरे पास चुपचाप सोया हुआ यह था
सँभालना इसको, सुरक्षित रखना

गाँधीजी की फैंटेसी के रूप में मानसिक प्रकाश-साहचर्य के पश्चात् फिर अकेलापन छा जाता है। ऐसे समय अकेलेपन का अहसास और गहरा हो उठता है। नन्हा सुकुमार बालक गले से लिपटा है। इस अनुभव को कवि छाती और कन्धे से चिपके नन्हे-से आकाश और कोमल स्पर्श से प्राप्त होने वाले अनुभव के माध्यम से व्यक्त करता है। बच्चा भविष्य है इसलिए कोमल होने के बावजूद भारी है अर्थात् उसको सुरक्षित रखने तथा विकसित करने का दायित्व बड़ा है, भारी है। कवि इस दायित्व के बोझ को अनुभव करता हुआ भी प्रसन्न है। यह सोचता है कि जिसको वह जीवन में नहीं कर पाया वह कर रहा है। संकल्प, अनुभव और रक्त (पीड़ा) का सम्बन्ध होता है उसी संक्रान्त स्थिति से कवि गुजर रहा है। एकाएक बच्चा न जाने कहाँ चला जाता है और उसके स्थान पर रह जाते हैं मात्र सूरजमुखी फूल-गुच्छे। उन गुच्छों से प्रकाश विकीर्ण होकर अंग-अंग पर फैल रहा है। सूरजमुखी के गुच्छे उस प्रकाशमय सुन्दर और कोमल अनुभव को रूपायित करते हैं जो भविष्य के बालक को वहन करने के कारण उत्पन्न होता है। इतने में फिर कवि अभावग्रस्त परिवेश में आ जाता है यानी कि सुन्दर भविष्य और अभावग्रस्त कठोर वर्तमान परिवेश की एक हल्की-सी टकराहट उत्पन्न कर दी गयी है–

जीना है अँधेरा
कहीं कोई ढिबरी-सी टिमटिमा रही है

और सूरजमुखी के गुच्छे गायब हो गये। वर्तमान के कठोर अँधेरे परिवेश में सुन्दर भविष्य को वहन करने का सुखद अनुभव गायब हो गया और उसकी जगह कन्धे पर एक भारी बन्दूक आ गयी। यह बन्दूक किसकी है? कुछ लोगों ने बन्दूक को कवि या जनता की विद्रोह-शक्ति का प्रतीक माना है, किन्तु सन्दर्भ में यह प्रतीकार्थ खपता नहीं। बन्दूक सत्ता की बन्दूक का प्रतीक है। इस बन्दूक से ही सत्ता जनता का खून करती है और जनता इसी बन्दूक को अपने कन्धे पर ढोने की नियति से ग्रस्त है–

ओ हो,
बन्दूक आ गयी
वाह वा...
वजनदार राइफल
भई खूब

ये पंक्तियाँ निश्चय ही यह व्यक्त करती प्रतीत होती हैं कि यह बन्दूक सुखद है अर्थात् कवि या जनता की शक्ति की बन्दूक है, किन्तु आगे के सन्दर्भ को देखते हुए यह अर्थसंगत नहीं बैठता, इसलिए ओहो, वाह, भई खूब, जैसे प्रसन्नतासूचक शब्द अपने भीतर से विडम्बना ही व्यक्त करते हैं, प्रसन्नता नहीं। आगे चित्रित है कि इस अभावग्रस्त परिवेश के बीच एक कलाकार मरा हुआ है, मरा नहीं है बल्कि मारा गया है, वह कवि का परिचित है मानो कवि स्वयं है। वह गलियों के अँधेरे का कलाकार था–

वह कलाकार था,
गलियों के अँधेरे का, हृदय में, भार था
पर, कार्य क्षमता से वंचित व्यक्ति
चलाता था अपना असंग अस्तित्व

इतने बड़े कलाकार की विडम्बना क्या थी–यही कि वह अपने हृदय में हलचल मचाने वाले ज्ञान, स्वप्न या अनुभव को किसी को दे नहीं सका था–

शून्य के जल में डूब गया नीरव
हो नहीं पाया उपयोग उसका

मुक्तिबोध बार-बार व्यक्ति और समाज, व्यक्ति और व्यक्ति तथा व्यक्ति के दो पहलुओं के तनाव को लाकर समकालीन जीवन विडम्बना और यथार्थ की संश्लिष्टता को रूपायित करते चलते हैं। वे बार-बार कलाकार के भीतर निहित मानवीय शक्ति, सम्भावना और सुन्दरता को उजागर करते हुए व्यवहार में उसकी अन्तर्मुखता और निष्क्रियता को सामने ला देते हैं दोनों की टकराहट से एक विचित्र प्रभाव पैदा करते हैं।

अपनी निष्क्रियता के बावजूद कलाकार ही अपने युग को ध्वनित करता है, कर सकता है। वह मरा हुआ कलाकार सबका प्यारा था, वह मुक्ति का कामी था, उसके साथ एक युग मर गया, एक आदर्श मर गया। स्वयं कवि की आत्मा उसे चिढ़ाती है कि तू भी तो सब कुछ अपने भीतर लिए भागता ही रहा–

सवाल है–मैं क्या करता था अब तक
भागता फिरता था सब ओर...

लेकिन यह समय अपने को कोसने का नहीं है, कुछ काम करने का है और यह काम अकेले सम्भव नहीं है, कुछ नये सहचरों की खोज करनी पड़ेगी। फिर परिस्थितियों की एक टकराहट सामने आती है। कवि निकलता है नये सहचरों की तलाश में और घिर जाता है। आततांइयों से। आततायी उसे पकड़कर सताना शुरू करते हैं। यातना की प्रक्रिया का बड़ा प्रभावशाली चित्र सामने आता है। आततायी कवि को अँधियारे कमरे में ले जाकर यातना दे रहे हैं और उसकी देह को तोड़कर तलाशी ले रहे हैं। इस प्रक्रिया में वे पाते हैं कि कवि के भीतर जो खतरनाक चीज है वह है विचार। वह विचारों के परचे ही उनके खिलाफ जनता में बाँटता है और इन विचारों का सेक्रेटरी है आस्था और सरगना है आत्मा। कवि की आस्था और आत्मा को निकालकर उसे निष्क्रिय और शक्ति-शून्य बनाने का प्रयास होने लगता है। कवि ने फैंटेसी के माध्यम से समकालीन यथार्थ की एक बहुत बड़ी विडम्बना को प्रस्तुत किया है, इस पीड़ा और यातना से मरा हुआ मन देह की सीमा से निकलकर दूर-दूर तक आत्मविस्तार कर लेता है। वह अग्नि में जलता हुआ भी हिम के समान शीतल और स्थिर है। वेदनाओं की आँधी में भी हृदय निश्चल है।

सातवें खंड में यातना की तात्कालिकता और स्थूलता एक अनवरत सूक्ष्मता में बदल जाती है। आततायी कवि को रिहा तो कर देते हैं किन्तु उनकी छाया निरन्तर उसका पीछा करती है, उसकी हर गतिविधि की निगरानी करती है। छायाकृतियों की दृष्टि पत्थर के समान कठोर और पैनी है, अरूप और सूक्ष्म होकर भी उसे मूर्त और स्थूल के समान बेधती रहती है। इस दृष्टि का निरन्तर बेध इतना गहरा है कि कवि आकुल ही नहीं होता, उसे इसका प्रतिकार करने की तड़प भी होती है। फिर प्रगतिशील दृष्टि उभरती है। कवि यह प्रतिकार भावुक व्यक्ति की तरह अकेले अपने रोष से करने की बात नहीं सोचता। वह सोचता है कि अब उसे साथी खोजने ही चाहिए। वे साथी हैं सँवलाये कमल, काले गुलाब, स्याह सिवन्ती, श्याम चमेली, आदि। ये सभी फूल हैं–भीतर से कोमल सुगन्ध बिखेरने वाले, किन्तु सभी श्याम हो गये हैं। ये जनता के प्रतीक हैं। ये कवि के लिए सुझाव सन्देश भेजते हैं। यह अपना परिवेश है किन्तु कवि को सहसा दीखता है कि दूर क्षितिज पर बिजली की नंगी लताओं में सफेद नीले मोतिया चम्पई गुलाबी

फूल झर रहे हैं और वहीं पर अकस्मात् हाथ उठते हैं जो अग्नि के फूलों को समेटने लगते हैं। सुदूर क्षितिज समाजवादी देश हो सकते हैं या भविष्य हो सकता है जो कवि की कल्पना में उभर रहा है। रंग-बिरंगे अग्नि के फूलों (शक्ति के फूलों) को कुछ हाथ समेटकर आपस में संयोजित कर रहे हैं। कवि भी पत्थर (शक्ति) से बिजली के सुन्दर फूल बनाने की कोशिश करता है। उसके फूल यानी भाव-कुसुम रश्मि विकीर्ण करते हैं, किन्तु उन्हें अनुकूल अभिव्यक्ति नहीं मिलती। अभिव्यक्ति रूढ़ हो गयी है, कवि के मस्तक में सत्-चित् वेदना है, इन्हें सही अभिव्यक्ति नहीं मिल पाती, इसलिए निरन्तर शिराओं में तनाव बना रहता है। इसलिए अब अभिव्यक्ति के सारे खतरे उठाने ही होंगे। मठ और गढ़ तोड़ने ही पड़ेंगे। यहाँ अभिव्यक्ति शब्द ध्यान देने योग्य है। अभिव्यक्ति का अर्थ है भीतर के अनुभव को सही रूप से व्यक्त करना। भीतर का अनुभव अन्तर्विरोध ग्रस्त है। कवि जनजीवन के लिए सपने देखता है, उसके दर्द को महसूस करता है, मुक्ति की पीड़ा लिए हुए है, किन्तु साथ ही उसमें भय है, पलायन है, अचेतन का अकेलापन और अन्तर्मुखता है। विवेक के जाग्रत होने पर कवि अपनी सीमाओं को समझता है, जनजीवन से जुड़ना चाहता है, लेकिन जाग्रत विवेक व्यक्तित्व के अनुभवों को पूरी अभिव्यक्ति नहीं दे पाता। अभिव्यक्ति का तात्पर्य है सक्रिय रूप से जनजीवन से जुड़ना। बार-बार हांट करता हुआ वह प्रकाश-पुरुष ही उसकी पूरी अभिव्यक्ति है किन्तु उसे पूरा-पूरा वह कहाँ आत्मसात कर पाता है। पूरी और सही अभिव्यक्ति न मिल पाने के कारण ही कवि स्वयं विडम्बना से गुजरता है और समाज भी। अभिव्यक्ति के लिए खतरे उठाने ही पड़ेंगे, सारी रूढ़ियाँ और व्यवधान (चाहे वे अपनी हों या समाज की) तोड़ने ही पड़ेंगे। तभी दुर्गम पहाड़ों के पार पहुँचा जा सकता है जहाँ वे बाँहें हैं जिनमें प्रतिपल अरुण कमल काँपता रहता है।

अभिव्यक्ति के खतरे उठाने का फैसला करके कवि भागता है और देखता है कि वह बनी-बनाई दीवारें तोड़कर उनके पार चला गया है—जहाँ सत्य और सत्ता के संघर्ष की बहस चल रही है। यहाँ सुरंगनुमा गलियों में एक भीतरी आग लिये जनसमूह चल रहा है। कवि की कला के विवेक और विक्षोभ के प्रकाश को लेकर लोग आगे बढ़ रहे हैं, किन्तु कवि अब तक अपने को अकेला समझता रहा है और बौद्धिक जुगाली करता रहा है। कवि भाग रहा है। इतने में चुपचाप कोई एक पर्चा दे जाता है। कवि को लगता है कि उस पर्चे में उसी की सम्वेदनाएँ, अनुभव और गुप्त विचार थे। इसलिए पर्चा पढ़ते समय उसमें उत्साह जागता है उसे लगता है कि वह सर्वत्र विद्यमान है—अनेक रूपों में, अनेक क्रियाओं में। सारा दिक्काल देश के नक्शे-सा प्रतीत होने लगता है। उसे अनुभव होने लगता है कि कर्म की शिलाओं से ही स्वप्नों की मूर्तियाँ बनेंगी जिनकी किरणें ब्रह्माण्ड-भर में फैल

जाएँगी। जिन्दगी की सीमा सूर्यों के पार तक जाती दीखने लगती है। वर्तमान समाज पूँजीवादी समाज है इसमें चल पाना असम्भव है।

आठवें खंड में बड़ी त्वरा के साथ सकल क्रियाएँ और विचार घूमते हैं, टकराते हैं, आपस में बुन जाते हैं और एक संक्रान्त संश्लिष्ट प्रभाव की सृष्टि करते हैं। नगर में भयानक धुआँ उठ रहा है, कहीं आग लग गयी है, कहीं गोली चल गयी है। 'कहीं आग लग गयी, कहीं गोली चल गयी' पंक्ति बार-बार टेक की तरह आती है और क्रिया तथा परिस्थिति की विभीषिका को घनीभूत करती है। यह एक भयावह अनुभव को मात्र दुहराती ही नहीं है, उसमें नये-नये आयाम जोड़ती चलती है। इस दृश्य में कई-कई स्तर हैं और उनकी टकराहटें हैं। एक ओर व्यवस्था के चरम अत्याचार और उसकी भयावहता का गतिशील चित्र है, दूसरी ओर इस स्थिति में भी चुपचाप बैठे हुए कलाकारों और बुद्धिजीवियों की स्वन्यस्तता, स्वार्थपरता और प्रश्नों की उथली पहचान का चित्रण है, तीसरी ओर जन-संघर्ष का प्रभावशाली अंकन है। जन-संघर्ष मानव-संघर्ष के साथ-साथ प्रकृति-संघर्ष के बिम्ब से भी चित्रित किया गया है। झरने पत्थर के ढोकों को तोड़-ताड़कर निकलने के लिए आकुल हैं, धूल के कण स्वर से काँपने लगे हैं। मकानों के छत से गाडर कूद पड़े हैं। दादा का सोंटा भी दाँव-पेंच करता हुआ हवा में नाचता है, यहाँ तक कि बच्चे की पें-पें भी उड़ती हैं। जन-संघर्ष का यह काव्यात्मक प्रभावशाली बिम्ब बहुत ही संश्लिष्ट है—

गेरुआ मौसम, उड़ते हैं अंगार
जंगल जल रहे है जिन्दगी के अब
जिनके कि ज्वलन्त प्रकाशित भीषण
फूलों से बहती वेदना नदियाँ
जिनके कि जल में
सचेत होकर सैकड़ों सदियाँ, ज्वलन्त अपने
बिम्ब फेंकती।

यह वेदना पिताओं की वेदना से मिल गयी है। इसमें श्रमिकों का सन्ताप डूबा है। इसके जल को पीकर युवकों का व्यक्तित्व बदल रहा है।

फिर स्वप्न टूट गया। कवि फिर अकेला हो गया, किन्तु देखे हुए स्वप्न का प्रभाव शेष है। संसार सुनहली तस्वीर-सा दिख रहा है मानो कल रात किसी से प्रेम हो गया हो। कवि जन-संघर्ष के प्रति रागात्मक लगाव को किसी से हो गये हुए प्रेम के समान अत्यन्त आत्मीय और परिणाम में आनन्ददायक बता रहा है। यानी जन-संघर्ष के प्रति लगाव बौद्धिक नहीं है अत्यन्त रागात्मक है। जन-संघर्ष से जुड़े होने की अनुभूति आनन्ददायक तो है ही प्रकाशदायक भी है, इसलिए कवि इस चित्र के बाद ही सुबह का चित्र अंकित करता है। प्रकाश हो गया है। प्रत्येक

वस्तु का अपना-अपना अस्तित्व है जो आलोक में झलक रहा है। महान ग्रन्थों के लेखक कवि की नयी मानसिक क्रियाओं को देख रहे हैं। फिर वही व्यक्ति (प्रकाश-पुरुष) दिखाई पड़ता है। वह पुरुष कौन है? वह कवि की अपनी अनखोजी समृद्धि का परम उत्कर्ष है, कवि उसका शिष्य है, उससे बार-बार आलोक प्राप्त करता है बल्कि कवि स्वयं ही वह है, किन्तु स्थिर भाव से उसके यानी अपने प्रकाश को साक्षात्कार नहीं कर पाता। वह प्रकाश-पुरुष (कवि की परम अभिव्यक्ति) खोह में छिपने के स्थान पर जगत की गलियों में घूमता है–

अत्यन्त उद्विग्न ज्ञान तनाव वह
सकर्मक प्रेम की वह अतिशयता
वही फटेहाल रूप
परम अभिव्यक्ति
लगातार घूमती है जग में
पता नहीं जाने कहाँ, जाने कहाँ
वह है।

इसीलिए कवि अपनी परम अभिव्यक्ति के लिए हर चेहरे को देखता है। हर चेहरे का साक्षात्कार करके ही कवि अपना जनवादी व्यक्तित्व बना सकता है और परम अभिव्यक्ति का तात्पर्य उसके इसी व्यक्तित्व की अभिव्यक्ति से है।

इसमें कोई शक नहीं कि हिन्दी की प्रतिष्ठित लम्बी कविताओं की कतार में 'अँधेरे में' का अपना विशेष स्थान है। नयी कविता की लम्बी कविताओं में वह सर्वाधिक ऊर्जामयी कविता है। वह स्वप्न कथा होने के बाबजूद हमारी समकालीन जिन्दगी की विषम वास्तविकताओं के विभिन्न स्तरों और पहलुओं से सर्वाधिक तीव्रता और समीपता से टकराती है और इस कविता में तनावपूर्ण स्थितियों से उद्भूत संक्रान्त गहन अनुभवों तथा इन्द्रिय बोधों के अनेक सुन्दर बिम्ब हैं जो कविता को कविता बनाते हैं किन्तु इस कविता की कमजोरियों की भी उपेक्षा नहीं की जा सकती। वह स्वप्न कथा है यानी फैंटेसी है क्योंकि कवि किसी सुलझी हुई सरल या संक्रान्त समकालीन या पूरी कथा का सहारा लेकर नहीं चलता, बल्कि वह हमारी सामाजिक जिन्दगी में इधर-उधर बिखरे हुए एक-दूसरे से टूटे हुए फिर भी जुड़े हुए यथार्थ के पहलुओं को चित्रित करना चाहता है। जाहिर है इस चतुर्मुखी अस्त-व्यस्त वास्तविकता को किसी एक कथा के जरिये नहीं चित्रित किया जा सकता। कथा का अपना आग्रह होता है, सीमा होती है। इसलिए कवि ने फैंटेसी अर्थात् स्पप्न कथा का सहारा लिया है। स्वप्न बिखरे होते हैं उसी में किसी भी क्रम से, कभी भी, किसी भी काल का कोई भी दृश्य उपस्थित हो सकता है, उस पर असम्भवता, क्रमहीनता या देशकाल च्युति का दोष नहीं लगाया जा सकता। कवि अचेतन मन की भी घाटियों की सैर करता है और अचेतन का

सम्बन्ध भी स्वप्न से होता है। तिलस्मी उपन्यासकारों ने जिन रहस्यमय दृश्यों की प्रत्यक्ष योजना की थी उनकी योजना मुक्तिबोध ने स्वप्न में की है, इसीलिए जहाँ तिलस्मी उपन्यास अयथार्थ और हल्के-फुल्के मनोरंजनात्मक उपन्यास माने गये, वहाँ मुक्तिबोध का काव्य यथार्थवादी और गम्भीर अनुभवों और विचारों से युक्त काव्य माना गया, किन्तु इस शिल्प ने मुक्तिबोध काव्य को शक्ति के साथ अशक्ति भी दी है। 'अँधेरे में' कविता में कुछ बातें बार-बार दोहराई गये हैं। यह सच है कि अँधेरे के विभिन्न पहलू विभिन्न बिम्बों से रूपायित किए गये हैं, किन्तु अँधेरे के साथ प्रकाश की टकराहट, कवि की मूल्यवत्ता, उसकी सामाजिक उपयोगिता, इसके बावजूद उसकी अन्तर्मुखता, निष्क्रियता, प्रकाश-पुरुष के साहचर्य से बार-बार उसके सक्रिय होने और फिर निष्क्रिय होने के बोध को बार-बार फेंटा गया है। सपने में यह दुहराव होता है, किन्तु कविता में भी हो, उचित नहीं। कथा का एक फायदा होता है—वह क्रम-क्रम से जीवन के विभिन्न पहलुओं और अनुभवों को खोलती हुई, उत्तेजित करती हुई, उन्हें परस्पर बाँधती हुई आगे बढ़ती रहती है और अन्त में आकर अपने ही माध्यम से अनन्त सम्वेदनाओं को एकसूत्रित कर एक स्पष्ट किन्तु गहरे प्रभाव की सृष्टि कर लेती है। वह अपने को दुहराव के दोष से आसानी से बचा सकती है, किन्तु 'अँधेरे में' कविता कथाहीनता की शक्ति के साथ-साथ उसकी कमजोरी को भी झेल रही है। इस दुहराव और फैलाव के कारण इस कविता में अपेक्षाकृत अधिक आयामों के उद्घाटित होने का भ्रम भी पैदा होता है। यदि सूक्ष्मता से देखा जाए तो इस कविता में बुनियादी यथार्थ के उतने अधिक आयाम नहीं हैं जितने का आभास होता है। बुनियादी यथार्थ के आधार पर बुने गये स्वरों, रूपों, क्रियाओं, आदि के चित्र बहुत हैं और तरह-तरह के हैं जो बुनियादी यथार्थों को प्रसरणशील तथा और अधिक बहुआयामी बनाते-से प्रतीत होते हैं।

मुक्तिबोध प्रगतिशील कवि हैं, किन्तु यह भी एक विडम्बना है कि 'अँधेरे में' और उनकी अन्य कुछ विशिष्ट कविताएँ मूलतः प्रगतिशील हैं या और कुछ, आलोचकों के बीच तय ही नहीं हो सका। इसके लिए आलोचकों को दोषी ठहराने की जगह कविता के भीतर ही झाँकना उचित होगा। यह सच है कि इस कविता का मूल स्वर प्रगतिशील है, किन्तु कविता बड़ी दुरूह है। कई-कई दृश्य ऐसे हैं जिनका समग्र स्वर तो पकड़ा जा सकता है, किन्तु उनमें आए हुए छोटे-छोटे बिम्बों के प्रतीकार्थ निकालना और उन प्रतीकार्थों की मूल स्वर के साथ संगति बैठाना कठिन हो जाता है। सामाजिक जीवन के अन्धकार के साथ कवि या काव्य नायक के अचेतन से काव्य-कथा के चिपके रहने से भी यह दुरूहता और उलझाव बढ़ जाता है। पाठक ऐसे अनेक स्थलों पर ज्ञानात्मक सम्वेदना की यात्रा करने के स्थान पर बुद्धि की यात्रा करने लगता है। यानी पाठक सम्वेदनात्मक ज्ञान या

ज्ञानात्मक सम्वेदना को काव्य की समझ के लिए अपर्याप्त पाकर बौद्धिक व्यायाम करने लगता है और यही वजह है कि इतनी ऊर्जावान कविता अपनी पूरी ताकत से पाठक के भीतर उतरते-उतरते ठहर जाती है, फिर उठती है फिर ठहर जाती है और यह ठहराव उसके प्रभाव की अनवरतता, सघनता और समग्रता को अपेक्षाकृत कम करता है और उसे खास बौद्धिक वर्ग की कविता के रूप में सीमित कर देता है।

नये गीत

गीत एक विधा है—और समसामयिक परिवर्तनों के साथ चिरन्तन विधा है। यह मात्र अन्वेषित नहीं, बल्कि मानव-मन की सहजात विधा है। मनुष्य एक राग-बोधमय प्राणी है। उसका यह राग-बोध समूचे भाव से उससे कभी नहीं छिन सकता। वह अन्य तत्त्वों के दबाव में क्षीण हो सकता है, जटिल हो सकता है, किन्तु अस्तित्वहीन कभी नहीं हो सकता। युगीन सन्दर्भों में मानव-मन के संवेगों को नया-नया रूप प्राप्त होता रहता है, लेकिन इन संवेगों को गाने के लिए मानव-मन में बेचैनी रहा करती है। यह सत्य है कि आज के व्यक्ति के सुख-दुःख, राग-विराग की सम्वेदना आदिम-काल के मानव की सम्वेदना की तरह प्रत्यक्ष, सीधी और आवेगात्मक नहीं हैं—उसमें बौद्धिक युग की बहुत सी जटिलताएँ आ गयी हैं। इसलिए आज की सम्वेदना आदिकालीन, मध्ययुगीन और आधुनिक काल के रूमानी गीतों की सम्वेदना की तरह एक लय में वेग से फूट नहीं चलती, बल्कि वह एक विशिष्ट मानसिक स्थिति में अपने अनुकूल बिखरे हुए संवेगों से जुड़ती है। यानी एक संवेग दूसरे में संक्रान्त होता है। ये संक्रान्त संवेग एक आन्तरिक एकता से अनुशासित होते हैं। देखने में ये संवेग अलग-अलग मालूम पड़ते हैं, परन्तु मूलतः आन्तरिक संगति से जुड़े होते हैं। आज का यह भाव-सत्य नयी कविता और नये गीत दोनों में व्यक्त हो रहा है। इन संक्रान्त संवेगों को रूपायित करने के लिए कवि को अनिवार्य रूप से बिम्बों, प्रतीकों और लाक्षणिकता की योजना करनी पड़ती है। बिम्बों और प्रतीकों के बिना संवेगों की संश्लिष्टता और सूक्ष्मता व्यंजित नहीं हो पाती।

नयी कविता के लेखक गीतों का विरोध करते हैं—इसलिए कि गीत युग के नये सन्दर्भों में विकसित संवेगों और चिन्तनाओं को व्यंजित न कर सीधे-सादे रोमानी भाव एक पिटी हुई लीक पर अलापते चलते हैं, दूसरे, इनका रूप-पक्ष पूरी तरह पारम्परिक और बनावटी है। कुछ नये कवि तो स्पष्टतः यह घोषित करते हैं कि गीत आज के लिए असमर्थ और अर्थहीन माध्यम है। इसका अर्थ तो यह हुआ कि वे नये कवि जो कुछ लिखते हैं वह गीत न होने के कारण अपने आप अच्छा

और समर्थ काव्य बन जाता है। इस प्रकार की अतिवादी धारणाएँ सनक, अपरिपक्व चिन्तन और असहिष्णुता का ही परिणाम है। कविता होने के लिए कविता को कुछ मूलभूत विशेषताओं से संयुक्त होकर नये-नये प्रयोगों से स्वयं को प्रक्षालित करते रहना होता है। गीत और नयी कविता गीत या नयी कविता होने से काव्य नहीं बन जाते। मैं नयी कविता की इस अतिवादी धारणा का विरोध करता हूँ—यद्यपि कुछ दूर तक इस धारणा की सत्यता का समर्थक भी हूँ। कहना चाहूँगा कि विगत युगों की भाँति यह युग केवल गीतजीवी होकर नहीं रह सकता। नयी कविता आज की जटिलता को व्यक्त करने के लिए एक उपयुक्त विधा है। वह छन्द धर्मा होकर, आवेग-धर्मा होकर आज के जीवन की जटिल सम्वेदना और भिन्न-भिन्न लय को नहीं व्यक्त कर सकती। जीवन के अनन्त छोटे-बड़े कोणों को परिपाटीबद्ध दृष्टि और शैली से नहीं छू और उभार सकती। उसे वही होना था जो आज है, किन्तु इतने मात्र से ही गीत के अस्तित्व की अनिवार्यता चुक नहीं जाती। यह सत्य है कि आज के युग की सारी जटिलताएँ गीतों के माध्यम से नहीं उभारी जा सकतीं, किन्तु कुछ कथ्य अपने स्वरूप में आज भी गीतात्मक हो सकते हैं।

जहाँ मानव-मन किसी सौन्दर्य, राग, सत्य के किसी कोण से गहरे छू जाता है वहाँ गीत की भूमि होती है। यह कथ्य अपेक्षाकृत आत्म-प्रधान होता है, यह विश्लेषणपरक, बुद्धि-बोझिल, लम्बा और जटिल नहीं होता। गीत की अनिवार्य विशेषताएँ ये मानी जा सकती हैं : (1) स्वानुभूति की तीव्रता, (2) संक्षिप्त लघु आकार, (3) प्रभाव की समग्रता। स्वानुभूति बड़े महत्त्व का तत्त्व है। इसमें कवि के व्यक्तित्व की जीवन्तता, दृष्टि की नवीनता समाहित होती है। जीवन्त व्यक्तित्व और उन्मुक्त दृष्टि वाला ही नया अनुभव कर पाता है। उसकी अनुभूति युग के सन्दर्भों से नया ताप प्राप्त करती है। युगीन सन्दर्भों में जीने वाले व्यक्ति का संवेग-स्तर और सौन्दर्य-बोध पिछले युग के संवेग-स्तर और सौन्दर्य-बोध से नया होता है और यही नवीनता उसकी अनुभूति को मौलिकता और ताजगी प्रदान करती है। प्रभाव की अन्विति या समग्रता गीत की आकार-लघुता से काफी दूर तक सम्बद्ध है। गीत की अनुभूति एकांगी अनुभूति है। वह उसी एकांगी अनुभूति को तीव्रता के साथ व्यंजित करना चाहता है, ताकि उससे एक तीव्र प्रभाव फूट सके। यानी गीत में प्रभाव का बिखराव नहीं, बल्कि समग्रता या एकता व्याप्त होनी चाहिए। प्रभाव की इस समग्रता के लिए गीत का आकार लघु होना अनिवार्य हो जाता है।

हिन्दी में प्रायः यह हुआ है कि गीतों को मात्र एक आकार मान लिया गया है। उस आकार में जितनी सामग्री ठूँसी जा सकती है, ठूँसी गयी है। तुकों की समाप्ति तक उसे जबर्दस्ती खींचा गया है और तब तक नहीं छोड़ा गया है जब

तक उसका केन्द्रीय प्रभाव तार-तार होकर बिखर नहीं गया है। इन गीतों के छन्द, तुक, शब्द, शैली, अलंकार, प्रतीक सभी बुरी तरह पिटकर बासी हो गये हैं। इसीलिए नया कवि गीतों से घृणा करने लगा है। उन्हें आज के लिए अपर्याप्त और अनावश्यक मानने लगा है।

किन्तु गीत की इस व्यावहारिक फूहड़ता के कारण उसकी मौलिक शक्तियों से इनकार नहीं किया जा सकता। और शायद इन्हीं शक्तियों के कारण बहुत से अच्छे नये कवि अच्छे गीतकार भी हैं—यह आकस्मिक भी नहीं है। उनके गीतों की तरलता, अनुभूति-सघनता, प्रभावान्विति का असर उनकी नयी कविताओं पर भी पड़ता रहता है। प्रचलित रंग-मंचीय फूहड़ गीतों से अलग करने के लिए इन गीतों को 'नये गीत' कह सकते हैं। सम-सामयिक नये गीतकारों में प्रमुखतः अज्ञेय, गिरिजाकुमार माथुर, भारती, नरेश मेहता, शम्भुनाथ सिंह, ठाकुर प्रसाद सिंह, केदार नाथ सिंह, रवीन्द्र-भ्रमर, महेन्द्र शंकर, ओम प्रभाकर और नरेश सक्सेना, आदि के नाम लिए जा सकते हैं। मेरे प्रयास भी इसी दिशा में हुए हैं।

वैसे इन सभी गीतकारों के अपने-अपने व्यक्तित्व हैं, किन्तु इनकी एक सामान्य भूमि है जो इन्हें समग्र-भाव से अलग करती है उन गीतों से जो गीत के नाम पर गीत ही नहीं हैं और सब कुछ हैं। अनुभूति की सच्चाई अतएव अनुभूति की अपनी-अपनी विशिष्टता, नवीन सौन्दर्य-बोध, आकार लघुता, नवीन बिम्ब-प्रतीक-उपमान-योजना इनकी सामान्य विशिष्टता है। अतएव ये गीत प्रभाव की अन्विति से अन्तर्दीप्त मालूम पड़ते हैं। इन सभी गीतों में लोक-जीवन का रस है। लोक-जीवन का रस इस अर्थ में नहीं कि इन्होंने प्रचलित गीतों की तरह लोक-भाषा से दूध-बतासा, पनघट, बँसवट, चुनरिया, ओढ़नियाँ आदि अनेक शब्द लिए हैं, बल्कि इस अर्थ में है कि इन्होंने लोक-जीवन की वस्तु-चेतना को पकड़ा है, उसकी सम्वेदना को ग्रहण किया है। ये गीत जहाँ से उठे हैं वहाँ की जमीन के रस को लिए हुए हैं। अतः इन गीतों की शहरी, गँवई, व्यक्तिगत, सामाजिक, प्रेम की, प्रेमेतर प्रकार की सम्वेदनाओं के विभिन्न स्वरूप कवियों के व्यक्तित्वों और मानस-संस्कारों के अनुसार लक्षित होते हैं। दूसरी बात यह है कि नये गीत में बासी रस-पिच्छलता नहीं है, अन्तर की दमक है। यानी इन गीतों की उपलब्धि इनके तरल-सरल रसमय उच्छल प्रवाह और आवेगों में नहीं है, बल्कि इनकी बुद्धि-संयत हार्दिकता, अनुभूति सूक्ष्म स्तरों के नियोजन, एक विशेष प्रभाव-भूमि के अन्तर्गत आने वाले बिखरे, किन्तु एक-दूसरे से संक्रमित बोधों के संश्लेषण और अनुकूल बिम्बों, प्रतीकों और लाक्षणिक प्रतीकों की खोज में है। कवि अपने-अपने संस्कार के अनुसार इस सामान्य भूमि पर नूतन बिम्ब-प्रतीकों का विधान करते चले हैं।

गीतों के सन्दर्भ में लोकतत्व की बात कही गयी है जो स्वयं में काफी

महत्त्वपूर्ण है। गीत स्वानुभूतिमूलक होते हैं—किन्तु ये अनुभूतियाँ लोक-जीवन के निरन्तर सम्पर्क से ताजगी ओर शक्ति प्राप्त करती है। लोक-जीवन गीत के भाव-सत्य और उपकरण दोनों रूपों में उसे उपकृत करता है।

वैदिक ऋषियों के प्रकृति-गीत लोक-जीवन की आँच से उष्म होने के कारण ही इतने ताजा और प्रभावकर दिखाई पड़ते हैं, किन्तु लोक-जीवन को ऊपर से ओढ़ने पर गीत नहीं बनता। अनुभूति की सच्चाई गीत के लिए आवश्यक शर्त है। वह अनुभूति यदि व्यक्तिगत प्रेम की है तब भी तीव्र प्रभावशाली गीत उत्पन्न हो सकता है; किन्तु यदि लोक-जीवन की अनुभूतियों को कवि ने लिया है तो गीत और भी प्रभावशाली और सशक्त होगा।

अनुभूति की सच्चाई, एकतानता और निश्छल अभिव्यक्ति के नाते बच्चन के गीत उत्तर छायावादी गीतों की निधि है। महादेवी का काव्य भी गीतात्मक है, किन्तु न तो उसमें वह प्रभावान्वित है, न अनुभूति की वह सच्चाई बच्चन के गीत बिल्कुल निजी अनुभूतियों से उष्म हैं, किन्तु उनका वातावरण लोक-जीवन का है। यानी कवि का अपना दर्द सूने में नहीं तैरता, बल्कि लोक-जीवन के विविध सन्दर्भों और दृश्यों के बीच बहता है।

प्रगतिवाद ने गीतों को नयी दिशा दी। उसका सामाजिक स्वर गीतों से उभरा। गीत व्यक्तिवादी वेदना, निराशा और हार-जीत के गायक न रहकर सामाजिक जीवन के गायक बने। लगा जैसे घुटन से भरे वातावरण में ताजा हवाएँ आयी हों, उजास फूटा हो। लोक-जीवन की हरियाली और रस गीतों में मुखर होने लगा। शुद्ध प्रेम और सौन्दर्य की कविताओं में भी एक खुलापन दीखा, जमीन के प्रति प्यार उभरा। प्रगतिवादी गीतकारों में केदारनाथ अग्रवाल, त्रिलोचन शास्त्री और सुमन का नाम आदर से लिया जा सकता है। यह अवश्य है कि प्रगतिवादी गीत बहुत से असधे हाथों पड़कर प्रचार के माध्यम बन गये।

केदारनाथ अग्रवाल के 'नींद के बादल' के गीत काफी दूर तक छायावादी प्रभाव से ग्रस्त मालूम पड़ते हैं; यद्यपि उनकी सीधी-सादी अभिव्यक्ति और अनुभूति की सच्चाई के कारण इन कविताओं का भी अपना व्यक्तित्व है। इसके पश्चात् इनके गीत—जो 'युग की गंगा' से संगृहीत हैं—विस्तृत फलक पर जन्म लेते दिखाई पड़ते हैं। इनमें जनजीवन के सौन्दर्य, उल्लास के साथ ही अभाव, विषाद और संघर्ष भी भरपूर मात्रा में दृष्टिगत होता है। 'माँझी न बजाओ वंशी', 'वसन्ती हवा', 'कनक प्रात', 'कगार', 'विदा' जैसे अनेक गीत अपनी सहजता, अनुभूतिगत सच्चाई और ताजा संक्षिप्त कथन-पद्धति के कारण सफल गीत बन गये हैं। केदार के गीतों में संक्षिप्तता होती है; अतः वे प्रभाव की समग्रता को सुरक्षित रखते हैं।

त्रिलोचन के गीतों में उनका संघर्षशील व्यक्तित्व, सामाजिक बोध, लोकोन्मुख दृष्टि और सहज-सधी हुई अभिव्यक्ति खूब उभरी है। उनके गीतों में अन्य

प्रगतिशील कवियों की तरह संघर्ष, सामाजिक चेतना, आदि के स्वर आरोपित नहीं लगते, भीतर से फूटे जान पड़ते हैं। दूसरी बात यह है कि त्रिलोचन कला के भी मर्मज्ञ हैं। अतः वे उसके प्रति पूरी ईमानदारी बरतते हैं। उनके गीतों में सादगी है, परन्तु उस सादगी के पीछे एक अद्भुत संयम और कसाव है। त्रिलोचन के गीतों में सम्वेदना की विविधता, शब्दों, चित्रों और बिम्बों में लोकगीतों की-सी सहजता द्रष्टव्य है।

सुमन ने गीतों का दो तरह से उपयोग किया है—शुद्ध गीत के रूप में और मात्र छन्द के रूप में। छन्द के रूप में जहाँ गीत आए हैं वहाँ वे मात्र इतिवृत्ति निरूपक होकर रह गये हैं। वास्तव में वे इसी अर्थ में गीत कहे जा सकते हैं कि उनमें गीत जैसी टेक और अन्तरे का विधान है, किन्तु सुमन के शुद्ध गीतों में आत्मोन्मुखता है। उनका अपना सौन्दर्य-बोध और प्रकृति-प्रेम वहाँ सफलता से व्यक्त हुआ है। ये गीत आकार में छोटे और प्रभाव में तीव्र हैं। 'कितनी बार तुम्हें देखा, पर आँखें नहीं भरीं', 'आज राज भर बरसे बादल', 'फागुन में सावन' आदि गीत उल्लेख्य हैं, लेकिन बहुत से गीतों का कथ्य भी तथ्यात्मक है।

नये गीत का क्रम शुरू होता है नयी कविता के साथ, यानी अज्ञेय से। जिसे हम नया गीत कहते हैं, वह उपर्युक्त परम्पराओं के गीतों से कई अर्थों में भिन्न है। वह गीतों की चुकती हुई सम्भावनाओं को नये ढँग से स्थापित करता है। यहाँ से गीत अपने कथ्य और स्वरूप, दोनों में अधिक सूक्ष्म और महीन दीखने लगे। सूक्ष्म इस अर्थ में कि कवि प्रचलित भावों और रूपों का विधान करने के स्थान पर स्वानुभूत जीवन की विशिष्ट मार्मिकता को पकड़ने लगा। वह चाहे रूप हो, दृश्य हो, भाव हो, कवि उसकी स्वानुभूत आन्तरिकता को मुखर करने लगा। कहा जा सकता है कि आन्तरिकता तो छायावाद में भी है, किन्तु उसमें सहजता नहीं है। सहजता आती है जीवन के साथ सीधे सम्पर्क से। सीधा सम्पर्क कवि में नये-नये अनुभव भरता है या पुराने अनुभवों को नयी छवि से दीप्त करता रहता है। इस नये अनुभव में सूक्ष्मता तो होती ही है, सच्चाई जन्य मूर्तिमत्ता भी होती है। लोक-जीवन के स्तर पर यह सूक्ष्मता और सहजता एक-दूसरे के पर्याय बन जाते हैं। नये गीत में अनुभव की बेहद सच्चाई है। ये जीवन की सच्चाइयों को पाना चाहते हैं, अतः लोकोन्मुखता इनका विशेष धर्म बन गयी है।

नया गीत लिखने वालों का कोई दल नहीं है, दल बन भी नहीं सकता। सारे नवगीतकार अपने-अपने व्यक्तित्व में एक दूसरे से अलग हैं—अनुभूति, जीवन-दृष्टि और अभिव्यक्ति के स्तर पेर एक दूसरे से भिन्न है। यदि उनमें कोई समानता है तो यही कि वे भाव और रूप की प्रचलित लीकों से हटकर स्वयं के अनुभव और सौन्दर्य-बोध के अनुसार जीवन-सत्यों को ईमानदारी से व्यक्त करना चाहते हैं। किसी का भाव-बोध अधिक जटिल है तो किसी की अपेक्षाकृत सरल, किसी की

सम्वेदना अधिक व्यक्तिगत है तो किसी की अधिक सामाजिक, किसी के संस्कार शहरी परिवेश के हैं तो किसी के देहाती, कोई प्रयोगवादी कविता के अन्तश्चेतनावादी स्वर से अधिक प्रभावित है तो कोई प्रगतिवादी कविता के सामाजिक स्वर से, कोई प्राकृतिक क्षेत्र में फैले ग्राम-जीवन की ओर अपने को विस्तृत करना चाहता है तो कोई यन्त्रपरिवेश में लिपटी नागरिकता में स्वयं को खोज रहा है। कोई गीत को पूरे लय-ताल और छन्द के निर्वाह के साथ निभाना चाहता है तो कोई खंडित लय-ताल का विधान करना चाहता है, कोई अपने चित्रों, बिम्ब-प्रतीकों और उपमानों में अधिक व्यक्तिवादी है तो कोई अधिक सामाजिक। इस विभिन्नता के बावजूद इन सब में प्रभाव-संगठन, आकार की लघुता और ताजगी का एक साम्य दिखाई पड़ता है।

अज्ञेय ने वैसे तो बहुत से गीत लिखे हैं, किन्तु नये गीत की परम्परा में आने वाले उनके गीत संख्या में थोड़े ही हैं। चिन्ता तक के उनके गीतों पर छायावाद का काफी प्रभाव है। नयी कविता के साथ चलने वाले उनकी गीत 'इत्यलम्' से शुरू होते हैं, किन्तु वे बहुत थोड़े हैं। अज्ञेय नये कवियों में सबसे अधिक व्यापक सम्वेदना और अनुभव के कवि हैं। अतः जहाँ तक सम्वेदना और अनुभूति का प्रश्न है अज्ञेय की कविताओं और गीतों में भी वैविध्य लक्षित होता है। उनमें स्वानुभूति की तीव्रता, बौद्धिकता का संयम और निरीक्षण की सूक्ष्मता होती है। प्रकृति चित्रों का विधान करते समय भी प्रकृति की तरलता में बहते नहीं, भीतर के उन्मेष को एक प्रौढ़ व्यक्ति की तरह सँजोकर नियोजित करते हैं। कहीं-कहीं जहाँ वे आदिम भाव से छू जाते हैं, वहाँ थोड़े से तरल हो जाते हैं, जैसे 'ओ पिया पानी बरसा' गीत में। अज्ञेय ने छन्द के क्षेत्र में स्वाधीनता बरती है। कवि छन्द की पंक्तियों को लय तो देता है, परन्तु उन्हें भाव-लय के अनुसार छोटी-बड़ी करता रहता है। कहीं-कहीं लय को तोड़कर उसे दूसरा मोड़ दे देता है। कहीं-कहीं गद्य का पुट देकर सहजता प्रदान करता है। 'पानी बरसा', 'शरद', 'वहाँ रात', 'ऋतुराज' और केतकी पूनो' अज्ञेय के प्रतिनिधि नये गीत ही हैं।

गिरिजाकुमार माथुर के गीतों में राग-तत्त्व अधिक है। इसे परिमार्जित रूमानियत भी कहा जा सकता है। अज्ञेय के गीतों में सधी हुई बौद्धिकता है जो उनके आदिम वासना वाले गीतों को भी कवि से निर्लिप्त बनाए रखती है किन्तु माथुर का भाव-बोध, शब्द प्रयोग, बिम्ब-विधान सभी रूमानी ढँग का है। चूँकि इनके गीतों का अन्तस्सम्बन्ध जन-प्रकृति से होता है अतः कवि की जो रूमानी सम्वेदना उभरती है वह विस्तृत फलक पर विन्यस्त दिखाई पड़ती है। माथुर के गीतों में रंगों का चटकीलापन और इन्द्रिय-बोधों की सजीव चित्रात्मकता पन्त जी का स्मरण कराती है। माथुर अनुभूति की सच्चाई वाली छोटी-छोटी गद्य-कविताओं को भी गीत मानते हैं। यानी यह कि गीत के लिए लय-ताल की आवश्यकता नहीं है। यह

एक अलग चर्चा का विषय हो सकता है, किन्तु इतना सच है कि बहुत-सी छोटी-छोटी अनुभूतिजन्य कविताएँ अपने प्रभाव की एकता, आकार-लघुता और क्षिप्रता के कारण प्रकृतितः गीत ही होती हैं; जैसे कि बहुत से ताल-तुक-लय से युक्त गीत अनुभूति और प्रभाव-एकता के अभाव में गीत नहीं होते। माथुर ने गीतों में नये प्रयोग किए हैं तुकान्तों में स्वतन्त्रता बरती है, लय को तोड़ा है, पंक्तियाँ छोटी-बड़ी रखी हैं।

धर्मवीर भारती अनुभूति और अभिव्यक्ति के रूमानीपन के कारण माथुर के बहुत निकट जा पड़ते हैं। लेकिन गिरिजाकुमार के रूमानी संस्पर्शों वाले गीतों में जहाँ सांकेतिकता और सूक्ष्मता है वहाँ भारती की प्रारम्भिक कविताओं में माँसल रंगीनी, आवेश, भावना की संयम-न्यूनता और रूप के उभार का आधिक्य है। इसलिए भारती के चित्र अधिक उभरे हुए हैं। भारती में आदिम पीड़ा का आकर्षण है, लोक-जीवन के चित्रों के प्रति अनुराग है। लोक-चित्रों के बीच जहाँ वे आदिम पीड़ा को उभारते हैं वहाँ उनका गीत लोकगीतों की-सी आन्तरिक व्यथा और उल्लास से भर जाता है, किन्तु जहाँ वे रूप-लुब्ध होकर प्रणय-निवेदन करते हैं या अपनी प्यास व्यक्त करते हैं वहाँ सारे नवीन रूमानी प्रयोगों के बावजूद उनकी कैशोर भावुकता उभर आती है, यथा—'गुनाहों का गीत' में, किन्तु भारती के इधर के गीतों में रूप की माँसलता के स्थान पर सम्वेदना की गहराई, उभार के स्थान पर सांकेतिकता और आवेग के स्थान यर संयम उगा है। 'सात गीत वर्ष' के गीतों में या 'कनुप्रिया' की गीतात्मक मनःस्थितियों में हमें दर्द या उल्लास की एक ऐसी अन्तर्वर्ती धारा दिखाई देती है जो अपनी निर्व्याजता में बड़ी मोहक है। इन गीतों में संवेगों का पारस्परिक संक्रमण और प्रश्नाकुलता भी लक्षित होती है, चिन्तन के स्वर भी उभरे हैं। 'फागुन की शाम' की कुछ पंक्तियाँ द्रष्टव्य हैं—

घाट के रस्ते उस बँसवट से
इक पीली-सी चिड़िया
उसका कुछ अच्छा-सा नाम है
मुझे पुकारे, ताना मारे
भर आएँ आँखड़ियाँ
उन्मन यह फागुन की शाम है।

शम्भुनाथ सिंह का गीतकार कई संस्कारों से जुड़ता और उन्हें तोड़ता हुआ, युग-चेतना के प्रति प्रबुद्ध होता हुआ विकास करता गया है। आरम्भिक कविताएँ छायावादी संस्कार में लिखी गयी हैं जिनमें कोमलकान्त पदावली में व्यक्तिगत प्रेम और सौन्दर्य के स्वर सुनाई पड़ते हैं। आगे चलकर कवि प्रगतिवाद का सामाजिक स्वर स्वीकार करता है, किन्तु वह स्वर लगता है कवि के जीवन से नहीं फूट सका है और उसे उसने अपने दायित्व-बोध के फलस्वरूप स्वीकार किया है। हाँ,

प्रगतिवाद के प्रभाव में कवि लोक-जीवन की ओर उन्मुख अवश्य हुआ है : फलस्वरूप लोक सम्वेदना को लेकर लोक-परिवेश में कवि ने कुछ बहुत ताजा और व्यक्तित्वपूर्ण गीत लिखे हैं। शम्भुनाथ सिंह के गीतों में सम्वेदना की नवीनता ही नहीं आयी है, वैविध्य भी आया है; संश्लिष्टता और सूक्ष्मता भी आयी है। 'और कहाँ तक ले जाओगे मन मेरे' गीत में मानव की निर्बाध प्रगति का बड़ा ही सांकेतिक अंकन हुआ है। शम्भुनाथ सिंह मूलतः तरल प्रकृति के कवि हैं। अतः वे अपने गीतों में चाहे जहाँ की भी सम्वेदना दे रहे हों, तरलता और स्निग्धता को बनाए रखते हैं। अतः उनकी शब्द-योजना में जहाँ एक ओर बड़ी ही अन्विति दीखती है, वहाँ दूसरी ओर एकरसता।

नरेश मेहता ने वैदिक गीतों के परिवेश में प्रकृति के कुछ मौलिक और बड़े ही सजीव चित्र अंकित किए हैं। इन गीतों में भी रूमानीपन है, परन्तु शृंगारिक नहीं, प्रकृति सम्बन्धी। प्रकृति के उन उपकरणों को नये परिवेश में नियोजित कर उन्हें मानवीय रूप और बोध दिया गया है। आदिम प्रकृति बड़े ही चित्रात्मक रूप में उभरी है। 'उषस्' के चारों ओर गीत, 'जन गरवा-चरैवेति' तथा 'उषस् : अश्व की वल्गा', आदि गीत नरेश के ऐसे श्रेष्ठ गीत हैं जिनमें प्रकृति का मानवीकृत ताजा और सशक्त रूप उभरा है। 'पीले फूल कनेर के' जैसे गीतों में रूमानी रूप ही नहीं रूमानी सम्वेदना भी उभरी है। नरेश मेहता के गीतों के बिम्ब पौराणिक, वैदिक और प्राकृतिक परिवेश के बीच से चुने गये हैं।

वैसे तो नयी कविता लिखने वाले अनेक कवि गाहे-ब-गाहे गीत लिख लेते हैं, किन्तु गीत के क्षेत्र से विशेषतः सम्बद्ध हैं, शम्भुनाथ सिंह, ठाकुर प्रसाद सिंह, जगदीश गुप्त, केदारनाथ सिंह और रवीन्द्र भ्रमर। ठाकुर प्रसाद सिंह का 'वंशी और मादल' बहुत ही महत्त्वपूर्ण गीत संग्रह है। संथाली जीवन के प्रेम के उछाह और दर्द को कवि ने सार्थक वाणी दी है। 'वंशी और मादल' के प्रेम-गीत प्रेम की हाट लगाने वाले पिछले गीतों के समान फैले हुए या कि पिष्ट-पेषित नहीं हैं। वे तीव्र, सूक्ष्म तथा अनुभव की गहनता और मार्मिकता से स्पन्दित हैं। ये गीत आकार में अत्यन्त छोटे हैं। एक अनुभूति सहजतः जितना आकार ले सकती है बस, वहीं तक ले जाकर छोड़ दी गयी है, उसे तुक-ताल के मोह में अनावश्यक रूप से खींचा नहीं गया है। लोक-चित्रों, लोक-बिम्बों और लोक-प्रतीकों से युक्त ठाकुर प्रसाद सिंह के ये नये गीत यदि एक ओर सांकेतिक हैं तो दूसरी ओर सहज और संवेद्य।

जगदीश गुप्त नयी कविता के प्रौढ़ समर्थक होकर भी गीतों के विरोधी नहीं हैं, बल्कि गीत रचना में उनकी रुचि गहन है। ये अपने गीतों में किसी एक रूप, किसी एक दृश्य की बारीक रेखा को पूर्णतः उभारकर रख देते हैं और उन रेखाओं से जो चित्र बनता है वह प्राचीन शैली के चित्रों-सा आकृति-मूलक नहीं होता है। हाँ, यह अवश्य कहा जा सकता है कि उनकी रेखाओं के पीछे जितनी सूक्ष्म

निरीक्षण की दृष्टि होती है उतनी भाव-स्पन्दित अनुभूति नहीं। वे राग को चित्रों से बहुत दूर तक नहीं जोड़ पाते। फिर भी, चित्रात्मक सांकेतिकता, रूप की संश्लिष्टता और उससे उद्भूत प्रभावान्विति इनके गीतों में दर्शनीय होती है।

केदारनाथ सिंह प्रकृति से ही गीत-कवि हैं। गिरिजाकुमार की भाँति वे भी अनुभूति की एकान्तिकता और तीव्रता वाली अछन्दात्मक कविताओं को भी गीत कहते हैं। उनके अधिकांश गीत प्रकृति सम्बन्धी हैं। किन्तु उनकी प्रकृति किसी चित्रकार की अपेक्षा कवि के राग-बोध से सम्पृक्त प्रकृति है। चूँकि केदारनाथ सिंह की प्रकृति लोक-जीवन के भीतर फैली हुई है, इसलिए उसके मूल सम्वेदन स्वर उसमें मुखर हैं। कवि प्रकृति को मात्र चित्रण हेतु नहीं, बल्कि प्रत्येक रेखा के भीतर से सम्वेदना का स्वर उभारने के लिए अंगीकृत करता है। यह व्यक्ति जैसे लोक-सम्वेदना का भोक्ता व्यक्ति है। अतः उसकी निजी अनुभूति लोकानुभूति बन जाती है। या यों कहिए कि एक सम्वेदनशील व्यक्ति प्रकृति के परिचित दृश्यों व्यापारों के बीच जिन सूक्ष्म प्रभावों और अदृश्य बोधों को ग्रहण-सा करता है (मगर कह नहीं पाता) उन्हें केदारनाथ सिंह ने अनुकूल बिम्बों और लाक्षणिक प्रयोगों द्वारा ध्वनि दी है। यथा फागुन के दिनों की अव्यक्त मिठास, कसमसाते हुए उल्लास और उसके बोध के सूक्ष्म स्तरों को कवि ने इस प्रकार वाणी दी है :

ये बाँधे नहीं बँधते बाँहें रह जातीं खुली की खुली
ये तोले नहीं तुलते इन पर ये आँखें तुली की तुली
ये कोयल के बोल उड़ा करते इन्हें थामे हिया रहता!

केदारनाथ सिंह के गीतों में लोक-जीवन के छन्द, ताल, लय बिम्ब, प्रतीक के सफल प्रयोगों के कारण एक अद्भुत ताजगी, सम्वेदना की सहजता तथा आन्तरिकता आ गयी है।

रवीन्द्र भ्रमर का निजी व्यक्तित्व उनकी छन्द-मुक्त कविताओं की अपेक्षा गीतों में अधिक स्पष्ट हुआ है। भ्रमर ने भी गीतों की रचनारम्भ छायावादी प्रभाव की छाया में ही किया, किन्तु निरन्तर वे जीवन की सहजता और गीत-कला की मूल धर्मिता के प्रति भी सजग होते गये। इसीलिए इनके नये गीतों में अनुभव की सच्चाई और लोक संवेगों के प्रति उन्मुखता द्रष्टव्य है। कहीं-कहीं बड़े ही ताजा बिम्ब प्रयुक्त हुए हैं, यथा—'सीढ़ी से सरक गयी धूप, कलशों पर ठहर गयी शाम' गीत में, किन्तु फिर भी ऐसा लगता है कि भ्रमर के गीत समग्र रूप से लोक-जीवन की जीवन्त चेतना से उतने सम्पृक्त नहीं हैं जितने कि उसके रूमानी वातावरण से। प्रचलित प्रेम-भावना, लोक-शब्दावली तथा भुक्त सौन्दर्य को ही स्वीकार कर लेने के कारण कवि के गीतों में अपेक्षित शक्ति और ताजगी की न्यूनता है।

उपरिचर्चित गीत-कवियों के अतिरिक्त कुछ ऐसे नये गीतकार भी हैं जिनका

व्यक्तित्व अभी उभर रहा है। उनके प्रकाशित थोड़े से ही गीतों से उनकी सम्भावनाएँ स्पष्ट होने लगी हैं। महेन्द्र शंकर के ग्राम-प्रकृति के वातावरण में रचित रूमानी सम्वेदना के कुछ गीत बहुत ही ताजा हैं। 'यह हवा' तथा 'एक रंग : पाँच फूल' जैसे गीत उदाहरण हो सकते हैं।

अत्यन्त नये गीतकारों में ओम प्रभाकर, देवेन्द्र कुमार और नरेश सक्सेना के नाम बहुत साफ तौर से उभर रहे हैं। वैसे पत्र-पत्रिकाओं में और भी कई नये कवियों की सुन्दर गीत रचनाएँ द्रष्टव्य होती हैं, किन्तु स्तर की असमानता के कारण निश्चिततः कुछ कहा नहीं जा सकता, किन्तु ओम प्रभाकर और नरेश सक्सेना के सारे प्रकाशित गीतों में एक व्यक्तित्व लक्षित होता है। ओम प्रभाकर के गीतों में घरेलू जीवन का दर्द बड़ी सहजता से उभरता दिखाई देता है। प्रेम का दर्द, प्रतीक्षा का दर्द, घर के अभाव का दर्द, घर से बिछुड़ने का दर्द और इस दर्द की अभिव्यक्ति के लिए घरेलू बिम्ब और प्रतीक बड़ी सफाई से नियोजित किए गये हैं। गीत आकार में छोटे हैं—साफ-सुथरे पर अनीदार। नरेश सक्सेना के गीतों में दर्द है। आज के व्यक्ति का निजी दर्द, भीड़ में अकेलेपन का दर्द, खोखली हँसी में आँसू का दर्द...। और दर्द की अभिव्यक्ति यहाँ भी बड़े ही बिम्बात्मक रूप में पर सहज लगती-सी हुई है। इन दोनों कवियों का दर्द एक सीमित क्षेत्र के भीतर अनुभूति की सच्चाई पाकर उभरता दिखाई पड़ता है, अतः इनमें कोई दर्शन नहीं है बनावट नहीं है; दर्द है, बस, सच्चा दर्द।

इस प्रकार प्रायः सम्पूर्ण गीत-सृजन के आकलनोपरान्त हम पाते हैं कि सम्प्रति उसका मूल सम्बन्ध दो वस्तुओं से ही अधिक है—प्रकृति और प्रेम-सौन्दर्य से। किन्तु यहाँ प्रेम-सौन्दर्य का पिष्टपेषित रूप नहीं है। हर कवि ने उसे अपने-अपने ढंग से नये बिम्ब-प्रतीकों, नये शब्दों और शैली द्वारा अभिव्यक्त किया है। नये गीतकारों ने लोक-जीवन से सम्पृक्त होकर उसकी सही सौन्दर्य-भावना, प्रेम-भाव, राग बोध, प्रकृति-छवि तथा दर्द और उल्लास को अपनी अनुभूति का अंग बनाकर व्यक्त किया है इसीलिए वे पर्याप्त सशक्त, ताजा और प्राणपूर्ण कविताओं को जन्म दे सके हैं। यह नये हिन्दी गीत-सृजन की एक बड़ी उपलब्धि है कि उसने काव्य के दो शाश्वत पारम्परिक तत्त्व प्रकृति और प्रेम को नव्यता प्रदान की है—समसामयिक जीवन की नव्यता।

नये गीत को नवीन सामाजिक यथार्थ की अभिव्यक्ति का माध्यम बनाकर चलने वाले गीतकार भी हैं जिनमें बाल स्वरूप राही और वीरेन्द्र मिश्र के नाम उल्लेख्य हैं।

रमेश रंजक ने प्रकृति-सौन्दर्य के बहुत टटके चित्र दिए हैं और इधर के लोकगीतों की ओर मुड़े हैं। इनमें वे सही ढंग से लोक-पीड़ा और संघर्ष को उभार रहे हैं।

नये गीत—फिर भी मैं निस्संकोच कहना चाहूँगा कि नयी कविता के पूरक हैं

अर्थात् नये गीत आज के सम्पूर्ण कथ्य को अभिव्यक्ति नहीं दे सकते। और ऐसा उन्हें करना भी नहीं चाहिए क्योंकि ऐसा करने से तो वे पुराने कथ्यात्मक गीतों का पुनर्प्रकाशन करने लगेंगे। गीत की अपनी विधा है और उसमें नित नवीन प्रयोग होते रहने चाहिए और आज के गीतों में नयी कविता के समान ही समसामयिक जीवन-सत्यों की अभिव्यक्ति हो भी रही है, किन्तु नयी कविता जहाँ प्रदीर्घ और जटिल हो सकती है, उसमें पर्याप्त दूर तक खंडित बिम्बों के माध्यम से जीवन के खंडित सत्य जहाँ समेटे जा सकते हैं वहाँ नया गीत आकार-लघुता और प्रभावान्विति की अपनी विशिष्टताओं के कारण नयी कविता के इन क्षेत्रों को वर्जित ही रख सकता है। अतः नये गीत नयी कविता के सहवर्ती हैं, विरोधी नहीं।

गोदान : यथार्थ के अन्तर्विरोधों की पहचान

कोई भी रचना अपनी शक्ति खींचती है यथार्थ से और यथार्थ सपाट या एक आयामी नहीं होता, वह संश्लिष्ट और जटिल होता है। इस संश्लिष्टता और जटिलता की निर्मिति में अन्तर्विरोधों की बहुत बड़ी भूमिका होती है। नयी शब्दावली में कह सकते हैं कि समाज और मन की संरचना अनेक विरोधी तत्त्वों से होती है। उसकी प्रकृति द्वन्द्वात्मक है। व्यक्ति व्यक्ति के रूप मे भी और एक वर्ग के प्रतिनिधि के रूप में भी अन्तर्विरोधों से ग्रस्त रहता है। उसी प्रकार एक पूरा वर्ग मानवीयता और अमानवीयता, सदाशयता और क्षुद्रता के अन्तर्विरोधों से तना रहता है। लेखक की एक दृष्टि होती है। उसे कहाँ पहुँचना है, कुल मिलाकर क्या स्थापना करनी है, किसे सहानुभूति देनी है, यह उसे जानना-पहचानना होता है, किन्तु उसकी यात्रा बहुत जटिल होती है। यात्रा की सारी जटिलता, अन्तर्विरोध-ग्रस्तता, आयाम-बहुलता को तटस्थ होकर पहचानना होता है और इस तरह रचना की पूरी प्रक्रिया में यथार्थ के पूरे ताप का अनुभव करना-कराना होता है। तभी उसकी रचना प्राणवान होती है, तभी वह अपने आनेवाले युगों के लिए प्रासंगिक बना रहता है। प्रासंगिक बनने का यह अर्थ होता है कि रचना अपने काल का अतिक्रमण कर आनेवाले युगों में भी जीवित रहे और यह प्रासंगिकता रचना की सर्जनात्मक शक्ति से बनती है, मात्र उसके बड़े विषय, उसकी मानवीय दृष्टि, उसके बड़े दर्शन आदि से नहीं। ये सभी रचना की शक्ति के साधन बनकर स्वयं अर्थवान होते हैं और रचना के अर्थ को बढ़ाते हैं, ऊपर से ये अपना महत्त्व नहीं प्राप्त कर सकते।

प्रेमचन्द के कथा-साहित्य में शुरू से ही अभिशप्त समाज की पीड़ा की अभिव्यक्ति और उसके प्रति लेखक की अक्षय सहानुभूति दिखाई पड़ती है। इतना ही नहीं, ये तो मनुष्य मात्र की सदाशयता में विश्वास रखते हैं और उच्च वर्गों के लोगों के भीतर निहित मानवीय ज्योति को भी बार-बार उद्‌घाटित करते हैं। इतनी मानवीय करुणा अन्यत्र दुर्लभ है, किन्तु प्रेमचन्द इसी से बड़े कथाकार नहीं बन जाते। उनकी कथा की शक्ति का संकेत भी प्रारम्भ से ही मिलने लगा था।

कितना अच्छा लगा था यह देखना कि उन्होंने तिलस्मी, ऐयारी, जासूसी उपन्यासों के मनोरंजक, किन्तु काल्पनिक मायालोक तथा सामाजिक उपन्यासों के उथले और एक आयामी यथार्थ-लोक का निषेध कर अनेक समस्याओं, आकांक्षाओं, सुख-दुःखों और चरित्रों के जटिल सम्बन्धों से बने हमारे आसपास के समाज की प्रामाणिक पहचान उभारी थी। पहली बार हमें लगा था, उपन्यास और कुछ नहीं, हमारी सामाजिक जिन्दगी की सच्ची तस्वीर है। यानी प्रेमचन्द के कथा-साहित्य की शक्ति इस सामाजिक जिन्दगी की पहचान में निहित थी जिसमें तरह-तरह के लोग थे, जहाँ अनेकता में एकता और एकता में अनेकता थी। जहाँ सभी लोग स्वार्थ और त्याग, सुख और दुःख, क्रोध और करुणा, क्षुधा और प्यास से पीड़ित थे और जहाँ सारे सम्बन्धों, मूल्यों और सोच-समझ के मूल में नियन्ता के रूप में अर्थ था। प्रेमचन्द की कथा-प्रतिभा धीरे-धीरे उसी की पहचान कर रही थी। भले ही वह आदर्शवाद, काल्पनिक सुधारवाद में भटक जाती थी, किन्तु उसके पाँव यथार्थ की जमीन पर ही थे और 'आदर्शवाद जहाँ यथार्थ की प्रकृति से जुड़ जाता है। वहाँ वह रचना की शक्ति बन जाता है' इसके भी संकेत बार-बार उभरते थे। जहाँ प्रेमचन्द अन्तर्विरोधग्रस्त यथार्थ की जमीन की अपेक्षा सीधे-सादे आदर्श की ओर मुड़े हैं—प्रक्रिया में भी और परिणति में भी—वहाँ वे रचनात्मक शक्ति नहीं प्राप्त कर सके हैं। 'गोदान' उनका अन्तिम पूर्ण उपन्यास है। यह उपन्यास जैसे उनकी शक्ति का चरम बिन्दु है। अर्थात् प्रेमचन्द की मूलभूत कथाशक्ति यहाँ अपना चरम विकास पा लेती है इसलिए इसमें आद्योपान्त यथार्थ के अन्तर्विरोधों की गहरी पहचान दिखाई पड़ती है।

'गोदान' कृषक जीवन का औपन्यासिक दस्तावेज है। इसमें कृषक-जीवन का यथार्थ अपनी अनेक बाहरी और भीतरी पर्तों के साथ उद्घाटित हुआ है। कृषक-जीवन को इतनी गहराई से देखने का ही परिणाम है कि इस उपन्यास में यथार्थ का एक पक्षीय रूप नहीं उभरता; चाहे मनोवैज्ञानिक यथार्थ हो, चाहे सामाजिक। मन से मन का, परिस्थितियों में परिस्थितियों का, परिस्थितियों से मनःस्थितियों का तनाव चलता रहता है और इसी क्रम में अन्तर्विरोध उभरते रहते हैं। इस उपन्यास में अन्तर्विरोधों की पहचान तो आद्योपान्त है, किन्तु अन्तर्विरोधों का रचनात्मक इस्तेमाल सर्वत्र नहीं है। अन्तर्विरोध मेहता में भी है, मालती में भी है, खन्ना में भी है, ओंकारनाथ में भी है और मिर्जा में भी है, लेकिन ये उपन्यास की केन्द्रीय चेतना के साथ अपरिहार्य भाव से नहीं जुड़ते अर्थात् इनका रचनात्मक इस्तेमाल नहीं किया गया है। गाँव केन्द्र में है और उपर्युक्त पात्रों की कथाएँ गाँव के बाहर घूमती रहती हैं। घूमती-घूमती हल्के से कहीं गाँव को छू देती हैं, किन्तु अपना गहरा असर उस कथा पर नहीं छोड़तीं। हाँ, कुल मिलाकर ये शहरी संस्कृति का रूप खड़ा करती हैं और यह कहा जा सकता है कि गाँव के समानान्तर शहर को खड़ा कर

दोनों की विषमताओं को दिखाया गया है, किन्तु 'गोदान' की शक्ति इस समानान्तरता में नहीं है, बल्कि गाँव के यथार्थ की गहरी पहचान में है। इस पहचान में यदि शहर होता तो रचनात्मक स्तर पर उसकी स्वीकृति की जा सकती थी, किन्तु यदि वह गाँव के समानान्तर एक अलग ही कथा कहता है तो वह कथा चाहे कितनी ही अन्तर्विरोधों से बनी हुई हो, उपन्यास की शक्ति को बढ़ाने के स्थान पर खण्डित ही करती है और मुझे लगता है कि 'गोदान' की शक्ति खंडित हुई है।

'गोदान' गाँव के छोटे किसानों की व्यथा-कथा है। केन्द्र में है होरी नामक किसान। लेखक शुरू से ही होरी और उसके वर्ग को उनकी पूरी शक्ति-अशक्ति, गुण-दोष, राग-विराग के साथ पहचानने के लिए प्रयत्नशील रहा है। सबसे बड़ा अन्तर्विरोध इस वर्ग की सामाजिक नियति और स्थिति का है। होरी किसान है। किसान की स्थिति है उसका खेतिहर होना। खेती के साथ गाय का अपरिहार्य सम्बन्ध है। किसान की जीविका है खेती और खेती का मूलाधार है गाय। गाय किसान की सम्पत्ति भी है, स्वास्थ्य भी है और उसके धर्मप्राण मन की माँ भी है। होरी अपने घर गाय रखना चाहता है। कितनी छोटी-सी आकांक्षा है और उसकी स्थिति के परिप्रेक्ष्य में कितनी प्रासंगिक है, किन्तु उसकी सामाजिक नियति उसकी स्थिति के विरुद्ध है। यह विरोध होना नहीं चाहिए। किसान केवल गाय चाह रहा है कार नहीं, किन्तु शोषक समाज द्वारा बनायी गयी उसकी नियति उसके विरुद्ध तनी हुई खड़ी है। स्थिति और नियति का यह अन्तर्विरोध न जाने कितनी समस्याएँ खड़ी कर देता है और इस अन्तर्विरोध के कारण ही होरी की आर्थिक स्थिति और आकांक्षा का भी अन्तर्विरोध दिखाई पड़ने लगता है, यद्यपि है नहीं। होरी अभावग्रस्त होता हुआ भी गाय लाने की आकांक्षा करता है। यह वास्तव में अन्तर्विरोध नहीं है। किसी किसान का गाय की आकांक्षा पालना अन्तर्विरोध नहीं है, किन्तु किसान से खेती कराने वाला, उस खेती का फल भोगने वाला समाज जब उसे गाय तक नहीं दे पाता तब उस शोषक समाज का सब कुछ ले लेने और कुछ न देने का अन्तर्विरोध तेजी से उभरता दिखाई पड़ता है। 'गोदान' में अभिव्यक्त कृषक जीवन का यथार्थ मुख्यतः इसी अन्तर्विरोध से निर्मित है।

केन्द्र में किसान है। उसके एक ओर विद्रूप सामाजिक, राजनीतिक और आर्थिक व्यवस्था है, दूसरी ओर उसके अपने अन्धविश्वास और रूढ़ि-पूजा है, तीसरी ओर उसके सारे मानवीय आचरण के साथ उसके छोटे-छोटे स्वार्थ, काँइयाँपन और ईर्ष्या-द्वेष हैं। इन सबके पारस्परिक तनाव से कृषक जीवन का यथार्थ बना हुआ है। प्रेमचन्द इस बात को स्पष्ट रूप से पहचान रहे थे कि पैसा आज सारी व्यवस्था के केन्द्र में है। यह पहचान 'गोदान' में सर्वाधिक सघन हुई है। और यह पैसा पारम्परिक मूल्यों, सम्बन्धों, धार्मिक विश्वासों और मानवीय सोच से टकराकर व्यक्ति और

समाज में अन्तर्विरोध उत्पन्न करता है। किसान के जीवन को चूसने वाली उसके चतुर्दिक व्याप्त अपशक्तियाँ हैं—जमींदार (राय साहब), उसका कारिन्दा (नोखेराम), पटवारी (पटेसरी), साहूकार (मँगरू और दुलारी), गँवई छोटे जमींदार (झिंगुरी सिंह), पुरोहित (दातादीन)। ऊपर से ये सभी किसान के हितैषी हैं क्योंकि ये सभी किसान को आड़े समय पर कर्ज देते हैं। ये सभी अपने आप बने हुए किसानों के रहनुमा हैं क्योंकि किसानों के गलत कामों का दंड देते हैं। इनकी अपने आप बनी हुई पंचायत है जो किसानों के भले-बुरे कामों का फैसला करके उनहें दंडित करती रहती है। ये सभी अपनी वाणी में देवता हैं, लेकिन आचरण में राक्षस हैं। इनकी दृष्टि में मूल्य के नाम पर स्वार्थ होता है, पैसा होता है। मूल्य और अर्थ का, वाणी और आचरण का भयानक अन्तर्विरोध इनमें दिखाई पड़ता है। यह भी अन्तर्विरोध ही है कि ये एक-दूसरे से कटे हुए हैं, किन्तु किसानों के शोषण के समय एक हो उठते हैं जैसे उनमें यह गुप्त समझौता हो। मूल्य और आचरण का अन्तर्विरोध देखने के लिए राय साहब का विश्लेषण किया जा सकता है।

राय साहब शुरू में ही होरी से अपना दुःख-दर्द बयान करते हैं। यह दुःख-दर्द उनका अपना तो है ही उनके वर्ग का भी है। राय साहब को उनकी हैसियत के अनुसार ही लेखक ने प्रतिष्ठा दी है। गाँव के अन्य शोषकों के भी व्यक्तिगत दुःख-दर्द को छुआ गया है, किन्तु वे प्रमुखतः वर्गीय शोषक-वृत्ति के प्रतिनिधि होकर आए हैं। इसलिए उनमें वर्गीय मूल्य-प्रवचन और मूल्यहीन आचरण का अन्तर्विरोध ही प्रमुख है—व्यक्तिगत दर्द और वर्गीय शोषक का तनाव गौण हो गया है; किन्तु राय साहब के व्यक्तिगत जीवन के दुःख-दर्द को भी लेखक ने देखा है इसलिए राय साहब के सन्दर्भ में अन्तर्विरोध बहुआयामी हो गया है। राय साहब जमींदार हैं। वे जमींदार-सुलभ सत्ता, सुविधा और प्रतिष्ठा का भोग करते हैं, किन्तु व्यक्तिरूप में वे अनेक जमींदारों की अपेक्षा अधिक कोमल, मानवीय और सम्भ्रान्त दीखते हैं इसलिए अनेक निजी पीड़ाओं से गुजरते भी हैं और साफ रूप में होरी जैसे मामूली किसान से कहते भी हैं। इसलिए एक ओर उनका सामाजिक अधिकार है तो दूसरी ओर बहुत-सी भीतरी रिक्तताएँ हैं; विवशताएँ हैं। दोनों का तनाव चलता है। फिर अन्तर्विरोध का एक दूसरा आयाम उभरता है— किसानों के हितैषी राय साहब और शोषक राय साहब के बीच। राय साहब होरी के आगे किसानों के प्रति अपनी मानवीय करुणा, सहानुभूति यानी मूल्य-दृष्टि की अभिव्यक्ति करते हैं। सब कुछ बहुत सच्चा, बहुत प्रामाणिक लगता है, किन्तु पैसा मूल्य-चेतना से टकराता रहता है। उन्हें समारोह के लिए पैसे चाहिए। वे पैसे कहाँ से आएँगे, किसानों से ही आएँगे न। वे होरी से कहते हैं कि किसानों को भेंट लेकर आने के लिए प्रेरित करे। ऊपर-ऊपर से ऐसा लगता है कि वे होरी को बहुत चाहते हैं। होरी उनकी प्रसन्नता पाने के लिए उनके यहाँ प्रायः जाया करता है। गोबर और

धनिया इसका विरोध करते हैं, किन्तु लगता है कि होरी के प्रति राय साहब की सारी सहानुभूति ऊपरी है। जब पंच लोग झुनिया और गोबर के विवाह के सिलसिले में होरी को दंडित करते हैं तो पाठक को यह आशा होती है कि राय साहब इसका विरोध करेंगे। वे विरोध करते भी हैं किन्तु शीघ्र ही उनके भीतर का स्वार्थ खुलने लगता है। जब शुरू-शुरू में नोखेलाल को डाँटते हैं तो लगता है कि होरी की तकलीफ उन्हें छू गयी है, किन्तु पाठक को शीघ्र ही मालूम होने लगता है कि नहीं, वे दंड का विरोध नहीं कर रहे हैं विरोध इस बात का कर रहे हैं कि दण्ड के रुपये उन्हें क्यों नहीं दिए गये? क्यों पंचों ने खुद खा लिए? यहाँ भी एक बात का महत्त्व की दिखाई दे रही है कि राय साहब व्यक्तिगत स्वार्थों के आधार पर ही स्वार्थी समूह से जुड़े हैं और उससे टकराते भी हैं। राय साहब सामन्ती व्यवस्था के प्रतिनिधि हैं—इसलिए उनमें सामन्ती दर्प है। एक काल्पनिक प्रतिष्ठा का बोध तथा अहंकार उनके कोमल, शान्त और मानवीय से दीखने वाले आचरण के भीतर सजग है। यह भी एक तीखा अन्तर्विरोध है कि एक ओर वे अपनी तथाकथित प्रतिष्ठा और अहंकार की रक्षा के लिए राजा सूर्यप्रताप के विरुद्ध चुनाव लड़ते हैं तो दूसरी ओर चुनाव के लिए पैसे प्राप्त करने के लिए खन्ना और तंखा के सामने गिड़गिड़ाते-से हैं और अपमानित भी होते हैं। सामन्तवाद अपने दायरे में भले ही अपने दर्प की टंकार कर ले, किन्तु यह सच है कि वह पूँजीवाद से आहत और हतप्रभ हो रहा है।

लेखक ने राय साहब, खन्ना, मेहता, तंखा मिर्जा, मालती आदि सभी के अन्तर्विरोधों का उद्‌घाटन कर न केवल यथार्थ की जटिल पर्तों की पहचान उभारी है वरन् प्रकारान्तर से उन पर व्यंग्य भी किया है, चोट भी की है। यानी वे उच्च वर्ग की असंगतियों का मात्र उद्‌घाटन नहीं करते, उन असंगतियों के अमानवीय रूप को रेखांकित भी करते हैं—कहीं मजाक के रूप में, कहीं गम्भीर रूप में। धनुषयज्ञ के समय मेहता का खान बनकर आना एक मजाकिया प्रसंग है जो मालती के रूप के दीवाने या नारी की मर्यादा की रक्षा का दम भरने वाले उनके पुरुषत्व के खोखलेपन और सुन्दरी मालती के लालचीपन को नंगा कर देता है। पौरुष का दम्भ और कायरता का अन्तर्विरोध उद्‌घाटित होकर पूरे सभ्य समाज पर चोट करता है। इसी प्रकार शिकार खेलने गये हुए इन सभ्य लोगों की अलग-अलग जोड़ी की व्यावसायिक बातचीत बहुत गम्भीर रूप में इन पर चोट करती है। ये सुविधा-सम्पन्न लोग हैं। सुविधाएँ सुख के लिए, हँसी-खुशी के लिए होती हैं किन्तु ये सुविधा-सम्पन्न लोग हँसी-खुशी के अवसर पर भी वास्तविक सुख नहीं प्राप्त कर पाते, अपनी व्यावसायिक हरकतों में ही डूबे रहते हैं। मालती और उस वन-कन्या को आमने-सामने तानकर लेखक ने बाहरी सौन्दर्य और भीतरी कुरूपता तथा बाहरी असौन्दर्य और भीतरी सुन्दरता के अन्तर्विरोध को अच्छी तरह उद्‌घाटित

किया है। इतना ही नहीं, वन-कन्या के निश्छल सेवा-भाव और मालती के प्रति उसके दर्प का तनाव एक अद्‌भुत प्रभाव की सृष्टि करता है। प्रेमचन्द यथार्थ के तटस्थ चितेरे ही नहीं थे, वे प्रत्यक्ष या परोक्ष रूप में अभिशप्त समाज के पक्षधर भी थे। उनकी पक्षधरता धीरे-धीरे अधिक कलात्मक बनती गयी और 'गोदान' में उसने प्रौढ़ि पा ली। यही वजह है कि 'गोदान' में किसान पात्रों की व्यक्तिगत तथा वर्गीय विसंगतियों या अन्तर्विरोधों को बहुत तटस्थता से पहचाना गया है, लेकिन इस अन्तर्विरोध के उद्‌घाटन से किसानों की बेबसी और यातना की नियति ही अधिक खुलती है। पाठकों को उसके प्रति एक गहरा लगाव अनुभव होता है, करुणा का अनुभव होता है, उपहास जुगुप्सा या रोष का कोई स्वर उसके भीतर नहीं उभरता। इसका कारण यह है कि यह वर्ग लगातार सुविधाभोगी वर्ग से दुहा गया है, अशिक्षित, अन्धविश्वासी, अभावग्रस्त बनाया गया है। वह मानवीय तो है, करुणा सम्पन्न तो है, भोला-भाला तो है, किन्तु अपने अभावों के कारण छोटे-छोटे स्वार्थों, छोटी-छोटी अमानवीय हरकतों, छोटे-छोटे झूठ और राग-विराग से ग्रस्त हो जाता है। प्रेमचन्द ने किसानों या छोटे वर्गों को ऐसे सामाजिक परिप्रेक्ष्य में उभारा है कि वे अपने राग-विराग, त्याग-स्वार्थ, भोलेपन और काँइयाँपन, आदि के द्वन्द्व में उफनते हुए, गिरते-पड़ते हुए पाठकों के मन में एक अजीब दर्द पैदा करते हैं, साथ ही एक बड़े सामाजिक यथार्थ की सही पहचान पैदा करते हैं।

उपन्यास की कथा होरी और धनिया की बातचीत से शुरू होती है। राय साहब के सन्दर्भ में दोनों में एक हल्की-सी टकराहट होती है और खेती-गृहस्थी का एक परिवेश भी उभरता है। कुल मिलाकर किसानी परिवेश के बीच किसान की यह मजबूरी उभरकर सामने आती है कि लगान आदि देने के बावजूद किसान को जमींदार की खुशामद करनी होती है, वक्त-वक्त पर उसका दरबार करना होता है, बेगार करनी होती है। धनिया की हीनावस्था, पारिवारिक अभाव, जमींदार की जी-हुजूरी के प्रति उसके विद्रोह के साथ होरी की जमींदार के यहाँ जाने की इच्छा को तानकर लेखक किसान की मजबूरी और अभाव को अत्यन्त जटिल और संक्रान्त बना रहा है और पाठक की सहानुभूति उसके साथ जोड़ रहा है कि उसका एक नया रूप सामने आ जाता है। भोला के साथ होरी की मुलाकात हो जाती है। यह मुलाकात होरी के एक दूसरे रूप को सामने ला देती है। लेखकीय टिप्पणी तथा चरित्र-चित्रण दोनों ही रास्तों से लेखक किसान की छोटी स्वार्थपरता और काँइयाँपन को उजागर कर देता है अर्थात् वह किसान को गौरवान्वित करने के लिए केवल उसके सद् पक्ष तक ही सीमित नहीं है, उसके चरित्र की विपरीत दिशाओं का भी उद्‌घाटन करता है। होरी भोला से मिलने के पहले तक राय साहब से मिलते रहने के लाभ के नशे में था। उसे लगता था कि इस भेंट-मुलाकात के कारण ही दोनों ओर खेतों में काम करने वाले किसान उसे देखकर राम-राम करते

और सम्मान भाव से चिलम पीने का निमन्त्रण देते थे। पर उसे इतना अवकाश कहाँ था? उसके अन्दर बैठी हुई सम्मान-लालसा ऐसा आदर पाकर उसके सूखे मुख पर गर्व की झलक पैदा कर रही थी। मालिकों से मिलते-जुलते रहने ही का तो प्रसाद है कि सब उसका आदर करते हैं। नहीं उसे कौन पूछता?

सामान्य धारणा है कि किसान बहुत भोला और निरभिमान होता है, किन्तु प्रेमचन्द ने उसे एक सही मनुष्य के रूप में देखा, जिसमें मानवीय गुणों के साथ दुर्गुण भी वर्तमान हैं। भोला से भेंट होने के बाद गाय देखकर उसका जी ललचा जाता है, वह भीतर-भीतर उसे पाने की इच्छा रखता है और 'भोला दूसरा विवाह करना चाहता है' यह जानकर उसकी कमजोरी का फायदा उठाना चाहता है। वह उसे आश्वस्त करता है कि उसकी शादी करा देगा। अर्थात् होरी अधेड़ भोला के हाथ एक जवान स्त्री रूपी गाय सौंपकर उसकी गाय लेने का सौदा कर लेता है। लेकिन जब उसे मालूम होता है कि भोला भूसे के अभाव में गाय बेच रहा है तो उसकी नैतिकता जाग उठती है और गाय लेने के बदले भोला को मुफ्त में भूसा देना चाहता है। प्रेमचन्द ने किसान के भीतर उभरने वाले स्वार्थी रूप का उद्घाटन करने के बावजूद बार-बार उसे त्याग, ममता और करुणा के सम पर ला दिया है। इस सन्दर्भ में उनकी टिप्पणी है–

"किसान पक्का स्वार्थी होता है इसमें सन्देह नहीं। उसकी गाँठ से रिश्वत के पैसे बड़ी मुश्किल से निकलते हैं, भाव-ताव में भी वह चौकस होता है, ब्याज की एक-एक पाई छुड़ाने के लिए वह महाजन की घंटों चिरौरी करता है। जब तक विश्वास न हो जाए, वह किसी के फुसलाने में नहीं आता, लेकिन उसका सम्पूर्ण जीवन प्रकृति से जैसे स्थायी सहयोग है। वृक्षों में फल लगते हैं, उन्हें जनता खाती है, खेती में अनाज होता है, वह संसार के काम आता है, गाय के थन में दूध होता है, वह खुद पीने नहीं जाती...ऐसी मति में कुत्सित स्वार्थ के लिए कहाँ स्थान? होरी किसान था और किसी के जलते हुए घर में हाथ सेंकना उसने सीखा ही न था।"

जाहिर है प्रेमचन्द किसानों के दुर्गुणों को उभारते हैं, किन्तु उन्हें उनका स्थायी भाव न मानकर सुविधाभोगी समाज की देन मानते हैं इसलिए पाठक उनके प्रति सहानुभूति रखने लगता है। होरी के जीवन में अन्तर्विरोधों की एक लम्बी शृंखला है। वह एक ओर अपने भाइयों के सुख और प्रतिष्ठा के लिए अपना सब कुछ लुटा देता है तो दूसरी ओर अपने भाइयों से छिपाकर बाँस के कुछ पैसे बचाना चाहता है। एक ओर वह धर्मभीरु है, सामाजिक रीति-रिवाजों से डरता है, तो दूसरी ओर वह मानवीय स्तर पर झुनिया को ग्रहण करता है। एक ओर वह करुणाशील है, बड़ों के सामने दब्बू है, तो दूसरी ओर धनिया को बुरी तरह पीटता है यानी पत्नी के सामने बहादुर बन जाता है। एक ओर वह नैतिकता में विश्वास करता है,

दूसरी ओर मजबूर होकर अपनी बेटी बेचता है। और अनेक छोटे-छोटे प्रसंग हैं जो उसके अनेक प्रकार के अन्तर्विरोधों को व्यक्त करते हैं। इन अन्तर्विरोधों को दो स्तरों पर देखना होगा—(1) व्यक्तिगत स्तर पर, (2) वर्गीय स्तर पर। प्रेमचन्द ने होरी, धनिया, भोला, गोबर आदि सभी को व्यक्ति रूप में भी देखा है और उनके व्यक्तिगत अन्तर्विरोधों को उघाड़ा है। होरी की चर्चा ऊपर की गयी है। धनिया स्वभावतः एक ठेठ ऊर्जावान ग्रामीण स्त्री है—चीजों को सीधा देखने वाली, लेकिन लेखक ने उसे भी एक ही दिशा में नहीं चलाया है, उसके मानसिक आवर्तों (जो अन्तर्विरोधी तत्त्वों से बने हैं) को प्रायः उद्घाटित किया है। भोला को पहले तो वह भूसा देने से मना करती है, किन्तु जब होरी के मुँह से सुनती है कि भोला उसकी बहुत तारीफ करते हैं तो होरी द्वारा प्रस्तावित मात्रा से दूना भूसा देने को कहती है। चीजों को सीधा देखती तो है, किन्तु अपनी प्रशंसा सुनकर या भीतर के किसी कोमल स्थल के छू जाने पर वह अपने ही निर्णयों या विचारों के विरुद्ध आचरण करने लगती है। ऐसे अनेक प्रसंग हैं। झुनिया जब छिपकर उसके घर में आती है या जब रामसेवक महतो मुफ्त में ही उसकी बेटी से शादी करने को तैयार होते हैं, तो धनिया के अन्तर्विरोधी रूप को देखते ही बनता है। इसी प्रकार भोला, नोहरी, मातादीन, सोना (जब वह सिलिया पर सन्देह करके उसे घर से निकालती है—उस सिलिया को जो उसकी प्यारी सखी थी और उसके कहने पर उसके भावी पति के पास एक बार सन्देश लेकर गयी थी) आदि के व्यक्तिगत स्तर के अन्तर्विरोधी तत्त्वों की आपसी टकराहट से उन्हें जीवन्त पात्रों के रूप में चित्रित किया गया है। वर्गीय स्तर की विसंगतियों या अन्तर्विरोधी तत्त्वों की पहचान 'गोदान' के सामाजिक यथार्थ को अधिक संश्लिष्ट बनाती है। सच पूछिए तो ये पात्र व्यक्तिगत विशेषताओं से मंडित होकर भी सामाजिक यथार्थ के प्रतिनिधि हैं। इसलिए उनके व्यक्तिगत अन्तर्विरोध कहीं वर्गीय अन्तर्विरोध भी बन जाते हैं। होरी का छोटे स्वार्थ और त्याग का अन्तर्विरोध, व्यवस्था के आगे दीन और पत्नी के आगे शेर बन जाने का अन्तर्विरोध, धर्मभीरुता और बेटी बेचने की विवशता का अन्तर्विरोध कहीं वर्गीय अन्तर्विरोध भी है, कमोबेश हर किसान का अन्तर्विरोध है। अन्तर्विरोध का वर्गीय रूप किसानों और बड़े लोगों के आपसी तनाव के समय दिखाई पड़ता है। बड़े लोगों के अन्तर्विरोधों की बात की जा चुकी है। किसानों की वर्गीय चेतना के अन्तर्विरोध को होरी और धनिया या गोबर के माध्यम से समझा जा सकता है। उसकी चेतना का एक अंश है होरी, जो जी तोड़कर मेहनत करता है और अपनी धर्मभीरुता के कारण अपना सब कुछ धूर्तों के आगे गँवाता रहता है। दूसरा अंश है धनिया (या गोबर) जो धर्म या पंचायत के खोखलेपन को पहचानती है, उसके निर्णय को धूर्तों का निर्णय मानती है, फिर भी उसके प्रभाव से उबर नहीं पाती। किसान-समुदाय मानो धार्मिक अन्धविश्वास और अर्थ-मूलक यथार्थ की पहचान

के अन्तर्विरोध से गुजरता हुआ टूट रहा है, तड़प रहा है। कितना बड़ा अन्तर्विरोध है कि जो धनिया दातादीन के धार्मिक निर्णय को झूठ मानती है, वही होरी के मरने के समय अपनी दिन भर की कमाई उसी दातादीन को देकर गोदान कराती है। स्थितिगत अन्तर्विरोधों की तो मानो शृंखला है 'गोदान' में। किसान अन्नदाता है, उसकी वर्गीय स्थिति बहुत सम्मानपूर्ण यानी दाता की स्थिति होनी चाहिए, लेकिन उसकी सामाजिक नियति ठीक उसके विरुद्ध है। इन दोनों के तनाव से उत्पन्न बहुआयामी यथार्थ 'गोदान' का यथार्थ है। 'गोदान' अपनी यथार्थ-जन्य शक्ति और मानवीय दृष्टि के कारण हमें निहायत अपना मालूम पड़ता है और आने वाली पीढ़ियों को भी अपना मालूम पड़ता रहेगा।

जयशंकर प्रसाद के उपन्यास

जयशंकर प्रसाद छायावाद के बड़े कवि हैं और अनेक विधाओं में-लिखने के बावजूद वे प्रमुखतः कवि हैं, अतः इनकी रचनात्मक शक्ति की मूल धुरी रोमानियत ही है। छायावाद की रोमानी कविता सौन्दर्य और प्रेम के सन्दर्भ में कवियों की सूक्ष्म आत्मानुभूतियों को अनेक बिम्बों, प्रतीकों और अप्रस्तुतों से ध्वनित करती चलती है, किन्तु इन कवियों की आत्मानुभूतियाँ समाज-निरपेक्ष या समाज-विरोधी नहीं हैं। वे नये समय में उत्पन्न रूढ़ि-विरोधी सौन्दर्य-चेतना और मानवीय भाव को अपने में समेटे हुए हैं। नवजागरण के चरमोत्कर्ष काल में ये महत्त्वपूर्ण नवचेता कवि समाज और राष्ट्र की चिन्ताओं से मुक्त होकर भला अपने में कैसे डूब सकते थे? इसलिए ये कवि अपने समग्र व्यक्तित्व में सामाजिक सरोकारों के कवि लक्षित होते हैं। उनके समग्र साहित्य में अपने समय के अनेक नये विषयों, प्रश्नों और सामाजिक चिन्ताओं की अभिव्यक्तियाँ तो मिलती ही हैं। उनकी आत्मोन्मुखी लगने वाली कविताओं में भी नये समय की नवता का उन्मेष ध्वनित है। रोमानियत उनकी प्रवृत्ति और दृष्टि है कथ्यगत सीमा नहीं।

रोमानी कविता वस्तु को अत्यन्त अरूप करके या उसे अनुपस्थित करके उससे जुड़े भावों का आस्फालन कर देती है, किन्तु वे कवि स्वयं वस्तु-जगत से कटे हुए हों या उनके भीतर वस्तु-जगत की उपस्थिति का बोध न हो, ऐसा नहीं। इसीलिए जब प्रसाद नाटक लिखते हैं या उपन्यास लिखते हैं या कहानी लिखते हैं तो उनकी रूमानी प्रवृत्ति के बावजूद वस्तु-जगत अपने पूरे विस्तार और सघनता के साथ उपस्थित होता है। कविता वस्तु-जगत को भाव-जगत में घुलाकर उसे अलक्षित बनाए रख सकती है, किन्तु कथा-साहित्य मूलतः यथार्थवादी विधा है, उसमें वस्तु-जगत की उपस्थिति अनिवार्य है। कथा-जगत रूपकों, प्रतीकों, काल्पनिक उड़ानों और सूक्ष्म भावात्मक सत्ता के प्रसार से नहीं बनता। उसमें हमारे समाज के आसपास के लोग होते हैं, उनके ठोस क्रिया-कलाप होते हैं। उनकी सामाजिक, राजनीतिक, आर्थिक समस्याएँ होती हैं, ठोस सम्बन्ध होते हैं। इसलिए प्रसाद जब कहानी या उपन्यास लिखते हैं तो अपनी दृष्टि और शैलीमूलक रोमानियत के

बावजूद मूर्त वस्तु-जगत के बीच खड़े होते हैं। वस्तु-जगत की सारी मूर्तता और सक्रियता उनके कथा-साहित्य को (और नाट्य-साहित्य को भी) यथार्थवादी बना देती है। वे प्रेमचन्द के निकट दीखने लगते हैं। रोमानी भाषा के साथ-साथ व्यवहार की भाषा भी अपनी शक्ति के साथ उभरती है और आलंकारिकता के साथ-साथ जन सामान्य के मुहावरे और व्यंग्य भी दिखाई पड़ते हैं। यथार्थ के साथ आदर्शवादिता उस युग की देन थी। प्रेमचन्द और प्रसाद तथा अन्य छायावादी कवियों के गद्य में यथार्थवादी यात्रा के बीच में और अन्त में आदर्शवाद का सामान्य स्वर सुना जा सकता है। इसी तरह अरूप और आत्माभिव्यक्ति सम्बन्धी कविताएँ लिखने वाले छायावादी कवियों के काव्य में सूक्ष्म रूप से और गद्य साहित्य में मूर्त रूप में सामाजिक यथार्थ की उपस्थिति देखी जा सकती है। गद्य की विधाओं में ही यथार्थवाद की माँग निहित है। इसलिए प्रसाद ने अपने दोनों सामाजिक उपन्यासों में समाज की विविध समस्याओं का चित्रण किया। 'कंकाल' में धार्मिक अधःपतन केन्द्रीय समस्या के रूप में आया, किन्तु इससे जुड़कर अन्य अनेक सामाजिक प्रश्न भी उभरे। 'तितली' कृषि जीवन के बीच से उठने वाला उपन्यास है, अतः वह अधिक व्यापक और संकुल यथार्थ वाला उपन्यास है। आर्थिक विषमता के इर्द-गिर्द न जाने कितने राजनीतिक, सामाजिक और सांस्कृतिक सवालों के कथा-सूत्र निर्मित होते चले गये हैं।

प्रसाद मूलतः कवि हैं अतः उनके कथा-साहित्य पर भी उनकी काव्य दृष्टि और शैली का गहरा प्रभाव है। यह प्रभाव उनके कथा-साहित्य को शक्ति और अशक्ति दोनों ही प्रदान करता है।

कंकाल–'कंकाल' का विशेष महत्त्व उसकी साहित्यिक उपलब्धि में नहीं, वरन् एक नयी शुरुआत में है। 'कंकाल' प्रसाद और उनके काल की कृतियों के बीच यथार्थ का एक नया आयाम लेकर उभरता है। यह शुद्ध यथार्थवादी कृति है, जिसमें बिना किसी महत्ता या आदर्श के आरोपण के समाज की विषमता को तटस्थ भाव से चित्रित किया गया है। यथार्थवादी का आरम्भ प्रेमचन्द कर चुके थे, किन्तु 'कंकाल' उपन्यास प्रकृति में थोड़ा भिन्न ठहरता है–एक तो इसमें प्रेमचन्द की कृतियों के समान यथार्थ पर आदर्श का आरोपण नहीं है, दूसरे इसके यथार्थ में लेखक की आत्म-सम्पृक्ति न होकर तटस्थता है, तीसरे इस उपन्यास ने प्रेमचन्द के आर्थिक वैषम्य को आधार न बनाकर वर्तमान काल की धार्मिक मनोवृत्तियों के द्वन्द्व को आधार बनाया है। धार्मिक संस्थाएँ और लोग सांसारिक वासना से आक्रान्त हो चुके हैं और उनकी नैतिकता एक विचित्र द्वन्द्व और संशय की स्थिति से गुजर रही है। सत्य की खोज में निकले हुए निरंजन बाथम जैसे लोग अपने भीतर निहित सांसारिक वासनाओं के शिकार हो जाते हैं और एक ऐसे जाल का निर्माण करते हैं कि स्वयं उसमें फँसे रहते ही हैं, औरों को भी उलझा देते हैं।

सबसे बड़ी विसंगति तो यह है कि ये गिरे हुए लोग सत्यद्रष्टा होने का दम भरते हैं। इस क्रम में कितनी 'किशोरियाँ' कितनी 'लतिकाएँ' या तो बरबाद हो जाती हैं या जीवन का ऐसा पथ चुन लेती हैं जो निरन्तर एक नये छद्म की आवश्यकता रखता है। प्रसाद जी का विश्वास था कि धर्म हमारे समाज को पतित होने से बचा नहीं सका है और नहीं तो उसने अपने भीतर पैदा होने वाली नित-नूतन विसंगतियों से वर्णसंकरी समाज की रचना की है। सामाजिक विसंगतियाँ बहुत कुछ धार्मिक अन्धविश्वासों और अत्याचारों का परिणाम हैं। इसी धर्म के मिथ्याबोध तथा आतंक ने समाज को बाध्य किया है कि भूली-भटकी अपनी बहू-बेटियों को स्वीकार करने से इनकार करे, अविवाहित या विधवा स्त्रियों को माँ बनाकर परित्यक्त कर दे। 'कंकाल' में यहाँ से वहाँ तक मंगल, विजय, घंटी, लतिका, यमुना, गाला जैसे धर्म और समाज के मारे हुए, भटके तथा वर्णसंकरी अभिशाप से ग्रस्त पात्र बिखरे हुए हैं। इन अनेक पात्रों के प्रणय-सूत्र आपस में अत्यन्त उलझे हुए हैं। लोकापवाद से डरे हुए ये पात्र दुर्बल हैं, इसीलिए ये अपने प्रेम सम्बन्धों में भी बहुत अस्पष्ट हैं। प्रणय-सूत्र कई-कई गाँठें मारता चलता रहता है और यह पता लगाना कठिन हो जाता है कि किसका प्रेम किससे है और कब बदल जाएगा।

कथा हरिद्वार, काशी और वृन्दावन जैसे पवित्र माने गये तीर्थ स्थानों पर घटित होती है। इन स्थानों की मान्य पवित्रता और यहाँ घटित होने वाले धर्म-पुरुषों के कार्यों की अपवित्रता का तनाव दृश्य के प्रभाव को अधिक तीव्र करता है। प्रसाद जी की धर्म और दर्शन में आस्था थी और आस्था ने ही उस पीड़ा से उद्वेलित किया जो धर्म और दर्शन के नाम पर समाज में दिखाई पड़ने वाली विकृतियों से उत्पन्न होती है। प्रसाद जी ने अपने निबन्ध 'छायावाद और यथार्थवाद' में लिखा है—''जाति में जो धार्मिक और साम्प्रदायिक परिवर्तनों के स्तर आवरण स्वरूप बन जाते हैं, उन्हें हटाकर अपनी प्राचीन वास्तविकता को खोजने की चेष्टा भी साहित्य में तथ्यवाद की सहायता करती है। फलतः आरम्भिक साहसपूर्ण और विचित्रता से भरी आख्यायिकाओं के स्थान पर जिनकी घटनाएँ राजकुमारों से सम्बद्ध होती थीं—मनुष्य के वास्तविक जीवन का साधारण चित्रण आरम्भ होता है।''

इस उद्धरण से स्पष्ट है कि प्रसाद जी जानते थे कि वर्तमान कथा-साहित्य का क्षेत्र वास्तविक साधारण जीवन का चित्रण है। इसलिए उन्होंने अपने दोनों उपन्यासों में साधारण जीवन का चित्रण किया है, साधारण जीवन के अनेक आयाम होते हैं। वैसे तो सारे आयाम एक-दूसरे से जुड़े होते हैं, किन्तु लेखक सभी को एक साथ समान महत्त्व के साथ नहीं उभार पाता, इसलिए किसी एक आयाम को केन्द्र में रखकर शेष को सहायक के रूप में रखता है। कहा जा चुका है कि 'कंकाल' हमारे समाज में व्याप्त धार्मिक और दार्शनिक ढोंग और उसके दुष्परिणामों को चित्रित

करता है जबकि 'तितली' में कृषि परिवेश में व्याप्त दुःख-दर्द, अभाव और संघर्ष के बीच भारतीय स्त्री की जिजीविषा और महत्ता का चित्रण है।

'कंकाल' में धर्म का बाना पहने कई लोग आते हैं—देवनिरंजन, मंगल, बाथम। देवनिरंजन किशोरी का बाल सखा है। किशोरी का ब्याह श्रीचन्द्र नामक व्यापारी से हो जाता है। उसे सन्तान नहीं थी। उसके लिए वह प्रख्यात स्वामी देवनिरंजन के यहाँ जाती है। वहाँ उसे देवनिरंजन के रूप में अपना बाल सखा रंजन मिलता है। देवनिरंजन का सारा संयम भंग हो जाता है और किशोरी को उसकी कृपा से पुत्र (विजय) प्राप्त होता है। किशोरी की दासी विधवा रामा हरिद्वार में देवनिरंजन द्वारा सधवा होकर तारा को जन्म देती है। तारा काशी में चन्द्रग्रहण के मेले में खो जाती है और एक कुटनी के हाथ पड़कर वेश्या के यहाँ बेच दी जाती है। स्वयं सेवक उसका उद्धार करता है। मंगल और घंटी अपनी-अपनी माताओं से बिछड़ी हुई सन्तानें हैं और भटकते हुए जीवन के अभिशाप झेलते हैं। समाजसेवी और धार्मिक आचार-व्यवहार वाले मंगल का यमुना (तारा) से यौन सम्बन्ध होता है और फिर वह उसे छोड़कर पलायन कर जाता है। विजय, यमुना और घंटी की ओर आकृष्ट होता है और माँ-बाप से अलग होकर मारा-मारा फिरता है। घंटी तो उसे नहीं ही मिलती (क्योंकि वह मंगल से जुड़ जाती है) यमुना (तारा) उसकी बहन निकलती है क्योंकि दोनों की माताएँ भले ही अलग-अलग हों, पिता एक ही हैं—देवनिरंजन। बाथम ईसाई धर्म का प्रचारक है, किन्तु वास्तव में लम्पट है। पत्नी के रहते जबर्दस्ती घंटी से शादी करना चाहता है। घंटी भागकर अपनी जान बचाती है। इस प्रकार इस उपन्यास में न जाने कितने उलझे हुए कथा-सूत्र चलते रहते हैं और वे सभी मिलकर हमारे समाज में व्याप्त धार्मिक विसंगतियों की जटिल कुरूपताओं का उद्‌घाटन करते हैं।

इस उपन्यास में नारी-शोषण को केन्द्र में रखा गया है। हमारी सामाजिक और धार्मिक व्यवस्था में नारी की स्थिति बहुत दयनीय है, उपेक्षित है। अपराध पुरुष करता है सजा स्त्री भोगती है। यमुना कहती है—"बहुतों का दिन कभी न लौटने के लिए चला जाता है। विशेषकर स्त्रियों का। मेरी रानी, जब मैं स्त्रियों के ऊपर दया दिखाने का उत्साह पुरुषों में देखती हूँ तो जैसे कट जाती हूँ। ऐसा जान पड़ता है कि वह सब कोलाहल है। उनकी असहाय परिस्थिति का व्यंग्य उपहार है।"

"कोई समाज और धर्म स्त्रियों का नहीं होता बहन। सब पुरुषों के हैं। सब हृदय को कुचलने वाले क्रूर हैं।"

एक दूसरी स्त्री गाला कहती है—"नारी जाति का निर्माण विधाता की एक झुँझलाहट है मंगल। उससे संसार भर के पुरुष कुछ लेना चाहते हैं, एक माता ही सहानुभूति रखती है, कारण है उसका भी स्त्री होना।"

इस उपन्यास की स्त्रियाँ न केवल पुरुषों के द्वारा शोषित-उपेक्षित हैं वरन् उलटे उन्हें अपना प्यार और समर्पण देती हैं। वे अपने प्रति पुरुषों के शोषण को समझती हैं फिर भी वे उनकी रक्षा करती हैं। यमुना इस नारी-स्वभाव के बारे में कहती है—

"फिर भी मैं समझती हूँ कि स्त्रियों का एक धर्म है, वह है आघात सहने की क्षमता रखना। दुर्दैव के विधान ने उनके लिए यह पूर्णता बना दी है। यह उनकी रचना है।"

यमुना एक अन्य स्थान पर हमारी समाज-व्यवस्था और न्याय-व्यवस्था पर चोट करती हुई न्यायालय में कहती है—"पुरुष स्त्रियों पर सदैव अत्याचार करते हैं, कहीं नहीं सुना कि अमुक स्त्री ने अमुक पुरुष के प्रति ऐसा ही अन्याय किया, परन्तु पुरुषों का यह साधारण व्यवसाय है—स्त्रियों पर आक्रमण करना। जो अत्याचारी है वह मारा गया। कहा जाता है कि न्याय के लिए न्यायालय सदैव प्रस्तुत रहता है : परन्तु अपराध हो जाने पर ही विचार करना उसका काम है। उस न्याय का अर्थ है किसी को दंड देना, किन्तु उसके नियम उस आपत्ति से नहीं बचा सकते।"

पुरुषों के अत्याचार की शिकार स्त्रियाँ अपने पतियों, पिताओं आदि द्वारा अस्वीकृत हो जाती हैं और असुरक्षा तथा पाप की जिन्दगी जीने के लिए छोड़ दी जाती हैं। वे यहाँ से वहाँ भटकती फिरती हैं। 'कंकाल' में ऐसी स्त्रियों की अच्छी-खासी संख्या है।

इस उपन्यास में यद्यपि अर्थाभाव पक्ष को जीवन-यथार्थ के एक प्रमुख आयाम के रूप में नहीं उभारा गया है, किन्तु उसकी उपेक्षा भी नहीं की गयी है, बल्कि सिद्धान्त रूप में एकाध स्थान पर प्रसाद ने रोटी के प्रश्न को आज का मूल प्रश्न माना है। यमुना से बात करते हुए विजय हिन्दू समाज में व्याप्त रूढ़ियों और कुरीतियों पर प्रहार करता हुआ कहता है, "देख रही हो कि मैं छूतछात का कुछ विचार नहीं करता प्रकट होटलों तक में खाता भी हूँ। इसी प्रकार इन प्राचीन कुसंस्कारों का नाश करना मैं अपना कर्तव्य समझता हूँ क्योंकि ये ही रूढ़ियाँ आगे चलकर धर्म का रूप धारण कर लेती हैं। जो बातें कभी देश, काल, पात्रानुसार प्रचलित हो गयी थीं, वे सब माननीय नहीं अपितु हिन्दू समाज के पैरों में ये बेड़ियाँ हैं।" वह बातचीत कर ही रहा था कि देखता है बाहर सड़क पर छोटे-छोटे ब्रह्मचारी दंड, कमंडल और पीत वसन धारण किए हुए समवेत स्वर में गाते जा रहे हैं।

विजय एक दृष्टि से देखकर मुँह फिराकर फिर यमुना से कहता है—"देखो, बीसवीं शताब्दी में तीन हजार बी. सी. का अभिनय। समग्र संसार अपनी स्थिति रखने के लिए चंचल है, रोटी का प्रश्न सबके सामने है फिर भी मूर्ख हिन्दू अपनी

पुरानी असभ्यताओं का प्रदर्शन कर पुण्य संचय करना चाहते हैं।" रोटी के बुनियादी प्रश्न को सिद्धान्ततः समर्पित करते हुए लेखक ने जगह-जगह अपने पात्रों को भूख-प्यास से गुजारा है। अतः यह नहीं कहा जा सकता कि प्रसाद ने रोटी के सवाल की सर्वथा उपेक्षा की है। हाँ, वह केन्द्रीय सवाल बनकर नहीं आया है।

'कंकाल' में समाज और धर्म के कंकाल को बहुत निर्ममता से उद्‌घाटित किया गया है, किन्तु प्रसाद मूल्यवादी लेखक हैं। उन्हें अपने समाज की गिरावट की पीड़ा है और उसके भावी विकास की चिन्ता है। अतः लेखक प्रकृतवादी लेखकों की तरह न तो शृंगारिक प्रसंगों को अश्लीलता प्रदान करता है और न आलोचना करके ठहर जाता है वरन् उसकी मूल्य-सन्दर्भित विधेयवादी दृष्टि हमारे समाज और धर्म में एक बदलाव लाना चाहती है। वह अपने समाज और धर्म की विकृतियों और विसंगतियों का निराकरण कर उन्हें सुन्दर और उदात्त रूप में देखना चाहती हैं। 'भारत संघ' की स्थापना इसी दृष्टि का परिणाम है। व्यक्तिगत रूप में स्त्री पात्र तो एक नये आलोक की आहट देते ही हैं विजय, मंगल आदि पुरुष पात्र भी अपनी सीमाओं से निकलकर मनुष्यता की ओर बढ़ते हुए दिखाई देते हैं।

इस उपन्यास की संरचना यथार्थवादी उपन्यासों की परम्परा में नहीं आती। सामाजिक-धार्मिक प्रश्नों के विधान के लिए जो कथानक विन्यस्त किया गया है वह जासूसी और तिलस्मी उपन्यासों के कथानक-विन्यास के नजदीक पहुँचा हुआ प्रतीत होता है। प्रत्येक पात्र अपने जन्म और परिवार का एक रहस्य लिए आता है। कहानी में कहानी गुँथी हुई है। इसलिए जासूसी उपन्यासों की तरह यह उपन्यास पाठकों की जिज्ञासा तानता तो है, किन्तु उन्हें उलझाता भी है। कौन किसकी लड़की या लड़का है? कौन किसे प्यार करता है? यह रहस्य चलता ही रहता है और इसे जानने के लिए बार-बार पीछे की ओर देखना पड़ता है।

किसी उपन्यास में चित्रित समस्याओं का सघन होना एक बात है और कथा-सूत्रों का उलझते चलना दूसरी बात है। इस उपन्यास में समस्याओं को सघन बनाते चलने की अपेक्षा कथा-सूत्रों को रहस्यमय बनाते चलने में लेखक को अधिक रस मिला है। पाठक का अधिक ध्यान सहज भाव से समस्याओं का साक्षात्कार और अनुभव करने की अपेक्षा उलझे कथा-सूत्रों को सुलझाने में लगा रहता है।

कथा-सूत्रों की निर्मिति में आकस्मिकता का बहुत बड़ा हाथ है। प्रसाद ने अपने नाटकों और कथा-साहित्य दोनों में आकस्मिकता का बहुत अधिक सहारा लिया है। किसी का एकाएक बिछड़ जाना, मिल जाना, कहीं पर किसी का एकाएक उपस्थित हो जाना, अप्रत्याशित रूप से किसी घटना का घट जाना, प्रसाद के नाटकों और कथा-साहित्य के लिए बहुत सामान्य बात है। 'कंकाल' में यह प्रवृत्ति विशेष दिखाई पड़ती है। इससे उपन्यास की गति की सहजता तो अवरुद्ध हुई ही है प्रभाव भी अवरुद्ध हुआ है।

इस उपन्यास की वर्णन-शैली, भाषा और चित्र-निरूपण में यथार्थवादी उपन्यास की सादगी और सहजता का पूरा निर्वाह नहीं हुआ है। अनेक स्थलों पर रूमानी भंगिमा और आलंकारिकता का गहरा दबाव लक्षित होता है। वैसे प्रसाद में सादगी और सहजता की शक्ति निहित है। जहाँ वे उसका प्रयोग करते हैं वहाँ उनके संवाद और वर्णन अत्यन्त जीवन्त हो उठते हैं, किन्तु प्रसाद की रूमानी वृत्ति इस सादगी और सहजता में रमती नहीं। 'तितली' में इनकी सादगी अधिक मुखर हुई है, इसकी कथा भूमि के अनुरूप उसमें 'कंकाल' की अपेक्षा अधिक सहजता दीखती है। भाषा चाहे जैसी हो प्रसाद जी का कवि सुन्दर चित्र-विधान करने में और उनका नाटककार संवादों को नाटकीयता प्रदान करने में अत्यन्त कुशल है। 'कंकाल' में भी इन विशेषताओं की गहरी छवि लक्षित होती है।

तितली–प्रस्तुत उपन्यास प्रसाद की भारतीय दृष्टि और कृषि-सभ्यता की गहरी पहचान का उपन्यास है। भारतीय दृष्टि भारतीय दाम्पत्य जीवन की कुछ बुनियादी शक्तियों को उभारती है और ऐसा करने के लिए उसके समानान्तर पाश्चात्य पद्धति के दाम्पत्य जीवन का परिप्रेक्ष्य उपस्थित करती है। उपन्यास की यात्रा कृषि-यथार्थ के बीच से होती है, इसलिए लेखक कृषि सम्बन्धी अनेक समस्याओं और घटनाओं की टकराहटों का ताप उभारता चलता है।

कृषि-यथार्थ में एक ओर जमींदार होता है और दूसरी ओर किसान। कभी-कभी कोई जमींदार मुकदमेबाजी में या दुर्भाग्य के दुश्चक्र में पड़कर अपनी सारी सम्पदा खो बैठता है और सामान्य किसान रह जाता है। रोमांटिक लेखक प्रायः अतीत के वैभव से गिरे हुए लोगों की वर्तमान अकिंचनता की तस्वीर खींचकर ध्वस्त वैभव का विषण्ण सौन्दर्य दिखाना चाहता है। 'तितली' में मधुआ एक ऐसा ही युवक है। वह वैभव-सम्पन्न परिवार का अवशेष है, शेरकोट का खँडहर उसके पुश्तैनी ऐश्वर्य का अवशेष है। धामपुर रियासत का तहसीलदार पहले मधुबन के पिता के यहाँ काम करता था। उसी ने गोदाम वाले साहब को उभारकर मधुबन के पिता से लड़ा दिया। वे मुकदमे में अपना सब कुछ गँवा बैठे। अब उसके पास शेरकोट में एक साधारण मकान और दो बीघे खेत बचे हैं।

बाबा रामनाथ दान की जमीन पर आश्रित होकर कुछ बच्चों को पढ़ाते-लिखाते हैं। उन बच्चों में मधुबन भी है और बाबा द्वारा पालित-पोषित स्वर्गीय देवनन्दन की बेटी तितली भी है। इन दोनों में प्रेम है। बाबा रामनाथ चाहते हैं इनका विवाह हो जाए, लेकिन मधुबन की विधवा बहन एक प्रलोभन में आकर तितली की शादी इन्द्रदेव से करना चाहती है, किन्तु बाबा यह विवाह करा ही देते हैं।

धामपुर रियासत के इन्द्रदेव विलायत पढ़ने गये थे, वहाँ से शैला नामक एक युवती को लेते आए हैं और उससे विवाह करना चाहते हैं, किन्तु उनकी माता इस सम्बन्ध की स्वीकृति देती नहीं लगतीं। शैला उस वार्टली की बेटी है जो पहले

भारत में नील के व्यापारी थे और बहुत क्रूर थे। शैला मानो अपने बाप का प्रायश्चित करने के लिए पैदा हुई है—मधुर, मानवीय व्यवहार वाली।

तहसीलदार के उकसावे पर बाबा रामनाथ की दान की जमीन पर भी लगान लगने की बात उठती है। शेरकोट पर बैंक और दवाखाना खुलता है। दरअसल इन्द्रदेव नवशिक्षा प्राप्त उदार युवक है, किन्तु वह निष्क्रिय और निर्णयविहीन है। उसकी उदासीनता के कारण ही उसकी माँ शासन चलाती है। उसकी बहन माधुरी और आवारा डॉक्टर अनवरी का अनावश्यक दखल सक्रिय रहता है। तहसीलदार, चौबे आदि उनके कर्मचारी गरीबों पर अत्याचार करते हैं। अन्त में तो इन्द्रदेव अपना सारा अधिकार छोड़ बैठते हैं। इन्द्रदेव की उदासीनता के कारण ही बनजरिया और शेरकोट के विरुद्ध धामपुर रियासत के सामन्ती अत्याचार का दबाव गाढ़ा होता है, गरीबों की आबरू खतरे में पड़ जाती है और शैला धीरे-धीरे उनके दायरे से बाहर निकलने लगती है। इस प्रकार लेखक ने कृषि-परिवेश को उसके बहुआयामी यथार्थ के साथ प्रस्तुत कर भारतीय ग्राम-जीवन का बहुत जीवन्त चित्र खींचा है। इसमें एक ओर सामन्ती परिवेश के अनेक क्रूर चेहरे हैं, दूसरी ओर सामान्य जन-परिवेश के अनेक अभिशप्त चेहरे हैं। चेहरे क्रूर हों या अभिशप्त प्रसाद ने उन्हें सरलीकरण से ग्रस्त नहीं किया है। उन चेहरों की अनेक स्वाभाविक राग-विरागात्मक, मानवीय और अमानवीय रेखाओं को उभरने दिया है। इसके अतिरिक्त कलकत्ते का भी परिवेश चित्रित हुआ है और वहाँ की एक समाजसेवी संस्था की कुरूपताओं और विसंगतियों का पर्दाफाश हुआ है। साथ ही अनेक गरीब और अभावग्रस्त मजदूरों की भी तस्वीर उभरी है।

लेकिन जैसा कि नाम से ही विदित है, इस उपन्यास के केन्द्र में तितली है। तितली को भारतीय नारी के प्रतिनिधि के रूप में प्रस्तुत किया गया है। वह अनाथ बालिका होकर भी बाबा रामनाथ के आश्रय में पालित-पोषित और शिक्षित-दीक्षित होने के कारण कहीं हीनता का अनुभव नहीं करती। उसकी शिक्षा-दीक्षा भी महज किताबी नहीं है, वह भारतीय कृषि के बीच जीती हुई उससे रस और शक्ति ग्रहण करती हुई बनती है और इसी प्रक्रिया में उसे पुस्तकीय ज्ञान प्राप्त होता है। इस प्रकार उसका ज्ञान जीवन से पैदा होने वाला ज्ञान है जो केवल जानकारी ही नहीं देता, जीने की शक्ति देता है, समाज को पहचानने की क्षमता देता है और सच्ची मानवीय सेवा का चरित्र देता है। तितली शुरू में शैला से परिचय प्राप्त करने की स्पृहा पालने वाली एक सामान्य बालिका के रूप में सामने आती है। (गो कि उसकी मानव सेवा की वृत्ति का संकेत वहाँ भी मिल जाता है) किन्तु धीरे-धीरे वह एक ऐसी नारी बन जाती है कि उसके चरित्र का स्पर्श पाने की स्पृहा किसी भी शैला में जाग सकती है। वह अपने सौन्दर्य में भारतीय, अपने प्यार में पूर्ण है, अपने के प्रति कोई द्विधा उसमें नहीं है। वह समर्पणमयी है, किन्तु

नारी व्यक्तित्व के प्रति पूर्ण सचेत है। वह स्वाभिमान और आर्द्रता का संगम है। वह पूर्ण युवती है फिर पुत्र की प्राप्ति के बाद पूर्ण नारी बन जाती है। पूर्ण नारी इसी अर्थ में नहीं कि वह माँ बन गयी है वरन् इस अर्थ में कि वह नारी-सुलभ अनेक शक्तियों से सम्पन्न हो गयी है। मधुआ उसे छोड़कर चला गया है। पति के वियोग का दर्द तो है ही आर्थिक दर्द भी कम नहीं और उसका स्वाभिमान किसी के आगे हाथ पसार नहीं सकता। वह अपार जीवट से इस वियोग को झेलती है, अपने आर्थिक अभावों का सामना करती है और सामना करने के लिए उन साधनों का सहारा लेती है जो उसके स्वाभिमान की तो रक्षा करते ही हैं, उसे सामाजिक मंगल से भी जोड़ते हैं, उसकी जीवन-सार्थकता को गहराते हैं और उसका विस्तार करते हैं। वह स्वयं अपना मार्ग खोजते हुए न जाने कितने लोगों को रास्ता दिखाती है।

लेखक ने तितली के माध्यम से भारतीय नारी के सौन्दर्य और शक्ति की महिमा का आख्यान किया है। इसके लिए ही उसने शैला और इन्द्रदेव के प्रणय की सृष्टि की है। शैला इन्द्रदेव को चाहती हुई भी उसे अपना नहीं पाती, वह अपने स्वातन्त्र्य की खोज में लगी हुई उस सूत्र को नहीं समझ पाती जो उसे दूसरों से जोड़कर बड़ा बनाता। इसलिए इन्द्रदेव और उसमें एक मौन फासला बनता जाता है और वह चाहे-अनचाहे रूप में वाटसन की ओर झुकने लगती है। वह आर्थिक रूप में निर्भर होने के लिए तथा स्वतन्त्र व्यक्तित्व बनाए रखने के लिए अस्पताल खोलती है, बैंक खोलती है, किन्तु वह स्वतन्त्रता उसे आत्मसुख नहीं दे पाती। वह भीतर-भीतर एक खालीपन लिए सामाजिक यश, सम्पन्नता के विस्तार में भटकती रहती है। तितली और शैला का अन्तर भारत और पश्चिम की स्त्रियों का अन्तर है। वैसे घटना-व्यापारों और गतिविधियों द्वारा यह अन्तर पूरे उपन्यास में ध्वनित हुआ है, किन्तु कुछ बिन्दुओं पर इसे कुछ पात्रों द्वारा साफ-साफ कहलवाया भी गया है। एक स्थान पर इन्द्रदेव दोनों का अन्तर स्पष्ट करता हुआ कहता है–"आज अपनी दुर्बलता में, अभावों और लघुता में, दृढ़ होकर खड़ी रहने में यह कितनी तत्पर है। यही तो हम खोज रहे थे न। मनुष्य गिरता है। उसका अन्तिम पक्ष दुर्बल है–सम्भव है कि वह इसीलिए मर जाता है परन्तु...परन्तु जितने समय तक वह ऐसी दृढ़ता दिखा सके, अपने अस्तित्व का प्रदर्शन कर सके, उतने क्षण तक क्या जिया नहीं। मैं तो समझता हूँ कि उसके जन्म लेने का उद्देश्य सफल हो गया। तितली वास्तव में महीयसी है, गरिमामयी है। शैला! वह अपने लिए सब कुछ कर लेगी। स्वावलम्बन, हाँ वह उसे पूरा कर लेगी। किन्तु स्त्री का दूसरा पक्ष है पति। उसके न रहने पर भी उसकी भावना को पूरी करते रहना शैला से भी न हो सकेगा। वह अपने पैरों पर खड़ी हो सकती है किन्तु दूसरों को अवलम्बन नहीं दे सकती।" नन्दरानी शैला को लिखे गये अपने पत्र में कहती है–"बहू रानी, तुम

दूसरों की सेवा करने के लिए इतनी उत्सुक हो, किन्तु अपने घर का भी कुछ ध्यान है? मैं समझती हूँ कि तुम्हारे देश में स्वतन्त्रता के नाम पर बहुत-सा मिथ्या प्रदर्शन भी होता है। क्या तुम इस वातावरण में उसे भूल नहीं सकी हो? यदि नहीं तो मैं उसे तुम्हारा सौभाग्य कैसे कहूँ?"

इसी प्रकार अन्त में शैला के साथ होने वाली बातचीत में तितली जो उद्‌गार व्यक्त करती है वह भी भारतीय स्त्री की स्थिति स्पष्ट करता है और प्रकारान्तर से पाश्चात्य नारी की विडम्बना का उद्‌घाटन करता है।

इस सन्दर्भ में एक बात कहनी आवश्यक है वह यह कि लेखक ने शैला को उसकी पूरी गरिमा के साथ पेश किया है। ऐसा नहीं लगता कि उसने केवल विरोध करने के लिए कुछ फार्मूलों से एक अंग्रेज लड़की की तस्वीर बना दी है। शैला एक मोहक चरित्र है, वह जाहिरा तौर पर कहीं भी अनाकर्षक नहीं लगती। अभिशप्त लड़की होने के कारण और अपने अभाव में एक समृद्ध भारतीय युवक का प्यार पाने के कारण बहुत सहृदय है, अपने प्रेमी, सास, ननद, रामनाथ, मधुबन, तितली आदि सबके प्रति बहुत स्निग्ध और उदार है। इस मोहक व्यक्तित्व की प्रतिष्ठा करके प्रसाद ने उसके भीतर के उस जगत को उभारा है जो कहीं अपनी ही विडम्बना के कारण अभावपूर्ण है। उसके इस मोहक और अभावपूर्ण चरित्र की संश्लिष्टता उसे जीवन्त बनाती है और इस जीवन्त चरित्र के परिप्रेक्ष्य में तितली की जीवन्तता और नारीत्व का गौरव और उभरता है।

इरावती–'इरावती' प्रसाद जी का अधूरा ऐतिहासिक उपन्यास है। अधूरी कृति पर कुछ कहना सम्भव नहीं प्रतीत होता, फिर भी जितना अंश उपलब्ध है उससे सम्भावनाओं की ओर संकेत तो किया ही जा सकता है। इस उपन्यास में वर्तमान जीवन-चेतना को चित्रित करने के प्रयास नहीं हैं। यह उस परम्परा का ऐतिहासिक उपन्यास है जिसमें इतिहास के एक खंड को उसकी समस्त संगति-विसंगति में मूर्तिमान कर दिया जाता है। प्रस्तुत उपन्यास में जीवनरस को सोखने वाले बौद्ध धर्म की कठोर, ठंडी व्यवस्था, ऊष्मा को निगलने वाली उसकी खोखली अहिंसा-नीति तथा विलासी कमजोर राजा के राज्य में उत्पन्न होने वाली अव्यवस्था, असुरक्षा के भाव, षड्‌यन्त्र आदि का जीवन्त चित्रण हुआ है। तत्कालीन समाज अपने राजनीतिक, सांस्कृतिक और आर्थिक परिवेश में सजीव हो उठा है। लेखक समकालीन जीवन चेतना की अभिव्यक्ति के लिए प्रयत्नशील नहीं है, किन्तु पूरे उपन्यास में उसकी मानवीय जीवन-दृष्टि व्याप्त है। समस्त बन्धनों से जीवन-रस को मुक्त करना उसका उद्देश्य प्रतीत होता है।

उपन्यास बहुत ही गठा हुआ, सरस और प्रवाहशील है। ऐतिहासिक उपन्यासों के लिए अनिवार्य-सा लक्षित होने वाला जासूसी तत्त्व भी इसमें बहुत रोचक और सन्तुलित रूप में गृहीत है।

त्यागपत्र

'त्यागपत्र' हिन्दी का बहुचर्चित और महत्त्वपूर्ण उपन्यास रहा है। इसका कारण कृति की उपलब्धि में खोजना उतना सार्थक नहीं होगा जितना कि उसके ऐतिहासिक आसंग में। प्रेमचन्द के उपन्यासों की धारा से अलग एक यह नयी तरह का उपन्यास था या यों कहा जाए कि जैनेन्द्र के उपन्यास थे।

जैनेन्द्र पात्रों को सामाजिक यथार्थता की सार्थकता तो नहीं ही प्रदान करते, उनके कार्यों और व्यवहार की विश्वसनीयता भी नहीं दे पाते। ये पात्र देखने में बहुत सहज होते हैं, किन्तु वास्तव में वे विशेष प्रकार की व्यक्तिवादी भूख और लेखक के गूढ़ आरोपित दर्शन से परिचालित होते हैं। वे अपनी स्थितियों में सदा वह रास्ता चुनते हैं जो सहज नहीं होता और जिसे सामाजिक चेतना और स्वास्थ्य वाला कोई दूसरा व्यक्ति नहीं चुनता। इसलिए जैनेन्द्र के पात्र सामाजिक विसंगति से फूटकर भी उसके प्रति सक्रिय प्रतिक्रिया व्यक्त नहीं करते—एक विशेष प्रकार की यातना लिये उसे प्यार करते हुए चलते हैं—या सामाजिक विसंगति से फूटते नहीं, वे व्यक्ति की विसंगतियों में जीते सामाजिक परिवेश से बेखबर रहते हैं।

'त्यागपत्र' की मृणाल एक सम्भ्रान्त परिवार की लड़की है। पिता-माता बचपन में ही मर चुके हैं, बड़ा भाई अभिभावक है। उसे परिवार से प्यार मिलता है, वह तितली की तरह उड़ती फिरती है, नटखट है, स्कूल में उधम मचाती है, किन्तु शीला के भाई के साथ उसके प्रेम-सम्बन्ध ने उसकी हँसी छीन ली। भाभी ने उसे बेंत से पीटा। तब से मृणाल हँसी नहीं। कुछ दिन बाद शादी हो गयी—एक अधेड़ से। अधेड़ ने घर से निकाल दिया—शीला के भाई के साथ प्रेम-सम्बन्ध की चर्चा सुनकर। तब से मृणाल यातना में जलती गयी। उसने जो यातनाएँ भोगी सब अनिवार्य रूप से उसके जीवन-परिवेश से ही फूटी नहीं थीं, उनमें से अधिकांश को उसने स्वयं वरण किया था और अन्त में मर गयी।

इस उपन्यास पर दो दृष्टियों से विचार हो सकता है—(1) व्यक्तित्व की यथार्थवादिता की दृष्टि से, (2) व्यक्तित्वों को गढ़ने वाले दर्शन की दृष्टि से। कहना न होगा कि मृणाल का व्यक्तित्व उतना परिस्थितियों से निर्मित नहीं लगता

जितना कि लेखक के दर्शन से। मृणाल का आरम्भिक आचरण तो बहुत स्वाभाविक है। उसमें स्कूल की एक लड़की का खुलापन है, चहक है। शीला के भाई के साथ प्रेम-सम्बन्ध होने पर उसके मन की महक भी बड़ी सहज है, वह एक चिड़िया बनकर उड़ जाना चाहती है। उसका स्वाभिमान बहुत ही आकर्षक है यानी भाभी की बेंत से बुरी तरह पिटकर भी रोती नहीं है, गुमसुम पड़ी रहती है और न अपने प्यार को ही भला-बुरा कहती है। केवल उदास हो जाती है, लेकिन इस सहज उदासी के बाद तो जैसे वह जीवन-भर उदास रहने की कसम खा लेती है और उसकी उदासी को बनाए रखने के लिए लेखक जगह-जगह प्रतिकूल परिस्थितियों की थूनियाँ लगा देता है। तभी तो उसकी शादी गैर जरूरी ढंग से एक अधेड़ से कर दी जाती है। मृणाल के भाई के सामने वह आर्थिक मजबूरी नहीं थी जो प्रेमचन्द के 'सेवासदन' में सुमन की माँ के सामने थी। मृणाल के पति का आचरण उनके अनुकूल ही था, किन्तु मृणाल का आचरण ऐसा नहीं है कि कहा जा सके कि यही हो सकता था। और जब और भी हो सकता था तो ऐसा ही क्यों हुआ, यह प्रश्न हो सकता है। उत्तर है, हो सकता है क्योंकि ऐसा भी हो सकता था यद्यपि इसकी सम्भावना उतनी नहीं, जितनी अन्य विकल्पों के होने की थी। दूसरे, लेखक ने एक विशेष दृष्टि से ऐसा होने दिया है, वह दृष्टि लेखक का दर्शन है और यथार्थ न होने पर भी वह वैसा चाहता है।

पति से परित्यक्त होने पर मृणाल होने और न होने के बीच, परिस्थितिगत यथार्थ और लेखक की दृष्टिगत सम्भावना के बीच चलती रहती है। इस प्रकार वह जो जीवन बिताती है उसका जिम्मेदार सर्वत्र समाज नहीं होता, वह भी होती है। वह अपनी नियति स्वयं निर्मित कर लेती है। जिसे ढोती हुई अन्त तक चलती रहती है। पति से परित्यक्त होने पर वह आत्महत्या करने पर उतारू होती है पर यह भी तो हो सकता था कि वह एक तेजस्वी नारी की तरह अपने पैरों पर खड़ी होकर समाज की व्यवस्था को चुनौती देती, बल्कि वह ऐसे पति से निजात पाकर राहत की साँस लेती। मृणाल-जैसे पात्र में इस बात की सम्भावनाएँ थीं, परन्तु लेखक ने वह रास्ता नहीं चुना। उसकी भावुकता और यातनावादी दर्शन ने उसे दूसरी ओर ढकेल दिया और वह थोड़ी-सी सहानुभूति देने वाले कोयले वाले के साथ चली गयी गो कि वह जानती थी कि यह सम्बन्ध टिकेगा नहीं, तो भी उसके साहचर्य के प्रति अपने को पूर्णभाव से समर्पित कर दिया है। यह सारी लीला अहेतुक ही चलती दिखाई पड़ती है। करुणा के लिए देह को समर्पित करते चलना यह शायद जैनेन्द्र जी के पात्रों को ही सम्भव हो पाता है। एक उदासी, एक पीड़ा का सुख उसे निरन्तर दबोचे चला जाता है और वह समाज के उपेक्षित-गर्हित जीवन को वरण करती चली गयी। और अन्त में अपनी इसी पीड़ा को प्यार करते हुए एक गन्दे और जड़ समाज में दम तोड़ दिया।

मृणाल के चरित्र-निर्माण और विकास के बीच जो असंगति दिखाई पड़ती है (यानी एक दृष्टि से जो असम्भाव्यता दिखाई पड़ती है) उससे परे हटकर विचार किया जाए तो यह लक्षित होगा कि मृणाल यातना और उदासी से सजित व्यक्तित्व को रूपायित करने में बहुत सफल है। वह अपने समस्त आचरण व्यवहार, बोलचाल और चिन्तन-पद्धति में एक यातनामयी नारी को स्वर दे सकी है, किन्तु नारी की यह यातना केवल परिस्थितिजन्य नहीं है (और यह तो संकेत किया ही गया है कि यातना मृणाल की सहज नियति नहीं है वह उस पर आरोपित है) दर्शनजन्य भी है। जैनेन्द्र को गाँधीवादी दर्शन से प्रभावित माना जाता है। गाँधीवादी दर्शन में अहं का विसर्जन करने से ही सत्य का दर्शन किया जा सकता है। अहं का विसर्जन होता है, आत्मपीड़न से, किन्तु गाँधीवाद निष्क्रिय दर्शन नहीं है। वह अहिंसा में विश्वास रखता हुआ भी समाज को बदलने की इच्छा से प्रेरित है। वह नियति को ओढ़ने का पक्षपाती नहीं है। जैनेन्द्र यातना के सन्दर्भ में गाँधी दर्शन की अपेक्षा जैन दर्शन से अधिक प्रभावित हैं। जैन दर्शन कर्म-बन्धन से मुक्ति के लिए व्रत तथा तपस्या में आस्था रखता है। इसमें काया क्लेश को बहुत महत्त्व दिया गया है। इसमें बाईस कष्टों का विधान है जिनमें भूख-प्यास, सर्दी-गर्मी, बुरा वातावरण, व्यंग्य-वाणी सहन करना, अपमान झेलना, पिटना आदि शामिल हैं। इसमें अहिंसा को विशेष महत्त्व प्राप्त है। जीव मात्र पर दया करनी चाहिए। इस प्रकार आत्मपीड़न और दया भाव दोनों इस दर्शन में घुले-मिले हैं। जैनेन्द्र की मृणाल आत्मपीड़न से गुजरती है और समाज को तोड़ने-फोड़ने की जगह खुद ही टूटना चाहती है। "मैं समाज को तोड़ना-फोड़ना नहीं चाहती हूँ। समाज टूटा कि फिर हम किसके भीतर बनेंगे? इसलिए मैं इतना ही कर सकती हूँ कि समाज से अलग होकर उसकी मंगलाकांक्षा में खुद टूटती रहूँ।" स्पष्ट है कि मृणाल बहुत समझदार है, वह इतनी बड़ी-बड़ी बातें कर सकती है यानी उन अबोध नारियों की तरह नहीं है जो यातना सहती हुई भी समाज-देश आदि के बारे में नहीं सोच पातीं और उनसे हमें कोई शिकायत भी नहीं हो सकती, किन्तु मृणाल-जैसी समझदारी की बात करने वाली नारी जब समाज और व्यक्ति के सम्बन्धों के बारे में दार्शनिक लहजे में बात करती है तो उसके बारे में हमें सोचना ही पड़ता है। और तब लगता है कि मृणाल के दार्शनिक चिन्तन का आभास कितना निष्क्रिय सूफियाना अन्दाज वाला और नियतिवादी है। यानी बिगड़ने के लिए भी एक समाज चाहिए। ठीक है समाज नहीं रहेगा तो बिगड़ेंगे कहाँ? किन्तु वहाँ चाहिए का क्या प्रश्न है, वह तो है ही और रहेगा। प्रश्न है कि जो समाज है और जिसमें हम हैं और जिसके अनेक अशोभन अमानवीय सम्बन्धों के दबाव में हम पिस रहे हैं क्या उसे बदलने की आवश्यकता नहीं है? क्या हमारे टूटने से ही उसकी रक्षा हो जाएगी? हमारे जैसे अनेक लोग टूटते जाएँगे और हमारे माध्यम से

समाज टूटता जाएगा।

'त्यागपत्र' का प्रमुख सन्दर्भ मनोवैज्ञानिक है, किन्तु उसका एक सामाजिक सन्दर्भ भी है। लेखक कहीं सीधे ढंग से, कहीं वह व्यंग्यात्मक ढंग से सामाजिक जीवन की विसंगतियाँ भी उद्घाटित करता है। यह बात और है कि उन विसंगतियों के प्रति विद्रोहात्मक रुख न अख्तियार करके उनके प्रति समर्पण का भाव रखता है ताकि उसके यातनावादी दर्शन का निर्वाह हो सके। मृणाल की माँ-बाप विहीनता की स्थिति, भाभी की निर्दयता, उस परिवार की स्त्री-पुरुष सम्बन्धी मान्यताएँ, मृणाल का बेंत से पिटना, वृद्ध से विवाह, वृद्ध की सारी दकियानूस मानसिकता, पत्नी को पीटना, मृणाल का भाई के यहाँ आना, भाई-भाभी का उसके प्रति दकियानूस सोच, उसका अनिच्छा से फिर से अवांछित पति के यहाँ लौटना, पातिव्रत निर्वाह के लिए पति से अपने पूर्व सम्बन्धों की अभिव्यक्ति, उस दुहाजू द्वारा उस सत्य को बर्दाश्त न कर सकना और मृणाल को बेसहारा घर से निकाल देना कोयले वाले के साथ मृणाल का हो लेना, परिवार के रहते हुए भी कोयले वाले का मृणाल पर आशिक होना, फिर कोयले वाले द्वारा मृणाल का परित्याग, प्रमोद की होने वाली ससुराल में संयोग से मृणाल का पहुँचना, वहाँ उसकी प्रशंसा होना, किन्तु असली भेद खुलते ही सारी प्रशंसा का ढह जाना तथा प्रमोद की शादी टूट जाना, एक गरीब अभिशप्त बस्ती में मृणाल का पहुँचना, उस बस्ती के जीवन की वास्तविकता का विधान आदि ऐसे प्रसंग हैं जो हमारी सामाजिक स्थिति और मानसिकता का उद्घाटन करते हैं। इनके अतिरिक्त लेखक प्रमोद के आत्मालोचन के माध्यम से सभ्य समाज की विसंगतियों को उकेरता है। प्रमोद मृणाल को बहुत चाहता है। उसे अपने घर ले जाना चाहता है, लेकिन उसके इस प्रस्ताव को नहीं मान पाता कि वह अपना सारा धन गरीबों में बाँट दे। 'त्यागपत्र' में कुछ सन्दर्भ ऐसे हैं जो मृणाल के मनोवैज्ञानिक सत्य को बहुत सहजता और गहराई से उद्घाटित करते हैं। मृणाल की वयःसन्धि का और शीला के भाई से प्रेम होने पर उसकी मनःस्थिति का चित्रण बहुत प्रभावशाली है। लेखक बहुत सहजता से मन की पर्तें खोलता चला जाता है। जब भाभी उसे बेंत से मारती है तो मृणाल चीखती-चिल्लाती नहीं, एक अजीब सुख-दुःख विहीन मौन में खो जाती है। उसका चुप होकर पिटने को सहना असत्य का प्रतिरोध भी है और प्यार के लिए कष्ट सहने की हार्दिकता भी। मृणाल जब ससुराल से पहली बार लौटती है उस समय की उसकी मनःस्थिति का जो चित्रण है उसमें अद्भुत सादगी, ताजगी और गहराई है। उस समय मृणाल मृदुता और तिक्तता की मिली-जुली घाटियों से गुजरती है। उसके भीतर ससुराल की तिक्तता अँटी पड़ी है। इस सन्दर्भ में वह शीला के भाई को याद करती है। प्रमोद के माध्यम से उसे पत्र भेजती है और जब शीला का भाई पत्र का जवाब भेजता है तब वह तड़प उठती है, प्रमोद को डाँटती है—"किसने

कहा था तुम्हें पत्र का जवाब लाने के लिए। अब तुम वहाँ मत जाना।" दरअसल शीला के भाई के प्रति उसका झुकाव ही उसे बाहर-बाहर उदासीन बनाना चाहता है। वह डर जाती है अपने से, शीला के भाई के प्रति अपने झुकाव से। वह यथार्थ स्थिति पहचानती है, वह जानती है कि अब वह विवाहिता है, विवाहिता होने की एक नैतिकता भी उसे बाँधे हुए है, किन्तु इस वैवाहिक जीवन के नीचे जो कष्ट है, अप्रियता है, असुन्दरता है वह सहज रूप से मृणाल को अपने पूर्व प्रेमी की ओर मानसिक रूप से ढकेल देती है—कुछ प्रियता के, सुन्दरता के क्षणों की तलाश में। लेकिन जब वह देखती है कि शीला का भाई प्रकारान्तर से उसे मिलने का आमन्त्रण दे रहा है तब वह डर जाती है। ससुराल से डरती है, प्रिय की ओर झुकने से डरती है, एक अजीब सूनेपन में जी रही है वह। इस मनःस्थिति में अपने मरने की दवा भी अपने प्रेमी से माँगती है। प्रमोद को जिससे मिलने से मना करती है उसी से अपने मरने की दवा माँगती है। उसकी इस क्रिया से उसके कष्ट-संसार से विरक्ति और प्रेमी के प्रति लगाव की संक्रान्त वास्तविकता ध्वनित होती है। इसे नकारात्मक रूप से प्रेम की स्वीकृति की व्यंजना भी कह सकते हैं। मृणाल का दूसरी बार विदा होना, फिर भागकर आना, घरवालों का व्यवहार—ये सारे सन्दर्भ उसकी मानसिकता की गहरी पर्तें खोलते हैं। मनोविज्ञान के उद्घाटन की प्रक्रिया आखीर तक चलती है, किन्तु धीरे-धीरे मृणाल की मानसिकता एक दार्शनिक भंगिमा ओढ़ने लगती है। मानसिकता का एक बहुत मार्मिक प्रसंग वह है जहाँ प्रमोद पहली बार कोयले वाले के यहाँ पहुँचता है। बुआ की प्रमोद के प्रति चुप्पी, उदासी, चूल्हे का परिवेश, तत्सम्बन्धी कुछ क्रियाएँ, फिर कुछ उद्विग्न मुखरता, फिर उभरती हुई द्रवणशीलता आदि उनकी मानसिकता की जटिलता को बहुत प्रभावपूर्ण ढंग से खोलते हैं। नारी-यातना के बड़े प्रभावशाली बिम्ब इस उपन्यास में हैं।

समाज में कहीं कुछ गड़बड़ है इसी का परिणाम मृणाल का आत्मबलिदान है। यह बलिदान उपन्यास में आद्योपान्त व्याप्त है और भद्र समाज की वर्तमान मानवीय व्यवस्था के दबाव में पिसते हुए एक व्यक्ति (विशेषतया नारी) की करुण परिणति का बड़ा मार्मिक चित्र उपस्थित करता है, किन्तु जब लेखक या उसकी ओर से मृणाल एक दार्शनिक भंगिमा से नियतिवाद का समर्थन करने लगती है, पुरुष के प्रति अपने पातिव्रत धर्म का एकान्त समर्पण करने लगती है, पीड़ा और यातना को प्यार करने लगती है तब लेखक या मृणाल के चिन्तन में कहीं कुछ गड़बड़ी दिखाई पड़ने लगती है।

प्रमोद थोड़ा अलग होकर सोचता है, किन्तु उसके भी चिन्तन की परिणति आत्मविसर्जन में ही होती है। उसके चिन्तन के दो पक्ष हैं। एक तो वह समाज की विषमताओं को देखता है और उनके बारे में सोचता है, दूसरे वह उनकी प्रतिक्रिया

के रूप में समाधान की तलाश में बेचैन होता है। उसे अहसास है कि समाज विषम है, उस विषमता का एक अंग वह भी है यानी वह आदमी न होकर अंग है।

वह एक सम्भ्रान्त परिवार का है और गर्हित जनों के साथ बुआ के सम्बन्धों या पिछड़े गन्दे लोगों के बीच उसके निवास को देखकर उसका अभिजात संस्कार चोट खाता है, परन्तु उसके भीतर कहीं एक सहज मनुष्य भी है जो आत्मालोचन करता रहता है। इसीलिए उसे ये विषमताएँ दिखाई पड़ती रहती हैं और इनके एक अंग के रूप में वह जो कुछ करता है उस पर पश्चात्ताप करता है, किन्तु इस विषमता का समाधान क्या है? क्या व्यक्तिवादी, मृणालवादी आत्मपीड़न जिसे प्रेम कहिए, त्याग कहिए, अहिंसा कहिए? वह इस सत्य को पा लेता है "कि समाज के ऊपर चढ़-बैठकर मैं उसे दबा सकता हूँ बदल नहीं सकता, उसके फलने-फूलने का तो एक ही उपाय है, वह यह कि मैं अपने को समाज की जड़ों में सींच दूँ, अज्ञात रहकर सच्चा बनूँ, झूठा बनकर नामवर होने में क्या रखा है? और वैसी नामवरी निष्फल है, व्यर्थ है, निरी रेत है, आत्मा को खोकर साम्राज्य को पाया तो क्या पाया?" व्यक्ति के लिए सचमुच यह बहुत बड़ा सत्य है, किन्तु क्या इससे सामाजिक विषमता का कोई समाधान प्राप्त होता है? प्रमोद जजी से त्याग-पत्र दे देता है, वह न्याय-व्यवस्था या समाज में प्रतिष्ठित सम्भ्रान्त आचार-व्यवस्था के सामने एक बहुत बड़ा प्रश्न-चिह्न खड़ा कर देता है। एक बहुत बड़ा नकार प्रस्तुत करता है, किन्तु क्या इस नकार से नये समाज (जिसे छोड़ना लेखक को अभिप्रेत नहीं) की सर्जन-दिशा का कोई संकेत मिलता है? सारी विषमता की घूमती हुई गति को व्यक्ति के प्रेम, त्याग, समर्पण के बिन्दु पर विसर्जित कर दिया गया है।

चिन्तन की इस एकांगिता, असंगति और नकारात्मकता के बावजूद उपन्यास की महत्ता को अस्वीकार नहीं किया जा सकता। उपन्यास अपने चिन्तन के कारण नहीं अपनी तीव्र सम्वेदनशीलता, सांकेतिकता और जीवन्त यातना के कारण बहुत ही प्रभावशाली है।

शेखर : एक जीवनी

'शेखर : एक जीवनी' (दो भाग-1941-44) एक जीवनी के रूप में लिखा गया उपन्यास है। जीवनी-प्रधान उपन्यास मनोविज्ञान के प्रभाव के कारण अस्तित्व में आए हैं। उपन्यास के प्रतिष्ठित शिल्प से इसका शिल्प कुछ अलग है। इसका वस्तु-गठन भी प्रचलित वस्तु-गठन से भिन्न प्रकार का है और जीवन के महत्त्वपूर्ण माने गये समयों और सन्दर्भों के स्थान पर इसमें दैनिक जीवन की सामान्य-सी दीखने वाली बातों का सूक्ष्म आकलन और अंकन मिलता है। ये सामान्य-सी दीखने वाली बातें ही यथार्थ व्यक्तित्व की यथार्थ अंग हैं। वे ही व्यक्तित्व की स्वाभाविक अभिव्यक्ति हैं, उन्हीं से हम जीवन की वास्तविकता का पता लगा सकते हैं। हर घटना, हर चित्तवृत्ति, हर कार्य, हर क्षण-सत्य (जो महत्त्वहीन दिखाई पड़ता है) हमारा वास्तविक जीवन है, इन्हीं से हम बनते हैं, इन्हीं से अभिव्यक्त होते हैं। यह जीवनी किसी महापुरुष की नहीं होती, उस यथार्थ मनुष्य की होती है, जो अपने भीतर ही हर क्षण अलग-मनुष्यों को जीता है। यह मनुष्य मनुष्य होने के अतिरिक्त और कुछ नहीं होता, न भला, न बुरा, न पापी, न पुण्यात्मा, न ऊँचा, न नीचा। वह आदमी होता है—मानव जीवन के अनुभवों को समेटता हुआ। और आदमी होने के नाते वह हर मनुष्य के भीतर छिपे आदमी को छूता है, प्रभावित करता है। अज्ञेय जी के ही शब्दों में "शेखर कोई बड़ा आदमी नहीं है, वह आधा भी आदमी नहीं है। लेकिन वह मानवता के संचित अनुभव के प्रकाश में ईमानदारी से अपने को पहचानने की कोशिश कर रहा है। वह अच्छा संगी भी नहीं हो सकता है, लेकिन उसके अन्त तक उसके साथ चलकर आपके प्रति कठोर भाव नहीं होंगे, ऐसा मुझे विश्वास है। और, कौन जाने आज के युग में जब हम, आप सभी संश्लिष्ट चरित्र हैं, तब आप पाएँगे कि आपके भीतर भी कहीं एक शेखर है, जो बड़ा अच्छा भी नहीं, लेकिन स्वतन्त्र और ईमानदार है, घोर ईमानदार।"

और जीवनी? जीवनी छोटी-बड़ी घटनाओं का इतिवृत्त नहीं, मानसिक स्थितियों का अध्ययन प्रस्तुत करना जीवनी नहीं, ये जीवनी में होते हैं परन्तु साध्य बनकर नहीं। ये तो साधन होते हैं उन सूत्रों को खोजने के, जो होते हैं प्रत्येक के जीवन

में किन्तु जिन्हें देखने की शक्ति सदा नहीं होती—''वह तो तब मिलती है जब किसी घटना की चोट से जीवन दीप्त हो उठता है, या तब, जब यातना की तीव्रता से व्यक्ति ही सूक्ष्म द्रष्टा बन जाता है।'' अतः जीवनी प्रधान उपन्यासों में जीवनी की तरह एक के बाद एक घटनाएँ आती रहती हैं, एक-दूसरे से सम्बद्ध या असम्बद्ध, किन्तु उन घटनाओं को या उनके प्रभावों को एक श्रृंखला में रख देना उपन्यास का कार्य नहीं होता, वह तो उनके बीच खोये हुए उन सूत्रों को खोजता है जो मानव को मानव से जोड़ते हैं, जो संश्लिष्ट व्यक्तित्व के सत्यों को उजागर करते हैं। अतः उन छोटी-छोटी दीखने वाली घटनाओं और प्रभावों का भी चयन करना होता है, एक वांछित क्रम में नियोजन करना होता है।

''और शेखर एक सच्चा मनुष्य है--वह महान भी है और दीन भी। महान इसलिए है कि उसकी जिज्ञासा में लगन है, निष्ठा है; दीन इसलिए है कि तीव्रता के कारण ही वह कई जगह सच्चा शोधक न रहकर केवल हेतुवादी रह जाता है और उसका हेतुवाद (rationatisation) करुण और दयनीय जान पड़ने लगता है।''

'शेखर : एक जीवनी' एक ऐसे व्यक्ति की जीवनी है जो अपनी अनुभूतियों के प्रति बेहद ईमानदार है। व्यक्ति के रूप में वह बचपन से ही जो अनुभव करता है, जो जिज्ञासाएँ उसके मन में पैदा होती हैं, विभिन्न प्रकार की घटनाओं की जो प्रतिक्रियाएँ होती हैं और जीवन जीने के सहज क्रम में जो प्रश्न पैदा होते रहते हैं उन सबके प्रति वह ईमानदार है। वह सब कुछ नहीं स्वीकारता जिसे स्वीकारने में उसकी प्रश्नाकुल आत्मा को समाधान नहीं मिलता, उसके अनुभव को तृप्ति नहीं मिलती। वह शुरू से ही एक प्रबुद्ध चेतना से सम्पन्न बालक है। प्रबुद्ध चेतना इस अर्थ में नहीं कि वह प्रौढ़ता प्राप्त है, बल्कि इस अर्थ में कि संसार की हर क्रिया, हर गति, हर सत्य, हर असत्य को अनुभव से जान लेने की उसमें तड़प है। उसमें यह तड़प असहज नहीं है, यह सबमें होती है, किन्तु अधिकांश बालकों की यह प्रश्नाकुलता आरोपित सत्यों के नीचे दबकर अकाल ही कुंठित हो जाती है। शिशु अपने परिवेश के यथार्थ से बेखबर भोला-भाला अबोध जीव नहीं होता, शुरू से ही वह छाप ग्रहण करने लगता है। बाल जीवन ही हमारे अनन्त संस्कारों और मानसिक बनावट का काल होता है। वह स्वतन्त्र आता है, परन्तु स्वतन्त्र होकर सोचने-विचारने नहीं पाता। ''कहते हैं कि मानव अपने बन्धन आप बनाता है, पर जो बन्धन उत्पत्ति के समय से ही उसके पैरों में पड़े होते हैं और जिनके काटने में अनेकों के जीवन बीत जाते हैं, उनका उत्तरदायी कौन है? यह बन्धन शिशु-जीवन के लिए कितने घातक होते हैं? इन बन्धनों के संस्कार लेकर वह आगे व्यक्ति बनता है। शिशु शायद जिस समय एक आकारहीन माँसपिंड भर होता है तभी वह एक अमिट छाप ग्रहण करने लगता है। जो उसको उत्पन्न करने वाली तात्कालिक शक्तियों की ही नहीं होती, वरन् उससे पहले हुई असंख्य घटनाओं और बाद में

होने वाले असंख्य परिवर्तन की भी होती है, यह छाप पड़ जाती है, और पड़ी रहती है व्यक्त नहीं होती, हमारी चेतना में नहीं आती—तब तक जब तम कि किसी आकस्मिक प्रेरणा की चोट से किसी समझ न आने वाले आघात से वह स्पष्ट होकर लहर की तरह हमारे जीवन में नहीं फैल जाती।"

शेखर एक ईमानदार व्यक्ति है अपनी अनुभूतियों और जिज्ञासाओं के प्रति बेहद ईमानदार, नयी-नयी परिस्थितियों में नये-नये प्रश्न उठते हैं इसके मन में और यह अनुभव करता चलता है, सीखता चलता है और वह जो कुछ अनुभव करता है और सीखता है उसका अधिकांश यह है कि व्यक्ति की जिज्ञासाओं को, प्रश्नों को उत्तरित न कर या गलत ढंग से उत्तरित कर समाज उसकी स्वतन्त्रता का हनन करता है, उसे शुरू से ही अपने ढाँचे में ढालने का प्रयत्न करता है और असत्य के उपकरणों से उसके व्यक्तित्व का निर्माण करता है। शेखर ईमानदार है और प्रबुद्ध है इसलिए अपनी सहज निर्लिप्त मानवीयता की आँच में सब कुछ देखता है एक-एक प्रश्न उसे मथता है (प्रश्न उसके चिन्तन या अध्ययन के परिणाम नहीं हैं, बल्कि बाल-सुलभ जिज्ञासाओं के रूप में हैं) उसका समाधान पाना चाहता है, लोगों से पूछता है। लोग उत्तर देने से कतराते हैं या गलत उत्तर देते हैं। शेखर को सन्तोष नहीं होता। वह अनेक घटनाओं को देखता है। उन घटनाओं के साथ परिवार द्वारा दिए गये समाधानों को मिलाता है और उसे लगता है कि उसे गलत बताया गया है, कुछ ऐसा जो इन घटनाओं के साथ मेल नहीं खाता। वह हर देखे हुए, सुने हुए सत्य को अनुभव में उतारना चाहता है, अनुभव के ताप में तपाकर उसकी सत्यता को पाना चाहता है और तब उसे लगता है कि उसके चारों ओर असंगतियाँ हैं, असत्य के बन्धन हैं और उसके मन में असत्य के प्रति, असंगतियों के प्रति, एक पिटी हुई गलत लीक के प्रति आक्रोश पैदा होता है, विद्रोह होता है। इसीलिए हिन्दी के कई आलोचकों ने शेखर को भयंकर अहंवादी, समाज-विद्रोही कहा है। 'जीवनी' की मूलभूत प्रेरणा क्रान्तिकारी या विद्रोहात्मक है। क्रान्ति और विद्रोह किसके प्रति? "'जीवनी' में क्रान्ति और विद्रोह स्वयं अपना लक्ष्य है। यह एक मनोवृत्ति ही नहीं एक स्वतन्त्र जीवन-दर्शन है। विद्रोह किसी वस्तु या स्थिति के प्रति नहीं, सम्पूर्ण वस्तुओं और सारी स्थितियों के प्रति। सृष्टि के प्रति, क्योंकि वह अधूरी और अपूर्ण है; समाज के प्रति क्योंकि वह संकीर्ण है और विकास का विघातक है। सभी संस्थाओं के प्रति, समस्त रीतियों के प्रति, जीवन-मात्र के प्रति विद्रोह क्रान्तिकारी की स्वाभाविक प्रवृत्ति है। विद्रोह के पश्चात्? कुछ नहीं क्योंकि निर्माण भी विद्रोह ही है, विद्रोह में ही निर्माण है। इसीलिए शेखर के विद्रोही व्यक्तित्व के प्रति लेखक को इतनी निष्ठा है। प्रकृति की अपूर्णता के विरुद्ध संघर्ष तथा समाज के बन्धनों के विरुद्ध संघर्ष—शेखर के क्रान्तिकारी जीवन की यही धारा है। इस विद्रोह का परिणाम अति

भयानक है जो शेखर के चरित्र को अत्यधिक आसक्तिपूर्ण, व्यक्तिवादी और यातनामय ही नहीं बनाता, उसे एक असामाजिक, नृशंस और घातक व्यक्तित्व के रूप में भी उपस्थित करता है।''

नन्ददुलारे वाजपेयी जी की यह धारणा सही नहीं है। यह धारणा उस मनोवृत्ति का परिणाम है जो जीवन-सत्यों का भोग कर पाने के स्थान पर धरोहर रूप में पाना चाहती है। इस प्रकार से ही हम समाज से पाए हुए सत्य के साथ सामंजस्य स्थापित कर चलना चाहते हैं। यह सत्य हमारे भीतर आन्दोलन नहीं जगाता, प्रश्न नहीं उठाता, सन्देह नहीं पैदा करता, बल्कि विश्वास के साथ उसे व्यक्तित्व में धारण कर लेने की अन्ध आस्था भर देता है। इस तरह रूढ़ अर्थ में व्यक्ति को सामाजिक मान लिया जाता है क्योंकि वह समाज की बनी-बनाई नैतिकता, सत्यधारणा और मूल्यों को ओढ़ लेता है। शेखर ऐसा नहीं करता, वह ईमानदार है सबसे पहले अपनी अनुभूति के प्रति। इसलिए कदम-कदम पर उसे अनुभव के माध्यम से सत्य को पाने की तड़प होती है और उसकी आँच-सी उठती हुई सम्वेदनशीलता, उसकी मानवीय प्रश्नाभिमुखता को असत्य की राख से ढँक देने का प्रयास किया जाता है। उसकी सम्वेदनगत प्रखरता और प्रश्नाकुलता इस राख के नीचे छटपटाती है और कुछ समय के बाद उसे उठाकर फेंक देती है और इस निश्चय पर पहुँचती है कि नहीं, यह राख वह सत्य नहीं थी जिसे वह पाना चाहता था। यह कहना सर्वथा आधारहीन है कि शेखर का व्यक्तित्व असामाजिक, नृशंस और घातक है या कि वह निरुद्देश्य विद्रोह करता है। वह तो समाज की असंगतियों के बीच संगति का आकांक्षी है और सत्य की बड़ी-बड़ी मूर्तियाँ उसे सन्तोष नहीं दे पातीं, उसे चोट पहुँचाती हैं और उन पूज्य मूर्तियों को तोड़ देने में उसे कोई हिचक नहीं होती, किन्तु क्या इन्हें तोड़ पाना इतना आसान है? शेखर अपने को सर्वत्र अकेला पाता है। उसकी-सी प्रखर सम्वेदनशीलता, प्रश्नाकुलता, सत्यान्वेषणशीलता अन्यत्र दुर्लभ है। वह सन्तुष्ट नहीं हो पाता। अतः कहीं भी समझौता नहीं कर पाता। वह अकेला है परिवार में, समाज में। वह अपने मन के भीतर भले ही इन असत्यों और असंगतियों की स्थापित मूर्तियों को तोड़ता हो, समाज के भीतर उन्हें तोड़ पाना इतना आसान तो नहीं। वह अकेला है। और जब वह इन मूर्तियों को तोड़ नहीं पाता तो कुंठित होता है, उसका आक्रोश जागता है और एक अद्भुत वेदना और पीड़ा से उसका मन भर जाता है। सच पूछिए तो इतना विद्रोही, अहंकारी दीखने वाला शेखर वेदनामय है। वह हर संघर्ष के बाद वेदना ही पाता है और इसी वेदना से उसे जीवन-दृष्टि मिलती है। वह वेदना उसे माँजती है, उसकी सम्वेदनाओं को समृद्ध करती है और जीवन के प्रति सत्यान्वेषी दृष्टि देती है। अज्ञेय ने वेदना को सिद्धान्त रूप में भी बड़ा शक्तिशाली माना है। वे 'शेखर : एक जीवनी' की भूमिका के प्रारम्भ में ही कहते हैं—''वेदना में एक

शक्ति है जो दृष्टि देती है। जो यातना में है वह द्रष्टा हो सकता है...शेखर... घनीभूत वेदना की केवल एक रात में दीखे हुए (विजन) को शब्द-बद्ध करने का प्रयत्न है।"

दुःख सब को माँजता है।
और
चाहे स्वयं सबको मुक्ति देना वह न जाने, किन्तु
जिनको माँजता है
उन्हें यह सीख देता है कि सबको मुक्त रखें।

शेखर ने अपने अनुभव से जाना है कि अहन्ता, भय और सेक्स ये तीन महती प्रेरणाएँ हैं जो प्रत्येक मानव के जीवन का अनुशासन करती हैं। मानव इन्हें अपनी मानवता के साथ ही पाता है बाद की परिस्थिति या व्यवहार से नहीं। इन मूलभूत प्रश्नों को शेखर अपने जीवन की घटनाओं से प्रत्यक्ष कराता है और इन प्रश्नों से सम्बद्ध प्रश्न और उपकरण उसकी सत्यान्वेषी दृष्टि और प्रबुद्ध सम्वेदन को झकझोरते हुए गुजरते चलते हैं, वह जीवन जीता चलता रहता है। ईश्वर, मनुष्य के स्वतन्त्र चिन्तन और विकास के लिए बहुत बड़ा प्रश्नचिह्न बना हुआ है। मनुष्य परम्परा से ईश्वर के अस्तित्व को ओढ़ता आया है। शेखर को बचपन से ही इस कहीं न दीखने वाली और सब जगह टाँग अड़ाने वाली सत्ता के प्रति सन्देह है। वह बार-बार उसके अस्तित्व को देखना चाहता है, परन्तु वह अनुभव से सीखता है कि सारे कार्य ईश्वर के बिना होते चल रहे हैं। झूठमूठ में यह कल्पित शक्ति हमें आतंकित किए हुए है। शेखर जीवन जीने की प्रक्रिया में तमाम प्रश्नों से जूझता है, उन प्रश्नों का उत्तर यह फार्मूलों से नहीं, अपने अनुभवों और अन्वेषण से पाना चाहता है। इसीलिए वह फार्मूलावादी लोगों के साथ खप नहीं पाता। देश-प्रेम, मानव-प्रेम, छुआछूत, जातिभेद, शिक्षा-दीक्षा आदि न जाने कितने प्रश्न इस उपन्यास में शेखर के अनुभवों के क्रम से उभरते हैं और शेखर के अनुभवों और वेदना के माध्यम से नया ताप दे जाते हैं। यह ताप बड़ा ही सामाजिक है। सामाजिक व्यवस्था को (जो रूढ़ नैतिकता, अमानवीय मर्यादा और व्यक्तित्वहन्ता समूह-स्वीकृति से निर्मित है) तोड़ना सामाजिकता के विरुद्ध विद्रोह नहीं है वरन् यह सामाजिकता को नयी अर्थ-चेतना से सम्पृक्त करने का आयोजन है, उसकी कुन्द निःस्पन्द जड़ चेतना के भीतर से चोट मार-मारकर चिनगारियाँ उभारने का शुभ प्रयत्न है। यह व्यक्तित्वों का गला घोंटने वाली यान्त्रिक सामूहिकता के प्रति विद्रोह है। मैं मानता हूँ कि 'शेखर : एक जीवनी' में नकारात्मकता ही अधिक है, इस नकारात्मकता का कोई समाधान प्रस्तुत नहीं किया गया है, किन्तु यही इसकी शक्ति भी है। समाज की अन्धी सामाजिकता के प्रति समर्थन और उसके प्रश्नों के काल्पनिक (फार्मूलावादी) समाधानों से अधिक सत्य और भास्वर है

उसकी अस्वीकृति और निरन्तर प्रश्नाकुलता।

'शेखर : एक जीवनी' में छोटी जातियों की अवमानना, गरीबी और दुर्दशा का भी चित्र है। राष्ट्रीय आन्दोलन की घटनाओं का भी चित्र है और बहुत से सामाजिक कहे जा सकने वाले प्रसंग आए हैं, किन्तु 'शेखर : एक जीवनी' का मूल स्वर मनोवैज्ञानिक है। शेखर का व्यक्तित्व अनेक व्यक्तित्वों के सम्पर्क में आकर, उनके घात-प्रतिघात से किस प्रकार प्रभाव ग्रहण करता चलता है, विकसित होता चलता है और उसकी सम्वेदनाएँ किस प्रकार नये-नये आयामों को छूती चलती हैं, अपनी वेदना के भीतर से उसे कैसे जीवन का नया रस प्राप्त होता चलता है, इन सबका बड़ा ही सूक्ष्म और मार्मिक उद्घाटन हुआ है। इस प्रकार 'शेखर' के जीवन में जो मुख्य पात्र आते हैं वे हैं उसके पिता (जो आवेश में आततायी थे और आवेश बरस जाने पर सखा), माँ (जो आवेश की कमी के कारण निर्दय थीं। जब वे कुछ नहीं कहती थीं तो शेखर को लगता था कि वह मीठी आँच पर पकाया जा रहा है।), भाई (जो एक तरह से अपने समर्पणवादी व्यक्तित्वों के नाते शेखर से असम्पृक्त थे), बहन सरस्वती (जो शेखर को विश्वास और स्नेह दे सकी और जो शेखर का आदर और विश्वास प्राप्त कर सकी), मौसेरी बहन शशि (जो शेखर के स्नेह और करुणा की सजीव प्रतिमा थी), बाबा मदनसिंह। इनके अतिरिक्त और भी पात्र आते हैं और शेखर को कहीं गहरे छूकर चले जाते हैं। शारदा, शान्ति आदि शेखर के स्नेह को खींचती हैं, किन्तु शेखर के जीवन में सबसे अधिक स्थायी प्रभाव पड़ता है शशि का। शशि उसकी बहन ही नहीं बहुत कुछ है—वह बहन होकर भी मात्र बहन नहीं। वह मानो शेखर के अन्तश्चेतन में पुंजीभूत प्रेम की एक संश्लिष्ट प्रतिमा है। शेखर कहता है..."कब से तुम्हें बहन कहता आया हूँ, पर बहन जितनी पास होती है, उतनी पास तुम नहीं हो" और जब शशि ने पूछा कि "क्या अभिप्राय है तुम्हारा शेखर।" तो शेखर उत्तर देता हुआ मानो अपने भीतर निर्मित शशि के अस्पष्ट, किन्तु पूर्ण बिम्ब को उद्घाटित करता है..."अभिप्राय मैं नहीं जानता, तुम्हें जानता हूँ और जानता हूँ कि जितने स्वप्न मैंने देखे हैं, सब तुममें आकर घुल जाते हैं।"

शशि रामेश्वर की पत्नी है और रामेश्वर जैसा समाजसिद्ध पति शेखर और शशि का सम्बन्ध कैसे बर्दाश्त कर सकता है। वह शशि को अपमानित कर, ठोकर मारकर घर से बाहर निकाल देता है। वह शेखर के साथ रहने लगती है—मानसिक यातना और क्षय रोग लेकर। शेखर की करुणा और स्नेह भी शशि को बचा नहीं पाते। वह शेखर के व्यक्तित्व को यातना का प्रकाश देकर चली जाती है—सदा के लिए।

'शेखर : एक जीवनी' जीवनी शैली का उपन्यास है। अतः इसमें पात्रों की परम्परानुकूल अनुस्यूत शृंखला आद्योपान्त नहीं लक्षित होती और न तो ये पात्र

घटना या कथानक के विकास के रूप में ही दिखाई पड़ते हैं। ये पात्र शेखर की जीवनधारा में मिलने वाले अलग-अलग व्यक्तियों वाले पात्र हैं जो अपनी-अपनी विशेषताओं के कारण अपनी इयत्ता तो रखते ही हैं, साथ ही वे शेखर के व्यक्तित्व को कहीं-न-कहीं प्रभावित करते हैं—कहीं टकराकर, कहीं मेल खाकर। इन पात्रों को लेखक ने भीतर से देखने की चेष्टा की है। अर्थात् वे पात्र घटना-प्रवाह या कथा-धारा के विकास के साधन नहीं बनाए गये हैं, जीवन के अनुभवों, मानव-सत्यों और जीवन-मूल्यों के आन्तरिक धरातलों पर विवेचित किए गये हैं। बाबा मदनसिंह इस उपन्यास के बड़े ही शक्तिशाली चरित्र हैं—शक्तिशाली इस अर्थ में कि वे जीवनानुभव के बड़े धनी व्यक्ति हैं और जो कुछ सीखा है जीवनानुभव से सीखा है और जो सत्य सीखा है वह इतना प्रखर है, इतना भास्वर है कि शेखर जैसा बहुत पढ़ा-लिखा, अनुभवों से सीखने वाला विद्रोही स्वभाव का व्यक्ति बाबा से बड़ा प्रभावित होता है और अनेक प्रश्नों पर बाबा से समाधान माँगता है। लेकिन कुछ कम पढ़े-लिखे, जीवनानुभव के धनी बाबा मदनसिंह ने सबसे बड़ी बात तो यह सीखी है कि अपने अनुभवों से समाधान तक पहुँचो, औरों के समाधान आपके प्रश्नों के ठीक उत्तर नहीं हो सकते। पीड़ा तपस्या है, किन्तु असली तपस्या तो जिज्ञासा है—क्योंकि वह सबसे बड़ी पीड़ा है।

शेखर को प्रचंड अहंवादी (इस अर्थ में कि वह अपने ही को सबसे श्रेष्ठ मानता है और सारे पात्रों का विसर्जन अपने लिए चाहता है) कहने वाले आलोचकों को इस बात की ओर ध्यान देना चाहिए कि शेखर सीखता चलता है, वह जिज्ञासु है और वह बाबा मदनसिंह के अनुभवों से तो बहुत कुछ सीखता ही है रामजी और मोहसिन जैसे अपराधियों के व्यक्तित्व में भी ऐसा प्रकाश देखता है कि अपने को कभी-कभी छोटा अनुभव करने लगता है। सबसे बड़ी बात यह है कि आदमी को सिद्धान्तों की आँख से नहीं देखा जा सकता। उसके अनुभवों के ढेर में पता नहीं कहाँ, क्या प्रकाश छिपा है, खुली आँखों देखने से ही उसकी प्राप्ति हो सकती है।

'शेखर : एक जीवनी' का मनोविश्लेषण पक्ष बड़ा ही समृद्ध है। व्यक्ति-मन के सूक्ष्म अनुभवों को, अन्तर्द्वन्द्वों को, बाहरी जगत के प्रति प्रतिक्रियाओं को, अवचेतन स्थित उलझी हुई सम्वेदनाओं को, मन में उभरती हुई जिज्ञासाओं और प्रश्नों को बड़ी मार्मिकता से अंकित किया गया है। इस अंकन-क्रिया में बिम्बों और घटनाओं का सहारा लिया गया है। इस प्रकार यह न तो मनोविज्ञान का सूखा विश्लेषण है और न तो आदर्शवादी कला का रंगीन, सिद्ध और उदात्त, किन्तु स्थूल चरित्र-सर्जन। अज्ञेय भाषा की शक्ति को दुहना जानते हैं, वे दुहते मात्र नहीं हैं, नव शक्ति-सर्जन भी करते हैं। अतः इनके गद्य में भाषा की बारीक-से-बारीक नूतन छवियाँ उभरती हैं और उन नूतन छवियों का उपयोग वे बारीक-से-बारीक उलझी-से-उलझी मनःस्थिति और सौन्दर्य-बोध को चित्रित करने में करते हैं।

'शेखर : एक जीवनी' में बिम्बों की छवि दर्शनीय है। साथ-ही-साथ छोटी-छोटी घटनाएँ इन मनःस्थितियों और बोधों को सिद्धान्त के स्तर से उबारकर जीवित रूप देती चलती हैं। शेखर के मन के भीतर कहीं बहुत गहरे अनेक सम्वेदनाएँ कसमसाती हैं। उसकी वयःसन्धि की सम्वेदनाओं को लीजिए—वयःसन्धि की अवस्था में मन में सौन्दर्य और प्रेम का जो नया स्वर उभरता है वह बड़ा ही अद्भुत होता है। कुछ उभर रहा है ऐसा तो ज्ञात होता है, किन्तु वह क्या है ज्ञात नहीं होता। शेखर का मन भी महमहाता है, सुन्दर चीजों के प्रति आसक्ति होती है, यह सब क्या है? क्यों है? उसे पता चलता नहीं। लेखक ने शेखर की इस मनःस्थिति का बड़ा ही मनावैज्ञानिक, किन्तु कलात्मक विश्लेषण किया है, वह सत्य भी है सुन्दर भी।

'शेखर : एक जीवनी' के सन्दर्भ में दो बातें और कहनी हैं—एक तो यह कि शेखर अपनी अतिप्रबुद्धता में अविश्वसनीय लगने लगता है। इसका अर्थ यहाँ स्पष्ट कर लें नहीं तो भ्रान्ति होने की आशंका हो सकती है। शेखर कुल मिलाकर बड़ा ही सजीव और वास्तविक पात्र है। वह अपनी बाल-सुलभ जिज्ञासाओं, मनोमंथनों और व्यवहारों के नाते अत्यन्त प्राणवान लगता है, किन्तु शेखर बचपन में ही बहुत कुछ पढ़-लिख लिया प्रतीत होता है। कई भाषाओं की ऊँची-से-ऊँची कविताओं का अर्थ समझता है और कभी-कभी बड़े गहन-गहन प्रश्न उठाता है और अनुभव प्राप्त करने के लिए बड़े-बड़े खतरों से लड़ता है। ये सभी बातें उसकी अवस्था से जरा ऊपर की लगती हैं। वह असामान्य है और असामान्य होकर भी इतना जीवन्त और व्यक्तित्व सम्पन्न है, किन्तु असामान्यता की भी तो एक सामान्यता होती है। दूसरी बात यह है कि शेखर एक रात के समय-बिन्दु पर खड़ा होकर अपने पिछले जीवन को देखता है। और वह बचपन की बहुत-सी छोटी-बड़ी घटनाओं को याद करता है, इतना ही नहीं, विभिन्न परिस्थितियों में या दैनिक जीवनचर्या में उसकी क्या स्थितियाँ थीं, छोटी-छोटी घटनाएँ उसके मन पर क्या प्रतिक्रियाएँ छोड़ती थीं, इन सबका बड़ा ही सूक्ष्म रूप शेखर की स्मृति में उभर उठता है। यह सम्भव नहीं लगता। कोई भी व्यक्ति अपने बचपन के सूक्ष्म-से-सूक्ष्म रेशे को स्मृति में इस तरह नहीं उभार सकता। कुछ घटनाएँ और उनकी प्रतिक्रियाएँ तो याद रह जाती हैं, किन्तु सामान्य से सामान्य बात और उसकी मानसिक प्रतिक्रिया, मनोमंथन आदि इतनी प्रखरता से याद नहीं रह पाते। यदि उपन्यास इतिहास शैली हो तो कोई दिक्कत नहीं होती। लेखक तटस्थ द्रष्टा की तरह किसी भी पात्र का मनोमंथन चित्रित कर सकता है, किन्तु आत्मकथा शैली में (शेखर स्वयं अपनी कथा कहता है कभी उत्तम पुरुष में, कभी अन्य पुरुष में) सीमाएँ बन जाती हैं। वहाँ देखना होता है कि यह पात्र अपने जीवन को कितनी स्वाभाविकता से याद कर सकता है। 'शेखर : एक जीवनी' के जीवनी-शिल्प के कारण उपर्युक्त प्रश्न खड़ा होता है। यदि वह इतिहास शैली में होता तो यह प्रश्न खड़ा नहीं होता।

बाणभट्ट की आत्मकथा : समय से तनी हुई प्रेम-कथा

आचार्य हजारीप्रसाद द्विवेदी के सारे उपन्यास ऐतिहासिक या पौराणिक हैं, किन्तु उन्होंने इतिहास या पुराण के तथ्यों का औपन्यासिक शैली में प्रस्तुतीकरण नहीं किया है, उन्हें वर्तमान के सन्दर्भ में रचा है। वर्तमान के सन्दर्भ से तात्पर्य है वह सामाजिक जीवन जो नित परिवर्तनशील स्वभाव का होने के कारण वर्तमान में नयी समस्याएँ, नये प्रश्न, नयी सम्वेदनाएँ और नये मूल्य लेकर उपस्थित हुआ है। जीवन और विशेषतया सामाजिक जीवन को महत्त्व देने वाले साहित्यकार की दृष्टि वर्तमान पर होती है, किन्तु वर्तमान अतीत और भविष्य से कटा हुआ अपने में समाया हुआ कोई बिन्दु नहीं है। वह अतीत की जीवन्त परम्परा की अगली कड़ी है और उसमें भविष्य की सम्भावनाओं के बीज सन्निहित रहते हैं। वर्तमान ही केन्द्र में है क्योंकि हम उसी में जीते हैं। उसी के लिए हम परम्परा को समझते हैं, उसकी शक्तियों का दोहन करते हैं और उसी में से कल के जीवन के सपने सँजोते हैं।

द्विवेदी जी मूलतः एक सर्जक हैं। सर्जक तथ्य से अनुशासित नहीं होता, उस पर आधारित होता है। वह सत्य से अनुशासित होता है। वह तथ्यों को परस्पर नियोजित कर उनसे एक मनचाही दुनिया रचता है। उसकी अपनी दृष्टि एक नया संसार गढ़ती है जिसमें तथ्य तो होते हैं, किन्तु उनके आपसी सम्बन्ध और तारतम्य बदले होते हैं। इस बदलाव के कारण ही वे भिन्न-भिन्न रचनाओं में भिन्न-भिन्न प्रभाव पैदा करते हैं। आचार्य हजारीप्रसाद द्विवेदी मानववादी रचनाकार हैं। वे अपने समय की तमाम चिन्ताओं से गुजरते हुए एक ऐसे संसार की सृष्टि करते हैं जिसमें परिवर्तनशीलता शोषित, लांछित और अभावग्रस्त समाज तथा व्यक्ति की पीड़ा रेखांकित करती हुई उसकी नयी जागृति की सूचना देती है, उसकी अस्मिता के महत्त्व की ओर ध्यान खींचती है। इस प्रकार वे इतिहास या पुराण के तथ्यों को लेकर समकालीन सत्य की रचना करते हैं और साथ ही उसके चिरन्तन होने का आभास पैदा करते हैं। ऐतिहासिक या पौराणिक तथ्यों के कठोर

अनुशासन में न बँधकर उन्हें अपने ढंग से और क्रम से नियोजित करने के कारण ही वे अपने उपन्यासों को गप्प कहते हैं।

द्विवेदी जी मानववादी कथाकार हैं, किन्तु उनका मानववाद अमूर्त नहीं है, वह ठोस परिस्थितियों से पैदा होता है। वह अनेक विषम परिस्थितियों के साथ मनुष्य के टकराते चलने से पैदा होता है। इसीलिए द्विवेदी जी ने अपने उपन्यासों में जिस समय की कथावस्तु ली है, उस समय के समाज के विविध परिवेशों का विधान किया है। उनकी टकराहट में से ही मानववादी पात्र निकलते हैं और अपनी आभा बिखेरते हैं। 'बाणभट्ट की आत्मकथा' द्विवेदी जी का पहला किन्तु अत्यन्त प्रभावशाली उपन्यास है। यह द्विवेदी जी के औपन्यासिक व्यक्तित्व की वास्तविक पहचान है। ऐतिहासिक उपन्यास के ही क्षेत्र में नहीं, उपन्यास के क्षेत्र में भी यह एक नयी उपलब्धि के रूप में आया। इसलिए इसके माध्यम से द्विवेदी जी के औपन्यासिक व्यक्तित्व की चर्चा अच्छी तरह की जा सकती है।

उपन्यास के नाम से ही ज्ञात है कि यह बाणभट्ट की आत्मकथा है। वास्तव में बाणभट्ट की आत्मकथा नहीं, उसके समय की कथा है। बाणभट्ट आत्मरति-प्रधान पात्रों की तरह अपने में डूबकर केवल अपने जीवन की तथ्यों की या अपनी आन्तरिक दुनिया की कहानी नहीं कहता है, वह तो अपने समय की और उसके माध्यम से शोषक समाज से संघर्ष करते अभिशप्त लोगों की कहानी कहता है। वह तो केन्द्रीय सूत्र के रूप में है। मूल कथा बाणभट्ट और भट्टिनी (चन्द्रदीधित) तथा निउनिया के बीच तनी है, किन्तु मनोवैज्ञानिक स्तर पर परस्पर तनी हुई यह कथा भीतर-भीतर घुर्ची नहीं मारती, वह बाहरी दुनिया से सघनता से टकराती चलती है। बाहर से टकराकर स्वयं को तो रचती और सघन करती चलती ही है, बाहरी दुनिया की भी पर्तें खोलती और उसे प्रभावित करती चलती है। इसलिए इसका तनाव पात्रों से परिवेश का भी है और पात्रों की पारस्परिक मानसिकता का भी है। व्यक्ति का व्यक्ति से तनाव है और उसका स्वयं अपने से भी तनाव है। मैंने कहा कि वाण, भट्टिनी और निउनिया के बीच का तनाव ही कथा का केन्द्रीय तत्त्व है, किन्तु यह तनाव टकराहट मूलक नहीं है, साहचर्य मूलक है। निउनिया बाणभट्ट के प्रति गहरा राग अपने भीतर छिपाए जी रही है, बाणभट्ट उसके राग को मोह समझकर उसके इस भाव के प्रति उदासीन है। निउनिया अपने गहरे राग-भाव के बावजूद वाण को भट्टिनी से जोड़ती है। धीरे-धीरे भट्टिनी के प्रति वाण का राग-भाव गहराता जाता है, किन्तु वाण उस राग को भट्टिनी के प्रति पूज्यभाव में बदलता रहता है। वह अपने को भट्टिनी का सेवक समझता है। उसके अद्‌भुत सौन्दर्य के प्रति उसका मन कहीं उद्दाम नहीं होता, बल्कि उपासना भाव से भरता रहता है। भट्टिनी उसे अपना प्रकटतः अभिभावक मानती है, किन्तु उसके अटूट संयम और चरित्रगत गाम्भीर्य के पीछे से उसकी रागाभा झाँक-झाँक जाती है।

निउनिया इन दोनों के बीच सेतु बनती रहती है और अपने निजी राग की प्राप्ति को देने में, वासना को उपासना में, हाथ थामने को दो हाथों को मिलाने में बदलती रहती है अर्थात् उसका निजी राग विश्वराग बनने की साधना में लीन रहता है और एक दिन वह रत्नावली नाटिका के मंचन के समय वासवदत्ता का अभिनय करती हुई समाप्त हो जाती है।

निपुणिका (निउनिया) वासवदत्ता का अभिनय कर रही थी। भट्टिनी उस नाटक में रस ले रही थी। भट्ट ने पूछा—"देवी, इस नाटक में ऐसा क्या है जो तुम्हें इतना मुग्ध किए हुए है।" भट्टिनी तो हँसकर टाल गयी, किन्तु निपुणिका बोली—"यह तुम नहीं देखते कि वासवदत्ता ने किस प्रकार दो विरोधी दिशाओं में जाने वाले प्रेम को एक सूत्र कर दिया है। प्रेम एक और अवियोज्य है। उसे केवल ईर्ष्या और असूया ही विभाजित करके छोटा कर देते हैं।"

बाण पश्चात्ताप की मुद्रा में सोचता है—"वासवदत्ता की भूमिका में निपुणिका ने तो उन्माद बरसा दिया। उसके हर्ष, शोक और प्रेम के अभिनय में वास्तविकता थी। मैं हतभाग्य बराबर उसे अभिनय ही समझता रहा, पर वह अभिनय से कहीं अधिक था, भिन्न था वह। वास्तव में निपुणिका ने अपने को ही खोलकर रख दिया। अन्तिम दृश्य में जब वह रत्नावली का हाथ मेरे हाथ में देने लगी तो सचमुच विचलित हो गयी। वह सिर से पैर तक सिहर गयी। उसके शरीर की एक-एक शिरा शिथिल हो गयी। भरतवाक्य समाप्त होते-होते वह धरती पर लोट गयी। नागर जन जब साधु-साधु की आनद ध्वनि से दिगन्त कँपा रहे थे, उस समय जवनिका के अन्तराल में निपुणिका के प्राण निकल रहे थे।"

इतना ही नहीं, भट्टिनी भी निउनिया के वास्तविक मर्म को समझते हुए चिल्ला उठी—'हाय यह अभागिनी का अभिनय आज समाप्त हो गया। उसने प्रेम की दो दिशाओं को एक सूत्र कर दिया।' यह वह बिन्दु है जहाँ भट्ट, निउनिया और भट्टिनी के पारस्परिक रागात्मक सम्बन्ध मुखर होते हैं। उनकी अनुगूँज तो पूरे उपन्यास में भरी पड़ी है, किन्तु मुखर अभिव्यक्ति ऐसे ही कुछ स्थलों पर हुई है। निउनिया भट्ट को चाहती हुई भी उसे भट्टिनी से मिलाने का प्रयत्न करती हुई चली गयी और भट्टिनी का भी सारा संयम इस स्वीकृति में फूट पड़ता है—"उसने प्रेम की दो दिशाओं को एक सूत्र कर दिया।"

बाण, निउनिया और भट्टिनी की सम्बन्ध-कथा अत्यन्त संयत होने के कारण बहुत जटिल और मार्मिक है। यह राग-कथा ऊपरी धरातल पर कभी-कभी ही आती है, अन्यथा वह सदा इन पात्रों के भीतर उमड़ती-घुमड़ती रहती है और त्याग तथा सेवा की क्रियाओं में उतरती है। संयम और त्याग से इन पात्रों का प्रेम वह महिमा प्राप्त कर लेता है जो आध्यात्मिक स्तर को छू लेती है। इन पात्रों का (विशेषतया बाण और निउनिया का) प्रेम इसलिए और महिमाशाली हो उठता है कि ये पात्र संसार

में बदनाम होते हैं। यानी संसार की दृष्टि में स्थापित पात्रगत चरित्रहीनता से उसकी वास्तविक चारित्रिक महिमा टकराकर और भी जटिल और आभावान हो उठती है। इसे विरुद्धों का सामंजस्य भी कह सकते हैं या दृश्य से वास्तविकता की ओर (from appearance to reality) जाना भी कह सकते हैं। बाण संसार की दृष्टि में बदनाम है। वह आवारा और लम्पट माना जाता है क्योंकि घर से भागा हुआ है और अपने मर्यादासम्पन्न पंडित कुल का पुत्र होकर नाटक करता फिरता है और इस प्रक्रिया में तमाम लड़कियाँ उसके साहचर्य में आती हैं। उनमें से एक निउनिया भी है! पंडित कुल के किसी व्यक्ति का ऐसा आचरण निश्चय ही संसार की दृष्टि में निन्दनीय है। इतनी लड़कियों के साहचर्य में आने वाला व्यक्ति क्या लम्पट होने से बचा रहेगा? इसलिए बाण लम्पट मान लिया जाता है। यहाँ तक कि राजा हर्ष भी उसे भुजंग कहते हैं। संसार की दृष्टि में बाण का यही वह बिम्ब है जिससे लेखक उसके असली रूप को तानता है। यह तनाव इसलिए और भी जटिल हो उठता है कि बाण दुनिया द्वारा आरोपित बिम्ब का प्रतिवाद नहीं करता, बल्कि वह भी अपने को धिक्कारता है कि वह इतने बड़े कुल का होकर अयोग्य निकला। वास्तव में वह अपने किए हुए को नीच कर्म नहीं मानता और इसके लिए वह पश्चात्ताप नहीं करता, बल्कि उसे लगता है कि वह कुछ कर ही नहीं सका, इतने मूल्यवान कुल का होकर भी मूल्यहीन जीवन जी रहा है। दुनिया के सोच और आत्मधिक्कार के भीतर से बाण का वह स्वभावगत सौन्दर्य उसके कर्मों के द्वारा फूटता रहता है जो उसे पाठक की दृष्टि में अत्यन्त मूल्यवान और महिमावान बना देता है। दुनिया क्या सोचती है और वास्तव में वह व्यक्ति क्या होता है।? दुनिया प्रायः रूढ़ नैतिकता के ढर्रे पर सोचती है और केवल सुनती है, समझने का प्रयत्न नहीं करती है। कलाकार रूढ़ियों का निषेध कर नये संवेदनों और मानव-मूल्यों से गुजरने वाले व्यक्तियों की पहचान कराकर पाठक की दृष्टि और संवेदना का विस्तार करता है, उसके नये आयाम खोलता है।

बाण पंडित वंश का है, किन्तु वह कवि है। पंडित और कवि का मौलिक अन्तर यह है कि पंडित किताबी ज्ञान वाला होता है और कवि जीवन जीकर उसकी खट्टी-मीठी सम्वेदनाओं से गुजरता है। वह राग तत्त्व का पुजारी होने के कारण संसार के संश्लेषक तत्त्वों से जुड़ता है। इस प्रक्रिया में वह सम्वेदना, दृष्टि और मूल्य की जड़ पर्तों को तोड़ता है और नयी पर्तें खोलता है। उसकी दृष्टि में किताबी ज्ञान-जन्य नैतिकता प्रधान नहीं होती, प्रधान होता है कर्म के प्रवाह में पड़े हुए जीवन की उठती-गिरती, बनती-बिगड़ती सम्वेदनाओं और मर्यादाओं का अटूट सिलसिला। सब कुछ परिवर्तनशील कर्ममय जीवन की सापेक्षता में ही प्रासंगिक है। कवि वाण अपने को धिक्कारता हुआ भी वही जीवन-कर्म करता है जो एक कवि को करना चाहिए। वह मुक्त मन है। वह महान से महान मानी

जाने वाली झूठी मर्यादा से आतंकित न होकर वही करता है जो उसका मुक्त कवि-मन कहता है। इसीलिए वह नाटक-मंडली बनाता है और लड़कियों को भी रखता है, किन्तु हम देखते हैं कि वह दुनिया की रूढ़िवादी दृष्टि में बदनाम कर्म करता हुआ भी कितना संयत है। अपने प्रति मोहासक्त निउनिया के प्रति भयानक उदासीनता दिखाता है जिसके फलस्वरूप निउनिया वहाँ से भाग जाती है। दुबारा जब वह मिलता है तब फिर से बाण के प्रति उसका सोया हुआ राग जाग उठता है हालाँकि उसे वह कभी कहकर व्यक्त नहीं करती और बाण फिर उसके प्रति संयत बना रहता है। भट्टिनी जैसी महीयसी और अपूर्व सुन्दरी का उद्धारक और अभिभावक होने का उसे गौरव प्राप्त होता है और भट्टिनी के राग का आभास भी उसे मिलता रहता है, किन्तु वहाँ भी वह अपूर्व आत्म-संयम से काम लेता है। वह भट्टिनी के सौन्दर्य और व्यक्तित्व के बारे में सोचता है तो लगता है उसके मन में प्रेम नहीं, उपासना का भाव पैदा हो रहा है। वह भट्टिनी के जीवन और मान-मर्यादा की रक्षा के लिए मर-मिट सकता है। क्यों? क्या इसलिए कि वह प्रेम के चालू मुहावरे में उस पर जान देता है। नहीं वह जान तो देता है, किन्तु भट्टिनी को अपनाने के लिए नहीं, उसे मुक्त रखने के लिए। भट्टिनी सामन्ती व्यवस्था की कुरूपता का शिकार है। उसमें कैद है। बाण इस महीयसी को इससे मुक्त करना चाहता है और इस मुक्ति के प्रयास के पीछे बाण का सामाजिक मूल्यबोध तो है ही उसके व्यक्तित्व का प्रभाव भी है। वह भट्टिनी को वहाँ से मुक्त कराकर अपने अहसान, प्रेम या वासना से बाँधना नहीं चाहता, वह उसकी पूरी अस्मिता की रक्षा करना चाहता है। इसलिए भट्टिनी के प्रति उसका सहज आकर्षण संयत और दमित होकर उपासना का रूप ले लेता है। उसके प्रेम में कहीं अहंकार और देने के बदले लेने का भाव न झलके, उसके अन्तर्मन में सदा इसकी चिन्ता बनी होती है। भट्टिनी के प्रेम का भी यही रूप है। सौन्दर्य और प्रेम की प्रतिमूर्ति महीयसी भट्टिनी छोटे राजकुल में बन्दिनी होकर अपने जिस संयम और आत्मबल का परिचय दे चुकी होती है उसी का परिचय मुक्त होकर मुक्तिदाता के साहचर्य में देती है। अन्तर यही है कि राजकुल में वह अपने को घृणित प्रेम-प्रस्ताव से बचाती रही और भट्ट के संसर्ग में प्रेम की संयत आभा बिखेरती है। इस उपन्यास में संयत और अशब्द प्रेम की भाषा कितना कुछ कहती है और कितना प्रभावित करती है।

यह संयम प्रेम का निषेध नहीं, प्रेम का गुण है। द्विवेदी जी ने प्रेम या राग तत्त्व का प्रबल समर्थन किया है। उनकी आधुनिक दृष्टि मनुष्य के महत्त्व को रेखांकित करती है और मनुष्य का केन्द्रीय तत्त्व है राग। बल्कि यह समूची सृष्टि का केन्द्रीय तत्त्व है और इस राग की पूर्णता स्त्री और पुरुष के मिलन में ही होती है। इसलिए राग या प्रवृत्ति का निषेध अवांछित है। द्विवेदी जी ने बाबा और बाण

के संवाद की योजना कर मानवीय प्रवृत्तियों के महत्त्व पर बल दिया है। बाबा ने कहा—"प्रवृत्तियों से डरना भी गलत है, उन्हें छिपाना भी ठीक नहीं है और उनसे लज्जित होना वालिशता है। त्रिभुवन मोहिनी ने जिस रूप में तुझे मोह लिया है उसी रूप की पूजा कर, वही तेरा देवता है।" इसीलिए बाबा विरतिवज्र से कहते हैं—"इस मार्ग में शक्ति के बिना साधना नहीं चल सकती।"

बाबा बाण से पूछते हैं—"क्यों रे उस लड़की (भट्टिनी) पर तेरी ममता है न?"

बाण असमंजस में पड़ गया। सोचा, क्या जवाब दूँ। चुप रहना ही ठीक समझा।

बाबा ने फिर पूछा—"क्यों रे बताता क्यों नहीं?"

बाण ने हाथ जोड़कर कहा—"उस कन्या का सेवक होना गौरव का विषय है आर्य मैं उसके मंगल के लिए प्राण तक दे सकता हूँ।"

बाबा हँसते रहे। बोले—"ना रे पागल, प्राण मैं नहीं माँगता। मैं जानना चाहता हूँ कि उस कन्या पर तेरी ममता है या नहीं। सीधा क्यों नहीं कहता है कि तेरी जाति ही टेढ़ी है। हाँ रे महा वराह पर तेरी ममता है?"

"है आर्य"

"मान ले कि एक निशाचर अचानक आकर तुझे धर दबाए और अपने बाएँ हाथ में तेरी स्वामिनी और दाहिने हाथ में महा वराह की मूर्ति को लेकर बोले कि तू अपना प्राण देकर किसी एक को बचा सकता है। तो तू किसे बचाने के लिए अपना प्राण देना पसन्द करेगा?"

बाण ने सोचा—"बाबा बेढब जीव हैं। ऐसा भी प्रश्न किया जाता है।" थोड़ी देर सोचकर बोला—"मैं दोनों को बचाना चाहूँगा।"

बाबा क्रोध से काँप उठे—"फिर झूठ बोलता है, जन्म का पातकी, कर्म का अभागा, मिथ्यावादी, पाखंडी। महा वराह को बचाएगा तू दम्भी?"

बाण हतचेष्ट रह गया। फिर बोला, बल्कि उसकी इच्छा के विरुद्ध किसी ने उससे कहलवा दिया—"प्राण देकर मैं भट्टिनी को बचाऊँगा।"

बाबा हँसने लगे। बोले—"क्यों रे डर लगता है? दुत् पगले, उस मायाविनी के जाल में फँस रहा है? क्या बुरा है रे। त्रिपुरी सुन्दरी ने जिस रूप में तेरे मन को भुलाया है, उसे साहसपूर्वक स्वीकार क्यों नहीं करता?—तेरे मन में महा वराह से अधिक पूज्य भावना उस लड़की के प्रति है। है न रे?"

बाबा और बाण के संवाद में द्विवेदी जी ने मानव-राग की महिमा प्रतिष्ठित करते हुए शुष्क शास्त्र-ज्ञान का निषेध किया है। बाबा कहते हैं—"देख रे, तेरे शास्त्र तुझे धोखा देते हैं। जो तेरे भीतर सत्य है, उसे दबाने को कहते हैं, जो तेरे भीतर मोहन है, उसे भुलाने को कहते हैं, जिसे तू पूजता है उसे छोड़ने को कहते हैं।"

बाबा निर्भीक भाव से भीतर के सत्य को स्वीकार करने के लिए कहते हैं और कहते हैं–"किसी से न डरना, गुरु से भी नहीं, मन्त्र से भी नहीं, लोक से भी नहीं, वेद से भी नहीं। मन्त्र याद है न।"

यह द्विवेदी जी की मानववादी दृष्टि है कि वे प्रवृत्ति या राग को इतना महत्त्व प्रदान करते हैं–उससे न डरने की ही बात नहीं करते, उसे निस्संकोच और निर्भीक रूप से स्वीकारने की बात कहते हैं। इस सत्य की स्वीकृति के मार्ग में शास्त्र, गुरु, लोक कोई भी आता हो, उससे डरने की आवश्यकता नहीं। इसके बावजूद वे प्रवृत्ति या राग को नियन्त्रित करते रहते हैं। यह उनका अपना संस्कार है कि वे प्रेम को कहीं वाचाल नहीं होने देते। उनके पात्र उसकी पीड़ा और महक को भीतर-भीतर जीते रहते हैं। कहीं-कहीं वह प्यार कुछ बोलता है फिर चुप हो जाता है। बाण और भट्टिनी का प्यार इसी प्रकार का है। यह प्यार अन्त में एक दर्द छोड़ता हुआ पाठक के भीतर एक असमाप्त कथा बनकर रह जाता है।

"मैंने भट्टिनी के साथ चलने का वचन दे दिया। उल्लसित होकर भट्टिनी ने और उनकी आज्ञा से मैंने साथ-ही-साथ महा वराह को प्रणाम किया। महा वराह ने गोपन हास्य से हमारे उल्लास का तिरस्कार किया होगा क्योंकि निपुणिका का श्राद्ध समाप्त होते ही आचार्य भर्वुपाद ने मुझे पुरुषपुर जाने की आज्ञा दी। उन्होंने स्पष्ट रूप से आदेश दिया कि भट्टिनी तब तक स्थाण्वीश्वर में ही रहेंगी। भट्टिनी ने सुना तो उनका मुख विवर्ण हो गया। झुकी हुई आँखों को और भी झुकाकर बोली–"जल्दी ही लौटना।"

मैंने कातर कंठ के वाष्प-रुद्ध वाक्य को प्रयत्नपूर्वक दबा लिया, लेकिन अन्तरात्मा के अतल गह्वर से कोई चिल्ला उठा–"फिर क्या मिलन होगा?"

कहा जा चुका है कि द्विवेदी जी प्रेमकथा कहने के लिए नहीं कहते, उसके माध्यम से हमारे समाज की तथाकथित गलाजत में से सौन्दर्य और तथाकथित भद्रता में से गलाजत की पहचान कराते हैं यानी उनकी मानववादी दृष्टि प्रेम के विधान के साथ-साथ हमें मनुष्य के असली रूप की पहचान भी कराती है। यह आकस्मिक नहीं है कि उनके प्रेमी पात्र समाज के अभिशप्त लोग होते हैं, जो समाज की ऊँचाई पर बैठे हुए गर्वोन्नत लोगों से अधिक महान सिद्ध हो जाते हैं। बाण हो हमने देखा, निउनिया को भी देखें। निउनिया तथाकथित छोटी जाति की औरत। शादी के साल भर बाद विधवा हो गयी। ससुराल की यातना से ऊबकर घर से भाग निकली और उज्जयिनी में बाणभट्ट की नाटक मंडली में उसे अभिनेत्री की जगह मिल गयी। वह बाण के प्रति अनुरक्त हो उठी, किन्तु बाण की उदासीनता से उज्जयिनी छोड़कर भाग निकली और पता नहीं कहाँ-कहाँ क्या-क्या दुःख सहती हुई स्थाण्वीश्वर आ गयी और वहाँ पान बेचने लगी। जवान सुन्दर आँखों वाली स्त्री, अकेली स्त्री अनजाने शहर में पान बेचती हो तो कल्पना की जा सकती है

कि उसके आसपास कैसे-कैसे लोगों का जमघट लगता होगा और उसके बारे में क्या-क्या झूठी-सही रसमयी कथाएँ गढ़ी और प्रचारित की जाती होंगी। बदनाम छोटे राजकुल में उसका आना-जाना भी लगा रहता है। दुनिया उसे क्या समझती है इसकी एक झलक स्वयं निपुणिका के अपने वाक्य से मिलती है। निपुणिका बाण से कहती है कि तुम्हें एक काम करना होगा। बाण कहता है—"मैं आशा करता हूँ कि तू मुझे अनुचित कार्य में कभी प्रवृत्त नहीं होने देगी।" तब निउनिया कहती है—"तुम बचने का रास्ता खोज रहे हो। मेरी जैसी स्त्री से तुम उचित कार्य में सहायक बनने की आशा रखते हो। तुम बहुत भोले हो।"

यहाँ निउनिया के चरित्र के असली और नकली दोनों पक्षों के संकेत मिलते हैं। निउनिया अपनी छोटी जाति, दुर्भाग्य और संसार द्वारा प्रचारित अपयश के कारण अपने को तुच्छ मानती है इसीलिए अपने को "मेरी जैसी स्त्री" कहती है किन्तु दूसरी ओर बाण कहता है कि तू मुझे अनुचित कार्य में प्रवृत्त नहीं होने देगी। यानी निउनिया का चरित्र उचित या अनुचित के रूढ़ खाने में नहीं अँटता। यह और कोई नहीं, औरतों के प्रति पूज्य भाव रखने वाला अपने विवेक से उचित-अनुचित का फैसला करने वाला बाण कह रहा है। यानी पाठक को निउनिया के असली चरित्र की एक झलक मिलती है और यहाँ से लगातार वह उसके भीतर से खुलते हुए देवता का साक्षात्कार करता चलता है। वह बाण को प्यार करती है, किन्तु उसका प्यार समर्पणमय है त्यागमय है। यह समर्पण केवल प्रेमी के प्रति नहीं है, मानव मूल्यों के प्रति भी है। इसलिए वह बाण को छोटे राजकुल में बन्दिनी के उद्धार में नियोजित करता है। देवमन्दिर स्वरूप भट्टिनी को राजकुल बन्दी बनाता है, उसे भोग्या बनाने के लिए सारे हथकंडे अपनाता है, वहाँ नीच-जाति की कही जाने वाली लांछिता निउनिया उसके देवत्व का साक्षात्कार कर उसके उद्धार की तड़प पालती है और भट्ट को इस कार्य में लगाती है। वह जानती है कि यह कार्य केवल भट्टिनी के उद्धार का नहीं है, यह भट्टिनी और बाण के रागात्मक सम्बन्ध जुड़ने का भी है, किन्तु इस रागात्मक सम्बन्ध के लिए ईर्ष्यालु होने के विपरीत वह इसकी निर्मिति की योजना बनाती है। उसके विकसित होने में सहयोग देती है और अन्त में अपने को निःशेष भाव से देकर समाप्त हो जाती है।

भट्टिनी भी अभिशप्ता है। वह तुवर मिलिन्द जैसे प्रतापी राजा की कन्या होकर भी छोटे राजकुल में बन्दिनी है और वह छोटे महाराज की भोग्या बन सके, इसके अनेक प्रयत्न होते हैं। वह देव मन्दिर सरीखी स्त्री अपने तेज से अपनी रक्षा करती हुई इस राजकुल के वीभत्स परिवेश में आतंक झेल रही है और बाण उसका राजकुल से उद्धार तो करता है, किन्तु उसके बाद राजकन्या को असुविधाओं, असुरक्षा और आशंकाओं से लदे-फँदे कितने ही दिन देखने पड़ते हैं, किन्तु इन

सबके बीच उसे सुख है मुक्ति का और बाण के साहचर्य का। यानी बाणभट्ट की आत्मकथा अभिशप्तों के बीच तनी हुई रागकथा है।

द्विवेदी जी के उपन्यासों की प्रेमकथा बनी-बनाई नहीं होती, उसके पात्र स्थितियों से निरन्तर टकराते हुए चलते हैं और इस प्रक्रिया में वे स्वयं विकसित होते हुए अपने भीतर का रहस्य खोलते चलते हैं यानी दृश्य से सत्य (from appearance to reality) की ओर यात्रा होती रहती है। सामाजिक स्थितियों से टकराने और अनेक समस्याओं से जूझने की प्रक्रिया में ये पात्र परस्पर जुड़ते रहते हैं। यानी वे जुड़े हुए रूप में ही पाठक को नहीं मिलते, जीवन जीने के क्रम में वे जुड़ते चलते हैं। इसीलिए उनका प्रेम मात्र भावात्मक नहीं होता; वह कर्म से, आचरण से, अतः सामाजिक जीवन-मूल्यों से जुड़ा होता है। बाणभट्ट भट्टिनी के रूप पर आकृष्ट होकर उसकी ओर नहीं झुकता, वह तो एक मानवीय कर्तव्यवश उधर जाता है। निउनिया के कहने पर एक देवमन्दिर का उद्धार करने जाता है और वह सारे खतरों से अवगत होकर भी इस कार्य में प्रवृत्त होता है। जब वह प्रवृत्त होता है तो सारे खतरे झेलकर इसे पूर्ण करने के प्रयत्नों से अपने को सम्पूर्ण भाव से जोड़ देता है। उसके भीतर एक देवमन्दिर जैसी स्त्री को बन्दी बनाने वाले राजकुल के विरुद्ध आक्रोश और घृणा है, साथ ही उस स्त्री के प्रति एक सम्मान-भाव। स्त्री के प्रति सम्मान-भाव तो बाण का बुनियादी भाव है। हम देखते हैं कि इन सारे प्रयत्नों के बीच धीरे-धीरे भट्टिनी और बाण का रागात्मक भावना का विकास होता है वह भी प्रच्छन्न भाव से। ऐसा नहीं लगता कि यह प्रेम कहानी कही जा रही है। भट्टिनी या वाण एक-दूसरे के प्रति प्रेम-भाव निवेदित करने के लिए अवसर नहीं खोजते या कि फुरसत में भावात्मक स्तर पर ही नहीं जीते। अवसर उन्हें अपने कर्म-पाश में लपेटता रहता है और वे तथा निउनिया उस कर्म-पाश से जूझते हुए अपने आचरणों से रागात्मक दीप्तियाँ बिखेरते रहते हैं। यह रागात्मक सम्बन्ध प्रयत्नावस्था का सम्बन्ध है।

यह रागात्मक सम्बन्ध सामाजिक जीवन-कर्म से जुड़ा होने के कारण एक ओर अपने को अधिक प्रामाणिक, जीवन्त और सघन बनाता है दूसरी ओर समाज की अनेक विकृतियों और छवियों का उद्घाटन करता चलता है। इसी प्रक्रिया में परम्परागत मान्यता प्राप्त मूल्यों के खोखलेपन का निषेध करता हुआ कुछ नये मूल्यों की स्थापना करता है। उपन्यास के आरम्भ में बाण से हमारी पहचान स्थाण्वीश्वर के एक जुलूस में होती है। लेखक जुलूस का काव्यात्मक चित्रण करता हुआ उसकी कुरूपता और वर्गीय विषमता की ओर संकेत करना नहीं भूलता और यह क्रम पूरे उपन्यास में चलता रहता है। "जुलूस में राजमहल में रहने वाले बौने, कुबड़े, नपुंसक, मूर्ख लोग उद्धत नृत्य से विह्वल होकर भागे जा रहे हैं।" यह जुलूस महाराजाधिराज श्री हर्षदेव के छोटे भाई कुमार कृष्णवर्धन के पुत्र-जन्म के

उपलक्ष्य में निकला था। इस जुलूस के बारे में बाण को यह ज्ञात हुआ तब उसका चेहरा उतर गया। "मुझे अपनी दशा याद आ गयी। एक ऐसे भाग्यवान हैं जिनके जन्म पर इतना उत्सव मनाया जा रहा है और एक मैं अभागा हूँ जो देश-विदेश में मारा-मारा फिर रहा हूँ।" बाण अपने बचपन के सारे अभाग्य और अभाव को याद करता है।

इसी जगह उसकी भेंट निउनिया से होती है। कोई भी प्रसंग इकहरा नहीं आता। निउनिया ने बाण को बुलाया। बाण ने देखा–"उसके मुखमंडल पर तारुण्य था, परन्तु उसकी दीप्ति धुँधली हो गयी थी, जैसे धुआँ उगलती हुई दीपशिखा हो। उसकी आँखें सन्ध्या के धुँधले प्रकाश में चमक रही थीं। "वह पान की दुकान पर बैठी थी। ऐसा लगता था कि वह पान कम बेच रही थी मुस्कान ज्यादा।" यह एक जटिल व्यक्ति-सन्दर्भ है। निउनिया की आभा, उसका धूमिल होना, पान के साथ मुस्कान बेचना और मुस्कान बेचकर भी निउनिया का निउनिया बने रहना एक द्वन्द्वात्मक व्यक्ति-प्रसंग है जिससे सहज ही कोई निष्कर्ष नहीं निकाला जा सकता। स्वयं बाण कहता है–"मैं हँसी वाली रुलाई और रुलाई वाली हँसी पहचानने में अपने को सिद्धहस्त समझता था, पर यह हँसी विचित्र प्रकार की थी। उसमें आकर्षण था पर आसक्ति नहीं, ममता थी पर मोह नहीं था।" जीविका के लिए मुस्कान बेचने वाली निउनिया की मुस्कान में आसक्ति नहीं थी और यही निउनिया बाण को भट्टिनी के उद्धार के लिए प्रेरित करती है। बाण को इस बात का पता भले न रहा हो कि वह एक सुन्दर स्त्री के उद्धार की प्रक्रिया में उससे जुड़ेगा, किन्तु निउनिया तो जानती थी। वह अपने प्रेम की बलि देकर भट्ट को भट्टिनी की ओर ठेलती है। वह चाहती है कि भट्टिनी का उद्धार भी हो और बाण उससे जुड़े भी।

मैं कहना चाहता हूँ कि द्विवेदी जी ने बहुत ही सहज भाव से घटनाओं, स्थितियों, चरित्रों और मूल्यों को जटिल और द्वन्द्वात्मक बनाया है। अन्तःपुर में पराए पुरुष का प्रवेश वर्जित ही नहीं, अनैतिक भी है। बाण भी इसे जानता है और निउनिया भी। किन्तु इस तथाकथित नैतिकता से एक बड़ी नैतिकता यह है कि वासना के केन्द्र राज-अन्तःपुर में कैद एक देव-मन्दिर सरीखी नारी का उद्धार किया जाए। पहली नैतिकता का बोध होते हुए भी बाण निउनिया की योजना पर स्त्री के छद्म रूप में अन्तःपुर में प्रवेश करता है और भट्टिनी का उद्धार करता है। वृद्ध कंचुकी क्षमा कर दिए जाने के बावजूद जीवन भर इस अपराध-बोध से पीड़ित रहता है कि पहरे पर उसके होने के बावजूद एक स्त्री बाहर निकल गयी। वह अपने को कर्तव्यच्युत होने का अपराधी मानकर दुःखी रहता है, किन्तु अन्त में जब उसे असलियत मालूम पड़ती है तब उसका अपराध बोध समाप्त होता है और कहता है कि उसके अनजाने ही उससे एक बहुत मूल्यवान कार्य सम्पन्न हो गया

है। जिसे वह कर्तव्यच्युत मानता था उसमें धन्यता अनुभव करने लगता है। ऐसे ही अनेक प्रसंग हैं जो खोखली नैतिकता और मूल्यवाद पर चोट कर मानवीय कर्तव्य-सन्दर्भित मूल्यों की स्थापना करते हैं।

लेखक राज-परिवेश की तमाम विसंगतियों और कुरूपताओं का उद्‌घाटन करता है। श्री हर्षदेव बहुत प्रतापी और उदात्त राजा माने गये हैं, किन्तु लेखक जगह-जगह अपने पात्रों के माध्यम से उनकी महानता पर चोट करता है। श्री हर्षदेव चाहे कितने उदात्त हों, किन्तु जिसके आश्रय में छोटे राजकुल जैसा अपराधी, विलासी और घृणित राजवंश पलता हो वह महान कैसे हो सकता है। वह छोटे राजकुल के बारे में जानता हो या न जानता हो, दोनों अवस्थाओं में वह अपराधी है। घोर लम्पट को शरण देने वाला राजा हर्ष सुने-सुनाए आधार पर लम्पटता के जाल से नारी का उद्धार करने वाले बाण को लम्पट कहता है। तत्त्व का ज्ञान हुए बिना अपनी टिप्पणी देना असामान्य जन के लिए भले ही क्षम्य हो किसी सम्राट के लिए तो अक्षम्य ही है। इस वीभत्सता को लेखक ने चित्रित करके छोड़ नहीं दिया है वरन् उसके विरुद्ध बाण का सात्विक आक्रोश भी व्यक्त किया है। बाण का कवि और मानवीय व्यक्तित्व जगह-जगह राजकीय और सामाजिक कुरूपता से लड़ता हुआ मानवीय मूल्य की आहट पैदा करता है। "मैं अपने विष से दीर्घकाल तक जलता रहा। मुझे उस समय अपने प्राणों की कोई परवाह नहीं थी, परन्तु फिर भी ऐसा उत्तर न दे सका जो उचित कहा जा सकता है, जो महाराजाधिराज को यह अनुभव करा देता कि महाराजा मात्र होने से किसी को किसी के विषय में अनर्गल विचार रखने का अधिकार नहीं हो जाता। पर उस समय मैं मूक की भाँति स्तब्ध की भाँति, जड़ की भाँति देर तक हाथ जोड़े खड़ा रहा। महाराजाधिराज अन्याय कार्यों में लग गये। मेरी उपस्थिति की ओर उन्होंने ध्यान नहीं दिया, मानो मैं कोई हूँ ही नहीं। ऐश्वर्यमद और तेजोभ्रष्टता का यह वीभत्स प्रदर्शन था।...मैं कुछ सँभल गया था। कंठ साफ करके बोला—"अपराध क्षमा हो देव, आप चक्रवर्ती राजा हैं। आपके श्रीमुख से निकली हुई यह बात पक्षपातहीन तावज्ञ की-सी नहीं है। आप अश्रद्दधान की भाँति, नेय की भाँति, लोक-वृत्तान्त से अनभिज्ञ की भाँति बात कर रहे हैं। राज-राजेश्वर को क्या इस प्रकार निर्णयात्मक दोषारोपण करना उचित है?"

राजवंश के सर्वाधिक भद्र कहे जाने वाले कृष्णदेव से भी बाण की टकराहट होती है। भद्र कृष्णदेव भी कवि बाण की सत्य-प्रेरित ओजस्वी वाणी को सुनकर तिलमिला जाता है और उसका सामन्ती संस्कार एक बार फुफकार उठता है, किन्तु शीघ्र ही उसका विवेक उसके संस्कार पर काबू पा लेता है। श्रीहर्ष से शासित कान्यकुब्ज की तत्त्वज्ञान-शून्यता और वाह्याचार-पूजा को स्पष्ट करते हुए सामनेर बाण से कहता है—"कान्यकुब्ज विचित्र देश है भट्ट। यहाँ ऊपरी आचार को बहुत

महत्त्व दिया जाता है और भीतर के तत्त्व को समझने का कम प्रयत्न किया जाता है। क्या ब्राह्मण क्या श्रमण सभी वाह्य आचारों को ही बहुमान देते हैं। स्वयं महाराजाधिराज श्री हर्षदेव भी इस बात से अस्पृष्ट नहीं कहे जा सकते।''

लेखक इस वाह्याचार के विरुद्ध अपने पात्रों को खड़ा कर गतिशील भीतरी तत्त्वों की पहचान कराता है। वाह्याचार पूजा का सबसे बड़ा शिकार होती है स्त्री। इसलिए लेखक ने बार-बार इस वाह्याचार के आवरण को फाड़कर स्त्री के महत्त्व को उभारा है। सामाजिक तो सामाजिक धार्मिक और आध्यात्मिक सोच को भी नारी के पक्ष में नियोजित किया गया है। अघोर पन्थ शास्त्रीय विधि-विधानों में बँधकर चलने वाले राग-विरोधी धर्मों के विपरीत मुक्त और प्रवृत्ति-समर्थक है। बाबा विरति वज्र से कहते हैं—"इस मार्ग में शक्ति के बिना साधना नहीं चल सकती।''

सुचरिता अपने साधक पति से मिलती है तो लांछित होती है। इस लांछना-क्रिया में सामान्य जन ही नहीं, स्वयं महाराज भी शामिल हैं। लेखक उसके पति विरति वज्र को झूठी उदासीन साधना से लौटाकर शक्ति के राग से जोड़ता है और इसे महिमान्वित करता है। उधर रूढ़िगत सोचबद्ध समाज और राजतन्त्र सुचरिता और विरति बज्र को लांछित और दंडित करना चाहता है। पत्नी को छोड़कर साधना के लिए चले जाना पुरुष के लिए एक मूल्य माना जाता रहा है, किन्तु आधुनिक सम्वेदना-सम्पन्न लेखक इसे अमानवीय मानता है। इसीलिए साधना के क्षेत्र में लेखक ने शक्तिपूर्वक अघोर पन्थ को महत्त्व दिया है। ये शक्तियाँ कहीं और से बरसती नहीं, नारी की यातना और पीड़ा में से ही फूटती हैं। इस प्रकार लेखक ने समाज द्वारा लांछित-शोषित स्त्रियों को शक्ति के रूप में उपस्थित कर एक ओर उनका सम्मान किया है, दूसरी ओर पुरुषों की वैराग्यमूलक और स्त्री के प्रति हीनता-मूलक प्रवृत्ति का निषेध कर उनमें मानवधर्मी सोच का नियोजन किया है। महामाया, सुचरिता, निउनिया, भट्टिनी सभी सतायी हुई स्त्रियाँ हैं और सभी अपने-अपने ढँग से पुरुष की शक्ति बनती हैं, पुरुष ही नहीं वरन् पूरे समाज और राष्ट्र की शक्ति बनती है। विदेशियों के आक्रमण की आशंका के समय महामाया प्रजा को जगाती है, भट्टिनी अपने मान-अपमान को भूलकर राष्ट्र की एकता के लिए हर्षवर्धन के नगर में फिर लौटना स्वीकार करती है। द्विवेदी जी ने अपने कई उपन्यासों में राजसत्ता की शक्ति प्रजा को माना है। पहले राजा ही अपने वेतनभोगी सिपाहियों के साथ अपने शत्रुओं से लड़ता था, हारता था, जीतता था और उस लड़ाई के पीछे कोई राष्ट्रीय या सामाजिक हित नहीं होता था। द्विवेदी जी ने उसी लड़ाई का समर्थन किया जो राष्ट्र पर आने वाली विपत्ति के बिरोध में या राष्ट्र के स्वाभिमान और हित की रक्षा के लिए ठाना जाए। ऐसी लड़ाई में केवल राजा ही शरीक नहीं होता, प्रजा भी शरीक होती है। प्रजा को इस बात का बोध कराना होता

है कि यह लड़ाई दो राष्ट्रों की है, एक उन्मादी राजा के विरुद्ध पूरे देश की है। वह हार-जीत पूरी प्रजा की हार-जीत है। यह नयी चेतना है। महामाया इसी चेतना के तहत प्रजा को जगाती है। वह सामन्तवाद की कुरूपता का उद्‌घाटन करती हुई देश की रक्षा के लिए प्रजा को सम्बोधित करती है। वह कहती है—"आप लोगों में से कौन नहीं जानता कि महाराजा स्वयं शुद्धशीत होकर भी सैकड़ों ऐसे सामन्तों को आश्रय दिए हुए हैं जिनका एकमात्र प्रताप कन्या-हरण में ही प्रकट होता है। "अमृत के पुत्रों, संयम से काम लो। तुम्हारे विद्वान नागरिकों ने महाराजाधिराज से न्याय पाने की आशा से प्रार्थी होने का संकल्प किया है। आज उन्हें अवसर दो। परन्तु अमृत के पुत्रों, न्याय पा जाने से समस्या समाहित नहीं हो जाती। दुर्धर्ष म्लेच्छ-वाहिनी का सामना राजपुत्रों की वेतनभोगी सेना नहीं कर सकेगी। क्या ब्राह्मण और क्या चांडाल सबको अपनी बहू-बेटियों की मान-मर्यादा के लिए तैयार होना होगा।—धर्म के लिए प्राण देना किसी जाति का पेशा नहीं है, वह मनुष्य का मात्र उत्तम लक्ष्य है।"

प्रजा का पक्ष उठाकर कर्म को जातिगत खानों से मुक्त करने की नयी चेतना भी व्यक्त की गयी है। मानवीय दृष्टि से कोई भी कर्म किसी जाति पर नहीं चिपकाया जा सकता। विडम्बना यह रही है कि अब तक नासमझी के कारण वाह्य आचरण को धर्म मान लिया गया और सामाजिक तथा राष्ट्रीय हित साधक कार्यों के साथ उसे नहीं जोड़ा गया। बड़े-बड़े लोग अपनी शक्ति और परम्परागत गौरव के कारण अपने अन्यायी आचरण के बावजूद कर्म और न्याय के रक्षक माने जाते रहे और सामान्य प्रजा उपेक्षित होती रही। महामाया कहती है—"अमृत के पुत्रों, म्लेच्छ-वाहिनी पहली बार नहीं आ रही है अन्तिम बार भी नहीं आ रही है। यदि तुम तुवर मिलिन्द और श्री हर्षदेव की आशा पर बैठे रहोगे तो सम्भवतः आज यह विपत्ति टल जाए, परन्तु कल नहीं टलेगी। तुवर मिलिन्द और श्री हर्षदेव सदा नहीं रहेंगे, परन्तु तुम्हें सदा रहना है। अमृत के पुत्रों, मैं भविष्य देख रही हूँ। राजा-महाराजा और सामन्त स्वार्थ के गुलाम बनते जा रहे हैं। प्रजा भीरु और कायर होती जा रही है। विद्वान और शीलवान नागरिकों की बुद्धि कुंठित होती जा रही है। धर्माचरण में इसीलिए व्याघात उत्पन्न हुआ है कि राजा अन्धा है, प्रजा अन्धी है और विद्वान अन्धे हैं।...अपने आपको बचाओ, धर्म पर दृढ़ रहो, न्याय के लिए मरना सीखो, ब्राह्मण से लेकर चांडाल तक एक हो जाओ—चट्टान की तरह दुर्भेद्य एक। यही बचने का उपाय है।"

इसी तरह प्रेमकथा में अनेक सन्दर्भ है जो द्विवेदी जी के नये सोच और आधुनिक चेतना से सहज भाव से स्पन्दित हैं। यानी द्विवेदी जी की नयी चेतना मनःस्थितियों के विधान में भी लक्षित होती है और सामाजिक, राष्ट्रीय, धार्मिक सन्दर्भों की नयी व्याख्या में भी। चूँकि यह उपन्यास ऐतिहासिक कहा जाता है

अतः वह कितना ऐतिहासिक है और जितना काल्पनिक इसकी भी परीक्षा की गयी है। इस परीक्षा में धँसना इस निबन्ध का उद्देश्य नहीं है, फिर भी मोटे तौर पर कहा जा सकता है कि बाण, हर्ष, कृष्णवर्धन, लोरिक आदि पात्र और सामाजिक राजनीतिक परिस्थितियाँ ऐतिहासिक हैं। लेखक ने स्वयं कहा कि तुवर मिलिन्द ऐतिहासिक दृष्टि से एक समस्या हैं। भट्टिनी, निपुणिका, सुचरिता, अघोर भैरव आदि पात्र काल्पनिक हैं और इन काल्पनिक पात्रों से लेखक ने अपने सर्जनात्मक उद्देश्य की पूर्ति में अप्रतिम योगदान लिया है। ये पात्र ऐतिहासिक न होकर भी ऐतिहासिक पात्रों से अधिक जीवन्त और प्रामाणिक लगते हैं।

यह उपन्यास बाणभट्ट की आत्मकथा के रूप में लिखा गया है। अतः द्विवेदी जी को भाषा और शैली की रचना में बाण बनना पड़ा है। इसलिए भाषा संस्कृत-गर्भित हो गयी है। बाण की भाषा आलंकारिक है। किसी दृश्य या सौन्दर्य को देखते ही बाण उच्छ्वसित होकर उपमानों की झड़ी लगा देते हैं। द्विवेदी जी ने बाण की इस भाषा-शैली का निर्वाह किया है। बाण की शैली का निर्वाह करने की कोशिश उपन्यास की गति को अवरुद्ध करती है। बीच-बीच में उत्सवों और दृश्यों के लम्बे-लम्बे आलंकारिक चित्र अपने आप में आकर्षक होकर भी उपन्यास की शक्ति नहीं बढ़ाते। एक उपमेय के लिए अनेक उपमानों की झड़ी लगा देना बाण के लिए शोभा दे सकता है, किन्तु उनकी शैली पर लिखे जाने वाले उपन्यास के लिए शोभा नहीं देता। कई बार उपमान अपने को दुहराते हैं। यह सही है कि बाण की शैली में लिखी गयी या मौलिक रूप से लिखी गयी द्विवेदी जी की संस्कृत-गर्भित भाषा पंडितों की भाषा-सी उबाऊ और बोझिल नहीं लगती, बल्कि उसमें अद्भुत जीवन्तता और प्रवाह दिखाई पड़ता है और वे बोलचाल की भाषा तथा संस्कृत-गर्भित भाषा का सुन्दर सन्तुलन बनाए रखने वाले अप्रतिम लेखक हैं और यह विशेषता इस उपन्यास में भी दिखाई पड़ती है, किन्तु वे उपन्यास में बाण शैली की भाषा में किए वर्णनों में संक्षिप्ति ला सकते थे। आखिर उन्होंने बाण से 'बाणी' की आत्मकथा' को कई बिन्दुओं पर अलगाया ही है। उपसंहार में उन्होंने यह अहसास करा दिया है कि उन्होंने बाण से अलग हटकर कुछ नया रचा है। यानी सचमुच यह बाण द्वारा लिखी गयी आत्मकथा नहीं है, इस शैली में द्विवेदी जी द्वारा लिखा गया उपन्यास है। इसलिए वे उपसंहार में कहते हैं—"कथा बहुत कुछ आजकल की डायरी शैली में लिखी गयी है। ऐसा जान पड़ता है कि जैसे-जैसे घटनाएँ अग्रसर होती जाती हैं वैसे-वैसे लेखक उन्हें लिपिबद्ध करता जा रहा है। जहाँ उसके भावावेग की गति तीव्र होती है वहाँ जमकर लिखता है, परन्तु जहाँ दुःख का आवेग बढ़ जाता है वहाँ उसकी लेखनी शिथिल हो जाती है। अन्तिम उच्छ्वासों में तो जैसे वह अपने ही में धीरे-धीरे डूब रहा है।" इतना लिखने के बाद द्विवेदी जी इस पर टिप्पणी देते हैं—"मुझे यह बात विचित्र लगी। संस्कृत साहित्य में यह

शैली एकदम अपरिचित है। मुझे यह बात सन्देहजनक भी मालूम हुई। एक बात और है, कादम्बरी में प्रेम की अभिव्यक्ति में एक प्रकार की दृप्त भावना है, परन्तु इस कथा में सर्वत्र प्रेम की व्यंजना गूढ़ और अदृप्त भाव से प्रकट हुई है। ऐसा जान पड़ता है कि स्त्री-जनोचित लज्जा सर्वत्र उस अभिव्यक्ति में बाधा दे रही है। सारी कथा में स्त्री-महिमा का बड़ा तर्कपूर्ण और जोरदार समर्थन है।''

द्विवेदी जी एक और विभेदक तत्त्व की ओर इशारा करते हैं वह है कथा के विकास के सम्बन्ध में। ''कथा का जिस ढंग से आरम्भ हुआ है उसकी स्वाभाविक परिणति गूढ़ और अदृप्त प्रेम ही हो सकती है। मुझे कथा के स्वाभाविक विकास की दृष्टि से इसमें कोई विरोध या दोष नहीं दिखता, पर बाणभट्ट की लेखनी से सम्भवतः अधिक स्पष्ट और अधिक दृप्त अभिव्यक्ति की आशा की जा सकती है। फिर कादम्बरी में प्रेम के जिन शारीरिक विकारों का, अनुभावों का, हावों का, अयत्नज अलंकारों का प्राचुर्य है उनके स्थान में कथा में मानस-विकारों का, लज्जा का, अवहित्था का, जड़िमा का अधिक प्राचुर्य है।''

उपन्यास को बाणभट्ट की शैली में अलगाने वाले तत्त्व वास्तव में द्विवेदी जी की शैली के गुण हैं, अतः उनसे यह आशा करना अनुचित नहीं कि उन्हें आलंकारिक भाषा के उपयोग में भी काफी छूट लेनी चाहिए थी। द्विवेदी जी का भाषा पर अपूर्व अधिकार है। वे हर मनःस्थिति, हर स्थिति, हर चरित्र, हर सन्दर्भ के अनुकूल भाषा की पहचान करते हैं और उसे रचते हैं। चाहे संस्कृत-गर्भित भाषा हो, चाहे सादी भाषा, लगता है शब्द अपने-आप अपनी-अपनी जगह पर उभरते चले जाते हैं। वर्णनात्मक, चित्रात्मक, नाटकीय सभी शैलियाँ अयत्नज रूप में उभरती और एक-दूसरे में पैठती चली जाती हैं। उनके वर्णनों में भी एक सादा काव्यात्मक मिठास होता है।

उपसंहार में द्विवेदी जी ने बाण की शैली से इस कथा की शैली को अलगाने की प्रक्रिया में तीन बातें कही हैं—(1) यह आज की डायरी शैली जैसी शैली में लिखा गया है। जैसे-जैसे जो बात याद पड़ती गयी लिखी जाती गयी। वास्तव में यह उपन्यास शैली है जिसमें पूर्वदीप्ति का बड़ा महत्त्व होता है। किस बात को कहाँ, कब कहा जाए, कितना कहा जाए, कितना छिपाया जाए, गहरे प्रभाव की सृष्टि के लिए अच्छे लेखक को यह बात जाननी पड़ती है। 'बाणभट्ट की आत्मकथा' में (और द्विवेदी जी के सारे उपन्यासों में) इस शैली का अद्‌भुत निर्वाह किया गया है। इससे उत्सुकता तो बनी ही रहती है अतीत और वर्तमान के तनाव से गहरे प्रभाव की सृष्टि भी होती है। एक क्रमानुसारी उपन्यास में यह बात नहीं आ पाती। (2) दूसरी बात यह कही गयी है कि भावावेग में लेखक जमकर लिखता है और दुःख के आवेग में अपने में खो जाता है। (3) तीसरी बात यह है कि कादम्बरी में प्रेम के जिन शारीरिक विकारों-अनुभवों का, हावों का, अयत्नज अलंकारों का प्राचुर्य है, उनके स्थान पर कथा में मानस-विकारों का, लज्जा का,

अवहित्था का, जड़िमा का, अधिक प्राचुर्य है।

ये तीनों ही बातें यह सिद्ध करती हैं कि लेखक 'बाणभट्ट की आत्मकथा' में अपनी ओर से कुछ जोड़कर बाण की जगह पर अपनेपन को स्थापित करना चाहता है यानी यह बाण की शैली के वेश में स्वयं द्विवेदी जी की शैली है, स्वयं उनके संस्कारों और दृष्टि का इसमें प्रतिफलन हुआ है। भट्टिनी और बाण की आन्तरिकता और आत्मदमन-शीलता स्वयं द्विवेदी जी की देन है। इसके लिए लेखक ने एक बहाना ढूँढ़ा है दीदी का। यानी पूरी कथा दीदी का दिवास्वप्न है। दीदी का दिवास्वप्न ही भट्टिनी और बाण के प्रेम के रूप में अभिव्यक्त हुआ है इसलिए इतना संयत और दमित है। शायद अपने प्रेममूलक संयत संस्कार के कारण ही द्विवेदी जी ने दीदी के दिवास्वप्न की सृष्टि की है।

आंचलिक उपन्यास

आंचलिक उपन्यास, उपन्यास का कोई नया प्रकार है या किसी अंचल के जीवन से सम्बद्ध होने के नाते यों ही आंचलिक नाम से जुड़ गया है? यदि किसी प्रदेश से सम्बद्ध होने के नाते उपन्यासों को नये-नये नाम दिए जाने लगेंगे तब फिर उपन्यास गौण हो जाएगा, स्थान-विशेष प्रधान। और तब स्थान-विशेष की कहानी अपने स्थानीय वैचित्र्य के साथ कहीं जाकर उपन्यास का पद प्राप्त करने लगेगी। फिर उपन्यास का क्या होगा।

उपन्यास का अर्थ है कथा (सूक्ष्म या सघन) के माध्यम से व्यक्त होने वाला जीवनचित्र जो स्थान-विशेष या स्थान-सामान्य से सम्बद्ध होकर सर्व-देशीय मानव सम्वेदनाओं और मूल्यों की प्रतिष्ठा करे। साहित्य में उपकरण का आत्यन्तिक मूल्य नहीं होता। शहरी और देहाती उपन्यास जैसे प्रकार गढ़कर उपन्यास की उपलब्धि पर विचार करना सतही दृष्टि का परिचायक है। सही दृष्टि तो यह देखती है कि किसी उपन्यास में द्रष्टव्य जीवन अपनी कितनी सच्चाई, संश्लिष्टता और समग्रता के साथ व्यक्त हुआ है। और यह अपनी सम्वेदना की गहराई तथा मानवीयता के कारण वृहत्तर मानव-सत्य को कहाँ तक स्पर्श करता है।

आंचलिक उपन्यास की महत्ता यहीं से शुरू होती है। जैसे नयी कविता ने तीव्रता से सच्चाई से भोगे हुए, अनुभव की भट्टी में तपे हुए पलों को व्यंजित करने में ही कविता की सुन्दरता देखी, वैसे ही उपन्यासों के क्षेत्र में आंचलिक उपन्यासों ने अनुभवहीन सामान्य या विराट के पीछे न दौड़कर अनुभव की सीमा में आने वाले अंचल विशेष को उपन्यास का क्षेत्र बनाया। आंचलिक उपन्यासकार जनपद-विशेष के जीवन के बीच जिया होता है या कम-से-कम समीपी द्रष्टा होता है। वह विश्वास के साथ वहाँ के पात्रों, वहाँ की समस्याओं, वहाँ के सम्बन्धों, वहाँ के प्राकृतिक और सामाजिक परिवेश के समग्र रूपों, परम्पराओं और प्रगतियों को अंकित कर सकता है क्योंकि उसने उन्हें अनुभूति में उतारा है। आंचलिक उपन्यास लिखना मानो हृदय में किसी प्रदेश की कसमसाती हुई जीवनानुभूति को वाणी देने का अनिवार्य प्रयास है। आंचलिक कथाकार को युग के जटिल जीवन

का बोध नहीं है इसलिए वह आज भी पिछड़े जनपदों के सरल निश्छल जीवन की ओर भागने में सुगमता अनुभव करता है, ऐसा कहना असत्य होगा।

आंचलिक उपन्यास का एक विशिष्ट अर्थ है और वह एक प्रकार की अनिवार्यता की उपज है। आंचलिक का अर्थ बहुत-से लोग स्थानीय रंगत से लगाते हैं। यह भी भ्रम है। स्थानीय रंगत तो प्रायः सभी उपन्यासों में होती है। कथा जिस प्रदेश में बहती है वहाँ की प्रकृति, वेशभूषा, रीति-रिवाज की रंगत लेखक उपन्यास में देता चलता है। आंचलिक उपन्यास तो अंचल के समग्र जीवन का उपन्यास है। उसका सम्बन्ध जनपद से होता है, ऐसा नहीं, वह जनपद की ही कथा है। किसी अंचल या जीवन से जिन्हें प्रीति नहीं होती ऐसे लेखक भी स्थानीय रंगत देकर सामान्य पात्रों की कथाओं को घटित करते चलते हैं। उनकी कथाएँ एक स्थान से दूसरे स्थान तक भटकती फिरती हैं। यानी कि कथा का पटफलक केवल एक अंचल नहीं रह जाता, वह आवश्यकतानुसार हिन्दुस्तान से विलायत तक फैल जाता है। प्रेमचन्द के उपन्यासों में ग्राम्यजीवन की छवि है, किन्तु प्रेमचन्द के गाँव स्थानीय रंगत के बावजूद गाँव विशेष नहीं हैं, सामान्य हैं। आवश्यकतानुसार कहानी एक गाँव से दूसरे गाँव या शहर तक संक्रमण करती चलती है। यानी प्रेमचन्द को स्थान विशेष के जीवन का चित्रण करना प्रिय नहीं है, वरन् सामान्य गाँवों की सामान्य समस्याओं और जीवन-मूल्यों की कथा कहना अभिप्रेत है। कथानक पर उपन्यासकार का ध्यान केन्द्रित रहता है न कि अंचल विशेष पर। आंचलिक उपन्यासों में अंचल अपनी सम्पूर्ण विविधता और समग्रता के साथ नायक होता है। अंचल के जीवन की सारी परम्पराओं, ऐतिहासिक प्रगतियों, शक्तियों-अशक्तियों, छवियों-अछवियों को जितनी ही अधिक सच्चाई से लेखक पकड़ सकेगा, अंचल-जीवन के चित्रण में वह उतना ही सफल होगा। केवल बाहरी रंगों, रूपों, स्वरों को सतही कथा के ऊपर ओढ़ाकर मोहक माया-जाल खड़ा करने वाले लेखकों के कारण आंचलिक उपन्यास को कुछ सुनना भी पड़ा है। वास्तव में आंचलिक उपन्यास को पिकनिकी दृष्टि से किसी स्थान की बाहरी रंगीनी तथा लहलहाहट बटोरने वाली चेष्टा और भौगोलिक दृष्टि से भूमि का सर्वेक्षण करने वाले प्रयत्नों—दोनों से अलग देखना होगा। अंचल को देखना यानी उसके समग्र जीवन को देखना। जीवन बाहर भी है भीतर भी है। दोनों एक-दूसरे से संयुक्त हैं। मनोवैज्ञानिक कथाकार जीवन को बाहर से काटकर भीतर की ओर देखने लगता है और सतही सामाजिक दृष्टि जीवन को ऊपर-ऊपर देखने लगती है। आंचलिक उपन्यासकार जीवन को बाहर-भीतर के सम्पूर्ण सामंजस्य में देखना चाहता है। देहाती अंचल, वन्य अंचल, पहाड़ी अंचल आदि में जीवन और प्रकृति का बड़ा गहरा सम्बन्ध दिखाई पड़ता है। आंचलिक उपन्यासकार जीवन की समस्याओं की अपेक्षा प्रकृति के सौन्दर्य को विशेष महत्त्व देते हैं, ऐसा आक्षेप भी

हुआ है। कुछ लोगों ने यह भी कहा है कि प्रेमचन्द भी गाँव के लेखक हैं, किन्तु उन्होंने जो प्रकृति के चित्र दिए हैं वे अनावश्यक प्रतीत नहीं होते। कथा से अलग हटकर मात्र प्रकृति-चित्रण के लिए वे चित्र अंकित नहीं किए गये।

शहरों में प्रकृति जीवन-निर्वाह का साधन बनकर नहीं आती। प्रकृति वहाँ पालतू होती है। पालतू चीज शौक के लिए होती है। अतः शहरों में प्रकृति विरल मात्रा में होती है और जितनी होती है वह जीवन के साथ रागात्मक सम्बन्ध नहीं स्थापित कर पाती। देहात में वह सर्वत्र हमारी सहचरी है। वह विविध रूपों में हमारे विविध बोधों और भावों से जुड़ी है अर्थात् वह हमारे प्रयोजनों और सांस्कृतिक जीवन दोनों से अपरिहार्य भाव से सम्बद्ध है। आंचलिक उपन्यासकार जिन अंशों को लेता है, वे अंश कथा की धारा से असम्बद्ध भले ही जान पड़ें, किन्तु वे हमारे उस सौन्दर्य-बोध, भाव-बोध और अनुभूति के सन्दर्भ बनकर आते हैं जिन्हें उद्‌घाटित करना उपन्यासकार को अभिप्रेत रहता है। यों भी प्रकृति हमें अच्छी लगती है, किन्तु वह जीवन के सन्दर्भों से जुड़कर और भी सार्थक हो उठती है। 'मैला आँचल', 'परती परिकथा', 'जंगल के फूल', 'पानी के प्राचीर' में जीवन के भीतर बहने वाली तपन से प्रकृति उष्म है या प्रकृति की तपन से जीवन उष्म है। यानी यहाँ हम प्रकृति और जीवन को सर्वथा अलग करके देख ही नहीं सकते। यही बात आंचलिक उपन्यासों में उद्धृत लोकगीतों के सम्बन्ध में कही जा सकती है। अंचल का समग्र जीवन ही नायक होता है अतः आंचलिक उपन्यासों में राजनीतिक, सामाजिक, सांस्कृतिक, आर्थिक जीवन-सम्बन्धों को दिखाने के लिए कथाकार प्रयत्न करता है। इस प्रयत्न में वैविध्य तो होता है, किन्तु ऐसा नहीं कि वह जीवन के इन तमाम पहलुओं का किसी इतिहासकार की तरह वह अलग-अलग विवरण पेश करता है वरन् वह तो जीवन के उन मूलस्रोतों या आधारों को पकड़ता है जिनसे जीवन के तमाम स्वरूप बनते हैं और समग्र जीवन ही साहित्य का उपजीव्य सिद्ध होता है।

आंचलिक उपन्यास की गति एक दिशा में नहीं, चारों दिशाओं में होती है। वह स्थान की अपेक्षा समय में जीता है। अंचल की विविधता को रूप देने के लिए लेखक कभी इस कोण पर खड़ा होता है, कभी उस कोण पर, कभी ऊँचाई पर, कभी निचाई पर। इसमें अनेक पात्रों की आवश्यकता रहती है। हर पात्र की सत्ता महत्त्व की है। इनमें से कोई पात्र एक-दूसरे के निमित्त नहीं होता, वे सब अंचल के निमित्त होते हैं। इस उद्देश्य को न समझ पाने के कारण ही लोगों को कथानक का, पात्रों का, सांस्कृतिक पक्षों का बिखराव दीखता है, उनमें एकसूत्रता और एक दिशागामिता नहीं दीखती।

आंचलिक उपन्यास, उपन्यास का एक प्रकार है क्योंकि उसका उद्देश्य भिन्न है। वह न तो घटना-प्रधान उपन्यासों की तरह कुछ खास पात्रों के जीवन से

सम्बद्ध घटनाओं और समस्याओं को लेकर वेगवती धारा की तरह नयी-नयी भूमियों को पार करता हुआ आगे बढ़ता है और न तो वह मनोवैज्ञानिक उपन्यासों की तरह कुछ गिने-चुने पात्रों के मन का विश्लेषण प्रस्तुत करता है। इन दोनों अवस्थाओं में बिखराव का कोई प्रश्न ही नहीं उठता, किन्तु आंचलिक उपन्यास का उद्देश्य है स्थिर स्थान पर गतिमान समय में जीते हुए अंचल के व्यक्तित्व के समग्र पहलुओं को उद्घाटित करना।

इस प्रयोजन को सिद्ध करने के लिए उपर्युक्त दोनों प्रकार के उपन्यासों का शिल्प-कौशल अपर्याप्त है। अंचल के जटिल जीवन-चित्र को अंकित करने के लिए लेखक कहीं मोटी रेखाएँ खींचता है कहीं पतली, कहीं अवकाशों को भरने के लिए दो-चार बिन्दु अपनी तूलिका से झाड़ देता है। अनेक पर्वों, उत्सवों, परम्पराओं, विश्वासों, व्यथा के अवसरों, गीतों, संघर्षों प्रकृति के रंगों, पुराने-नये जीवन-मूल्यों, जातियों आदि से लिपटा हुआ अंचल का जीवन अभिव्यक्ति के एक नये माध्यम की अपेक्षा करता है। अतः आंचलिक उपन्यासकार एक दिशा में बहने की अपेक्षा पूरे अंचल की चतुर्मुख यात्रा करता है और उन उपादानों को यहाँ से, वहाँ से चुनता है जो मिलकर अंचल की समग्रता का निर्माण करते हैं। ये वास्तव में आपस में बिखरे नहीं होते, इनमें एक अन्तःसूत्रता होती है। ये अपना अलग-अलग पूरा अस्तित्व रखते हुए भी अंचल-जीवन के उस पक्ष के चितेरे होते हैं जो अन्य से छूट गया है। ये उन अन्यों में जुड़कर व्यापक जीवन की एक कड़ी बन जाते हैं। बिखराव नजर आता है इसलिए कि हमारी निगाहें इस प्रकार के शिल्प की अभ्यासी नहीं हैं।

नागार्जुन के सारे उपन्यास आंचलिक कहे जाते हैं और उनमें कहीं वैसा बिखराव नहीं है जैसा कि 'मैला आँचल', 'बूँद और समुद्र', 'पानी के प्राचीर' आदि में है। कारण स्पष्ट है, नागार्जुन के उपन्यास अंचल-विशेष के पात्रों और घटनाओं को लेते हैं, लेकिन अंचल की समग्रता अंकित करना उनका उद्देश्य नहीं होता। उनके उपन्यास विशेषतया पिछड़े वर्ग में से किसी नायक को चुन लेते हैं और उसके जीवन की कथा को सीधे आगे बढ़ाते हैं। 'बाबा बटेसरनाथ' में उपन्यास एक पात्र की कहानी हो गया है। 'दुखहरन' में वैविध्य है, किन्तु लगता है कि दुखहरन को विविध अवस्थाओं में से निकालकर ले जाना उनका उद्देश्य है। 'बलचनमा' भी वैसा ही है। मूलतः नागार्जुन के उपन्यासों की भूमि अंचल-विशेष है, किन्तु आंचलिक उपन्यासों की-सी समग्रता, जटिलता, विविधता उनमें नहीं है। वे प्रेमचन्द की-सी शिल्प-परम्परा के उपन्यास हैं। 'वरुण के बेटे' में एक वर्ग विशेष (मधुए) के जीवन को उसके समग्र रूप में पकड़ने का प्रयास है।

कुछ शहरी कथानक लेने वाले उपन्यासकारों द्वारा एक महत्त्व का प्रश्न उठाया गया है—क्या ग्रामीण अंचल के जीवन को लेना आधुनिक जीवन-बोध से भागकर

पिछड़े हुए जीवन-मूल्यों को स्वीकारना नहीं है? तब प्रश्न पूछने वालों से पूछना पड़ेगा कि क्या जीवन केवल शहर वालों का ही है? हाँ, आधुनिक युग की विशेषताएँ—एक जटिलता, असंगति, यान्त्रिकता—शहरी जीवन पर छाई हुई हैं। वैज्ञानिक युग की उपलब्धियाँ भी बहुत हैं। परन्तु लगता है कुल मिलाकर सभ्य आदमियों ने इन उपलब्धियों का अच्छा उपयोग नहीं किया। शहर के आधुनिकतम बोध को लेकर चलने वाला कथाकार जीवन की आधुनिक असंगतियों, जटिल जीवन-सम्बन्धों तथा इनके बीच प्रकाश-रेखा की तरह रेंगती मानवीय सम्वेदना को लेकर चलता है। वह ठीक ही करता है मगर शहरों के अलावा भी तो जीवन है और अनुपात में कई गुना बड़ा। वह जीवन भी तो आज के समय की ही वास्तविकता है। उसे कहाँ छोड़ देंगे और क्यों छोड़ देंगे? कलाकार का धर्म जीवन को उसकी यथार्थता में पकड़कर उसकी मानवीय सम्भावनाओं पर प्रकाश डालना है। गाँवों के, वन के, पहाड़ों के जीवन को उसके मूल स्रोतों तथा यथार्थ परिवेश के साथ पकड़कर चित्रित करना कलाकार की सच्चाई और कलाकर्म का तकाजा है। अपने-अपने परिवेश में यहाँ के जीवन भी नये होते चलते हैं; इनमें भी नयी-नयी समस्याएँ और सम्बन्ध उभरते चलते हैं। गाँवों का स्वरूप भी बहुत कुछ बदल गया है, वहाँ के भी जीवन-मानों में शहरी जीवन-मानों का संक्रमण हो रहा है। परम्परा और प्रगति, अन्धविश्वास और विज्ञान, स्वार्थ-लिप्सा और सरलता का संघर्ष गाँवों की जीवन-स्थिति को नयी भंगिमा प्रदान कर रहा है।

पिछड़े हुए इलाकों को उपन्यास का क्षेत्र बनाकर उपन्यासकार उपेक्षित जीवन के प्रश्नों, आकांक्षाओं, विषमता, गरीबी और अशिक्षा से उत्पन्न असुन्दरता का अंकन करता है और इन सबके बीच भी मानवीय सम्वेदना की छवि अंकित कर उधर हमारा ध्यान आकृष्ट करता है। इस प्रकार वह हमारे सौन्दर्य-बोध और सम्वेदना का विस्तार करता है। अनदेखी जीवन-छवियाँ हमारे सामने उजागर हो उठती हैं।

आंचलिक उपन्यासों की भाषा के सम्बन्ध में चर्चाएँ होती रही हैं। 'रेणु' ने 'मैला आँचल' में स्थानीय बोली का काफी पुट दिया है। वाक्य के वाक्य स्थानीय भाषा के हैं। यहाँ सैद्धान्तिक प्रश्न उठाया जा सकता है कि क्या इस प्रकार का भाषा-प्रयोग फैशन है या सर्जन की अनिवार्यता? मैं मानता हूँ कि यह सर्जन की अनिवार्य माँग है—दो तरह से, एक तो स्थान विशेष का वातावरण चित्रित करने के लिए, दूसरे वहाँ के जीवन को जीवन्तता और उसकी मूल सहजता के साथ अंकित करने के लिए। भाषा ऊपर से ओढ़ी हुई चीज नहीं होती, वह स्थान विशेष के लोगों के संस्कारों और अनुभूति के साथ अनिवार्य भाव से सम्पृक्त होती है। अतः कुछ शब्द और मुहावरे इस प्रकार वहाँ के जीवन-सत्यों के साथ जुड़े होते हैं, कि वे सत्य विशेष के साथ स्वतः लगे हुए चले आते हैं। उनका अनुवाद होता है

परन्तु अनुवाद भावों, अनुभूतियों या सत्यों की मूल गन्ध को वहन करने में असमर्थ होता है। विशेष प्रकार की अनुभूति को कहने के लिए जब हमारी तथाकथित साहित्यिक भाषा में ठीक-ठीक शब्द नहीं मिलते, तब स्थानीय शब्दों का प्रयोग लेखक की अनिवार्य विवशता हो जाता है। सैद्धान्तिक रूप से भी इसमें बुराई क्या है? भाषा तो बहता नीर है। वह बोलियों के शब्दों को समेटकर ही शक्तिमान बन सकती है। मसलन खड़ी बोली हिन्दी में अपने शब्द कितने हैं जो हमारे समूचे जीवन की विविध वास्तविकताओं को व्यक्त करने में समर्थ हों? विभिन्न बोलियों के शब्दों के प्रयोग से हिन्दी का शब्द कोष और भी समृद्ध होगा। लेकिन जो लोग मात्र 'लोकल कलर' देने के लिए जो स्थानीय वैचित्र्य प्रदर्शित करने के लिए अजीब-अजीब स्थानीय शब्दों का प्रयोग करते हैं वे भाषा को फूहड़ बनाते हैं। केवल चमत्कार के लिए स्थानीय भाषा के शब्दों का प्रयोग लेखक की उत्तरदायित्वहीनता का परिचायक ही कहा जाएगा।

अज्ञेय के 'अपने-अपने अजनबी' में भूमि, पात्र सब विदेशी हैं, लेकिन वे किसी भूमि और उसके समग्र जीवन की सापेक्षता में उभरने वाले जीवन की विविधता और अनन्तता को व्यक्त करने को आकुल नहीं हैं। वे बर्फ के नीचे एक सीमित घर में जीवन-मृत्यु की अनुभूति को अभिव्यक्ति दे रहे हैं। वे पात्र और उनकी जीवन-मृत्यु सम्बन्धी धारणाएँ सार्वत्रिक हैं, सार्वकालिक हैं। वे किसी भी भाषा में व्यक्त हो सकती हैं, किन्तु अंचल विशेष के जीवन की विविध वास्तविकताओं को व्यक्त करने के लिए उनसे सहज सम्बद्ध शब्दों का आना अनिवार्य है। कहीं-कहीं विवशतावश बोलियों के वाक्यों का भी प्रयोग करना पड़ता है। मुझे 'पानी के प्राचीर' में रग्घू बाबा का चरित्र चित्रित करते समय ऐसा लगा कि यह पात्र भोजपुरी के माध्यम से ही व्यक्त हो सकता है। जो लोग हिन्दी की बोलियों से परिचित हैं वे इन पात्रों को इनकी बोलियों के माध्यम से अधिक समझेंगे और रस लेंगे और जो इतर लोग हैं वे (नीचे दिए हुए) अनुवाद पढ़कर अपना काम चला लेंगे। उन्हें घाटा भी क्या है? आंचलिक उपन्यासों में जर्मन, जापानी आदि विदेशी पात्र नहीं आते हैं कि उनकी विविध भाषाओं की खिचड़ी की आशंका हो उठे।

आंचलिक उपन्यास का अपना शिल्प गठन है, उसकी अपनी सर्जन प्रक्रियाएँ हैं, किन्तु अन्त में तो वह है उपन्यास ही। अंचल विशेष के जीवन को उद्‌घाटित करते हुए भी वह सार्वभौम और सार्वकालिक पाठकों के रस का विषय है। मानव-जीवन अपने भीतरी रूप में—अपनी सम्वेदनाओं और तड़प के रूप में—सर्वत्र समान है। अतः किसी भी देश या काल के मानव-जीवन के आन्तरिक यथार्थ का चित्र खींचने वाला उपन्यास सबके रस का विषय हो सकता है। उसमें स्पन्दित सम्वेदना समस्त अंचलों से उसे जोड़ती है। यह उपन्यास उन मूल्यों को मुखर

करता है जो अंचल की जमीन की विशिष्टता लेकर भी मूलतः अपनी आन्तरिक मानवीयता के कारण समस्त जीवन के मूल्यों से जुड़ जाते हैं। जो उपन्यास अंचल के जीवन की गहराई में पैठकर यथार्थ को जितनी ही सच्चाई से पकड़ेगा वह उतना ही अधिक संवेद्य होगा। सतह पर फैले विचित्र वेशभूषा, रंग, प्रकृति, भाषा आदि को जोड़-बटोरकर एक विचित्र प्रदर्शन कर देने से आंचलिक उपन्यास न तो उस अंचल के जीवन को व्यक्त कर सकता है और न औपन्यासिक रस की सृष्टि कर सकता है। इसलिए अन्ततोगत्वा आंचलिक उपन्यास की परीक्षा अन्य उपन्यासों की तरह इसी बात पर होनी चाहिए कि इसमें जीवन का रस कितना गहरा है।

रिमझिम बरसत मेघ हे

"डॉक्टर पर यहाँ की मिट्टी का मोह सवार हो गया है। उसे लगता है मानो वह युग-युग से इस धरती को पहचानता है। यह अपनी मिट्टी है। नदी, तालाब, पेड़-पौधे, जंगल-मैदान, जीव-जानवर, कीड़े-मकोड़े—सभी में एक विशेषता देखता है। बनारस और पटना में भी गुलमुहर की डालियाँ लाल-लाल फूलों से लद जाती थीं। नेपाल की तराई में, पहाड़ियों पर पलास और अमलतास को भी गले मिलकर फूलते देखा है, लेकिन इन फूलों के रंगों ने उस पर पहली बार जादू डाला है।"

"गोल्डमोहर-गुलमुहर-कृष्णचूड़ा। गुलमुहर का कृष्णचूड़ा नाम कितना मौजूँ लगता है, काले कृष्ण के मुकुट में लाल फूल कितने सुन्दर लगते होंगे।"

"आम से लदे हुए पेड़ों को देखने के पहले उसकी आँखें इनसान के उन टिकोलों पर पड़ती हैं, जिन्हें आमों की गुठलियों के सूखे गूदे की रोटी पर जिन्दा रहना पड़ता है। और ऐसे इनसान—भूखे, अतृप्त इनसानों की आत्मा कभी भ्रष्ट नहीं हो या कभी विद्रोह नहीं करे ऐसी आशा करनी ही बेवकूफी है। डॉक्टर यहाँ की गरीबी और बेबसी देखकर आश्चर्यकित होता है। वह सन्तोष कितना महान है जिसके सहारे यह वर्ग जी रहा है? आखिर कौन-सा कठोर विधान है जिसने हजारों हजार क्षुधितों को अनुशासन में बाँध रखा है।"

ये उद्धरण 'मैला आँचल' के छत्तीसवें अध्याय से लिये गये हैं। ये उद्धरण एक साथ जुड़े हुए हैं। ऐसे उद्धरण रेणु के साहित्य से कहीं से उठाए जा सकते हैं और गाँव के जीवन के सम्बन्ध में उनकी गहरी संश्लिष्ट पहचान की कलात्मक अभिव्यक्ति देखी जा सकती है। डॉक्टर इस गाँव में महज एक बाहरी डॉक्टर बनकर आया था जो वैज्ञानिक होने के नाते मानता था कि दिल नामक कोई चीज नहीं होती। वह यहाँ व्याप्त मलेरिया का वैज्ञानिक कारण जानने आया था। वह बाहर का है, डॉक्टर है, वैज्ञानिक निस्संगता वाले कर्म से जुड़ा है। वह बाहर से आए अनेक डॉक्टरों या अफसरों की तरह इस गाँव से निस्संग होकर अपनी कमाई-धमाई भी कर सकता था या वहाँ की विसंगतियों का उपहास उड़ा सकता था (जैसा कि कई उपन्यासों में हुआ है) किन्तु डॉ. प्रशान्त कहीं रेणु का

प्रतिनिधित्व करता है इसलिए गाँव के प्रति रेणु की ममता, दर्द-सोच-समझ उसमें भर गयी है। रेणु तो उसी धरती के हैं, किन्तु डॉक्टर तो बाहर से आया है। रेणु का उस धरती से अनुरक्त होना स्वाभाविक ही है, किन्तु रेणु ने डॉक्टर को उस धरती से प्रभावित दिखाकर दो कार्य किए हैं–(1) उस धरती की गहन प्रभविष्णुता की ओर संकेत किया है, (2) एक बुद्धिजीवी (चाहे वह डॉक्टर हो चाहे साहित्यकार, चाहे और कोई) के गाँव के प्रति असली दायित्व का बोध कराया है। कोई भी बुद्धिजीवी, बुद्धिजीवी होने से पहले एक रागात्मक मनुष्य है और उसकी मनुष्यता की पहचान होती है सौन्दर्य, अभिशाप, अभाव और विडम्बनाओं से तनी हुई जिन्दगी के बीच। डॉक्टर का वैज्ञानिक और बाहरी आदमी धीरे-धीरे इस गाँव की जिन्दगी के बीच धँसता है और वह यहाँ का हो जाता है। उसका वैज्ञानिक कर्म मानवीय कर्म में परिणत हो जाता है। डॉक्टर का डॉक्टरी कर्म मनुष्य के दुःख-दर्द, सेवाभाव आदि से स्पन्दित हो उठता है और उसे लगने लगता है कि दिल नामक चीज होती है। यदि उसे निकाल दिया जाए तो मनुष्य मनुष्य नहीं रह जाता, पशु बन जाता है। इसीलिए डॉक्टर मलेरिया सम्बन्धी जो निदान देता है वह वैज्ञानिक नहीं होता, मानवीय और सामाजिक होता है। "डॉक्टर ने रोग की जड़ पकड़ ली है। गरीबी और जहालत इस रोग के दो कीटाणु हैं। एनाफिलिस से भी ज्यादा खतरनाक सैण्डफ्लाई से भी ज्यादा जहरीले हैं यहाँ के–"

"डॉक्टर पर यहाँ की मिट्टी का मोह सवार है", कहकर लेखक डॉक्टर की उस मानसिकता की ओर संकेत कर रहा है जो किसी जमीन के रस में रच-पच जाने से बनती है। यहाँ मोह छिछले अर्थ में नहीं है, बल्कि एक गहरे रागात्मक लगाव के अर्थ में है और यह रागात्मक लगाव केवल सम्वेदनात्मक नहीं है ज्ञानात्मक भी है। डॉक्टर यहाँ की मिट्टी से गहरे रागात्मक सूत्र से जुड़कर वहाँ के सुख-दुःख का, मिठास और तिक्तता का बौद्धिक विश्लेषण भी करता है। यानी मिट्टी के प्रति उसका मोह उस मिट्टी से जुड़ी जिन्दगी की एक बड़ी पहचान के रूप में उभरता है। वह उस मिट्टी से इतना जुड़ गया है कि लगता है वह उसे युग-युग से पहचानता है। भारतीय गाँव की जिन्दगी एक संश्लिष्ट बिम्ब है उसमें प्रकृति और मनुष्य का गहरा साहचर्य है। केन्द्र में तो मनुष्य ही है, किन्तु मनुष्य सूने में तो नहीं खड़ा है। उसके आस-पास प्रकृति का विराट परिवेश है। उस परिवेश में ही वह पैदा होता है, बढ़ता है, वहीं से और उसी से अपनी जीविका अर्जित करता है और जीवन से जुड़ी उस प्रकृति के रूप-रस-गन्ध-स्पर्श-स्वर के, कोमलता और कठोरता के अनेक बिम्ब ग्रहण करता है। प्रकृति उसके जीवन के सन्दर्भ में ही उसे अच्छी और बुरी लगती है। प्रकृति के अनेक तत्त्व उसके सहचर बनकर उसे प्यारे लगते हैं। डॉक्टर ने पटना, बनारस और नेपाल की तराई में गुलमुहर खिलते

देखा है लेकिन तब वे उसे केवल फूल लगे थे। वे साथी नहीं लगे थे। किसी धरती के प्रति गहरा जुड़ाव पहले से देखी चीजों को नया अर्थ दे देता है। डॉक्टर तब किसी धरती से जुड़ा नहीं था इसलिए तब फूल केवल फूल थे, डॉक्टर उन्हें देखता हुआ असम्पृक्त भाव से निकल जाता था। अब वह धरती विशेष से जुड़ा है इसके नाते ही अब ये फूल उस पर जादू डाल रहे हैं। रचना का भी यही रहस्य है। वह किसी विशेष जमीन से जुड़कर ही जीवन-सौन्दर्य को पहचानती और रचती है। ऐसा सौन्दर्य अमूर्त नहीं होता, वरन् एक विशेष परिवेश, एक विशेष जमीन से जुड़कर अधिक जीवित और मूर्त हो उठता है। उसके साथ परिवेश-जीवन के अनेक स्पन्दन जुड़ जाते हैं और इसीलिए वह अपने प्रभाव में अधिक गहरा और सार्वभौम हो जाता है।

रेणु की जीवन-पहचान की एक और विशेषता है कि वे वर्तमान और अतीत को एक-दूसरे में पैठ जाने देते हैं। वर्तमान के क्षण में गुलमुहर के जादू से प्रभावित डॉक्टर अतीत की ओर, एक सुन्दर पौराणिक प्रसंग की ओर सरक जाता है और गुलमुहर के सौन्दर्य को कृष्ण के मुकुट से जोड़कर और भी प्रभावशाली बना देता है। सौन्दर्य गुलमुहर के वर्तमान से लेकर अतीत तक दहकने लगता है। यह सौन्दर्यबोध इस मिट्टी से जुड़ने के कारण ही फूटता है पहले नहीं फूटा।

मिट्टी से मोह का मतलब केवल गुलमुहर के फूल देखना नहीं होता। यद्यपि इसे भी देखना जरूरी है (क्योंकि इससे कटकर जीवन जीना कष्टकर हो जाता है) फिर भी यथार्थवादी लेखक धीरे-धीरे एक दूसरे आयाम में धँसता चला जाता है। वह प्रकृति को देखता-देखता उस जीवन को देखने लगता है जिसके सन्दर्भ में ही प्रकृति चरितार्थ होती है। मेरीगंज गाँव (यानी भारतीय गाँव) प्राकृतिक सौन्दर्य से ओतप्रोत है, किन्तु उसी प्रकृति की गोद में जो मनुष्य पल रहे हैं वे कितने भूखे, नंगे, यातनाग्रस्त हैं। इसीलिए वहाँ की मिट्टी के मोह से ग्रस्त डॉक्टर प्रकृति को देखता-देखता उन्हें देखने लगता है और इसका सारा प्रकृति-सौन्दर्य-उन्मेष जैसे ठंडा पड़ जाता है। "आम से लदे हुए पेड़ों को देखने के पहले उसकी आँखें इनसान के उन टिकोलों पर पड़ती हैं जिन्हें आमों की गुठलियों के सूखे गूदे की रोटी पर जिन्दा रहना पड़ता है।" प्रकृति की समृद्धि तो है पर किसके लिए? चन्द धनवानों के लिए। आम से लदे पेड़ वसन्त के सौन्दर्य और जीवन की समृद्धि दोनों के प्रतीक हैं, किन्तु गरीब लोग प्रकृति के इस सौन्दर्य और समृद्धि दोनों से वंचित हैं। इसलिए मानववादी लेखक की दृष्टि मनुष्य की उपेक्षा करके प्रकृति के सौन्दर्य में नहीं रमती, वरन् उसे उसकी सापेक्षता में ही देखती है। कहीं दोनों के विरोध को देखती है कहीं साहचर्य को। आम से लदे पेड़ों की समृद्धि के विरोध में उसके उपयोग से वंचित हजार लोगों, बल्कि नन्हे-मुन्नों के अभाव को तानकर

लेखक अभाव की विडम्बना को गहरा देता है, किन्तु वहीं एक साहचर्य भी है, वह यह कि आखिर इन्हें भोजन भी आम्र से ही मिलता है भले ही उसकी गुठली के गूदों से मिलता हो। बड़े लोगों के उपयोग के बाद बची हुई प्रकृति की तलछट उनकी जिन्दगी बनी हुई है।

डॉक्टर (यानी लेखक) आम जन की इस गहरी जीवन-विभीषिका का संकेत देकर वहीं रुकता नहीं, वह उस विभीषिका के परिणामों के बारे में भी सोचता है। ये परिणाम मूल्यवादी और मूल्यहीन दोनों हो सकते हैं। या तो लोग विद्रोही हो जाते हैं या अपराधी। डॉक्टर दोनों स्थितियों को स्वाभाविक ठहराता हुआ उनका पक्षधर बन जाता है। उन्हें केवल यातना से लथपथ देखकर आँसू नहीं बहाता, बल्कि यातना के विरुद्ध उनके सक्रिय होने की स्थिति में एक सौन्दर्य देखता है, उसे मूल्यवान ठहराता है। यानी अन्याय के विरुद्ध उनके पाप-पुण्य दोनों को ठीक मानता है। "ऐसे इनसान—भूखे, अतृप्त इनसानों की आत्मा कभी भ्रष्ट न हो, या कभी विद्रोह नहीं करे, ऐसी आशा करनी ही बेवकूफी है।" यह सोचने के बाद भी वह अनुभव करता है कि ये लोग इस अफाट गरीबी में आश्चर्यजनक सन्तोष धारण किए हुए हैं यानी इस स्थिति में जो विस्फोट होना चाहिए था वह नहीं हो रहा है। जो होना चाहिए और जो हो रहा है दोनों का एक तनाव डॉक्टर के अनुभव जगत् में उतरता है और यथार्थ को जटिल बना देता है।

यथार्थ की जटिलता को पहचानने की रेणु की यह विशेष शैली है। वर्गीकृत ढंग से यथार्थ को देखने वाले आलोचकों को रेणु में कुछ घोषित मार्क्सवादी यथार्थवादियों की तुलना में कम सामाजिक यथार्थ दिखाई देता है, किन्तु जाहिर है ऐसे आलोचक यथार्थ की एक बनी-बनाई प्रक्रिया और निष्पत्ति पसन्द करते हैं। वे क़था-साहित्य को (और कविता को भी) यथार्थ का दस्तावेज मात्र मानते हैं। वे यह भूल जाते हैं कि साहित्य के माध्यम से व्यक्त होने वाला यथार्थ अधिक सांकेतिक, कलात्मक और अन्तर्व्याप्त होता है। रचना (भले ही वह कथा-साहित्य ही क्यों न हो) का अपना सौन्दर्य-जगत् होता है। उसकी सौन्दर्य-प्रक्रिया का छोड़कर यदि हम उसमें यथार्थ के जमे-जमाए शिलाखंड खोजना शुरू करेंगे तो उसके साथ न्याय नहीं कर पाएँगे। सौन्दर्य की प्रक्रिया से गुजरने वाला रचनाकार जीवन के अनेक सारे तत्त्वों को परस्पर संग्रथित कर यथार्थ का जटिल बिम्ब बनाता है और सांकेतिक ढँग से उसे कोई दिशा देकर अपनी पक्षधरता व्यक्त करता है। वह न जीवन का इकहरा चित्र खींचता है, न नारे लगाता है। रेणु सौन्दर्य-प्रक्रिया से यथार्थ का जटिल बिम्ब उपस्थित करने वाले समर्थ कलाकार थे इसलिए सामाजिक यथार्थ के अनन्त रूप उनके दृश्यों, लोक-गीतों, लोक-कथाओं, प्रकृति-चित्रों, संवादों आदि में अन्तर्व्याप्त हैं और कलात्मक ढंग से आम आदमी

के प्रति उनकी पक्षधरता भी व्यक्त होती है। व्यंग्य, करुणा, यातना, विद्रोह, प्रेम आदि के जटिल बोध संश्लिष्ट बिम्ब बनकर उभरते रहते हैं। गाँव की जड़ परम्परा से आधुनिक चेतना टकराती रहती है, राजनीति, अर्थव्यवस्था, समाजव्यवस्था, धर्म के पारस्परिक दबावों से बनती हुई आज की जिन्दगी की पर्तें खुलती रहती हैं।

आइए, 'मैला आँचल' के एक दृश्य से गुजरें। सन्दर्भ अषाढ़ का है। "दो दिन से बदली छाई हुई है। आसमान कभी साफ नहीं होता। दो-तीन घंटों के लिए बरसा रुकी, बूँदा-बूँदी हुई, फिर फुहिया, एक छोटा-सा सफेद बादल का टुकड़ा भी यदि नीचे की ओर आ गया तो हरहराकर बरसा होने लगती है। अषाढ़ के बादल। रात में मेंढकों की टरटराहट के साथ असंख्य कीट-पतंगों की आवाज शून्य में एक अटूट रागिनी बजा रही है। टर्र! मेकू-टर्रर-मेंकू! झिं झि चि किर किर्र-सिं किंटिर किंटिर।–किं–टर्र– ।"

प्रकृति का यह दृश्य है। इस छोटे से दृश्य में वर्षा के कई रूपों के विधान के साथ असंख्य कीड़े-मकोड़ों के उल्लास की भागीदारी है। यह दृश्य हमें अपने भीतर से आगे ठेल देता है आदमी के सुख-दुःख की ओर। कोठारिन लछमी को नींद नहीं आ रही है। चित्त बड़ा चंचल है। उन्हें वर्षा के इस उल्लास के बीच बालदेव जी की याद आ रही है और विरह-बाण से घायल उनका मन सिसककर रह जाता है। लेखक इस माहौल में रामदास की खोज-खबर लेता हुआ किसानों की ओर सरक जाता है।

"गड़गड़ाम–गड़ गड़ बादल घुमड़ा। बिजली चमकी और हरहराकर बरसा होने लगी।"

"हाँ, अब कल से धान रोपनी शुरू होगी।–जै इन्दर महाराज बरसो।" लोगों में वर्षा उल्लास बनकर छा रही है, किन्तु यह उल्लास 'पिकनिकी' मनःस्थिति का उल्लास नहीं है। खेतों के साथ जुड़ा हुआ जीवनधर्मी उल्लास है। जै इन्दर महाराज बरसो ताकि खेत बोए जा सकें। वर्षा के अभाव में उकठते खेतों में कल से धान-रोपनी शुरू होगी। हाँ, लेखक की यथार्थवादी और अभावग्रस्त जन की वेदना को समझने वाली दृष्टि इस उल्लास के आगे एक 'लेकिन' लगा देती है। यह उल्लास धान-रोपनी को लेकर ही है न, लेकिन बीचड़ (बीहन) के लिए धान कहाँ मिलेगा? "आज तो पंचायत में सभी बड़े मालिक लोग बड़ी-बड़ी बात बोलते थे, कल ही देखना कैसी बात करते हैं, अपने खर्चा के जोग धान नहीं है, बीहन नहीं है अथवा पहले हमको बोने दो।" यानी ये गरीब लोग उल्लास में भींगते एकाएक एक बहुत बड़ी समस्या या आशंका के रू-ब-रू हो उठते हैं और लेखक एक साथ अतीत, वर्तमान और भविष्य को परस्पर तान देता है। वर्तमान में ये लोग उल्लास में भींगते हुए कल (भविष्य) की आशंका से सहम जाते हैं। कल बोने के लिए धान कहाँ से मिलेगा? यह केवल आशंका भी हो सकती थी, किन्तु इसमें उसके

अतीत का अनुभव जुड़ा हुआ है। मालिकों की ओर से वे जो संवाद बोल रहे हैं वे काल्पनिक नहीं हैं, वे अतीत अनुभवों से उभरे हैं। वर्षा के उल्लास भरे वर्तमान में वे अतीत के दुखद अनुभव और भविष्य की दुखद आशंका से घिरे हुए हैं।

लेखक इस अध्याय के पहले यह दृश्य प्रस्तुत कर चुका है कि वर्षा को बुलाने के लिए अभावग्रस्त तथाकथित छोटी जातियों की औरतें रात में हल चला चुकी हैं। लेखक ने एक प्रचलित विश्वास का रचनात्मक उपयोग किया है। विश्वास यह है कि यदि औरतें रात को हल चलाएँ तो वर्षा होती है। जाहिर है बड़े घरों की औरतें इसमें शामिल नहीं होती हैं, होती हैं तथाकथित छोटी जातियों की औरतें। वे इस अवसर पर जट्ट-जाटिन का नाटक खेलती हैं और हल चलाते हुए किसी को भी गाली दे सकती हैं। यह गाली सम्मान सूचक होती है, जिसका नाम छूट जाता है वह बुरा मानता है लेखक ने अपने उपन्यासों में ऐसे सन्दर्भों का प्रयोग बहुत बार किया है और हँसी-हँसी में बड़े लोगों के प्रति छोटे लोगों के मन में उमड़ते-घुमड़ते भावों को व्यक्त कराया है। बड़े लोग ऐसे अवसरों पर अपनी आलोचना सुनकर बुरा नहीं मानते।

यहाँ भी लेखक ने यह काम किया है, किन्तु इससे बढ़कर एक और काम किया है। वह दिखाना चाहता है कि जिस ततमा, धानुक, पासवान, कोइरी टोले की औरतें वर्षा को बुलाने का उपक्रम करती हैं, वर्षा होने पर उसी टोले के लोगों को बोने के लिए धान नहीं मिलता। बड़े लोग तो भोगने के लिए हैं। इन्द्र राजा को खुश करने की क्रिया में उनकी कोई भागीदारी नहीं है। वे तो इन्द्र राजा के खुश होने पर प्रसाद भोगने के लिए ही हैं। लेखक ने बड़ी सहजता से इस आर्थिक, सामाजिक विसंगति को उभार दिया है।

पानी बरस रहा है, सोनाई यादव अपनी झोंपड़ी में बारहमासे का तान छेड़े हुए है—

सावन हे सखी सबद सुहावन
रिमझिम बरसत मेघ हे

उसका गीत पूरे परिवेश में गूँजता है और सुहावन सावन का यह गीत अनेक लोगों के दर्द से टकराता है। सावन सुहावन तो है, लेकिन किसानों को खेत में बोने के लिए धन न मिले तो? कालीचरन के आँगन में मंगला रहती है, वह वहाँ डर रही है। बादलों के गरजने और बिजली के चमकने से उसे बड़ा डर लगता है। बचपन से ही उसे डर लगता है, लेकिन आज एक डर और समा गया है। इस मौसम में किसी के आ जाने का डर। "कौन—?" मंगला फुसफुसा कर पूछती है—"कौन?" लेकिन इस डर का स्वाद कुछ अलग है। यह सन्दर्भ मंगला के डर को सहज ही एक अलग आयाम दे देता है।

कमली डॉक्टर को याद करती है। "खिड़की के पास ही डॉक्टर सोता है।

बिछावन भीग गया होगा। कल से बुखार है। सर्दी लग गयी है। न जाने डॉक्टर को क्या हो गया है?''

प्रकृति की लीला, सोनाई यादव का गीत और विविध मानवीय मनःयात्रा साथ चल रही है और बरसात का एक बहुत सघन संकुल बहुआयामी बिम्ब निर्मित हो रहा है। वह बिम्ब बरसात का नहीं, उसके माध्यम से उस अंचल का है।

''छररर। छररर। बादल मानो धरती पर उतरकर दौड़ रहे हैं। छहर-छहर-छहर–'' और लेखक की दृष्टि बिरसा माझी पर पड़ जाती है। वह संथाल है। ''बिरसा माझी अब लेटा नहीं रह सकता। परसों गाँव वालों ने मीटिंग किया है, बाहरी आदमी यदि चढ़ाई करे तो सब मिलकर मुकाबला करेंगे। कालीचरन भी था और बालदेव भी। संथाल बाहरी लोग हैं।'' बिरसा माझी ने देखा कि आज हरगौरी सिंह का सिपाही जमीन देख रहा था। उसे आशंका होती है कि पक गया अखता भदे धान तहसीलदार के आदमी काट ले जाएँगे क्या? क्या सचमुच तहसीलदार संथालों से जमीन छुड़ा लेंगे। उसे परेशानी इस बात से भी होती है कि जमींदारी प्रथा खत्म होने की बात सुनाई पड़ने पर भी यह सब होने के लक्षण दिखाई पड़ रहे हैं। परेशानी इस बात की भी है कि उस मीटिंग में कालीचरन भी था जो किसानों के हक का नारा उठाता है। इसी मानसिकता का परिणाम होता है कि संथाल दूसरे दिन तहसीलदार के खेत में से बेहन लूट लेते हैं और अपने अधिकारों के लिए लड़ने को सन्नद्ध हो जाते हैं, लड़ते हैं और मारे जाते हैं।

इस प्रसंग को छोड़कर लेखक फिर आगे बढ़ जाता है और बारहमासे के रस में डूबता-डूबता लोक-जीवन के यथार्थ के विविध पहलुओं को खोलता चलता है। बारहमासा बारह महीनों का गीत है और बारह महीने लोक-जीवन के बाहरी और भीतरी यथार्थ के विविध सन्दर्भों से जुड़े होते हैं। इन महीनों के गीत उन्हीं सन्दर्भों को खोलते हैं। ये गीत किसी न किसी पात्र के दर्द से जुड़ जाते हैं–

'बाट चलैत-आ-केशिया सँभारि बान्ह
अँचरा हे पवन झरे हे-ए-ए-'

डॉक्टर अब गीतों का अर्थ शायद ज्यादा समझता है क्योंकि उन गीतों की वह सम्वेदनाओं को जी रहा है। इसलिए वह सोनाय से भी ज्यादा इनका अर्थ समझता है। 'अँचरा हे पवन झरे हे!–आँचल उड़ी उड़ी जाए।' डॉक्टर आँचल के उड़ने का अर्थ अनुभव कर रहा है।

सोनाई का गीत सुबह के खेतों से जुड़कर सामूहिक हो जाता है। वह सामूहिक कर्म से जुड़कर सब का हो जाता है। सोनाई अकेला नहीं है, सैकड़ों कण्ठों में एक-एक विरहनी मैथिली बैठी हुई कह रही है–

मास अषाढ़ हो रामा, पन्थ जनि चढ़िह
दूर ही से गरजत मेघ-रे-मेरे

सैकड़ों कंठों में एक विरहिनी है। यह अभावग्रस्त इलाका है जहाँ के लोग अर्थोपार्जन के लिए बाहर जाते हैं। विरह दुहरा है। विरहिनियों के अभावग्रस्त स्वर में प्रियतम के बिछोह का स्वर मिल जाता है। वे पति से अनुनय करती हैं कि अषाढ़ मास में उन्हें छोड़कर न जाएँ। दुहरे दर्द से दंशित यह गीत खेतों में काम करते सैकड़ों कंठों से फूट रहा है और एक घने अवसाद की सृष्टि कर रहा है। मिथिला की पूरी जमीन अपने दर्द में गाने लगती है।

हिन्दी कहानी : पूर्व पीठिका और प्रस्थान बिन्दु

जब हिन्दी कहानी का प्रारम्भ हुआ तब पश्चिम की कहानी कई मोड़ों से गुजर चुकी थी और चेखव द्वारा इस बिन्दु पर लाई जा चुकी थी जहाँ से वह जीवन की नाटकीय कहानी बनने के स्थान पर स्वयं अनुभूत जीवन प्रतीत होने लगी थी। फिर भी हिन्दी कहानी ने अपनी यात्रा वहीं से प्रारम्भ की जहाँ से पश्चिम की कहानी की यात्रा शुरू हुई थी। इन आरम्भिक कहानियों की संरचना के केन्द्र में है एक विचार या भाव बिन्दु (जो प्रायः नैतिक होता है) और यही बिन्दु कहानी की बुनावट और बनावट को नियन्त्रित करता हुआ अपनी ओर खींचता है और सारी कथा इसी बिन्दु पर पहुँचकर फ्लैश कर उठती है और वह बिन्दु चमक उठता है। एडगर 'एलेन' पो के शब्दों में इसे प्रभाव की अन्विति कह सकते हैं। पो इसी प्रभावान्विति को सर्वाधिक महत्त्व की वस्तु मानता है। इस बिन्दु से शासित कहानी में जीवन के उस संक्रमित और संश्लिष्ट यथार्थ की सहज और अनाटकीय यात्रा नहीं होती जो हर बिन्दु पर महत्त्व की होती है। इस बिन्दु पर शासित कहानी का अपना एक सुगढ़ प्लाट होता है जो आरम्भ, उत्कर्ष और अन्त के नाटकीय मोड़ों से ग्रथित होता है और इस तरह वह कथा पाठक की जिज्ञासा में तनाव पैदा करती हुई अन्तिम बिन्दु तक ले जाती है और उसे उस बिन्दु पर ले जाकर धनुष की तरह चटाक से तोड़ देती है। किपलिंग, गाल्सवर्दी, एच. जी. वेल्स, अरनाल्ड वेनेट की कहानियाँ इसी परम्परा की कहानियाँ हैं। इन कहानियों में एक निश्चित डिजाइन है जो आरम्भ, उत्कर्ष और अन्त में बिन्दुओं को समेटे हुए जीवन के एक महत्त्वपूर्ण पहलू (जिसे समरसेट माम ने 'मारल' कहा है) को उद्‌भाषित कर देती है। इन कहानियों की बागडोर लेखक के हाथ में होती है। लेखक चित्रण के स्थान पर विवरण देता हुआ-सा लगता है। सारा सुनाया जा चुका विवरण और घटना-क्रम अन्त का मुखापेक्षी होकर चलता रहता है और पाठक साँस रोककर अन्त की प्रतीक्षा करता रहता है।

चेखव ने इस पारम्परिक कथा-विकास को तोड़ दिया इसलिए कि उसकी कथा-संरचना की चेतना ही बदल गयी। वह जीवन के किसी टुकड़े को उठाता है

और उसे उसके जीवन्त परिवेश में एक अनुभूत सत्य के रूप में रूपायित कर देता है। यहाँ एक प्लाट गढ़कर उसे नाटकीय मोड़ों से एक महत्त्वपूर्ण अन्त की ओर ले जाने के स्थान पर बिना किसी आरोह-अवरोह के जीवन के एक यथार्थ टुकड़े को चित्रित कर देने की चेष्टा है जिसकी सारी यात्रा महत्त्वपूर्ण है और सारी यात्रा मिलकर एक विसंगतिमय जीवन परिवेश को उभारती है। चेखव की इस प्लाट की नाटकीयता को सचेत भाव से तोड़ने की शक्ति को समरसेट माम ने एक दोष माना और आरोप लगाया कि उसे प्लाट गढ़ना नहीं आता। वास्तव में आज की जो यथार्थवादी हिन्दी कहानी है वह अपनी संचेतना और संरचना में चेखव की कहानियों के अत्यन्त निकट है।

किन्तु मैं कह रहा था कि हिन्दी कहानी का प्रारम्भ पश्चिम की आरम्भिक कहानियों को आदर्श मानकर हुआ। शायद इसलिए कि चेखव की कहानियाँ अपने ढंग से पश्चिम की कहानी-परम्परा के एक विकास-सोपान की द्योतक हैं और बिना आरम्भिक प्रक्रिया से गुजरे उस विकास-सोपान को ग्रहण कर लेना शायद भारतीय कहानी के लिए असहज और आरोपित लगता। दूसरी बात यह भी है कि भारतीय कथा-परम्परा और द्विवेदी कालीन भारतीय जीवन-चेतना दोनों ही दृष्टियों से नैतिकता या आदर्श या जीवन का महत्त्वपूर्ण अंश जीवन और साहित्य में जरूरी था। भारतीय कथा-परम्परा में इसी बिन्दु के विस्फोट की प्रासंगिकता में रोचक घटनाओं, माँसल प्रसंगों की आयोजना की गयी है। यथार्थ के बाहरी-भीतरी स्तरों को कथा में नियोजित कर उन्हें एक आदर्श बिन्दु तक पहुँचाने की हमारी कथा-परम्परा को आरम्भिक पश्चिमी कथा-साहित्य की परम्परा ने प्रभावित किया तथा एक नया ढाँचा प्रदान किया। यह ढाँचा यथार्थवादी है। इस यथार्थ की प्रक्रिया से ही गुजरकर उस महत्त्वपूर्ण जीवन-अंश, या नैतिक आदर्श तक पहुँचा जा सकता है। अनेक सम्भव-असम्भव घटनाओं और लौकिक-अलौकिक पात्रों के नियोजन से उस अन्तिम उपदिष्ट बिन्दु पर पहुँचना अब सम्भव नहीं रहा, उस बिन्दु के पहले की समूची यात्रा को सम्भाव्यता और यथार्थ की प्रतीति से भरना भी आवश्यक हो गया। किन्तु कुल मिलाकर यह यात्रा लक्ष्य न बनकर साधन ही रही—उपदिष्ट बिन्दु को आलोकित करने के लिए। दूसरी बात यह हुई कि कहानी एक कथा में से दूसरी कथा के निकलते चलते रहने का देशकाल विच्छिन्न क्रम न रहकर, विशेष देशकाल-सम्भवा होकर एक विशेष प्रकार की रूपाकृति पाने में सफल हुई। यानी वह एक यथार्थवादी कला बन गयी जिसका रूप कलानुशासित है और कथ्य यथार्थ परिवेष्टित।

वास्तव में हिन्दी कहानी प्रेमचन्द तक उसी रूप में दिखाई पड़ती है जिस रूप में पश्चिमी कहानी चेखव के आने तक थी। हिन्दी की पहली कहानी 'एक टोकरी भर मिट्टी' से लेकर प्रेमचन्द तक की कहानियों में यथार्थ-समर्थित आदर्श की

व्यंजना (और कहीं-कहीं कथन) लक्ष्य रूप में वर्तमान है। 'एक टोकरी भर मिट्टी' एक विधवा की गरीबी और उससे जमींदार साहब की स्वार्थ-लिप्सा की टकराहट की एक सीधी-सादी छोटी-सी कहानी है। अन्त में यह टकराहट जमींदार साहब का हृदय परिवर्तन कर उन्हें पश्चात्ताप करने पर विवश कर देती है। यह कहानी आधुनिक कहानी की पहचान की पहली हिन्दी कहानी है। कहानी 'दुलाई वाली' अपने रूपाकार में आधुनिक है। उसकी चेतना यथार्थ के बहुत ऊपरी स्तर से जुड़ी हुई है, अर्थात् वह रोजमर्रा जीवन की एक बहुत ऊपरी स्थूल मनोरंजक घटना को प्रस्तुत करती है। वह न तो यथार्थ की किसी टकराहट को व्यक्त करती है न उसके माध्यम से किसी आदर्शबोध को ही। 'कानों में कँगना' भी काव्यात्मक स्फीति से चरित्र-सुधार के बिन्दु तक पहुँचती है। 'उसने कहा था' हिन्दी की पहली कहानी है जो इस प्रवृत्ति की लता में एक उपलब्धि के फल के रूप में दीखती है। उसकी विशेषता यह है कि वह आदर्श के एक बिन्दु से परिचालित होकर भी यथार्थ के एक व्यापक विस्तार में फैली है और यथार्थ का विस्तार अपने महत्त्व में छोटा नहीं हुआ है, बल्कि यों कहा जाए कि कहानी की चेतना को जीवन्त परिवेश मिला है और चेतना तथा परिवेश दोनों अपरिहार्य भाव से जुड़े हुए हैं जिससे कहानी इतनी जीवन्त और सशक्त हो उठी है। इस कहानी की यात्रा अपने को महत्त्वपूर्ण बनाती हुई अपने अन्तिम बिन्दु (जिसे महत्त्वपूर्ण या आदर्श कहा गया है) तक पहुँची है। कथा की इस समूची बुनावट को कहानी की जीवन्त भाषा रूपायित करती चली है।

वास्तव में प्रेमचन्द की कहानियाँ 'उसने कहा था' ही की प्रवृत्ति की कहानियाँ हैं। हाँ, प्रेमचन्द में परिवेश एक दूसरे स्तर पर उभरता है। प्रेमचन्द की कहानियों में मूल चेतना-बिन्दु है कोई सामाजिक आदर्श जो सामाजिक समस्याओं और यथार्थ के तनावों के भीतर से गुजरता हुआ स्थापित होना चाहता है, इसलिए इन कहानियों का परिवेश सामाजिक या पारिवारिक यथार्थ है जो सम्बन्धों, मूल्यों, अभावों के जटिल सूत्रों से बुना गया होता है। 'पंच परमेश्वर', 'बूढ़ी काकी', 'नमक का दारोगा', 'सुजान भगत' आदि प्रसिद्ध कहानियों के केन्द्र में जीवन-परिवेश-सम्पृक्त आदर्श बिन्दु ही है। इस आदर्श के लक्ष्यीभूत हो जाने के कारण ही प्रेमचन्द कहानी के बीच में भी और अन्त में भी उपदेष्टा के रूप में दिखाई पड़ने लगते हैं। चरित्रों और घटनाओं को दुहकर निष्कर्षात्मक सूक्तियों को रखते चलना तथा अन्त में अपने अभिप्रेत चारित्रिक या वैचारिक आदर्श की स्थापना कर देना उस मूल बिन्दु को संकेतित करते हैं जो प्रच्छन्नतः उनकी कहानियों को शासित करते हैं। यह ध्यान देने की बात है कि 'पूस की रात' और 'कफ़न' कहानियों की नवीन प्रवृत्ति और कलात्मक उपलब्धि आकस्मिक नहीं है। बात यह है कि इन कहानियों की संरचना के केन्द्र में एक वांछित आदर्शवाद के

स्थान पर जीवन्त यथार्थ-चेतना है। यह चेतना किसी एक बिन्दु पर सिमटी हुई नहीं है वरन् एक-एक परिवेश की दुहरी-तिहरी पर्तों में लिपटकर व्याप्त है। इसलिए ये कहानियाँ कहानीकार के एक विशेष मोटिव द्वारा प्रेरित कथाएँ नहीं हैं, स्वयं एक जीवन मालूम पड़ती हैं, जिनके भीतर से गुजरता हुआ पाठक किसी एक बिन्दु की आशा में तेजी से भागता नहीं, उसके प्रत्येक क्षण को जीता चलता है और अन्त में एक तीखे संश्लिष्ट प्रभाव से भर उठता है। यह आकस्मिक नहीं है कि नयी कहानी जहाँ अपने को जैनेन्द्र की 'पत्नी', अज्ञेय के 'रोज' से जोड़ती है वहीं प्रेमचन्द के 'कफ़न' और 'पूस की रात' से भी। प्रेमचन्द की ये कहानियाँ कहानी के नये मोड़ की ओर संकेत करती हैं, किन्तु प्रेमचन्द से प्रभावित उनके समकालीन कहानीकार उनकी आदर्श बिन्दु से अनुशासित कहानियों की चेतना और संरचना की ही लकीर पर चलते रहे।

हाँ, जयशंकर प्रसाद की कहानियों की अपनी दुनिया रही। अन्तिम बिन्दु के तनाव के साथ समाप्त होने वाली कहानियाँ यहाँ भी हैं, किन्तु इनका अन्तिम बिन्दु यथार्थ और आदर्श का कल्पित संक्रमित बिन्दु नहीं होता वरन् एक मनोवैज्ञानिक क्षण होता है जो मन के दो पहलुओं से संक्रान्त होकर झनझना उठता है। इसलिए प्रसाद की कहानियों में कहीं भी उपदेष्टा नहीं उभरता और अन्त किसी प्रकार का नैतिक निष्कर्ष निकालने के स्थान पर एक सम्वेदनात्मक तनाव का अहसास दे जाता है। दूसरी बात यह भी है कि प्रसाद की कहानियों की दुनिया भाव की दुनिया है हमारे आस-पास के ठोस यथार्थ की दुनिया नहीं है। उस भाव-जगत् को कवि की रूमानी दृष्टि काव्यात्मक वैभव के साथ चित्रित करती है यानी कथा तेजी से खींचकर आगे ले चलने के स्थान पर अपने आस-पास फैले काव्यात्मक समारोहों में हमें घुलने-मिलने देती है। कथा के चारों ओर एक भावात्मक वातावरण छाया रहता है। वातावरण प्रधान कहानियों में कहानी समग्र भाव से जी जाती है। मैं समझता हूँ कि यदि प्रसाद की दुनिया ठोस यथार्थ की दुनिया रही होती तो उन्होंने आज की कहानी को सर्वाधिक प्रभावित किया होता क्योंकि कहानी कला की जो मर्मज्ञता प्रसाद में है वह उनके अन्य समकालीनों में कम है।

प्रेमचन्द और प्रसाद की कहानियों की इस समान्तर यात्रा में मूलतः प्रेमचन्द की ही यात्रा अधिक महत्त्वपूर्ण रही क्योंकि वह समकालीन जीवन के सघन यथार्थ-जगत् से सम्बद्ध रही, वह हमारे जीवन के ठोस प्रश्नों, समस्याओं और सम्बन्धों को लेकर चली थी और कथा की विधा अपने को कविता से इसी बिन्दु पर अलगाती है। यही वजह है कि आगे आने वाले समाजवादी कहानीकारों ने अपने को एक भिन्न स्तर पर प्रेमचन्द से जोड़ा और दूसरी ओर मनोवैज्ञानिक कथाकारों ने प्रेमचन्द से ही अपनी टकराहट महसूस की। यानी अनुकूलता और

प्रतिकूलता दोनों ही स्थितियों में कथाकारों ने प्रेमचन्द को अपने सामने पाया। एक ओर समाजवादी कथाकार यशपाल ने प्रेमचन्द के सामाजिक यथार्थ को ही आगे बढ़ाते हुए समाजवादी यथार्थ को ग्रहण किया और उन्हीं के समान किस्सागोई की शैली अपनाई, दूसरी ओर जैनेन्द्र ने प्रेमचन्द की सामाजिक दुनिया के स्थान पर व्यक्तिमन की दुनिया को अपनाया और किस्सागोई के प्रचलित रास्ते को छोड़कर वस्तुओं को स्वयं घटित होने देते चलने की प्रक्रिया स्वीकार की। वास्तव में जैनेन्द्र और यशपाल में फर्क केवल वैयक्तिक और समाजिक यथार्थ का नहीं था, खास फर्क था दोनों की संरचनात्मक दृष्टियों का। यशपाल की दृष्टि में प्रचलित कहानियों की तरह अन्त पहले आता है जैनेन्द्र की दृष्टि में बाद में। यशपाल के भीतर जो अन्त उभरता है वह हमेशा अनुभूति प्रेरित नहीं होता, प्रायः वह एक विचार होता है। उनके मन में सामाजिक विसंगति का कोई बिन्दु उठता है (निश्चय ही वह विसंगति समकालीन जीवन के आचरण से उत्पन्न होती है, किन्तु वह लेखक को सदैव अनुभव से प्राप्त नहीं होती वरन् प्रायः मार्क्सवादी सिद्धान्त से अवधारणा के रूप में मिलती है) और उसी बिन्दु को तेजी से दीप्त करने के लिए लेखक कथा गढ़ लेता है। यही वजह है कि यशपाल की कहानियाँ अन्त में एक तेज हिट तो देती हैं, लेकिन अपने बीच में हमें रमाती नहीं। पाठक को हमेशा लगा रहता है कि अब कोई रहस्य खुलने वाला है और उसी खुलने वाले रहस्य की ओर आँख उठाए हुए कथा का सूत्र पकड़े वह चलता रहता है। हाँ, यशपाल प्रेमचन्द की परम्परा से अन्त के बिन्दु पर जुड़कर भी उसी बिन्दु पर अपने को अलगा भी लेते हैं। यशपाल का अन्तिम बिन्दु आदर्श बिन्दु नहीं होता, वह तीखा व्यंग्य होता है। वह यथार्थ के साथ किसी आदर्श को चिपकाने के स्थान पर एक विसंगति के समूचे रूप को तेजी से उद्घाटित कर देता है। यह बिन्दु सरल भावात्मक न होकर व्यंग्यात्मक होता है जिसमें कसक और उपहास, बेबसी और आक्रोश, व्यथा और स्वीकृति का मिला-जुला एक अहसास होता है।

जैनेन्द्र ने प्रेमचन्द की परम्परा को आगे बढ़ाने के स्थान पर उससे टकराहट अनुभव की। उन्होंने कहानी को एक सीधी रेखा में आगे बढ़ाने के स्थान पर एक नया मोड़ दे दिया। इस मोड़ से प्रारम्भ होने वाली कहानी अपनी चेतना और संरचना दोनों में नयी थी। जैनेन्द्र ने एक दार्शनिक मुद्रा के साथ व्यक्ति की संक्रान्त मनःस्थिति को उजागर करना चाहा, इसके लिए उन्होंने हल्का-हल्का बाहरी परिवेश भी लिया, किन्तु मूलतः मानसिक परिवेश ही प्रधान रहा। 'पत्नी' और 'जाह्नवी' में इसी प्रकार के बाहरी परिवेश का एक हल्का-सा दबाव देकर लेखक ने क्रमशः भारतीय पत्नी और कुंठित प्रेयसी के दमित उलझे हुए भाव-संसार की पर्तें खोलनी चाही हैं। कहानी अपनी इस नवीन मूलवर्ती चेतना के साथ अपनी संरचनात्मकता में भी नवीन हो उठी है। कहानी आद्यन्त जीवित रहती है। पाठक

उसके किसी एक बिन्दु पर सिमटने का इन्तजार नहीं करता। पूरी कहानी सम्वेदना की हल्की आँच में तपती रहती है। टी. एस. इलियट ने वर्जीनिया बुल्फ के कथा-साहित्य के सम्बन्ध में लिखते हुए कहा है कि जो कविता का अच्छा पाठक होगा वही इस प्रकार के कथा-साहित्य का अच्छा पाठक हो सकता है। यही बात हिन्दी के उस मनोवैज्ञानिक कथा-साहित्य के बारे में भी कही जा सकती है जो जैनेन्द्र से प्रारम्भ होता है और अज्ञेय में अपना पूरा उत्कर्ष प्राप्त करता है। इन कहानियों में गहन संक्रान्त मनःस्थितियों को रूपायित करने के लिए प्रतीकों और बिम्बों से काम लिया गया है। जैनेन्द्र की कहानियों में प्रेमचन्द की कहानियों की स्फीति घटना-संकुलता, नाटकीय उतार-चढ़ाव, आकस्मिक संयोगवादिता नहीं है, उनका भीतरी संघर्ष कथानक की सूक्ष्मता, सांकेतिकता तथा उतार-चढ़ावहीन सहजता प्राप्त कर लेता है। इनके चित्रण में लाघव है तथा सूक्तियों और उपदेशात्मक कथनों से परहेज है। चूँकि जैनेन्द्र की कहानियाँ सामाजिक यथार्थ की कहानियाँ न होकर व्यक्तिमन के यथार्थ की कहानियाँ हैं इसलिए उनमें सामाजिक परिवेश बहुत क्षीण है और जितना है भी वह व्यक्ति के मानसिक परिवेश को मूर्त करने के लिए ही आया है इसलिए वह प्रायः प्रतीकात्मक अर्थ रखता है, किन्तु बाद में जैनेन्द्र की भी रचना अनुभूति से नहीं विचार से प्रेरित हो निर्मित होने लगी। 'विज्ञान अविज्ञान' की कहानियों में न केवल अनुभूति की जगह विचार लक्षित होता है वरन् उनकी रचना-प्रक्रिया में भी बदलाव दिखाई पड़ता है और ये कहानियाँ थोड़े-बहुत अन्तर से अपनी संरचनात्मकता में उन कहानियों के नजदीक हो उठती हैं तो अन्त में कोई एक राज खोलकर अपनी चमक उत्पन्न करती हैं।

ऊपर जैनेन्द्र की व्यक्तिमन की दुनिया वाली जिन कहानियों की बात कही गयी है उनका चरम उत्कर्ष मिलता है। अज्ञेय की कहानी 'रोज' में। 'रोज' प्रेमचन्द की परम्परा से सर्वथा भिन्न एक नये प्रकार की उत्कृष्टतम रचना है। कहानी अपने पूरे विस्तार में बहुत सघन रूप में जीती है। लेखक ने मानसिक परिवेश और बाहरी परिवेश की ऐसी सघन बुनावट की है कि भीतर के अकेलेपन, एकरसता और टूटन का दर्द बाहरी 'मोनोटनी' में अत्यन्त सजीव रूप से मूर्त हो उठता है। गैंगरीन से फूटती हुई मृत्यु की उदास गन्ध और छाया से लिपटा हुआ पहाड़ी परिवेश एक विराट बिम्ब है अन्तर-परिवेश का। वह कितनी ही प्रतीकात्मक ध्वनियाँ उद्भाषित करता हुआ अभिप्रेत अहसास को सघन बनाता है। 'ऐसा तो रोज होता है', वाक्य उदास संगीत की एक कड़ी की तरह उभरकर पूरे वातावरण को और भी उदास बना जाता है और इसी वातावरण में दो व्यक्तियों के बीच के पथरा गये मधुर सम्बन्धों की उदासी चुपचाप रेंगती रहती है। लगता है वातावरण प्रधान कहानी को कहानी का जो सर्वोत्तम प्रकार माना गया है वह आकस्मिक नहीं है। लेकिन अज्ञेय की अन्य बहुत-सी कहानियाँ परिवेश में जीती हुई भी एक रूढ़

परिपाटी पर व्यक्ति के कुंठित मन की कहानियाँ बन गयीं। परिवेश में व्याप्त प्रतीक छनकर और निचुड़कर कहीं-कहीं एक अवधारणा के प्रतीक बन गये और वह अवधारणा ही कहानी की चेतना। जैनेन्द्र के 'तत्सत' की तरह अज्ञेय की 'शत्रु', 'पठार का धीरज' कहानियाँ अवधारणाओं और जीवन-निष्कर्षों को प्रतीक रूप में पेश करती हैं।

नयी कहानी के जन्म तक हिन्दी कहानी के विकास-पथ के विभिन्न मोड़ रहे। नयी कहानी की चर्चा करना प्रस्तुत निबन्ध का विषय नहीं है इसका तो लक्ष्य नयी कहानी के पास तक की यात्रा के मोड़ों और बिन्दुओं को ही दिखाना रहा है, लेकिन इस पिछली यात्रा और नयी कहानी के बीच के सूत्रों की पहचान के लिए दो-एक बातें संकेतित कर देना आवश्यक है। नयी कहानी अपनी चेतना में परिवेश से जुडे व्यक्तिमन की चेतना है। इसलिए वह न तो बाहरी यथार्थ की अनुभूतिहीन फार्मूलाबद्ध कथा कहती है और न बाहरी परिवेश से विच्छिन्न होकर या बाहरी परिवेश को केवल अवचेतना की दुनिया से सन्दर्भित कर मात्र व्यक्तिमन का चित्रण करती है। वह जीवन-परिवेश के दबाव में बनते-बिगड़ते मानवीय रिश्तों, मूल्यों, सम्वेदनों की अभिव्यक्ति है। प्रेमचन्द ने अपने सामाजिक परिवेश को बहुत विविधता से उभारा था, लेकिन निस्संकोच कहा जा सकता है कि उस परिवेश के खुलेपन का जितना अहसास उन्हें था, उतना उसके घनत्व और जटिलता का नहीं और जहाँ घनत्व का एहसास हुआ वहाँ 'पूस की रात' और 'कफ़न' जैसी श्रेष्ठ कहानियाँ वे दे सके। दूसरी ओर जैनेन्द्र और अज्ञेय में घनत्व है लेकिन वह घनत्व सामाजिक जीवन की पहचान और उसकी अनुभूति का घनत्व नहीं है। इन कहानियों में काल-सन्दर्भ में बदलते हुए सामाजिक जीवन की पहचान नहीं है। नयी कहानी सामूहिक रूप में अनुभूति के स्तर पर इसी बदले और बदलते हुए सामाजिक जीवन की पहचान की कहानी है। नयी कहानी जिए हुए जीवन सत्य पर अत्यधिक बल देती है अतः लेखकों ने अपने-अपने दायरे में जिए हुए अपने जीवन-सत्यों को अनुभूति के स्तर पर बहुत प्राथमिकता और तीव्रता से उभारना चाहा है इसलिए ये कहानियाँ अपनी सीमा में भी असीम हो उठती हैं और अपनी संरचनात्मकता में विशिष्ट। अन्तिम बिन्दु पर संकेन्द्रण की परिपाटी को तोड़कर अपने पूरे अंतरंग विस्तार में जीने की जो शुरुआत 'पूस की रात' और 'कफन' में हुई थी उसकी सचेत स्वीकृति और विकास नयी कहानी में दृष्टिगत होता है। दूसरी ओर मनोवैज्ञानिक कहानियों में किस्सागोई की परम्परा को तोड़कर घटित सन्दर्भों के माध्यम से कहानी को स्वतः कुछ कहते देने चलने की जो राह बनी थी वह नयी कहानी में आकर अनेक प्रयोगात्मक छवियों से दीप्त होकर विविध रूपात्मक हो गयी।

नयी कहानी

'नयी कहानी' के जन्म तक हिन्दी कहानी के विकासपथ के विभिन्न मोड़ रहे। नयी कहानी और पिछली कहानी के बीच कुछ सूत्रों के होने के बावजूद 'नयी कहानी' की यात्रा अपने आप में अत्यन्त विशिष्ट है। नयी कहानी की चेतना स्वातन्त्र्योत्तर भारतीय जीवन के यथार्थ की चेतना है और यह चेतना कलाकारों के अनुभव से जुड़ी होने के कारण अनेक रूप और रंग धारण करती है। अर्थात् नयी कहानी की चेतना परिवेश से जुड़े हुए व्यक्तिमन की चेतना है। इसलिए वह न तो बाहरी यथार्थ की अनुभूतिहीन फार्मूलाबद्ध कथा कहती है और न बाहरी परिवेश से विच्छिन्न होकर या बाहरी परिवेश को केवल अवचेतन की दुनिया से सन्दर्भित कर मात्र व्यक्तिमन का चित्रण करती है। वह जीवन-परिवेश के दबाव में बनते-बिगड़ते मानवीय रिश्तों, मूल्यों, संवेदनों की अभिव्यक्ति है। प्रेमचन्द ने अपने सामाजिक परिवेश को बहुत विविधता से उभारा था, किन्तु निस्संकोच कहा जा सकता है कि उनकी अधिकांश कहानियाँ उस परिवेश के खुलेपन का जितना अहसास जगाती हैं उतना उसके घनत्व और जटिलता का नहीं। जहाँ घनत्व का अहसास है वहाँ 'पूस की रात', 'कफ़न' और 'शतरंज के खिलाड़ी' जैसी कहानियाँ दे सके हैं। दूसरी ओर जैनेन्द्र और अज्ञेय में घनत्व तो है, लेकिन वह घनत्व सामाजिक जीवन की पहचान और उसकी अनुभूति का घनत्व नहीं। इन कहानियों में काल-सन्दर्भ में बदलते हुए सामाजिक जीवन-सम्बन्धों की पहचान कम है, व्यक्ति की इयत्ता की अनुभूति अधिक। प्रेमचन्द की परम्परा में सामाजिक और समाजवादी कहानियाँ लिखने वाले कहानीकारों में भी परिवेशगत यथार्थ और लेखकीय अनुभूति के आपसी रिश्ते कम दिखाई पड़ते हैं। इस धारा के श्रेष्ठ कहानीकार यशपाल तो प्रायः परिवेशगत यथार्थ को एक वैचारिक धरातल पर ही पाने के लिए प्रयत्नशील दीखते हैं। हाँ, अश्क में निश्चय ही परिवेशगत यथार्थ लेखक के अनुभवों में जीवन्त होता दीखता है। परिवेशगत यथार्थ से लेखकीय अनुभूति का रिश्ता जहाँ टूट जाता है वहाँ कुछ समय बाद फार्मूलों की सृष्टि होने लगती है। सामाजिक यथार्थ के फार्मूले बन जाते हैं। उन्हें देखने की पद्धतियों

और अभिव्यक्ति शैलियों के भी फार्मूले बन जाते हैं। इसलिए नयी कहानी से पूर्व की कहानी अपने अधिकांश रूप में फार्मूलों से ग्रस्त है। प्रेमचन्द के फार्मूलों को तोड़ने वाली मनोवैज्ञानिक कहानियों के अपने फार्मूले बन गये, प्रगतिवादी कहानियों के अपने फार्मूले थे।

'नयी कहानी' सामूहिक रूप में अनुभूति के स्तर पर इसी बदले हुए सामाजिक जीवन की पहचान की कहानी है। नयी कहानी जिए हुए जीवन-सत्य पर अधिक बल देती है। अतः लेखकों ने अपने-अपने दायरे में जिए हुए अपने जीवन-सत्यों को अनुभूति के स्तर पर बहुत प्राथमिकता और तीव्रता से उभारना चाहा है। इसीलिए ये कहानियाँ अपनी सीमा में भी असीम हो उठती है और संरचनात्मकता में विशिष्ट। अन्तिम बिन्दु पर संकेन्द्रण की परिपाटी को तोड़कर अपने पूरे अन्तरंग विस्तार में जीने की जो शुरुआत 'पूस की रात' और 'कफ़न' में हुई थी और 'पत्नी', 'जाह्नवी' (जैनेन्द्र), 'रोज' (अज्ञेय), 'डाची' (अश्क) से होकर जो आगे बढ़ी थी, उसकी सचेत स्वीकृति और विकास 'नयी कहानी' में दृष्टिगत होता है। दूसरी ओर मनोवैज्ञानिक कहानियों में किस्सागोई की परम्परा को तोड़कर घटित सन्दर्भों के माध्यम से कहानी को स्वतः कुछ कहते चलने देने की जो राह बनी वह नयी कहानी में आकर अनेक प्रयोगात्मक छवियों से दीप्त होकर विविध रूपात्मक हो गयी।

आज का कहानीकार आज के कवि के समान ही जीवन को उसकी संश्लिष्टता और जटिलता में पकड़ पाने और आकार देने के लिए आकुल है। वह यथार्थ जीवन का कलाकार होना चाहता है। वह मिथ्या आदर्शों और नैतिकताओं में विश्वास करना छोड़ चुका है, क्योंकि वह उसके सतत शून्य परिणामों से अवगत हो गया है। ऐसा भी नहीं है कि आज का कहानीकार सुन्दर जीवन या उच्च कोटि के मानव-मूल्यों को नहीं चाहता। वह चाहता है, परन्तु वह यथार्थ जीवन के आधार पर प्रतिष्ठित मानव-मूल्यों या सुन्दर जीवन की खोज में है। यदि वह नहीं मिल पाता तो वह सुन्दर लाक्षागृह नहीं तैयार करना चाहता जो एक हल्की-सी आँच से ही पिघल जाए और अपने बीच निवास करने वालों को भस्म कर बैठे। कल्पना द्वारा सुन्दर जीवन या मूल्य की प्रतिष्ठा करने से क्या हो जाएगा? वह तो कोई भी कर सकता है और सामान्य व्यक्ति भी तो जानता है कि सच बोलना चाहिए, परोपकार करना चाहिए, आदि-आदि। लेकिन कलाकार का दायित्व बड़ा होता है—और दोहरा होता है—जीवन के प्रति और कला के प्रति। वह जीवन को सपाट सुन्दर रूप में अंकित करके न तो जीवन को शक्ति दे सकता है, न कला को। अच्छे कलाकार को जीवन के भीतर प्रविष्ट होकर अन्तर्ग्रथित सत्यसूत्रों को पकड़ना होता है, उसकी जटिलताओं को उद्घाटित करना होता है, मनुष्य की सारी अच्छाइयों, बुराइयों को भोगने वाले मन की बनावट को ठीक से समझना होता है।

मानवमन ऐसी कोई बेजान चीज तो नहीं कि उस पर आपने अच्छा-बुरा लाद दिया और वह स्वीकार कर बैठा। आज का कहानीकार सत्य को उसकी आन्तरिकता और जटिलता में पाने के लिए प्रयत्नशील है। जो लोग प्रेमचन्द के पहले की या प्रेमचन्द की या प्रेमचन्दोत्तर प्रेमचन्द-परम्परा की कहानियों की स्वच्छ-सरल शैली और स्वच्छ कथ्य के क़ायल हैं, वे जरूर आज की कहानियों को सह पाने में कुछ कठिनाई अनुभव करते हैं। किन्तु आज का कहानीकार आज के पाठकों के लिए लिखता है जो स्वयं सर्जक के साथ जीवन की जटिलताओं को समझने और सुलझाने में सचेष्ट हैं, जो कला के इस गहन दायित्व को समझते हैं कि कला जीवन के बुनियादी सत्यों को उद्‌घाटित कर जीवन को सही ढंग से समझने वाली दृष्टि का विकास करती है। वह केवल आनन्द नहीं देती, वरन् हमारी जीवन-चेतना, हमारे जीवन-बोध को जाग्रत करती है, आधुनिक बनाती है। मनोविश्लेषण ने हमारे मन के अनेक अज्ञात सत्यों का विश्लेषण कर उनसे हमें परिचित कराया है। मन के ये उलझे हुए अनेक सत्य हमारे व्यक्तिगत और सामाजिक जीवन के निर्माण में कितने सहायक होते हैं, इसे आज के कलाकारों ने पहचाना है।

यों बाहर भी जो हमारे सामाजिक सम्बन्ध हैं, वे बहुत कुछ बने-बिगड़े हैं। पुराने मूल्य टूटे हैं, पुराने सम्बन्ध उजड़े हैं, पुराने ढंग से रहने-सहने और जीने की पद्धतियों में बहुत फेर-फार हुए हैं। नये मूल्य बनने की प्रक्रिया में हैं, जीवन पुराने आधारों को तोड़ चुका है या यों कहिए कि वे आधार टूट चुके हैं क्योंकि उन्हें नयी परिस्थितियों में टूटना था और नये आधार अभी बन नहीं पाये हैं, वे बन रहे हैं। किन्तु बार-बार बाढ़ का पानी उन्हें गिरा दे रहा है। विश्व का जीवन शान्ति और हिंसा, सह-अस्तित्व और सन्देह की मिली-जुली घाटियों से गुजर रहा है। शान्ति और सह-अस्तित्व का थोड़ा-सा प्रकाश उभरता है, तो हिंसा और भय का अन्धकार उसे निगल लेता है। ऐसे युग में कलाकार एक वृहत्तर पैमाने पर जीवन की अखंड और अपराजेय ज्योति की बात कैसे कहेगा? और यह अन्धकार कब नहीं था? भिन्न-भिन्न युगों में यह अन्धकार रहा ही होगा, किन्तु आदर्शवादी कलाकारों ने अखंड ज्योति को इस व्यापक अन्धकार के ऊपर लाद दिया। लादने से क्या होता है? अन्धकार ने ज्योति के लबादे को जब चाहा, झटककर फेंक दिया। इसीलिए आज का कलाकार अन्धकार को चीरकर उसके भीतर से जो ज्योति निकलती हैं, उसी को सत्य मानता है, वही स्थायी है, वही हमारी आशा और विश्वास का केन्द्र है। अतः यह कहना कि आज का कहानीकार मूलतः मानव-मूल्यों में आस्था नहीं रखता, सत्य नहीं है। वह जीवन के खोखलेपन को, रिक्तता को दिखाता है तो इसका अर्थ नहीं कि वह ऐसा ही जीवन पसन्द करता है, बल्कि वह ऐसे जीवन की निस्सारता को खोलकर खोखले जीवन-मूल्यों पर आघात करता है और संकेत करता है कि उसे किसी मूल्य की तलाश है, जो अधिक भीतरी है, गहरा है। और

सच पूछिए तो आज कहानीकार किसी मूल्य के निष्कर्ष पर पहुँचने की अपेक्षा आज के बाहरी-भीतरी जीवन के तनाव, द्वन्द्व, ट्रैजिक स्थितियों के पास पाठक को पहुँचाकर उसे कुछ गहरे स्तर पर महसूस करने को उद्यत करता है। चाहे मोहन राकेश की 'मलबे का मालिक' हो, चाहे कमलेश्वर की 'राजा निरबंसिया' हो या राजेन्द्र यादव की 'जहाँ लक्ष्मी क़ैद है' हो, चाहे अमरकान्त की 'डिप्टी कलक्टरी' हो, चाहे अन्य कहानीकारों की अन्य कहानियाँ सब में जीवन के तनाव और ट्रैजिक स्थितियों का उद्घाटन मिलेगा।

जीवन की सहजता स्वयं एक मूल्य है। हमारी सभ्यता ने हमारे ऊपर इतने कृत्रिम आवरण डाल रखे हैं कि हम मनुष्य की तरह जिन्दगी न जीकर यन्त्र की तरह जीते हैं। हमारे पाप-पुण्य दोनों बहुत बनावटी हो गये हैं। किसी चीज को सही समझकर भी हम उसे सही नहीं कह पाते। धीरे-धीरे बनावटी जीवन-मूल्यों और पद्धतियों को हम ओढ़ बैठे हैं। आज का कहानीकार कभी-कभी सहज सम्वेदना, सहज मस्ती की ओर ले जाकर कृत्रिम जीवन-मूल्यों से मुक्ति का अहसास कराता है, कभी इन सहज सम्वेदनाओं और मस्ती के ऊपर पर्त की पर्त बिछी हुई विवशताओं और चेतनाओं का विश्लेषण कर मूल संवेदना की झलक दिखाता है, कभी यन्त्र-युग की संक्रान्त सभ्यता का उद्घाटन करता है। कुल मिलाकर आज की कहानी आज के जीवन की बड़ी तीखी यथार्थ-चेतना है। हर कहानीकार अपने-अपने अनुभव के अनुसार शहर, कस्बे, गाँव, पिछड़े हुए वन्य या पहाड़ी अंचल के जीवन के सत्यों को और टूटते-बनते जीवन-मूल्यों को रूपायित कर रहा है। कहा जा सकता है कि आज का कहानीकार अपने प्रति और जीवन के प्रति बेहद ईमानदार है। वह अनुभवहीन क्षेत्र में दार्शनिक मुद्रा धारण कर प्रविष्ट नहीं होता, वह अनुभव-क्षेत्र की तीखी चेतना को कभी तल्खी के साथ, कभी मृदुता के साथ, कभी सहजता से, कभी अनेक संकेत-सूत्रों से चित्रित करना चाहता है। अपने-अपने ढंग से रेणु, शिवप्रसाद सिंह, मार्कण्डेय, लक्ष्मीनारायण लाल, राजेन्द्र अवस्थी आदि गाँव की जिन्दगी के संक्रान्त बोधों को उजागर कर रहे हैं तो निर्मल वर्मा आज के व्यक्ति की घुटन, पराएपन और ट्रेजडी को अति आधुनिक परिवेश में (कहीं-कहीं, पाश्चात्य परिवेश में) चित्रित करते हैं, जैसे 'लन्दन की एक रात', 'पराए शहर में' में। मोहन राकेश, राजेन्द्र यादव और कमलेश्वर अपने-अपने ढंग से मुख्यतः शहर और कस्बे के जीवन को सामाजिक सन्दर्भ में प्रस्तुत कर उसके वैषम्य रिक्तता और सन्त्रास को चित्रित करते हैं। मन्नू भंडारी, कृष्णा सोबती, उषा प्रियंवदा, सोमा वीरा, श्रीमती विजय चौहान, शशिप्रभा शास्त्री आदि महिला कहानीकार आज के नारी-जीवन के भीतर उफनती-कसमसाती नयी चेतना को उसकी पीड़ा के सन्दर्भ में प्रस्तुत करती हैं। भारती, भीष्म साहनी और अमरकान्त ने अपेक्षाकृत अधिक सहजता से मध्यवर्गीय

जीवन-चेतना को उभारा है। इस परिवेशगत यथार्थ चेतना की अनुभूतिगत और बौद्धिक पकड़ की उपेक्षा कर कुछ छद्म आधुनिकतावादियों ने आधुनिकता को मात्र महानगरों की बौद्धिक चेतना से जोड़ना आरम्भ कर दिया। उनकी दृष्टि में महानगरों के अत्यन्त प्रबुद्ध व्यक्तियों की अकेलेपन की सम्वेदना और बौद्धिक चिन्तन ही आधुनिकता है। तब एक प्रश्न मन को घेरता है—क्या आज का साहित्य लिखने के लिए नगरों और वह भी महानगरों में रहना आवश्यक है? क्या आज के साहित्य का विधायक तत्त्व महानगर हो गया है? यह प्रश्न इसलिए घेरता है कि आज के साहित्य में आधुनिक युगबोध की चर्चा पहले होती है, साहित्य की बाद में। और आधुनिक युगबोध की चर्चा करते समय हमारा ध्यान उन आधुनिक लोगों के बीच में केन्द्रित हो जाता है जिनके लिए अकेलापन नियति बन गया है, जो अपने भीतर की दुनिया में अधिक जी रहे हैं, जो नगरीय समाज और परिवार के नये सम्बन्धों के अहसास से निर्मित हो रहे हैं, जो अपने को समूह से नहीं जोड़ पाते। समूह से अपने को जोड़ते हैं वे नेता जिनके लिए समूह से अपने को जोड़ना अनिवार्य है—मूल्य की दृष्टि से नहीं, अपने 'कैरियर' की दृष्टि से। जोर-शोर से उठते नारों के बीच भी मूल्यों के स्वर खोखले और अर्थहीन लक्षित होते हैं। चूँकि आज का साहित्य अनुभव की प्रामाणिकता पर बल देता है अतः क्या यह आवश्यक नहीं हो जाता कि आज का अत्याधुनिक बोध प्राप्त करने के लिए साहित्यकार महानगरों में निवास करे, या यों कहिए कि महानगरों में निवास करने वालों का साहित्य उन लोगों के साहित्य से अधिक आधुनिक बोधसम्पन्न हो जाता है जो महानगरों में निवास नहीं करते। परन्तु क्या सचमुच यह भौगोलिक सुविधा-असुविधा साहित्य-निर्माण का विधायक तत्त्व बन गयी है? क्या सचमुच आधुनिकता-बोध और यथार्थ के प्रति वे लोग अधिक ईमानदार हैं जो नगरों में रहकर नगर की अकेली जिन्दगी पर लिख रहे हैं या छोटे-छोटे नगरों, क़स्बों में रहकर भी महानगरों की जीवन-चेतना की भंगिमा देकर आधुनिकता का यश लूटना चाहते हैं और वे लोग ईमानदार या सजग नहीं हैं या मध्यकालीन जीवन-बोध से ग्रस्त हैं जो गाँव या क़स्बों की जिन्दगी के बारे में लिख रहे हैं?

यह युग शहर से लेकर गाँव तक फैला हुआ है। स्वाधीनता-प्राप्ति के पश्चात् अपने-अपने परिवेश में शहर और गाँव दोनों के सम्बन्ध बदले हैं, मूल्य टूटे हैं, संक्रान्तियाँ आयी हैं, दृष्टियाँ बदली हैं, बौद्धिकता ने अनेक विश्वास तोड़े हैं और परिस्थितियों तथा जीवन-पद्धतियों में काफी अन्तर आया है, किन्तु कुल मिलाकर अभी गाँव गाँव हैं, क़स्बे क़स्बे हैं, नगर नगर हैं और महानगर महानगर। यह निश्चित है कि 'सावित्री नं. दो', 'एक और जिन्दगी', 'मिस पाल', 'खोई हुए दिशाएँ', 'डेढ़ इंच ऊपर' आदि कहानियाँ गाँव की कहानियाँ नहीं हो सकतीं, इसी प्रकार 'तीसरी कसम उर्फ मारे गये गुलफाम', 'अँधेरा हँसता है', 'एक औरत, एक

जिन्दगी', 'प्रेतमुक्ति', 'मेले का ठाकुर' का जीवन शहर का जीवन नहीं हो सकता। यदि इनमें कोई समानता है तो इसी बात में कि ये दोनों प्रकार की कहानियाँ अपने-अपने से सम्बद्ध जीवन को आधुनिक काल के बदले हुए परिवेश में देख रही हैं।

विज्ञान-युग से कुछ ऐसे सत्य प्राप्त हुए हैं जो सार्वभौम हैं, किन्तु क्या एक कलाकार उन सत्यों को सिद्ध रूप में ग्रहण करेगा या जीवन के नाना क्षेत्रों में प्रतिफलित होते हुए रूप में। यदि भारतीय लेखक भारतीय जीवन को छोड़कर सार्वभौम चेतना को व्यक्त करना चाहेगा तो वह न जीवन दे पाएगा और न वह चेतना। चेतना को अपने परिवेश के जीवन से सम्बद्ध करके ही देखना पड़ेगा और यह सच है कि भारत में गाँव का जीवन आज भी प्रमुख है, गाँव के जीवन को उभारना ही सच्चे अर्थों में भारत को उभारना है या युग-जीवन को उभारना है। दिल्ली, बम्बई, कलकत्ता जैसे महानगरों में चन्द सम्भ्रान्त, शिक्षित आधुनिक व्यक्तियों की मानसिक विसंगतियों, अकेलेपन और यातना के बोध को चित्रित कर भारत को चित्रित नहीं किया जा सकता। अपनी जमीन और वायुमंडल से कटे महानगरों के ये पात्र ज्यों-के-त्यों अन्य देशों में भी मिल जाएँगे (और यह आकस्मिक नहीं कि सुविधा मिलने पर ऐसे लोग विदेशों में स्थायी रूप से स्थापित हो जाने में गर्व का अनुभव करते हैं) इन पात्रों से भारत नहीं उभरता। अतः युग-सत्य के सन्दर्भ में मैं उन कहानियों को विशेष महत्त्व देना चाहूँगा जो हमारे देश (जहाँ कहानीकार जीता है) की अपनी वास्तविकता को उभारती हैं। यह सच है कि लेखक जन-सामान्य का चित्र अंकित करते हुए जन-सामान्य के ही बोध को उभारता है, किन्तु वह अपने बोध और दृष्टि को छोड़ नहीं सकता। उसकी दृष्टि सामान्य जन-जीवन के सत्यों को ज्यों-का-त्यों नहीं देखती, वह यह पहचान भी उभारती है कि इन सत्यों में कौन-सा सत्य कैसा है? प्रभाव की सृष्टि में उसकी नयी दृष्टि और आधुनिकता-बोध का बड़ा हाथ होता है।

आधुनिकता केवल समयगत परिवर्तन नहीं है, वरन् वह एक मूल्य भी है। आज के युग में जीवन बदला है जैसे अनेक कालों में बदलता आया है, किन्तु आज के जीवन का आधुनिक होना केवल नयी परिस्थितियों और वातावरण में क्या होना नहीं है, वरन् अनिवार्य भाव से उन अनेक विश्वासों, मूल्यों और भावबोधों को छोड़ना है जो सामन्तवाद या मध्यकाल की उपज थे और उस चेतना की स्वीकृति है जो विज्ञानकाल की देन है। गाँव में भी आधुनिकता गाँव के परिवेश में धीमी रफ्तार से उभर रही है। कृषि पर आधारित होने से गाँव का जीवन कल-कारखानों पर आधारित शहर के जीवन से निश्चय ही अपने ढाँचे, समस्याओं और परिवेश में भिन्न होगा। युग-यथार्थ नवीन परिस्थितियों, नवीन समस्याओं, नवीन सम्बन्धों, नवीन विश्वासों के उद्घाटन में भी है और किसी पात्र की विशिष्ट सम्वेदना को

यानी आज की परिस्थितियों में जीते हुए किसी पात्र के जिए हुए एक विशेष अनुभव को उभारने में भी है। किन्तु सामान्यतः युग-यथार्थ से जो ध्वनि निकलती है वह आज के जीवन को घेरने वाली नयी परिस्थितियों और उनसे बनने वाले नये सम्बन्धों, समस्याओं संघर्षों और बोधों का ही अर्थ व्यक्त करती है। और स्पष्ट दीखता है कि गाँव के जीवन का आधुनिक जटिल रूप जितना आंचलिक उपन्यासों में उभरा है उतना गाँव सम्बन्धी कहानियों में नहीं। कहानियाँ विशेषतः गाँवों और कस्बों की पिछड़ी जातियों की जिन्दगी के कटु जीवन और उनके मानवीय सम्वेदन को ही लक्ष्य बनाकर चली हैं। आज के गाँवों की संक्रान्त चेतना और बदलते हुए सम्बन्धों को प्रमुखता से स्वर देना शेष है। गाँवों, क़स्बों और शहरों की सामान्य जनता के विशिष्ट अनुभवों को उभारने वाली कुछ कहानियाँ यहाँ उल्लेखनीय हैं।

'तीसरी कसम उर्फ़ मारे गये गुलफाम' में गाँव के एक गाड़ीवान की कोमल सम्वेदना उभारी गयी है। यद्यपि उसके आसपास गाँव-जीवन की कुछ विषम परिस्थितियाँ अवश्य लिपटी हुई हैं, किन्तु उन्हें या समस्याओं को उभारना इसका लक्ष्य नहीं है। लेखक ने हीराबाई के सम्पर्क में उभरती हुई हीरामन की सौन्दर्य-सम्वेदना के आसपास गाँव को बड़ी आत्मीयता से बुन दिया है। इसी प्रकार 'रसपिरिया' कहानी भी अपनी सम्वेदना के घनत्व और वैशिष्ट्य में ही आधुनिक है, लेकिन रसपिरिया की सम्वेदना जिस वातावरण में उभरी है वह गाँव का आधुनिक वातावरण है—"पाँच साल पहले तक लोगों के दिलों में हुलास बाकी था, तपती दोपहरी में मोम की तरह गल उठती थी रस की डली...अब तो दोपहरी नीरस ही रहती है, मानो किसी के पास एक शब्द भी नहीं रह गया है।"

लक्ष्मीनारायण लाल अपनी कहानियों में गाँव के उपेक्षित और पीड़ित वर्गों के विशिष्ट अनुभवों को लेते हैं, जीवन-संघर्षों के भीतर से मानवीय सम्वेदना को उभारते हैं। 'माघ मेला के ठाकुर' में भिखारियों के जीवन-संघर्ष तथा उनकी यातना को बड़ी सच्चाई के साथ उभारा गया है, किन्तु इस संघर्ष और यातना के साथ एक और कहानी चलती रहती है—मानव सम्वेदना की कहानी, पिशाच और मुखियानी के भीतर की कहानी।

देहात और नगर, जन-सामान्य और विशिष्ट नगर-जन के मृत्यु-बोध में एक अन्तर है। देहात में मृत्यु एक फलसफा नहीं है, वह कठोर परिस्थितियों का परिणाम है। महानगर में मृत्यु या तो एक फलसफा है जिसे हर आदमी शौकिया चिपकाए घूमता है या जीवन की हर परिस्थिति में उभरने वाला एक बोध है जिसे मानसिक सन्त्रास ढोने वाला हर सम्वेदनशील व्यक्ति अनुभव करता रहता है। गाँव का कथाकार मृत्युबोध के इस अन्तर को पहचानता है। शिवप्रसाद सिंह की कहानी 'अँधेरा हँसता है' का नायक अर्जुन परिस्थितियों में जीता मर जाने वाला

इसी प्रकार का एक पात्र है। इस कहानी में एक प्रकार से आधुनिकता नहीं है, परन्तु दूसरे प्रकार से देखा जाए, तो है। अर्जुन गाँव का बड़ा जाना-पहचाना पात्र है, किन्तु वह अपने सामान्य रूप में विशिष्ट है। वह अपनी कमजोरियों को बड़ी सहजता से व्यक्त कर देता है, उसकी आत्मस्वीकृतियाँ उसे जानी-पहचानी भीड़ से अलग कर देती हैं, उसका यही वैशिष्ट्य उसे आधुनिक रूप देता है। किन्तु परिस्थितियाँ ऐसी आती हैं कि उसका यह रूप मर जाता है। वह भी अपनी कमजोरियों को छिपाने लगता है। प्रकाश मर जाता है और अँधेरा हँसने लगता है। गाँव के यथार्थ-परिवेश में इस व्यक्तित्व को उभारा गया है। मेरी कहानी 'एक औरत, एक जिन्दगी' में गाँव की एक ऐसी विधवा का चित्र है जो अपने खानदान के सारे लोगों के मर जाने के बाद अपने को औरों के रहमोकरम के आगे समर्पित नहीं करती, बल्कि यथार्थ जीवन की चुनौती स्वीकार कर सारे झूठे बन्धनों को तोड़ने की चेष्टा करती है। बैल की जगह अपने को जोतती है। इसमें नारी की करुणा की जगह उसके आत्मविश्वास; समर्पण की जगह विद्रोह को उभारा गया है। मार्कण्डेय की कहानियाँ भी इस सन्दर्भ में देखी जा सकती हैं। राजेन्द्र अवस्थी की कहानियों 'लाल झण्डा' और 'काले सफेद साये' में गाँव के सन्दर्भ में उठती नयी चेतना को देखा जा सकता है। 'लाल झण्डा' श्रम मन्त्री की महत्ता के खोखलेपन का उद्‌घाटन करते हुए श्रम की महत्ता के माध्यम से गाँव में नयी चेतना का उद्‌घाटन करने वाली कहानी है। 'काले सफेद साये' बाद को नयी लहर का प्रतीक बनाकर पुरानी और नयी मान्यताओं की टकराहट रूपायित करने वाली प्रभावशाली कहानी है।

इसी प्रकार क़स्बों और शहरों के पिछड़े मुहल्लों के लोगों की जिन्दगी को स्वर देने वाली कहानियाँ भी लेखक के बोध से नहीं, सम्बद्ध जन-जीवन के बोध से जुड़ी हैं और जन-जीवन के यथार्थ का सही चित्र प्रस्तुत करती हैं। भारती की 'गुलकी बन्नो', अमरकान्त की 'जिन्दगी और जोंक', 'डिप्टी कलक्टरी', विष्णु प्रभाकर की 'धरती अब भी घूमती है', हरिशंकर परसाई और भीष्म साहनी की अनेक कहानियाँ, मनहर चौहान की 'घरघुसरा', रामकुमार 'भ्रमर' की 'गिरस्तिन' हिमांशु जोशी की 'अभाव', 'बूँद पानी' आदि कहानियाँ सामान्य जीवन के यथार्थ की प्रभावशाली अभिव्यक्तियाँ हैं।

गाँवों, क़स्बों और शहरों के पिछड़े मुहल्लों के लोग निश्चय ही आधुनिक नहीं हैं। वे बहुत कुछ उन मूल्यों और विश्वासों से जकड़े हुए हैं जो आधुनिक काल के जीवन के लिए त्याज्य हैं। और एक लेखक से तो निश्चय ही आशा की जाती है कि वह अपनी दृष्टि और बोध में सर्वथा आधुनिक हो, वह मध्यकालीन विश्वासों और भावुकता में न जीकर आज की चेतना और वास्तविकता-बोध से सम्पन्न हो। इसलिए जब वह किसी अति आधुनिक पात्र या उसके माध्यम से अपनी सम्वेदना

और बोध को चित्रित करता है तब हम यह देखना चाहते हैं कि उसने नगर-जीवन की स्थितियों और उनसे उत्पन्न या प्रभावित चेतना को कितनी गहराई और बारीकी से उभारा है, मगर जब वह गाँव, क़स्बे या शहर के जनसामान्य की ओर आता है तब उससे यह आशा की जाती है कि वह अपने नहीं, बल्कि सम्बद्ध जीवन के बोध को उभारे, उसका यथार्थ व्यक्त करे। इसीलिए जब एक ही कथाकार सामान्य जन-जीवन की ओर मुड़ता है तब वह 'गुलकी बन्नो', 'मलबे का मालिक', 'राजा निरबंसिया', 'पानी और पुल', 'जिन्दगी और जोंक', 'पाप जीवी', 'घरघुसरा' लिखता है और जब आधुनिक शिक्षित समाज के व्यक्ति की ओर मुड़ता है तब 'सावित्री नं. दो', 'एक और जिन्दगी', 'दूसरे', 'काला बाप, गोरा बाप', 'मुरदा सराय' और 'बीस सुबहों के बाद' लिखता है। इसका अर्थ यही है कि वह कहानी में लिये जाने वाले जीवन के सत्य से प्रतिबद्ध है, केवल अपने सत्य से नहीं।

यह सत्य है कि देहात और क़स्बों का जीवन अभी भी बाहर अधिक जटिल है और शिक्षित नागरिक समाज का जीवन भीतर अधिक जटिल है। गाँवों और क़स्बों के जीवन में भी भीतरी जटिलता धीरे-धीरे उभर रही है, उसमें भी एकाकीपन और सम्बन्धों की दुरूहता आ रही है, बौद्धिकता राजनीति और व्यावसायिकता ने बहुत हद तक उसकी भावुकता, सरल सम्वेदना और विश्वासप्रियता को आक्रान्त किया है तो भी गाँवों की संक्रान्ति अभी बहुत कुछ आर्थिक और सामाजिक है, किन्तु आधुनिक नगर-जीवन में संक्रान्ति अत्यधिक मानसिक है। व्यक्ति अपने भरे-पूरे परिवार में, भीड़भाड़ में अपने को निपट अकेला पा रहा है, समृद्धि के बीच भी उसे अथाह रिक्तता का अहसास होता है, प्रिय से प्रिय व्यक्ति के संग रहकर भी अजीब निस्संगता का बोध होता है। आज की कहानी इस तरह अनेक महीन सूत्रों में उलझे व्यक्तिमन के सत्यों को पहचानती है। नगर-जीवन से सम्बद्ध नयी कहानी यह जानती है कि अकेलापन आज के आदमी की नियति बन गया है, वह भीड़ में अपने को ही कई पर्तों में लपेटकर जीता है। नागरिक परिवेश के दबाव में वह अनेक प्रकार की मानसिक विकृतियों, ग्रन्थियों और असंगतियों का शिकार बन जाता है, उसकी शंकालु बुद्धिवादी वृत्ति अनेक रिक्त स्थापित मूल्यों, विश्वासों और सम्बन्धों को नकारती हुई चलती है और ठहरने के लिए कोई नया आधार नहीं पाती। उसे लोगों की सहानुभूति और प्रेम में भी व्यंग्य या रीतेपन का अहसास होता है।

भारती की 'सावित्री नं. दो' में एक आधुनिक लड़की की बीमार मनःस्थितियों का, उसकी ग्रन्थियों का बड़ा सूक्ष्म अंकन है। वह अपनी असामान्य स्थितियों में ही सामान्य है। व्यक्तित्व की उलझन उसकी सहजता बन गयी है। मोहन राकेश की 'एक और जिन्दगी' में एक पति अचानक अपनी परित्यक्ता आधुनिक पत्नी से

पहाड़ पर मिलता है। दोनों के बीच में उनका लड़का माध्यम बनता है। आधुनिक जीवन की कितनी बड़ी विडम्बना है कि वर्षों साथ-साथ रहने वाले पति-पत्नी एक-दूसरे से बोल तक नहीं सकते। बाधक बाहरी परिस्थितियाँ नहीं हैं, अपने मन की स्थितियाँ हैं। बच्चा दोनों को पास-पास आने को बाध्य करता है, किन्तु यह आस-पास आना भी कितना अनासक्त भाव से होता है। यह दुहरी जिन्दगी ही आज की जिन्दगी है। कमलेश्वर की 'दूसरे' कहानी नागरिक जीवन के एक दूसरे पहलू को उभारती है। लोगों की सहानुभूति भी हमारे लिए कितनी भारी पड़ती है हम अपनी बेबसी में उसका विरोध भी नहीं कर पाते और उसे सँभाल भी नहीं पाते। दूसरे लोग अपनी सहानुभूति और रहम से हमारे निर्णयों को बदलते रहते हैं, घर का नितान्त अपना निर्णय कोई नहीं होता। घर एकान्त चाहता है, परन्तु वह उसके नसीब में नहीं। महीप सिंह की कहानी 'काला बाप, गोरा बाप' एक बाप के द्वन्द्व को बड़ी वास्तविकता से उभारती है। यूनुस काफी दिनों बाद अपनी परित्यक्ता पत्नी जमीला के घर आता है। उसकी लड़कियाँ सयानी हो गयी हैं। एक फिल्म अभिनेत्री है, एक पढ़ती है। पूरा परिवार एकदम आधुनिक हो गया है और इस नये माहौल में यूनुस एक अजनबी है। अजनबी है इस माहौल के लिए भी और अपने ही बच्चों के लिए भी। बच्चे उसे अपमानित करते हैं, किन्तु परित्यक्ता बीवी उसके प्रति सदय है। यूनुस उपेक्षा और वात्सल्य के भाव के बीच से गुजरता हुआ कुछ अजब अनुभव करता है। और जब उसकी लड़की शहनाज सुनती है कि वह उसका बाप है तब वह रोने लगती है कि यह काला बाप मैं नहीं लूँगी। तू सबको तो गोरा बाप देती है, और तब? तब यूनुस पूछता है, "मुझे पंजाब मेल मिल सकती है?" "हाँ, तुम्हें पंजाब मेल मिल सकती है।" जमीला का उत्तर कहानी की यथार्थ चेतना को बड़ी तीव्रता से आलोकित कर देता है—अतीत के प्रति अनासक्ति की तीखी चेतना। निर्मल वर्मा समग्र भाव से नगर-बोध के कथाकार हैं। उनकी कहानियाँ मूलतः सम्भ्रान्त परिवारों के व्यक्तियों की सम्वेदनाओं को उनके आधुनिक परिवेश में अंकित करती हैं। इनकी कहानियाँ अपनी जमीन से सम्बद्ध होने की अपेक्षा उससे मुक्त होने का प्रयास करती हैं। इसलिए उनमें आए हुए आधुनिक व्यक्ति बस आधुनिक होते हैं, ये कहीं के होते नहीं।

शहरों में जीवन अनेक प्रकार की विसंगतियों में ग्रस्त है, अनेक सामाजिक और राजनीतिक समस्याएँ इसे घेरे हुए हैं, लेकिन नगर के कथाकार नगर-व्यक्ति के कुछ आधुनिक कहे जा सकने वाले तनावों, अकेलेपन के बोध और सन्त्रास तथा यातना की अनुभूति को जितनी अभिव्यक्ति दे रहे हैं उतनी उसकी सामाजिक राजनीतिक समस्या को नहीं। यह इस बात का परिचायक है कि वे नगर के जीवन को अपने बोध के माध्यम से जितना पकड़ रहे हैं उतना ही देख रहे हैं, नगर-जीवन के वैविध्य और समस्याओं को नहीं देख पा रहे हैं। यदि वे मन के

बाहर सड़कों, गलियों में निकलते भी हैं तो उन्हें केवल सोसायटी गर्ल नजर आती हैं। नगर-जीवन को अपने विभिन्न आसंगों में अभिव्यक्त होने की आवश्यकता है, किन्तु ऐसा नहीं हो पा रहा है। कारण यह है कि नगर में रहता हुआ भी सम्भ्रान्त कहा जाने वाला व्यक्ति (और कलाकार भी सम्भ्रान्त व्यक्ति है। वह अपनी रचनाओं में चाहे कितना भी 'वीट' क्यों न लगता हो, व्यवहार में सम्भ्रान्त ही दीखना चाहता है) अपने को अपने परिवेश के साथ जोड़ नहीं पाता। वह नगर के तमाम वर्गों के जीवन्त सत्यों तक अपने को ले जा नहीं पाता, अतः वह सहज भाव से अपने बोध के माध्यम से जितना सत्य पा लेता है उतना ही व्यक्त करता है। उतना सत्य अपनी तीव्रता और ईमानदार अभिव्यक्ति के कारण विश्वसनीय और प्रभावकारी तो होता है, किन्तु वह समस्त नगर-जीवन के सत्य का प्रतिनिधित्व नहीं कर पाता। वह अपने अनुभव से परे ज़ीवन सत्यों को फार्मूलों या जानकारी के रूप में पाकर लिखने का पक्षपाती होता तो वह भी अनेक वर्गों का अविश्वसनीय जीवन अवश्य प्रस्तुत करता। वह ऐसा नहीं कर पाता और नगर-जीवन विभिन्न आसंगों में नहीं उभर पाता। कभी-कभी ऐसा होता है कि अनुभव क्षेत्र की सीमा भी सत्य को जीवित सन्दर्भों के माध्यम से व्यक्त करने के स्थान पर प्रतीक पात्रों के माध्यम से व्यक्त करने को हमें विवश करती है। और तब जो सत्य अभिव्यक्त होता है वह भी प्रकारान्तर से फार्मूला ही होता है। यानी लगता है कि रचनाकार के मन में सत्य एक सिद्ध रूप में हासिल हो जाता है फिर उसे वह प्रतीकात्मक ढंग से उभारता है। जैनेन्द्र की 'तत्सत', अज्ञेय की 'पठार का धीरज' और 'शत्रु' कहानियाँ भी एक तरह से फारमूलावादी हैं और आज की वे अनेक कहानियाँ भी, जिनकी विवेचना करते समय उनमें जीवित पात्रों और सत्यों को देखने के स्थान पर उनमें से कोई नवजीवन सम्बन्धी निष्कर्ष निकाल लिया जाता है। श्रीकान्त वर्मा की 'घर' कहानी के सम्बन्ध में मैंने अपने एक मित्र से कहा कि यह एक घटिया कहानी है। इसमें जो सन्दर्भ प्रस्तुत किया गया है वह बहुत ही सतही है और सारी सम्भोग क्रिया एक सामान्य सम्भोग चित्र बनकर रह जाती है। मित्र ने कहा—नहीं यह प्रतीक है, उसके बहाने एक दूसरी बात कही गयी है। और उन्होंने उस कहानी को दुहकर जो निष्कर्ष निकाला वह यह था कि मध्यवर्ग का एक सम्पन्न व्यक्ति घर वाला होकर भी घर बसा नहीं पाता और बेघर भिखारी दम्पती जहाँ चाहते हैं घर बसा लेते हैं, यानी सम्भोग कर लेते हैं। कहानी ऐसी निचोड़ी गयी है कि उसकी रही-सही जान भी निकल गयी—हाँ, एक निष्कर्ष तो अवश्य हाथ लगा। और मुझे लगता है कि आज की कहानी-आलोचना आज के जीवन सम्बन्धी ऐसे निष्कर्षों को निचोड़-निचोड़कर और निचोड़वादी कहानियों को श्रेष्ठ ठहरा-ठहराकर कहानीकार को जीवित सन्दर्भों की अपेक्षा एक सिद्ध सत्य की ओर उन्मुख करने का प्रयास कर रही है। इस सन्दर्भ में मैं 'अकहानी' के उभरते स्वरूप

की ओर संकेत करना चाहूँगा जो बिना किसी आयोजन के सहज भाव से जीवन-यात्रा करना चाहती है। उसके सामने सिद्ध सत्य नहीं होता वरन् दैनिक जीवन के सहज (सरल नहीं) सन्दर्भ होते हैं जिन्हें वह जीती चलती है, जिन्हें पढ़ने के बाद जीवन उभरता है, जीवन का कोई निष्कर्ष नहीं।

युग-यथार्थ के प्रसंग में गाँव, क़स्बे या नगर के कथा-साहित्य का महत्त्व भौगोलिक आधार पर नहीं आँका जा सकता। जीवन-चेतना को अपने अनुभव से विशिष्ट बनाकर जो भी कथाकार अभिव्यक्ति देगा वह यथार्थवादी कहानीकार और कहानीकार माना जाएगा। यदि नगर जीवन से सम्बद्ध कहानियों से यह शिकायत हो सकती है कि वे नगर-जीवन के विविध जीवन-सन्दर्भों से कटकर कुछ गिने-चुने सत्यों को व्यक्त कर रही हैं (जो कि अब फार्मूले बनते जा रहे हैं) तो गाँव या किसी अंचल की कहानी से भी शिकायत हो सकती है कि वह बहुत बार गाँव या अंचल की संक्रान्त चेतना या विशिष्ट जीवन-सन्दर्भ उभारने के स्थान पर उसकी पिटी-पिटाई जिन्दगी के रूढ़ सम्बन्धों, आंचलिक विभिन्नताओं तथा प्राकृतिक दृश्यों का रूमानी दृष्टि से विधान करके ही सन्तोष कर लेती है और भारत को उसके सही यानी ग्रामीण रूप में प्रस्तुत करने का यश पाना चाहती है।

आज की कहानी भटकी हुई आत्मा की तरह रास्ता खोज रही है यह भी कहा जा सकता है। वास्तव में यह कथन कुछ अंशों में सत्य है। मैं इसमें इतना जोड़ना चाहता हूँ कि वह भटकी हुई नहीं है, अन्वेषी है। नये माध्यमों की खोज करना दिग्भ्रमित होने का लक्षण नहीं है, अन्वेषी होने का परिचायक है। जीवित साहित्य का नवीनतम सर्जन हमेशा खोज करता है—नयी दृष्टियाँ, नये भावबोध, नये सत्यबोध उसे नये माध्यम खोजने के लिए प्रेरित करते हैं। नयी कहानी ने शिल्प के क्षेत्र में अपना अलग अस्तित्व स्थापित किया। नयी कविता की तरह नयी कहानी में भी कथ्य की सूक्ष्मता और सांकेतिकता खूब उभरी है। कथानक का माँसल कथा पर आधारित होना आवश्यक नहीं रह गया है। जीवन के किसी भी सत्य-स्फुलिंग को लेकर कहानीकार उसके अन्तरतम में पैठ जाता है और आवश्यक वातावरण की सृष्टि कर वह सम्वेदनाओं और विचारों की मिली-जुली गहराई में पाठक को उतारता है। घटनाओं का प्रवाह वहाँ लक्षित नहीं होता। सामाजिक दृष्टि और सन्दर्भों को प्रमुखता प्रदान करने वाले मोहन राकेश, भारती, कमलेश्वर, रेणु, शिवप्रसाद सिंह, अमरकान्त, राजेन्द्र अवस्थी आदि की कहानियों में अपेक्षाकृत कथा और घटना की स्वीकृति अधिक रहती है, किन्तु इनका उद्देश्य घटना-सौन्दर्य नियोजित करना नहीं होता, बल्कि उसके माध्यम से किसी सम्वेदना, तनाव या सत्य तक पहुँचना ही होता है। निर्मल वर्मा में कहीं-कहीं क्षीण कथा होती है, जो महीन तन्तुओं और बिम्बों से निर्मित वातावरण में डूबी रहती है और कहीं-कहीं (जैसे 'पराये शहर में') केवल वातावरण रहता है, जिसके भीतर से कवि-कथाकार

निर्मल विविध सूक्ष्म भंगिमाओं के द्वारा मन के भीतर का विषादमय संगीत उभारते रहते हैं। और अब तो अकहानी का स्वर भी उठ खड़ा हुआ है, जिसने कहानी में कहानी-तत्त्व—विशेषतया सुनियोजित कथा-विन्यास और चरित्र-योजना का विरोध किया है। मूड की, क्षण की कहानियाँ इसी के अन्तर्गत आ सकती हैं और ऐसी कहानियाँ भी इसमें आती हैं, जिनमें दैनिक जीवन की सहज घटनाओं को बड़े सहज रूप में रखने का प्रयत्न होता है। इन सहज दैनिक घटनाओं को प्रस्तुत कर कहानीकार जीवन को उसके वास्तविक रूप में रखना चाहता है। ऐसी कहानियों में जहाँ सम्वेदनात्मकता गहरी हो उठती है, वहाँ कहानी प्रभावशाली हो उठती है। जहाँ वह कम होती है, वहाँ कहानी रोज़नामचा के करीब पहुँचकर नीरस और उबाऊ हो जाती है। आज की कहानियों में यह सम्भावना और सीमा स्पष्टता से देखी जा सकती है। इसी सन्दर्भ में उन कहानियों की भी चर्चा की जा सकती है, जो किसी क्षण, मूड, एक स्थिति, एक धारणा, एक ग्रन्थि को व्यक्त करने के लिए लिखी जाती हैं। रघुवीर सहाय, श्रीकान्त वर्मा, कुँवर नारायण की कहानियाँ इसी कोटि की हैं। रघुवीर सहाय की कहानियों में उनकी कविताओं के समान ही सहजता के भीतर तीखी सम्वेदना होती है, और इसी तीव्र सम्वेदना से सरल, सहज-सी दीखने वाली कहानी झनझना उठती है। श्रीकान्त एक स्थिति में कुछ पात्रों को प्रस्तुत कर उनके यौन क्रिया-व्यापारों से उनकी मानस-ग्रन्थियों या मानसिक तनावों और बेचैनियों को खोलते हैं। श्रीकान्त की कविताओं की तरह उनकी अधिकांश कहानियों में विकृत यौन सम्बन्धों या धारणाओं के बिम्ब उभरते हैं। कहीं तो ये कहानियाँ अपनी सूक्ष्मता, या मानसिक तनावों की तीव्रता के कारण बड़ी प्रभावशाली लगती हैं, कहीं (जैसे 'घर') स्थूल अश्लील यौन चेष्टाओं के कारण भद्दी, प्रभावहीन और सपाट। कृष्ण बलदेव वैद की 'उड़ान' जैसी कुछ कहानियाँ क्षण की या एक मूड की कहानी का बड़ा प्रसन्न रूप प्रस्तुत करती हैं।

आज का साहित्य जीवन की बाहरी भीड़-भाड़ को प्रस्तुत करने के स्थान पर उसकी अन्तर्वर्ती 'स्पिरिट' को पाना चाहता है। अतः माध्यम के तमाम बाहरी उपादानों को न जुटाकर बिम्बों को पकड़ता है। वे बिम्ब आधुनिक जीवन से चुने जाने के कारण स्वतः अपने भीतर जीवन के अभिप्रेत सत्यों को दीप्त करने की शक्ति रखते हैं। यह बिम्ब-विधान कहानी को शक्ति देता है और फालतू भीड़-भाड़ से बचाता है। यह वर्णनात्मकता से बचाकर चित्रण की सांकेतिकता प्रदान करता है और प्रभाव को तीव्र करता है। आज की कहानी पुरानी कथा को भी नये जीवन सन्दर्भों में प्रयुक्त कर नये अर्थों में जोड़ती है या पुरानी कथा के साथ उसी प्रकार की नयी कथा समानान्तर ले चलकर आज की मानव-चेतना की जटिलता या उसकी विवशता को व्यक्त करती है। भारती की 'सावित्री नं. दो', ठाकुर प्रसाद सिंह की 'आदमी', 'एक खुली किताब' और कमलेश्वर की 'राजा

निरबंसिया' जैसी कहानियाँ नयी कहानी के इस शिल्प का अच्छा नमूना पेश करती हैं। इसी सन्दर्भ में वे कहानियाँ भी ली जा सकती हैं, जिनमें लोक-कथाओं के परिवेश में या उनके रूप में आधुनिक जीवन-सत्यों को उभारा गया हो। हरिशंकर परिसाई की अनेक व्यंग्य कथाएँ ('भेड़ें और भेड़िये', 'जैसे उनके दिन फिरे' आदि) इस शैली की उत्कृष्ट कहानियाँ हैं। आज की कहानियाँ कथ्य की क्षेत्रगत विशेषताओं के अनुसार भिन्न-भिन्न स्वरूप धारण करती हैं। गाँव और शहर की कहानी का, सामान्य शिक्षित या अशिक्षित किसान मजदूर वर्ग और शिक्षित मध्यवर्ग की कहानी का स्वरूप एक-सा कैसे होगा? गाँव के जीवन में भी यान्त्रिकता का दौर शुरू हुआ है, वहाँ भी गन्दी राजनीति और विषाक्त सत्ताबोध की स्पर्धा चल रही है। फिर भी वहाँ के लोग शहरी पात्रों की अपेक्षा सहज गति से चलने वाले होते हैं, वे कुंठाओं और अन्तर्द्वन्द्वों के शिकार उतने नहीं होते, जितने कि शहरी पात्र। इसके अलावा गाँवों में अभी भी आत्मीयता शेष है, यद्यपि वह बड़ी तेजी से खंडित हो रही है। इसलिए वहाँ के पात्रों का स्वरूप अंकित करने और उनका विश्लेषण करने का ढंग वही नहीं होगा, जो पढ़े-लिखे शहरी पात्रों के अंकन और विश्लेषण का हो सकता है। शहर के जीवन का आर्थिक आधार है यन्त्र और गाँव के जीवन का आधार खेत। शहर के पात्रों का सम्बन्ध मूलतः अपने ऑफिस और घर से होता है, लेकिन देहाती पात्रों का सम्बन्ध चाहे-अनचाहे अपने पूरे गाँव, प्रकृति और पूरे रीति-रिवाजों तथा जीवन-मान्यताओं से होता है। आंचलिकता पर आधारित कहानी में प्रकृति और परिवेश उतनी सूक्ष्मता से नहीं आ सकते, जितनी सूक्ष्मता से शहरी कहानियों में। देहाती क्षेत्रों में प्रकृति जीवन का अनिवार्य अंग है, उसका सौन्दर्य हमारे जीवन-व्यापारों के साथ गहराई से जुड़ा होता है। शहरी क्षेत्रों में प्रकृति पालतू होती है, उसके साथ हमारे जीवन-व्यापारों का गहरा या अनिवार्य सम्बन्ध नहीं होता। अतः शहरी कहानियों में प्रकृति बहुत ही अल्प मात्रा में आती है और वह भी बिम्ब बनकर। शहरी जीवन में विमान, रेडियो, प्लेट, सोफा सेट, संगीत के साज-सामान, ऑफिस, टेबल, कुर्सी, कॉफी हाउस, टाइमपीस आदि आते हैं—परिवेश बनकर भी और बिम्ब बनकर भी। निर्मल वर्मा की कहानियों तथा रेणु की कहानियों के शहरी और देहाती परिवेश और बिम्बों से यह बात समझी जा सकती है।

मैं इसे अच्छा मानता हूँ कि आज के कहानीकार अपने-अपने अनुभव के अनुसार जीवन-क्षेत्रों को चुन रहे हैं। अमुक प्रकार की कहानी श्रेष्ठ है, अमुक प्रकार की हीन, इस प्रकार का फैसला देने का मैं पक्षपाती नहीं। व्यापक गहन अनुभव, गहरी दृष्टि और नवीन शिल्प-सौन्दर्य पर जो भी कहानी आधारित होगी, वह उच्च कोटि की होगी। ओढ़ी हुई आधुनिकता, यान्त्रिक बौद्धिकता और निरुद्देश्य नयी शिल्प-भंगिमा से कहानी श्रेष्ठ नहीं बनती। उसके भीतर जीवन का

गहरा दर्द होना चाहिए, वह जीवन चाहे किसी क्षेत्र का हो। यह आकस्मिक नहीं है कि 'धर्मयुग' के कथा दशक की पूरी शृंखला में अत्यधिक प्रभावशाली कहानियों में से एक लगी भीष्म साहनी की 'सिर के सदके' जिसमें कोई तथाकथित आधुनिकता या बौद्धिक भंगिमा या शिल्प चातुर्य नहीं था, एक गहरा जीवन-बोध था, जबकि 'पराये शहर में' जैसी अति आधुनिक कही जा सकने वाली कहानी प्रभावहीन लगी। इसी प्रकार 'नयी कहानियाँ' के विशेषांक में छपी कहानियों में भारती की कहानी 'यह मेरे लिए नहीं' अपने बोध की गहराई और सम्वेदना की तीव्रता तथा गृहीत जीवन के संश्लिष्ट सम्बन्ध सूत्रों की पहचान के कारण बड़ी प्रभावशाली है। हो सकता है कि उसका बोध उतना आधुनिक न हो, जितना कि महेन्द्र भल्ला की स्वच्छन्द नागरिक यौनाचार, गुप्त यौन रहस्यों तथा अश्लील चेष्टाओं के दायरे में घूमने वाली कहानियों का। इसी प्रकार हो सकता है कि रेणु की 'रसपिरिया' कहानी का बोध उतना आधुनिक न कहा जाए जितना कि राजेन्द्र यादव की कहानी 'प्रतीक्षा' का बोध, किन्तु 'रसपिरिया' एक बहुत ही मर्मस्पर्शी कहानी है, क्योंकि उसमें सम्वेदना की बड़ी गहराई है और जीवन की सहजता कृत्रिम बौद्धिकता से आवृत्त नहीं की गयी है। शिल्प अपने कथ्य के अनुसार नया होकर भी खुला हुआ है। इसलिए क्षेत्रीय आधार पर कहानी की श्रेष्ठता-अश्रेष्ठता का निर्णय नहीं हो सकता। कहा जा सकता है कि पहले की कहानी की सपाट या सीधी शैली की जगह सांकेतिक चित्रात्मक शैली अपनाकर नयी कहानी ने कहानी को समृद्ध किया है, किन्तु एक खतरा बार-बार सामने से गुजर जाता है। वह है अनुभूतिहीन, कथ्यहीन, संवेगहीन निरा तन्त्र-कौशल। पहले के कहानीकार की शैली सीधी और सपाट थी, इसलिए उसे आकर्षक प्रभावशाली जीवन-व्यापार चुनना पड़ता था। आज कभी-कभी उलटा दीखने लगता है। कुछ नये कहनीकार नये कवियों की तरह विचित्र-विचित्र प्रकार के कथन-कौशल अपनाकर कहानी के कथ्य-सम्बन्धी खोखलेपन या रिक्तता को छिपाते हैं—एक तो कहानी की प्राण-रिक्तता, दूसरे उलझाव। एक अजीब खीझ होती है इस नवीनता की भंगिमा पर। कहानी में प्राण हो तो वह कौशल-वक्रता के बिना भी प्रभाव जमा लेगी और प्राणहीन कहानी या कुत्सित व्यापारों से खलबलाती कहानी लाख 'पोज' देने पर भी अशक्त और प्रभावहीन ही रहेगी। किस्से ऊपर किस्सा मारते रहिए, लेकिन कोई किस्सा बन नहीं पाता।

तोल्सतोय की कहानियाँ

तोल्सतोय की कहानियों के अनेक रंग हैं, अनेक रूप हैं, अनेक विषय हैं, किन्तु इस मायने में वे सभी एक हैं कि उनमें सर्वत्र मानवता की पीड़ा है। मानवता की पीड़ा मात्र भावात्मक नहीं है, बल्कि वह वस्तु-जगत् की पहचान से उत्पन्न है। यह सच है कि तोल्सतोय ने संघर्ष के स्थान पर प्रेम, सद्भाव आदि को महत्त्व दिया और संघर्ष के प्रति तटस्थ बने रहे, किन्तु उन्होंने वर्ग चरित्र को समझने में भूल नहीं की थी। वे अपने समकालीन यथार्थ को बड़ी गहराई से समझने वाले कलाकार थे इसलिए वे मानवीय आधार पर ही पीड़ित और पीड़क के सम्बन्धों को पहचान रहे थे। वे व्यवस्था और अभिजात वर्ग के सारे अन्तर्विरोधों को समझ रहे थे, वे समकालीन समाज की विभिन्न स्थितियों की टकराहट और नये उभार का अनुभव कर रहे थे। इसलिए यह कहा जा सकता है कि तोल्सतोय मानवीय आधार पर प्रगतिशील लेखक थे। वे भले ही वर्ग संघर्ष को महत्त्व न दे सके हों, किन्तु वर्गों के आपसी सम्बन्धों और उनकी आर्थिक आधारों की भली-भाँति पहचानने वाले यथार्थवादी कलाकार थे। इस सन्दर्भ में लेनिन के विचारों को उद्धृत करना अप्रासंगिक न होगा—

'तोल्सतोय ने वह ललित साहित्य रचा है जिसकी कद्र और पठन जनता उस समय करेगी जब वह जमींदारों और पूँजीपतियों का तख्ता उलटकर अपने लिए मनुष्योचित सामाजिक जीवन की व्यवस्था कर लेगी। साथ ही तोल्सतोय उल्लेखनीय ओज़ के साथ वर्तमान व्यवस्था में पददलित आम जनता के उद्‌गारों को व्यक्त करने उसकी दशा का वर्णन करने तथा उसके विरोध एवं रोष की स्वतःस्फूर्त भावनाओं को मुखरित करने में समर्थ हुए हैं। तोल्सतोय मुख्यतः 1861 से 1904 तक के युग के थे और उन्होंने एक कलाकार, विचारक एवं उपदेशक के नाते अपनी कृतियों में समूची प्रथम रूसी क्रान्ति की ऐतिहासिक विशिष्टताओं को उसकी क्षमताओं और त्रुटियों को आश्चर्यजनक स्पष्टता के साथ उभारा है।'

'तोल्सतोय रूस के उस विशाल जन समुदाय के प्रवक्ता थे, जो आधुनिक जीवन के स्वामियों से घृणा तो करने लगा था पर जो समझ-बूझकर उनके विरुद्ध

अन्त तक सतत संघर्ष की आवश्यकता को नहीं समझ पाया था।'

लेनिन के अतिरिक्त जीप्लेखोनोव, जार्ज लुकाच, आदि अनेक प्रगतिशील आलोचकों ने तोल्सतोय के साहित्य में अन्तर्विरोध तो देखा, किन्तु सबने यह स्वीकार किया कि वह अपने समय के यथार्थ को बड़ी गहराई और समूची विसंगतियों के साथ पहचानने वाला कलाकार था। तोल्सतोय को उपदेश या मानवीय मूल्यों और धर्म का प्रवक्ता भी माना गया है, किन्तु उनकी कहानियाँ पढ़ते समय मुझे कहीं ऐसा नहीं लगा कि लेखक यथार्थ से परे जाकर या रचनाधर्मिता से अलग हटकर कोई बात कह रहा है। उसने कहीं कोई समाधान भी आरोपित नहीं किया है। यदि कोई बात कहनी हुई है तो खुद न कहकर पात्रों के माध्यम से कहलाई है और कोई भी बात इकहरे या सरलीकृत उपदेश, समाधान या प्रवचन के रूप में नहीं उभरी है, बल्कि यथार्थ की पर्तों के संक्रान्त रूप से गुजरी है।

कहा जा चुका है कि तोल्सतोय मानवीय आधार पर हमारी सामाजिक बुराइयों की बुनियाद को पहचान लेते हैं इसीलिए वे इस बात को स्पष्ट समझते हैं—कि मानवीय सद्भाव और सम्बन्धों के मूल में आर्थिक समता है। अर्थ की अधिकता व्यक्ति के सद्भावों और मूल्यों को आहत कर देती है। और किसी व्यक्ति को यह अधिकार नहीं है कि वह ईश्वर की बनायी गयी धरती पर अपना कब्जा कर ले। इस धरती का मालिक वही है जो इसे अपने श्रम से उपजाऊ बनाता है। तोल्सतोय ने यह अनुभव किया कि ज्यों-ज्यों इस बुनियादी ईश्वरी नियम का उल्लंघन होता गया त्यों-त्यों धरती अपनी देन छोटी करती गयी और आदमी के तन-मन का स्वास्थ्य गिरता गया। इस सन्दर्भ में मैं तोल्सतोय की लोक कथा की शैली में लिखी गयी दो कहानियों की चर्चा करना चाहूँगा। एक है 'अंडे के बराबर दाना' और दूसरी है 'रोटी और शैतान का बच्चा'। पहली कहानी में एक बच्चे को अंडे के बराबर एक दाना मिला। उसने वह दाना जार को बेच दिया। पहले तो यही निश्चित नहीं हो पाया कि यह क्या है बाद में एक मुर्गी के चोंच मारने पर यह तय हो गया कि वह दाना ही है। जार ने बूढ़े किसानों को बुलाकर उस दाने के बारे में पूछना शुरू किया। पहले एक बूढ़ा किसान आया। वह दो बैसाखियों पर आया तथा वह बहरा था। उसने कहा कि उसने ऐसा दाना नहीं देखा है शायद उसके पिताजी को मालूम हो। उसका पिता आया वह एक ही वैसाखी पर आया और वह अपने पुत्र की अपेक्षा कम बहरा था। उसने भी कहा कि उसने ऐसा दाना नहीं देखा है शायद उसके पिताजी को मालूम हो। उसका पिता आया। वह बिना बैसाखी के आया और बहरा नहीं था। उसने दाने को देखते ही पहचान लिया—हाँ, उसके जमाने में इतने ही बड़े दाने होते थे। जार ने बारी-बारी से उससे कई सवाल पूछे। उसने पूछा कि (1) क्या ऐसे अनाज को कहीं से खरीदकर लाने की प्रथा तुम्हारे जमाने में थी? या तुम लोग स्वयं ही इसे हमेशा उपजाते थे? (2) ऐसा दाना

तुम कहाँ बोते थे? तुम्हारे खेत कहाँ होते थे? (3) ऐसा अनाज अब क्यों नहीं होता? (4) तुम बिना बैसाखी के आराम से चलते हो, तुम्हारी नज़र तेज है, दाँत मजबूत हैं, आवाज साफ और कर्णप्रिय है। किसान ने क्रमशः इसका उत्तर दिया—(1) हमारे ज़माने में कोई अनाज बेचने या खरीदने जैसे भयानक याद की कल्पना भी नहीं कर सकता था। पैसे जैसी चीज़ से हम अपरिचित थे। हर आदमी के पास अपनी ज़रूरत भर का अनाज हुआ करता था, नहीं होता था तो उसे दिया जाता था। (2) ईश्वर की धरती ही हमारा खेत था। जहाँ भी मैं हल चलाता था वही मेरा खेत होता था। धरती स्वतन्त्र थी। उसे कोई अपनी जायदाद नहीं कह सकता था केवल अपने हाथों की मेहनत को वह अपना कह सकता था। (4) मनुष्यों ने अपनी मेहनत के बल पर रहना छोड़ दिया है दूसरों के श्रम पर परोपजीवी की तरह पलने लगे हैं। पुराने ज़माने में लोग अपनी मेहनत के फल के मालिक होते थे और दूसरों की मेहनत से उपजी रोटी नहीं खसोटते थे।

'रोटी और शैतान का बच्चा' में किसान मेहनत करता है और प्रेममय जीवन बिताता है। एक बार शैतान का बच्चा उसकी दोपहर की रोटी चुरा लेता है तो किसान क्रुद्ध नहीं होता, बल्कि चुराने वाले के प्रति सहानुभूति व्यक्त करता है—'कोई बात नहीं, मैं कोई भूख से मर थोड़े ही जाऊँगा। जिस किसी ने भी रोटी ली होगी उसे उसकी बहुत ज़रूरत रही होगी। चलो उसकी भूख मिटी, उसका भला हो।' शैतान के इशारे पर शैतान का बच्चा किसान को शैतान बनाना चाहता है। वह किसान का नौकर बनकर उसे खूब अन्न उपजाने के रास्ते बताता है और जब खूब अन्न पैदा होता है तब किसान धीरे-धीरे अमानवीय व्यवहार करने लगता है। शैतान के बच्चे के सुझाव पर वह इफ़रात गेहूँ से शराब बनाता है और शराब पीकर भयानक पशु बन जाता है। अर्थातिरेक मनुष्य को विलास में लिप्त करता है। शराब विलास का एक प्रमुख साधन है और उसके बाद उसके भीतर अन्तर्निहित पशुता के सारे तत्त्व बड़ी तेज़ी से उभरने लगते हैं। इस प्रकार प्रकारान्तर से तोल्सतोय ने अपने समय में व्याप्त आर्थिक विषमता के अमानवीय पहलू को बड़ी तीव्रता से उद्घाटित किया।

अर्थ केन्द्रोभिमुखता ने मनुष्य के अन्तरंग से अन्तरंग रागात्मक सम्बन्धों को आहत किया है सामाजिक सम्बन्धों को तो आहत किया ही है। एक सुखद आश्चर्य हुआ यह देखकर कि नयी कहानी ने सम्बन्धों के टूटने और अमानवीय होने की जो क्रूर कथा बीसवीं शताब्दी के छठे, सातवें दशक में कही उसे तोल्सतोय ने 'हवान की मृत्यु' कहानी में 19वीं शताब्दी में ही कह दी थी। 'इवान इलीच की मृत्यु' सम्बन्धों के अमानवीय होने की बहुत मार्मिक कहानी है। अदालत भवन में एक मुकदमे की सुनवाई हो रही है कि प्योत्र इवानोविच अखबार में छपी खबर सुनाता है—दोस्तो, इवान इलीच का स्वर्गवास हो गया।' इस समाचार के फैलते ही

इवान के सहकर्मियों के बीच चर्चा शुरू होती है। बाहर-बाहर सभी दुःख व्यक्त कर रहे हैं, किन्तु भीतर-भीतर हिसाब लगा रहे हैं कि उन्हें क्या फायदा होगा। इवान इल्मीय इन्हीं सज्जनों के साथ काम करता था जो इस समय बैठे बातें कर रहे थे।...इवान इलीच की मृत्यु की खबर सुनते ही पहला विचार जो दफ्तर में बैठे प्रत्येक सज्जन के मन में उठा, वह था उन नौकरियों, तब्दीलियों तथा तरक्कियों के बारे में जो इस मृत्यु के परिणामस्वरूप उनके और उनके दोस्तों के बीच बँटेंगी। प्योत्र इवानोविच सोच रहा था 'मुझे फौरन अर्जी दे देनी चाहिए कि मेरे साले को कलूगा से तब्दील कर दिया जाए। पत्नी खुश हो जाएगी। अब यह शिकायत तो न कर सकेगी कि मैंने उसके परिवार के लिए कुछ नहीं किया।' और उसी क्षण वह लोगों से कहता है 'बड़े अफसोस की बात है। मैं जानता था कि यह बीमारी उसे लेकर रहेगी।' हर एक सज्जन मन-ही-मन खुश भी हुआ कि मौत उसके मित्र की हुई है उसकी अपनी नहीं हुई है। इस मौत के सन्दर्भ में भी मित्र लोग परस्पर मौन वार्तालाप-सा करते लगते हैं कि आज ताश खेला जाएगा या अमुक-अमुक आनन्द उठाया जाएगा।

तोल्सतोय ने एक ओर सामाजिक सम्बन्धों के अमानवीय होते जाने की कथा कही है दूसरी ओर अन्तरंग रागात्मक सम्बन्धों के व्यावसायिक होने के यथार्थ को उद्घाटित किया है। प्योत्र इवानोविच हवान के घर शोक व्यक्त करने लगा। हवान की पत्नी मृत्यु के बाद की सारी औपचारिकताएँ पूरी करने में व्यस्त और शोकातुर-सी है, किन्तु उसका शोकातुर होना भी एक दिखावा है। दोनों शोकातुर होने का पाखंड रच रहे थे। 'प्योत्र इवानोविच को यह बात जरूर खटक रही थी कि दोनों पाखंड रच रहे हैं।' हवान की पत्नी प्रस्कोवा फ्लादोरोव्ना की मुख्य चिन्ता यह थी कि वह अपने पति की मृत्यु के सम्बन्ध में किस भाँति सरकार से अधिक से अधिक अनुदान वसूल कर सकती है। इस प्रकार लेखक ने मृत्यु के सन्दर्भ में उपस्थित हर सम्बन्धों के खोखलेपन और पाखंड को नंगा कर दिया है। इसके बाद उसने हवान के सदाचारी जीवन और उस जीवन में आने वाले सामाजिक और दाम्पत्य संकटों की क्या कही है। हवान के सदाचारी जीवन और सामाजिक तथा दाम्पत्य पाखंडों की टकराहट से एक अजीब ट्रैजिक प्रभाव उभारा गया है। यह कहानी तत्कालीन रूसी परिवेश की भी है।

तोल्सतोय मानव संवेदनों के गहरे पारखी हैं। उन्हें वस्तु-जगत् की सापेक्षता में उनकी पूरी जटिलताओं के साथ समझते हैं। प्रेम को भी उन्होंने कोई अरूप वायवीय सत्ता नहीं माना है उसे नारी-पुरुष की सामाजिक स्थितियों को सापेक्षता में पहचाना है। इसलिए इनकी इस प्रकार की कहानियों में एक और मानव मन की परख होती है तो दूसरी ओर सामाजिक यथार्थ की पर्तें खुलती हैं। वास्तव में इन दोनों की टकराहटों से ही कहानियों की अन्तर्वस्तु की रचना होती है। 'क्रूज़र

सोनाटा' में नारी-पुरुष सम्बन्धों के अनेक पहलुओं पर बहस हुई है और इन बहसों के लिए, पात्रों के आत्मीय सन्दर्भ निर्मित किए गये हैं। 'क्रूजर सोनाटा' में गाड़ी में कई लोगों में बातचीत होती है। एक पक्ष उस बूढ़े व्यापारी का है जो लम्पट है जो स्त्री को दासी समझता है जो आज भी रस ले-लेकर लम्पटता के किस्से बयान करता है। दूसरा पक्ष वकील और वकील के साथ वाली स्त्री का है जो स्त्री और पुरुष के प्रेम-सम्बन्धों, स्त्री शिक्षा और नयी जागृति के पक्षपाती हैं। तीसरा पक्ष तटस्थ लोगों का है जो अपनी कोई धारणा ही नहीं रखते बस बहस का आनन्द लेते हैं। हाँ, उनमें पके हुए बालों वाला आदमी भी है जो अपने अनुभवों से आहत होकर स्त्री-पुरुष के सम्बन्धों के बारे में कुछ सवाल करता है और फिर अपनी कहानी कहता है। यह कहानी बड़ी संक्रान्त है। पके बालों वाला पुरुष पुरुषों के व्यभिचार की भर्त्सना करता है, स्त्रियों के प्रति सहानुभूति दिखाता है, किन्तु वह उन वास्तविक स्थितियों से भी गुजरता है जो पुरुष को व्यभिचार के लिए उत्तेजित करती हैं। वह स्त्री को सहानुभूति का पात्र बनाए रखने के बावजूद व्यभिचार की जिम्मेदारी से मुक्त नहीं रखता। लेखक नारी-मन की गहरी पर्तों में बैठकर उसके संक्रान्त स्वरूप को व्यक्त करता है और सामाजिक जीवन की विसंगतियों का भी उद्घाटन करता है। पके बालों वाला पुरुष शुरू से ही उस वर्ग के चरित्र का उद्घाटन करता है जिसका वह सदस्य है। 'उस वक्त मैंने कोई इन्द्रिय भोग नहीं किया था, पर हमारे वर्ग के सभी अभागे युवकों की तरह मैं भी सीधा-सादा लड़का नहीं था। दो साल से मुझ पर भी और लड़कों का बुरा प्रभाव पड़ रहा था। अभी से स्त्रियों की तरफ खिंचने लगा था—किसी विशेष स्त्री की तरफ नहीं, सामान्य रूप से स्त्रियों की तरफ।'

व्यभिचार की तरफ बढ़ने की उसकी इस क्रिया में सारा व्यभिचारी समाज शामिल था। उसने बताया कि मन की बेचैनी व्यभिचार से ही समाप्त हो सकती है, 'घर में बड़ी उम्र के जितने भी लोग थे, उनकी राय का मैं आदर करता था। उनमें से किसी एक ने भी नहीं कहा कि मैं गलत रास्ते पर जा रहा हूँ। उसके विपरीत मैंने सभी बुजुर्गों को यही कहते सुना कि मैं जो कर रहा हूँ ठीक कर रहा हूँ। लोग कहते हैं कि एक बार इन्द्रिय भोग कर लेने से मेरे मन की बेचैनी और संघर्ष सब मिट जाएँगे। मैंने यह सुना और पढ़ा था।...इस तरह मुझे इसमें कोई बुरी बात नज़र नहीं आयी। रोग का भय? इसका भी पहले से प्रबन्ध किया गया था। दयालु सरकार ने इस सिलसिले में पूरा इन्तज़ाम कर रखा था। चकलों की पूरी निगरानी रखी जाती थी ताकि स्कूलों के लड़के बिना किसी डर के इन्द्रिय भोग कर सकें। इस काम के लिए डॉक्टरों को तनख्वाह दी जाती थी।...एक बार जब लम्पटता को स्वास्थ्य के लिए हितकर मान लिया जाए तो ऐसी व्यवस्था करना आवश्यक हो जाता है जिससे साफ-सुथरे मुनासिब तरीके से विषय-भोग किया जा

सके। मैंने ऐसी माताएँ देखी हैं जो अपने बेटों के लिए इन सब बातों का प्रबन्ध कर देती हैं। विज्ञान स्वयं लड़कों को चकलों में भेज रहा है।'

स्त्री के प्रति पुरुषों के भोगवादी रवैये को तीव्र भर्त्सना करते हुए भी कथा प्रवक्ता पात्र स्त्रियों की उस मानसिकता और व्यवहार को अनदेखा नहीं करता जो पुरुषों के भोगवादी रवैये को उत्तेजित करता है। इन वेश्याओं को बदनाम करते हैं, किन्तु वे बदनसीब हैं जो ऊँचे घराने की महिलाएँ हैं, वे अपने विलास के लिए वे ही हथकंडे अपनाती हैं जो वेश्याएँ अपनाती हैं। ऊँचे से ऊँचे घराने की महिलाओं को भी देखो। कहीं शृंगार, कहीं फैशन, कहीं इत्र-फुले, वही नंगे बाजू, कन्धे और वक्ष वही उभरे हुए कूल्हे, वही हीरे-मोती और कीमती चमकीले जेवरों का शौक और आमोद-प्रमोद की वही रुचियाँ, वही नाचना-गाना, वही संगीत। पुरुषों को फाँसने के लिए जिन साधनों का वेश्याएँ प्रयोग करती हैं, उन्हीं का ये स्त्रियाँ भी। दोनों में कोई अन्तर नहीं। अगर बहुत बारीकी से अन्तर खोजने की कोशिश की जाए तो हम कहेंगे कि हम उन स्त्रियों को तो घृणा की दृष्टि से देखते हैं जो थोड़ी देर के लिए वेश्याएँ बनती हैं पर उन स्त्रियों का आदर और मान करते हैं जो उम्र भर वेश्या वृत्ति करती हैं।

हमने प्रेम को एक आध्यात्मिक दर्जा दे रखा है, किन्तु व्यवहार में वह भोग का पर्याय बन जाता है। भोग के बाद प्रेम का नशा उतर जाता है। संयम तो मजबूरी का नाम हो गया है। 'शादी से पहले यदि कोई पुरुष संयम से रहता है तो शादी के बाद फौरन ही वह संयम को अनावश्यक मानने लगता है। आखिर विवाह के बाद जो गुलछर्रे उड़ाए जाते हैं वे क्या हैं। युवा दम्पत्ति अपने माँ-बाप की पूरी अनुमति से एकान्त में चले जाते हैं। यह दुराचार की आज्ञा देना नहीं है तो क्या है? पर सदाचार के भी अपने कुछ नियम हैं। यदि उनका उल्लंघन किया जाए तो उसका दंड भुगतना पड़ता है।'

इस प्रकार इस कहानी में विचार और सम्वेदनाएँ कई मोड़ लेती हैं परस्पर सक्रान्त होती हैं और एक व्यक्ति के अनुभवों की यात्रा करती हुई हमारे सामाजिक जीवन की अनेक विसंगतियों को अनावृत्त करती हैं। तोल्सतोय की प्रखर मानवीय सम्वेदना न केवल अभिशप्त मनुष्यों की पीड़ा को पहचानती और खोलती है, वरन् मूक पशुओं के अन्तरतम के दर्द को भी समझ लेती हैं। 'इनसान और हैवान' कहानी में उन्होंने एक घोड़े को कथा नायक बनाया है। इसमें लेखक की मूक पशु के अन्तरतम की पहचान की शक्ति का तो परिचय मिलता ही है साथ-ही-साथ उसके सन्दर्भ में इनसान की हैवानियत की कलई भी खुलती है। बधिया घोड़ा अपनी कहानी खुद कहता है ऐसा लगता है कि वह और उसका पूरा अंश-परिवेश मनुष्यों का-सा जीवन्त है। घोड़े की एक-एक वेदना को, उसके एक-एक उल्लास के क्षण को, उसके प्रेम की एक-एक सम्वेदना को और उसके आसपास होने वाले

अश्व समुदाय के एक-एक क्रियाकलाप को लेखक ने जीवन्त रूप प्रदान किया है। वह घोड़ा एक ओर मनुष्य की सेवा करता है दूसरी ओर मनुष्य उसके साथ निर्मम व्यवहार करता है और पाठक के सामने एक प्रश्न उभरता है कि घोड़े और मनुष्य में से पशु कौन है और मनुष्य कौन है?

तोल्सतोय आस्तिक ईसाई थे। लेकिन एक प्रखर कलाकार होने के नाते वे धर्म की विसंगतियों को पहचानते थे। वे जानते थे कि धर्म की शक्ति कहाँ है? बड़े-बड़े धर्माधिकारी अपने आप अपने को ईश्वर का प्रतिनिधि मान बैठते हैं और उन्हें इस बात का दम्भ हो जाता है कि ये पापियों को या सामान्य लोगों को ईश्वर प्राप्ति का उपदेश दे सकते हैं। 'तीन साधु' तोल्सतोय की श्रेष्ठ कहानियों में से एक है। इसके लेखक ने यही समस्या उठाई है। बिशप जहाज पर यात्रा कर रहे हैं, उन्हें एक मछुवे से मालूम पड़ता है कि समुद्र में यहीं कहीं आसपास एक द्वीप है जहाँ तीन साधु रहते हैं। वे पवित्र आत्मा हैं। एक बार वह मछुवा भटककर उस द्वीप पर जा पहुँचा था उसकी नाव टूट-फूट गयी थी। उन तीनों साधुओं ने उसे खिलाया-पिलाया और उसकी नाव की मरम्मत करने में उसकी भरपूर सहायता की। वे तीनों साधु बहुत सीधे-सादे फटे-पुराने कपड़े पहनते हैं। बिशप के आग्रह से जहाज उस द्वीप के पास पहुँचा। बिशप नाव से समुद्र के तट पर गया जहाँ तीनों साधु खड़े थे। बिशप ने वहाँ पहुँचते ही अपने अहंकारवश कहा—''ईश्वर के सेवको! मैं तुम लोगों से मिलना चाहता था और तुम्हें धर्म का उपदेश देना चाहता था।'' विशप ने उन्हें प्रार्थना करने को कहा और फिर आकर जहाज पर सवार हो गया। कुछ देर बाद देखा कि वे तीनों साधु समुद्र के जल पर दौड़ते चले आ रहे हैं और आते ही कहा—''हे ईशभक्त, हम तुम्हारी सिखाई हुई प्रार्थना भूल गये हैं।'' जब तक हम उसे दोहराते रहे, हमें वह याद रही, किन्तु जब हमने एक बार उसे दोहराना बन्द कर दिया तो हम उसका एक शब्द भूल गये, अब तो हम पूरी प्रार्थना ही भूल गये हैं। हमें दोबारा प्रार्थना सिखा दीजिए।''

बिशप ने उत्तर दिया—''प्रभु भक्तों! आपकी अपनी प्रार्थना ही प्रभु तक पहुँच जाएगी।'' आपको सिखाना मेरी सामर्थ्य से परे है। हम पापियों के लिए भी आप लोग प्रभु से प्रार्थना करने की कृपा करें।'' और बिशप ने बहुत झुक कर बूढ़े साधुओं को प्रणाम किया और साधु मुड़कर समुद्र तल पर से वापस चले गये। और जिस स्थान पर वे अदृश्य हुए वहाँ भोर होने तक एक ज्योति चमकती रही।

बिशप का अहंकार भंग हो गया। जिन साधुओं को वह सामान्य और पापी समझता रहा वे अपने कर्म से, मानवीय सेवा से बहुत बड़े हो गये थे, उन्हें अपने बड़प्पन का बोध भी नहीं था और बिशप केवल उपदेश जीवी होकर भी अपने को वक्ता और उपदेश देने का अधिकारी मानने लगा था।

प्रेम और परिस्थिति के तनाव के चित्र तोल्सतोय के साहित्य में व्यापक रूप

में मिलते हैं। 'नाच के बाद' कहानी भी इसी तनाव की कहानी है। यद्यपि कथा प्रवक्ता इवान इल्योविच आरम्भ से ही इस बात से इनकार करता है कि परिस्थितियाँ कुछ निर्णायक भूमिका अदा करती हैं। 'आपका कहना है कि मनुष्य अच्छे-बुरे का निर्णय स्वतन्त्र रूप से नहीं कर सकता, सब कुछ परिस्थितियों पर निर्भर करता है।...मैं यह नहीं मानता। मैं समझता हूँ कि सब संयोग का खेल है। कम से कम अपने बारे में तो मुझे यही लगता है।' लेकिन यह कहने का एक ढंग मात्र है। लेखक ने इस पात्र की विचित्रता के बारे में कहा है—"पर इवान इल्योविच की आदत है बहस की गरमागरमी में जो सवाल उनके मन में उठते हैं, वह उन्हीं के जवाब देने लगते हैं, लेखक कहना चाहता है कि जिसे संयोग कहा जाता है वह महज संयोग नहीं होता उसके पीछे भी कोई परिस्थिति होती है। वास्तव में परिस्थिति और मन का बड़ा गहरा सम्बन्ध है। नाच के समय इवान इल्योविच वरेंका को देखता है। वरेंका अद्भुत सुन्दरी है। वह उसके साथ नाचता है। दोनों ही कोमल भावनाओं का आदान-प्रदान होता है। वरेंका का पिता भी मिलता है। वह कर्नल था। वह ऊँचा-लम्बा खूबसूरत, रोबीला व्यक्ति था। अपनी पुत्री के साथ नृत्य करता है। इवान उससे बहुत प्रभावित होता है। इवान वरेंका से प्रभावित है उसी के सपने देखता है, किन्तु दूसरे दिन वह जो दृश्य देखता है वह उसके मन को तोड़कर और बदलकर रख देता है। वह दृश्य बड़ा भयावह और घृणास्पद था। ढोल, बाँसुरी, आदि के शोर के बीच एक गतार को सजा दी जा रही थी। 'उसने फौज से भागने की कोशिश की थी। वह कमर तक नंगा था, उसके हाथ दो बन्दूकों से बँधे हुए थे जिन्हें दो फौजी दाएँ-बाएँ पकड़े हुए थे। उनके साथ-साथ एक ऊँचे-लम्बे कद का अफसर चला आ रहा था। वह ओवरकोट पहने था और सिर पर फौजी टोप था। अपराधी की पीठ पर दोनों तरफ से हंटर पड़ रहे थे। उसका शरीर काँप-काँप जाता था उसके पाँव पिघलती बरफ में बार-बार धँस जाते थे...साथ-साथ स्थिर कदम रखता हुआ वह ऊँचे-लम्बे कद का अफसर बढ़ता आ रहा था। वह भूलकर भी पीछे न रहता। मेरी नज़र उसके दमकते चेहरे उजली मूँछों और गुलगुच्छों पर पड़ी। मैंने फौरन पहचान लिया कि वह वरेंका का बाप है। इस दृश्य से इवान को वरेंका के बाप से घृणा हो गयी। उसे इस दृश्य की स्मृति से बार-बार मतली आने लगी। इस क्रूर पिता की सन्तान के बारे में सोचने का उसका उत्साह खंडित-सा हो गया इसलिए वह प्रेम आगे न बढ़ सका।'

'मेरा प्रेम। मेरे प्रेम को तो उसी दिन पाला मार गया। जब उस लड़की के चेहरे पर वही अनमनी-सी मुस्कराहट नज़र आती तो मैदान में खड़ा कर्नल मेरी आँखों के सामने आ जाता। मैंने उससे मिलना छोड़ दिया और मेरा प्रेम धीरे-धीरे मर गया।'

यह मात्र एक संयोग नहीं है, बल्कि वह वर्गीय चरित्रों की वास्तविकता है।

ऊपर से भद्र भीतर से क्रूर। और सम्वेदनशील व्यक्ति इस वास्तविकता से जब टकराते हैं तब उनके भीतर इस वर्ग की मोहकता के प्रति पनपता हुआ आकर्षण टूट जाता है।

तोल्सतोय ने अनेक लघु कथाएँ भी लिखी हैं। ये लघु कथाएँ बड़ी तीखी चोट करने वाली हैं। यह चोट प्रायः व्यंग्यात्मक हैं। ये कहानियाँ समकालीन समाज व्यवस्था की विसंगति से होती हुई पूरी सार्वकालिक मानवीय विसंगति तक पहुँच जाती हैं। इसीलिए इनमें एक ओर सघनता तथा मूर्तता है दूसरी ओर प्रभाव में व्यापकता और खुलापन है। कुछ कहानियाँ देखी जा सकती हैं। 'सही कौन' कहानी में एक भेड़िया, कुत्ते और एक लोमड़ी पात्र हैं। 'एक भेड़िया कुत्तों से जान बचाकर भागा जा रहा था। वह किसी खोह में छिपना चाहता था, पर उस खोह में एक लोमड़ी लेटी हुई थी। उसने भेड़िये को देखकर दाँत निकाले और कहा 'तुम यहाँ नहीं आ सकते, यह मेरी जगह है।' भेड़िये ने उसके साथ बहस में न पड़ते हुए कहा 'अगर कुत्ते इतने नज़दीक न होते तो मैं बताता कि यह जगह किसकी है। पर इस समय तुम्हारा कहना भी सही है।' भेड़िया कुत्तों के डर से भाग रहा है और लोमड़ी के घर पर अधिकार करना चाहता है। जो डर से भाग रहा है वह डराकर औरों का अधिकार छीनना चाहता है और नहीं छीन पाता तो इसलिए कि उस समय वह ऐसा कर पाने में समर्थ नहीं हो रहा है। प्रसाद की पंक्ति 'भयभीत सभी को भय देता' यहाँ चरितार्थ हो रही है। यह ऐसा सत्य है जो तोल्सतोय के समय में भी था और हमेशा रहा है।

एक दूसरी छोटी कहानी है बोभू। 'कुछ फौजियों ने दुश्मन के इलाके पर हमला किया तो एक किसान भागा हुआ खेत में अपने घोड़े के पास गया और उसे पकड़ने की कोशिश करने लगा, पर घोड़ा था कि उसके काबू में नहीं आ रहा था। किसान ने उसे कहा—मूर्ख कहीं के, अगर तुम मेरे हाथ न आए, तो दुश्मन के हाथ पड़ जाओगे।

"दुश्मन मेरा क्या करेगा?" घोड़ा बोला।

"वह तुम पर बोझ लादेगा और क्या करेगा?"

"तो क्या मैं तुम्हारा बोझ नहीं उठाता।" घोड़े ने कहा। "मुझे क्या फर्क पड़ता है कि मैं किसका बोझ उठाता हूँ।"

यह कहानी घोड़े के माध्यम से भारवाही प्रजा की भावना व्यक्त करती है। प्रजा तो बोझ ही ढोती है राजे बदलते रहते हैं। राज्य का अर्थ हमेशा राजा ही होता आया है प्रजा की उसमें भागीदारी ही नहीं रही। जो भी राजा आया प्रजा ने उसका बोझ उठाया। इसलिए दूसरे राजों के हमले या राज्य के बदलने की चिन्ता राजाओं और उनके लोगों को हो प्रजा को तो बोझ ढोना है, ढोती रहेगी।

तोल्सतोय की कुछ प्रमुख कहानियों की चेतना पर विचार करने के पश्चात्

उनके शिल्प पर विचार करना आवश्यक है। तोल्सतोय ने लम्बी कहानियाँ लिखीं, औसत लम्बाई की कहानियाँ लिखीं, लोक कथाओं की शैली में कहानियाँ लिखीं और कुछ बहुत छोटी-छोटी कहानियाँ लिखीं। पश्चिम के कुछ आलोचकों ने सही ढंग से इस बात को पकड़ा है कि अमेरिका, इंग्लैंड, फ्रांस, जर्मनी में जो शुरू में कहानियाँ लिखी जा रही थीं उनसे अलग स्वभाव की कहानियाँ रूस में लिखी जा रही थीं, जिनकी चरम परिणति चेखव की कहानियों में दिखाई पड़ती है। यह अलगाव क्या था? यह अलगाव था अपने समय के जीवन के यथार्थ को प्रस्तुत करने का प्रयास। अन्य देशों में जो कहानियाँ लिखी जा रही थीं वे अभिजात वर्गों की घटना प्रधान काल्पनिक कहानियाँ थीं जिनका निश्चित आदि और अन्त होता था जिनका प्रायः नैतिकतापूर्ण अन्त पूरे कथानक को निर्मित और संचालित करता था, इसलिए कथानक में कौतूहल उत्पन्न करने वाला नाटकीय आरोह-अवरोह और आकस्मिक घटना-विधान हुआ करता था, किन्तु रूस के प्रारम्भिक कथाकारों-पुश्किन और गोगोल ने कहानी की वस्तु अपने समय के सामान्य जीवन से लीं कुछ आगे चलकर तुर्गनेव ने घटनाओं के स्थान पर चरित्रों को महत्त्व दिया। इस प्रकार रूसी कहानी में जीवन की सामान्यता और घटनाओं के दबाव के स्थान पर चरित्रों के मनोवैज्ञानिक सत्य के दबाव से कथानक की निर्मिति पर बल बढ़ता गया। और जीवन को ही कहानी में उतार देने की चेष्टा तोल्सतोय और चेखव में अत्यन्त सघन हो उठती है। तोल्सतोय और चेखव चरित्रों के मनःसत्य को बहुत गहराई से उद्‌घाटित करते हैं और घटनाओं के शासन को अस्वीकार करते हैं, किन्तु इनकी कहानियों में मनःसत्य का सम्बन्ध परिवेश जीवन से बहुत सघनता से जुड़ा रहता है। यानी वस्तु-जगत् और मनो-जगत् दोनों एक-दूसरे से गुँथे हुए हैं।

तोल्सतोय की लम्बी कहानियाँ तो जिन्दगी का वास्तविक चित्र ही लगती हैं इसीलिए उनमें कहानीपन के निर्वाह का उतना प्रयत्न नहीं है जितना जीवन की स्वाभाविक यात्राओं को उनके विविध मोड़ों और ऊँचाइयों-निचाइयों के साथ पकड़ने का। कई बार ये कहानियाँ कलात्मक संयम का अतिक्रमण करती लगती हैं, कई बार इनमें कलात्मक कौशल का अभाव दिखाई पड़ता है। कारण यही है कि लेखक का ध्यान जीवन को विस्तार के साथ देने में लगा रहता है। तोल्सतोय की लम्बी कहानियाँ मुख्यतः वर्णनात्मक हैं। लेखक स्वयं परिस्थितियों और उनमें घटित घटनाओं का वर्णन करता है और पात्रों के माध्यम से भी वर्णन कराता है। 'इनसान और हैवान' में घोड़ा स्वयं अपनी कहानी का वर्णन करता है। 'नाच के बाद' में भी इवान अपनी कहानी कहता है। क्रूजर सोनाटा में भी पोज्दनिशेव अपनी कहानी सुनाता है। 'इवान इलीच की मृत्यु' और 'दो हुस्सार' में लेखक कहानी बयान करता है। कहानियों का वर्णन कभी सीधे शुरू होता है और कभी कुछ पृष्ठभूमि का विचार करने के पश्चात्। ये वर्णन बहुत विस्तृत हैं कुछ सीमा

तक उबाऊ और फालतू भी, किन्तु बहुत चुस्त-दुरुस्त, नपी-तुली शैली में कल्पित कथा को तानकर अन्तिम बिन्दु पर विस्फोट करने वाली ये कहानियाँ नहीं हैं, वरन् वास्तविक जीवन के बीच धीरे-धीरे घूमने वाली कहानियाँ हैं इसलिए ये पात्रों के जीवन में घटित वास्तविक घटनाओं और समस्याओं का वर्णनात्मक विधान तो करती ही हैं परिवेश के भी 'डिटेल्स' देकर सामाजिक जीवन की युगीन वास्तविकताओं को भी रूपायित करती हैं और इनके माध्यम से किसी व्यक्ति की ही कथा नहीं, पूरे समाज और युग की कथा साकार हो उठती है। वर्णनों को कलात्मक रूप देने के लिए लेखक बीच-बीच में कुछ सम्वादों या अन्य प्रकार के ठहरावों की व्यवस्था करता रहता है, इससे कहानी न केवल वर्णन की एकरसता से बचती है, वरन् उससे कई पात्रों के विचारों, मनःस्थितियों की टकराहटों का भी विधान होता है और कहानी एक पात्र से दूसरे पात्र या परिस्थिति में संचरण कर उठती है।

तोल्सतोय की लम्बी कहानियों से इतर कहानियों में चूँकि जीवन का एक टुकड़ा लिया गया है, इसलिए उनमें वर्णनात्मकता अधिक कलात्मक रूप धारण करती है। वे प्रायः अन्त में सत्य का विस्फोट भी करती हैं। 'तीन साधु' में विशप का मोह-भंग अन्तिम बिन्दु पर ही होता है। इसमें अलौकिक चमत्कार का भी सहारा लिया गया है। 'नाच के बाद' में भी अन्त की घटना बहुत निर्णायक है, किन्तु वह बिन्दु नहीं है वह एक घटना है जो सामाजिक यथार्थ का एक संश्लिष्ट टुकड़ा भी है।

लोक कथा शैली की कहानियाँ लोक-कथाओं के शिल्प को अपनाए हुए हैं। छोटी-छोटी कहानियाँ हमारे यहाँ के पंचतन्त्र हितोपदेश आदि की शैली की कहानियाँ हैं। इन दोनों प्रकार की कहानियों में अलौकिक और मानवेतर पात्रों और घटनाओं का भी विधान किया गया है, किन्तु ये सोद्देश्य कहानियाँ हैं और इनकी सोद्देश्यता व्यापक मानवीय धरातल को तो छूती हैं, किन्तु वह अमूर्त नहीं हैं। अपने समय के परिवेश से होकर गुजरती हैं इन अनेक शैलियों के प्रयोग से तोल्सतोय का विभिन्न शैलियों पर अधिकार तो लक्षित होता ही है यह भी ज्ञात होता है कि कैसे पारम्परिक शैली का नये अर्थ में प्रयोग किया जा सकता है और कैसी नयी शैली की खोज की जा सकती है। वर्णनात्मकता को आजकल सामान्य अर्थ में घटिया माना जाता है, किन्तु तोल्सतोय को पढ़ने पर इस शैली की सामर्थ्य और सामाजिक जीवन की अभिव्यक्ति के लिए उसकी अनिवार्यता का गहरा बोध हो जाता है।

आचार्य रामचन्द्र शुक्ल की आलोचना-दृष्टि

शुक्ल जी ने हिन्दी साहित्य के इतिहास में भारतेन्दु के सम्बन्ध में अपने विचार व्यक्त करते हुए लिखा है, "हिन्दी साहित्य अपने पुराने रास्ते पर ही पड़ा था। भारतेन्दु ने उस साहित्य को दूसरी ओर मोड़कर हमारे जीवन के साथ फिर लगा दिया। इस प्रकार हमारे जीवन और साहित्य के बीच जो विच्छेद पड़ रहा था, उसे उन्होंने पूरा दूर किया।" भारतेन्दु के सम्बन्ध में व्यक्त शुक्ल जी का उक्त मत जहाँ एक ओर उनके इतिहास-बोध का परिचायक है वहीं दूसरी ओर इनकी साहित्य-दृष्टि का भी। एक कुशल आलोचक में इतिहास-बोध, गहरी रसज्ञता और सुलझी हुई साहित्य-दृष्टि की अपेक्षा होती है। ये तीनों ही बातें शुक्ल जी में थीं। उपर्युक्त उद्धरण में शुक्ल जी ने नवीन परिस्थितियों में बदलती हुई सामाजिक चेतना और उसे स्वर देती हुई नवीन काव्यधारा को पहचानकर न केवल सही इतिहास-दृष्टि का परिचय दिया, बल्कि साहित्य के सम्बन्ध में अपनी जीवनवादी यानी लोक-जीवनवादी साहित्य-दृष्टि को भी उजागर किया। उसके साथ ही साथ उनकी गहरी रसज्ञता भी चलती रहती है। इसलिए जहाँ उनकी इतिहास-दृष्टि और जीवनमूलक साहित्य-दृष्टि भारतेन्दु कालीन साहित्य को नवीन ऐतिहासिक और सामाजिक चेतना के परिप्रेक्ष्य में रखकर उसकी प्रवृत्तिमूलक शक्ति का उचित मूल्यांकन और प्रशंसा करती है, वहीं उनकी गहरी रसज्ञता इन जीवनमूलक नवीन प्रवृत्तियों का काव्यात्मक मूल्यांकन करती हुई यह स्पष्ट घोषित करती है कि "भारतेन्दु जी ने हिन्दी काव्य को केवल नये-नये विषयों की ओर ही उन्मुख किया, उनके भीतर किसी नवीन विधान का सूत्रपात नहीं किया।"

भारतेन्दु के सम्बन्ध में व्यक्त शुक्ल जी के विचारों को मैंने प्रतीक रूप में ही लिया है। उनके इतिहास में या अलग रूप में अन्य कवियों पर लिखी गयी आलोचनाओं में सर्वत्र शुक्ल जी का अपना समर्थ और विशिष्ट आलोचक व्यक्तित्व दिखाई पड़ता है, जो इतिहास-बोध, गहरी रसज्ञता और जीवनमूलक साहित्य-दृष्टि के समन्वय से निर्मित है। उनका यह व्यक्तित्व एक ओर हिन्दी आलोचना के सही मार्ग पर अग्रसर होकर अपने को और हिन्दी आलोचना को परम्परा से

अलगाता है, दूसरी ओर अपनी शक्ति से हिन्दी आलोचना को एक ऐसे शिखर पर पहुँचा देता है जहाँ से हिन्दी आलोचना आगे बढ़ती है, लेकिन ऊपर नहीं उठती। इस प्रकार शुक्ल जी अपने-आप में एक ऐसे शिखर बन जाते हैं जो पूर्ववर्ती और परवर्ती आलोचना-यात्राओं के बीच अवस्थित है जो एक ओर अपनी ऐतिहासिक महत्ता को उद्घाटित करता है, दूसरी ओर अपनी मूल्यगत ऊँचाई को।

विद्वानों ने प्रायः शुक्ल जी की आलोचना पर नैतिक मानदंड का आरोप लगाया है। मैं इस बात से सहमत नहीं हूँ। शुक्ल जी की यात्रा द्विवेदीकालीन साहित्य के बीच से शुरू हुई है। चूँकि द्विवेदीकाल की रचना और आलोचना का मुख्य स्वर नैतिक था इसलिए शुक्ल जी के बनते हुए व्यक्तित्व पर उसके प्रभाव को अस्वीकार नहीं किया जा सकता। लेकिन यहाँ ध्यान देने की बात है कि यह नैतिकता द्विवेदीकालीन साहित्य की देन नहीं थी। वह तो उस काल और समाज के जीवन से फूट रही थी और काल और समाज के जीवन को साहित्य का उपजीव्य मानने वाला साहित्यकार उस स्वर से अप्रभावित कैसे रह सकता है? इस पूरे आधुनिक काल की विशेषता, और विशेषता ही नहीं, शक्ति भी यह है कि उसने एक वर्ग में सीमित मृतप्राय रति-चेतना के घेरे से निकलकर अपने को चारों ओर के जीवन्त सामाजिक यथार्थ से जोड़ा। इसका संकेत शुक्ल जी ने भारतेन्दु की आलोचना में किया है और प्रसाद ने भी अपने 'यथार्थवाद और छायावाद' नामक निबन्ध आज के साहित्य को यथार्थवादी कहकर तथा यथार्थवाद की मुख्य विशेषता को 'लघुता की ओर दृष्टिपात' नाम देकर इसी सत्य को उजागर किया। प्रश्न नैतिकता का नहीं था, प्रश्न था उस नैतिकता को गहराई में जाकर पहचानने का। द्विवेदीकालीन साहित्य ने जिस नैतिकता की बात की वह जटिल सामाजिक जीवन के भीतरी प्रश्नों और मनोवैज्ञानिक धरातलों से न फूटकर योग-क्षेम और सुधार-प्रचार के ऊपरी स्तरों तक ही सीमित रह गयी, दूसरे साहित्य के सन्दर्भ में नैतिकता को या सामाजिक मूल्य को जिस गहरे भावात्मक संसार से यानी 'एस्थेटिक' और आन्तरिक सम्बन्ध सूत्रों से जुड़ना होता है, उससे न जुड़ सका। इसलिए उस काल की मूल्यवादी आलोचना बड़े साफ-सुथरे और सपाट ढंग से नैतिकता और भाव को परस्पर जोड़ती हुई दीखती है और कुल मिलाकर जो समीक्षा का मानदंड उभरता है वह साहित्यिक कम है नैतिक अधिक।

लेकिन आचार्य शुक्ल की नैतिकता का साहित्य के साथ केवल ऊपरी सम्बन्ध नहीं है, बल्कि वह बहुत आन्तरिक और बुनियादी स्तरों पर साहित्य के भाव-जगत् से अपना रिश्ता जोड़ती है। इस प्रकार उनकी नैतिकता सौन्दर्य-बोध का एक अभिन्न अंग बनकर उभरती है। शुक्ल जी की नैतिकता द्विवेदीकालीन सुधारवाद नहीं है, वह वास्तव में लोक-मंगल है। यह लोक-मंगल आध्यात्मिक आदर्शवाद या सामाजिक सुधारवाद से अलग हटकर लोक-जीवन के यथार्थ पर

आधारित है। लोक-जीवन का यथार्थ एक ओर साहित्य को अधिकाधिक शक्ति प्रदान करता है तो दूसरी ओर उसे जीवन-मूल्यों के प्रति अनुरक्त करता है। जीवन-मूल्यों का सम्बन्ध गहरे जीवन-यथार्थ से होता है और जो व्यक्ति यथार्थ से, अर्थात् अनुभव के स्रोतों से, गहरे नहीं जुड़ा होता उसके जीवन-मूल्यों की बात अर्थहीन होती है। शुक्ल जी स्पष्ट करते हैं कि बिना परिचय के प्रेम कैसा? देश और समाज के प्रगाढ़ परिचय के बिना ही जो व्यक्ति देश-प्रेम या समाज-प्रेम (जो स्वयं में एक मूल्य है) की बात करता है, वह झूठ बोलता है। इसलिए लोक-मंगल की स्थापना के लिए यह आवश्यक है कि लोक-जीवन को गहराई से समझा जाए। लोक-जीवन के यथार्थ से कटे हुए समूचे साहित्य, धर्म, दर्शन, अध्यात्म को शुक्ल जी महत्त्व नहीं देते। इनका महत्त्व यदि है तो लोक-जीवन के सन्दर्भ में ही है। धर्म की व्याख्या करते हुए शुक्ल जी कहते हैं कि "वह व्यवस्था या वृत्ति, जिससे लोक-मंगल का विधान होता है, अभ्युदय की सिद्धि होती है धर्म है।" जाहिर है, कि लोक-जीवन के बीच स्थापित होने वाले धर्म का कोई रूढ़ या स्थिर रूप नहीं हो सकता। लोक-जीवन की गतिमयता और जटिलता के अनुसार उसका स्वरूप बदलता रहता है, लेकिन वह जितना भी बदले, उसे धर्म तभी कहा जा सकता है जब वह हर अवस्था में लोक-मंगल का विधान करता है। लोक-मंगल के विधायक धर्म का स्वरूप कहीं कठोर होगा, कहीं कोमल, कहीं पालक होगा, कहीं रंजक। लोक-जीवन से कटे हुए धर्म, अध्यात्म या अन्य साधनाओं को शुक्ल जी ने महत्त्व नहीं दिया। साहित्य के क्षेत्र में भी शुक्ल जी की लोक-मंगल की भावना का स्वर सर्वत्र मुखर है। किन्तु जैसा कहा जा चुका है यह लोक-मंगल का स्वर ऊपरी या साहित्य पर आरोपित स्वर नहीं है, बल्कि साहित्य के भीतर से फूटा हुआ स्वर है। रसवाद भारतीय मनीषा का सर्वोत्तम और अत्यधिक मनोवैज्ञानिक काव्यसिद्धान्त है। आचार्य रामचन्द्र शुक्ल इस रसवाद के न केवल आधुनिक गहन व्याख्याता हैं, बल्कि वे रसमय काव्य के श्रेष्ठ मर्मज्ञ भी हैं। रस को काव्य की आत्मा स्वीकार करने वाले आलोचक से यह आशा नहीं की जा सकती कि वह काव्य की रसमयता के ऊपर नैतिकता या मांगलिकता का आरोपण करे। शुक्ल जी काव्य की रसमयता के भीतर से ही अपने लोक-मंगल के जीवनादर्श को उद्घाटित करते हैं। और ऐसा नहीं है कि वे लोक-मंगल को साध्य और रसवाद को साधन मान लेते हैं, बल्कि दोनों के सम्बन्धों को अन्योन्याश्रित मानते हैं। कहा जा चुका है कि लोक-मंगल का आधार है लोक-जीवन की गहरी पहचान और लोक-जीवन की पहचान ही काव्य का भी आधार है। जो काव्य लोक-जीवन में व्याप्त यथार्थ और लोकहृदय से जितना ही अधिक सम्पृक्त होगा वह उतना ही गहरा और व्यापक होगा। काव्य की कल्पना, भावों, मनोविकारों आदि का निर्माण और विधान अपने आसपास के दृश्य-जगत् के अनेकानेक रूपों से होता है। शुक्ल जी के शब्दों में,

"संसार-सागर की रूप-तंरगों से ही मनुष्य की कल्पना का निर्माण और इसी की रूप-गति से उसके भीतर विविध भावों या मनोविकारों का विधान हुआ है। सौन्दर्य, माधुर्य विचित्रता, भीषणता, क्रूरता इत्यादि की भावनाएँ बाहरी रूपों और व्यापारों से ही निष्पन्न हुई हैं। हमारे प्रेम, भय, आश्चर्य, क्रोध, करुणा इत्यादि भावों की प्रतिष्ठा करने वाले मूल आलम्बन बाहर ही के हैं—इसी चारों ओर फैले हुए रूपात्मक जगत् के ही हैं। जब हमारी आँखें देखने में प्रवृत्त रहती हैं तब रूप हमारे बाहर प्रतीत होते हैं, जब हमारी वृत्ति अन्तर्मुखी होती है तब रूप हमारे भीतर दिखाई पड़ते हैं। बाहर-भीतर रहते हैं रूप ही...।"

इस प्रकार शुक्ल जी काव्य के दो प्रमुख तत्त्वों (भाव और कल्पना) के विधान के मूल में संसार की रूप-तरंगों को ही देखते हैं। संसार अर्थात् लोक-जीवन के विविध रूपों का जिस कवि को जितना ही अधिक अनुभव होगा, उसकी भाव-सम्पदा और कल्पना उतनी ही अधिक समृद्ध होगी। इसके विपरीत लोक-जीवन या अपने परिवेश के कटे हुए कवि की भाव-सम्पत्ति और कल्पना उतनी ही निर्धन और वायवीय होगी। मनोविज्ञान भी इस सत्य को निर्भ्रान्त भाव से स्वीकार करता है। दूसरे शब्दों में काव्य की रसमयता तभी अधिक प्रगाढ़ और वैविध्यपूर्ण होती है जब कवि की कल्पना और सम्वेदना विराट् लोक-जीवन के बीच निर्मित होती है। शुक्ल जी ने लोक-जीवन को काव्य में इतना अधिक महत्त्व दिया कि उन्होंने काफी दूर तक प्रत्यक्ष रूप-विधान को भी कल्पित रूप-विधान के समान ही रसानुभूति उत्पन्न करने के लिए सक्षम माना। प्रत्यक्ष रूप-विधान काल्पनिक रूप-विधान के समान ही रस उत्पन्न कर सकता है इसे स्वीकार करने में शास्त्रीय कठिनाइयाँ उत्पन्न हो सकती हैं और शुक्ल जी के अनेक काव्यसिद्धान्तों के समान ही यह सिद्धान्त भी विवादास्पद हो सकता है, किन्तु विवादास्पद होने पर भी अन्य सिद्धान्तों की तरह यह सिद्धान्त भी एक विशेष महत्त्व रखता है और हमें प्रभावित करता है। प्रत्यक्ष रूप-विधान काल्पनिक रूप-विधान का मूल आधार है। इसलिए शास्त्रीय दृष्टि से प्रत्यक्ष रूप-विधान के पूर्णतः रसात्मक होने में कुछ बाधाएँ भले ही उत्पन्न होती हों किन्तु इतना निश्चित है कि काव्य-रस का मूल आधार वही है और अपने आप में वह काफी दूर तक रसात्मक होता भी है। प्रत्यक्ष रूप-विधान की रसात्मकता पर इतना बल देने का कारण यह भी रहा है कि तत्कालीन पश्चिमी और भारतीय काव्य प्रत्यक्ष रूप-जगत् को छोड़कर स्वच्छन्द कल्पना के पंखों पर उड़कर एक ऐसे संसार की यात्रा करने लगे थे जो अरूप और अवास्तविक था। "कवि अपनी बातों का ऐसा रूप-रंग बनाते थे जो किसी और दुनिया का लगे या कहीं का न जान पड़े।"

एक ओर शुक्ल जी इस वायवीय कलावादी काव्य-संसार के निरन्तर दबाव को महसूस कर रहे थे, दूसरी ओर आधुनिक काल में उत्पन्न सामाजिक और राष्ट्रीय

चेतना का स्फुरण अनुभव कर रहे थे। उनके भीतर स्फुरित इस समकालीन सामाजिक राष्ट्रीय चेतना ने प्राचीन और आधुनिक काल के तथा पश्चिम और पूर्व के उन कवियों और आलोचकों से मानसिक साहचर्य स्थापित किया जो अपनी सम्वेदनाओं और विचारों में लोक-जीवन के सत्य के चितेरे या चिन्तक थे। दूसरी ओर उन्होंने अपने यहाँ के तथा पश्चिम के उन प्राचीन और नवीन साहित्यकारों का विरोध किया जो 'कला कला के लिए' जैसे व्यक्तिवादी काव्य-सिद्धान्त के समर्थक थे या जिन्होंने स्वच्छन्द अनियन्त्रित कल्पना के द्वारा एक कृत्रिम लोक का निर्माण करना चाहा या जिन्होंने लौकिक जीवन के मूर्त सत्य को छोड़कर अज्ञात, अरूप, रहस्यवादी या आध्यात्मिक सत्य को अपने प्रेम या राग का विषय बनाने का स्वांग रचा। शुक्ल जी की इस लौकिक चेतना और सम्वेदना को अधिक पुष्ट किया तुलसीदास के 'रामचरितमानस' ने। ऐसा लगता है कि युगीन सामाजिक परिप्रेक्ष्य में उत्पन्न शुक्ल जी की लोक-चेतना ने 'रामचरितमानस' में अपने काव्यादर्श का मूर्त रूप पा लिया। और फिर जैसे राम के लोक-नायकत्व तथा लोक-हृदय की गहरी पहचान के कारण तुलसी का काव्य शुक्ल जी का काव्यादर्श बन गया, लेकिन जैसा कि कहा जा चुका है शुक्ल जी रसवादी समीक्षक हैं, इसलिए उन्होंने अपनी लौकिकता या सामाजिकता को ऊपर से आरोपित करने के स्थान पर भीतर से उभारा। रस के सन्दर्भ में उन्होंने जो कुछ मौलिक चिन्तन किया है वह उनकी मनुष्य की अनेक भावात्मक और मनोवैज्ञानिक अवस्थाओं की गहरी पहचान का परिचय देता है। साथ ही साथ वे रस को सामाजिक भूमिका भी देते चलते हैं। अर्थात् वे रसात्मकता और सामाजिकता के अपरिहार्य-सम्बन्ध सूत्रों की खोज करते हैं। इस दृष्टि से 'काव्य में लोक-मंगल की साधनावस्था, साधारणीकरण और व्यक्ति वैचित्र्यवाद' तथा 'रसात्मक बोध के विविध रूप' निबन्धों में व्यक्त विचार बड़े महत्त्व के हैं। 'काव्य में लोक-मंगल की साधनावस्था' में शुक्ल जी ने 'आनन्द की सिद्धावस्था' (जिसकी अभिव्यक्ति विशेषतया मुक्तकों में होती है) को तो स्वीकार किया है, किन्तु उन्होंने आनन्द की साधनावस्था या प्रयत्न पक्ष को लेकर चलने वाले काव्य की महत्ता को विशेष रूप से स्वीकार किया है। वह मात्र इसलिए नहीं कि इसका सम्बन्ध सामाजिक जीवन से है, बल्कि इसलिए भी कि इसमें विरुद्धों का सामंजस्य होने के नाते रस की अधिक गहरी अवस्था निहित रहती है, क्योंकि (जैसाकि रिचर्ड ने भी स्वीकार किया है) दो समान या सरल आवेगों के सामंजस्य से उत्पन्न प्रभाव उस प्रभाव से कम गहरा होता है जो अनेक विरोधी आवेगों के सामंजस्य से उत्पन्न होता है।

साहित्य का सम्बन्ध जीवन से है—जीवन की सार्थकता स्वतःसिद्ध नहीं होती, परिवेश की प्रासंगिकता में ही वह अर्थवान होती है। सामाजिक जीवन विषमताओं का पुंज होता है, उसमें समता लाने के लिए निरन्तर प्रयत्न करना पड़ता है और

समता लाने वाले प्रयत्नों को भी सामाजिक जीवन की अवस्था और आवश्यकता के अनुसार कहीं मधुर होना पड़ता है। कहीं कठोर, कहीं हमारी सद्‌भावना काम करती है कहीं शास्त्र, कहीं करुणा की जाती है और कहीं क्रोध। इन सबके मूल में सामाजिक कल्याण की भावना होती है। इसलिए संहार, घृणा, क्रोध भी उतने ही सुन्दर होते हैं जितने कि प्यार, करुणा, और सृजन। शुक्ल जी इस सन्दर्भ में स्थायी भाव या अंगी भाव से अलग एक बीज भाव की कल्पना करते हैं। इन सारे कर्मों के मूल में एक बीज भाव होता है। यदि बीज भाव अमांगलिक है तो प्यार और करुणा भी असुन्दर लगते हैं यदि बीज भाव मांगलिक है तो क्रोध और हिंसा भी सुन्दर लगते हैं। यह बीज भाव जितना ही निर्वैयक्तिक और व्यापक होगा उसे स्फुरित भावों का प्रभाव उतना ही व्यापक होगा। इसलिए शुक्ल जी प्रयत्न से उत्पन्न सौन्दर्य को अधिक व्यापक और जटिल मानते हैं और इस प्रयत्न पक्ष (कोमल और कठोर दोनों) की सार्थकता तब तक बनी रहेगी जब तक यह सृष्टि है। ''जबकि अव्यक्तावस्था से छूटी हुई प्रकृति के व्यक्त-जगत् में आदि से अन्त तक सत्त्व, रज और तम तीनों गुण रहेंगे तब समष्टि रूप में लोक के बीच मंगल का विधान करने वाली ब्रह्म की आनन्द कला के प्रकाश की यही पद्धति हो सकती है कि तमोगुण और रजोगुण दोनों सतोगुण के अधीन होकर उसके इशारे पर काम करें।''

शुक्ल जी पर कोरी नैतिकता का आरोप लगाने वालों को सोचना चाहिए कि उन्होंने सर्वत्र कोरी नैतिकता या उपदेशवाद का विरोध किया है। यहाँ तक कि वे टाल्सटाय आदि साहित्यकारों के भातृ-प्रेम-संचार को एकांगी मानकर कर्मशील जीवन को ही पूर्ण सुन्दर मानते हैं अर्थात् वे कर्महीन जीवन से रहित नैतिकतावाद को या कर्म के केवल कोमल पक्ष को पूर्ण सौन्दर्य का विधायक नहीं मानते। स्पष्ट है कि शुक्ल जी काव्य का सम्बन्ध सौन्दर्य से और सौन्दर्य का सम्बन्ध कर्ममय जीवन से मानते हैं। नैतिकता भी इस जीवन-कर्म में से ही प्रस्फुटित होती है। शुक्ल जी ने स्पष्ट किया है कि ''कवि जहाँ मंगल-शक्ति की सफलता दिखाता है वहाँ कला की दृष्टि से सौन्दर्य का प्रभाव डालने के लिए, धर्मशासक की हैसियत से डराने के लिए नहीं, कि यदि ऐसा कर्म करोगे तो फल पाओगे। कवि कर्म-सौन्दर्य के प्रभाव द्वारा प्रवृत्ति या निवृत्ति अन्तःप्रकृति में उत्पन्न करता है, उसका उपदेश नहीं देता।''

शुक्ल जी की दृष्टि निरन्तर लौकिक जीवन पर ही टिकी हुई है। काव्य का, अन्तःरस का सम्बन्ध वे लोक-जीवन की सम्वेदनाओं और उन्हीं से सम्बद्ध मूल्यों से मानते हैं। इस प्रकार वे काव्य को उस अरूप आध्यात्मिक सत्य से बचाना चाहते हैं जो केवल चिन्तन का विषय हो सकता है, राग का नहीं। इसलिए वे रस को मनोमय कोश में आगे नहीं ले जाना चाहते और काव्य-रसों को जागतिक भावों

की तरह सुखात्मक और दुखात्मक दोनों ही मानते हैं। शास्त्रीय दृष्टिकोण से शुक्ल जी का यह मत कितना भ्रान्त या निर्भ्रान्त है यह प्रश्न जुड़ा हुआ है, लेकिन हमें कहना यह है कि शुक्ल जी ने रसानुभूति को लोकानुभूति से बराबर जोड़ते रहने का प्रयास किया है। जबकि रस एक शाश्वत अखंड धारा बनकर विषय, काल, स्थान को डुबाता हुआ चला जा रहा था तब शुक्ल जी ने उसमें उठने वाले विषय, काल और स्थानगत कोणों को उभारने का प्रयत्न किया और रस एकरस आस्वाद न रहकर जीवन के भावगत, विषयगत और मूल्यगत वैविध्य के साथ जुड़ने लगा। रस तो तुलसी में भी है, सूर में भी, बिहारी में भी और प्रसाद में भी, इन सबके काव्यों का आस्वाद रसात्मक है, किन्तु इन काव्यों को वैशिष्ट्य देने वाला है समय, परिवेश और मूल्यों से इनकी अलग-अलग सम्पृक्ति। ज्ञान और भाव के पारस्परिक सम्बन्धों को देखना वास्तव में भाव को परिवेश के सन्दर्भ में ही देखना है। ज्ञान-प्रसार के साथ-साथ रागात्मिकता-वृत्ति का यह प्रसार एकीकरण या समन्विति की एक प्रक्रिया है अर्थात् हम जितने ही व्यापक परिवेश में जीवन जीते हैं, हमारी ज्ञानेन्द्रियाँ उतने ही अधिक रूपों से परिचय प्राप्त करती हैं और उन रूपों से हमारा रागात्मक सम्बन्ध बनता चला जाता है। शुक्ल जी ने प्रकारान्तर से महावीर प्रसाद द्विवेदी के उस कथन का विरोध किया कि विज्ञान के प्रसार के साथ-साथ कविता का ह्रास होता चला जाएगा। विज्ञान के प्रसार से नये-नये जीवन उपादान ही नहीं, बल्कि जीवन के नये सम्बन्ध भी बनते हैं और उनके आधार पर हमारी संवेदनाओं में नयापन आता है और साहित्य नये विषय, नये सम्बन्ध, नयी सम्वेदनाएँ तथा नये चिन्तन लिये आगे बढ़ता है। यह सब तो है, लेकिन लगता है शुक्ल जी संस्कारों से कहीं रूमानी थे, इसलिए वे स्वच्छन्द प्राकृतिक जीवन को जितना प्यार करते हैं, उतना आधुनिक जीवन को नहीं जो वैज्ञानिक आविष्कारों की देन है। वे बार-बार प्रकृति की सहज आदिम कविता की ओर आकृष्ट होते हैं और बार-बार नयी सभ्यता पर चढ़ते जटिल आवरणों को हटाकर सहज हार्दिकता में डूब जाते हैं। यह मानवीय-हार्दिक सहजता उनका संस्कार भी है और मूल्य भी।

शुक्ल जी ने रस की चर्चा के प्रसंग में एक ऐसी बात कही है जो शास्त्रीय धारणा से मेल नहीं खाती। उन्होंने बिम्ब ग्रहण कराना कविता का मूल धर्म मानकर यह स्थापित करना चाहा है कि रसानुभूति के समय श्रोता या पाठक के मन में आलम्बन के रूप में विशेष व्यक्ति या विशेष वस्तु की मूर्त भावना ही आती है। वे स्पष्ट करते हैं कि जिस व्यक्ति-विशेष के प्रति किसी भाव की व्यंजना कवि या पात्र करता है पाठक या श्रोता की कल्पना में वह व्यक्ति-विशेष ही उपस्थित रहता है। हाँ, कभी-कभी ऐसा भी होता है कि पाठक या श्रोता की मनोवृत्ति या संस्कार के कारण व्यक्ति-विशेष के स्थान पर कल्पना में उसी के समान धर्म वाली कोई मूर्ति आ जाती है। साधारणीकरण का अभिप्राय यह है कि जैसे व्यक्ति-विशेष

(या वस्तु-विशेष) काव्य में वर्णित आश्रय के भाव का आलम्बन होता है, वैसे ही सब सहृदय पाठकों या श्रोताओं के भाव का भी आलम्बन होता है, वैसे ही सब सहृदय पाठकों या श्रोताओं के भाव का भी आलम्बन होता है। शुक्ल जी का यह मत पुराने या नये रस-शास्त्रियों से भिन्न है। अन्य रस-शास्त्री आलम्बन के वैशिष्ट्य को न स्वीकार उसकी सामान्यता को ही स्वीकार करते हैं। उनकी दृष्टि में आलम्बन व्यक्ति-विशेष या वस्तु-विशेष के रूप में न आकर जाति के रूप में आता है। फिर हम यहाँ शुक्ल जी के इस कथन की शास्त्रीय संगति, विसंगति के चक्कर में न पड़कर उसकी एक ऐसी विशेषता की ओर संकेत करना चाहेंगे जिसके आलोक में आज के कुछ प्रश्नों का समाधान खोजा जा सकता है। आज का काव्य प्रायः अनुभूति के वैशिष्ट्य या अद्वितीयता पर बल देना चाहता है। 'अनुभूति का वैशिष्ट्य' या 'अद्वितीयता का आधार' होगा आलम्बन का विशिष्ट रूप। जो कवि किसी विशिष्ट आलम्बन का साक्षात्कार करेगा उसी की अनुभूति में वैशिष्ट्य उत्पन्न होगा। सामान्य गुणधर्मों से बने-बनाए आलम्बन के ऊपर लिखी गयी कविताओं में एकरूप सामान्यता या अमूर्त सपाटता होती है। शुक्ल जी आलम्बन के रूप में व्यक्ति-विशेष या वस्तु-विशेष को मानते हुए जाने-अनजाने हमारे आज के इस प्रश्न को उत्तरित करते हुए प्रतीत होते हैं। वह आलम्बन-विशेष अपने विशिष्ट गुण-धर्म के नाते जो अनुभूति आश्रय के मन में जगा रहा है वही अन्य पाठकों तथा श्रोताओं के मन में भी जागेगी। इस प्रकार विशेष आलम्बन जन्य विशेष अनुभूति ही सर्वसामान्य की अनुभूति बन जाएगी।

शुक्ल जी ने सामाजिक सन्दर्भों में रस की व्याख्या कर एक बहुत बड़ा काम यह किया कि रस को आस्वाद से आगे बढ़ाकर मूल्य से जोड़ दिया। रस को एकरस और चिरन्तन सत्ता मानने वाले रस-शास्त्री रस को समय और देश के सन्दर्भों के साथ जोड़ने में सफल नहीं हुए थे। रस के प्रबल व्याख्याता और समर्थक आधुनिक आलोचक डॉ. नगेन्द्र भी काव्य-रचना में समय को बुनियादी शक्ति के रूप में कहीं स्वीकार नहीं करते। समय और स्थान की चेतना से असम्पृक्त रहने पर भी आस्वाद तो हो सकता है, लेकिन ऐसा काव्य और उसका पाठक सामाजिक जीवन-सन्दर्भों में निर्मित होते रहने वाले नित्य नूतन मूल्यों से कट जाता है। रस यदि मात्र आस्वाद है तो रस-शास्त्री के लिए वाल्मीकि की 'रामायण' और रीतिकाल के रसात्मक दोहों में कोई फर्क नजर नहीं आएगा। फिर इन दो रसात्मक काव्यों के अलग-अलग या तुलनात्मक आकलन का आधार क्या होगा? जीवन ही न, जो एक विशेष काल की सामाजिक चेतना में मूर्त होकर मानवीय अनुभवों और मूल्यों को न केवल रूपायित करता है, बल्कि उन्हें दूर तक ध्वनित करता है।

शुक्ल जी की इस लोक-जीवनोन्मुख साहित्य-दृष्टि के साथ उनकी इतिहास-दृष्टि

और काव्य-मर्मज्ञता जुड़ी हुई है। इनकी समीक्षाओं में इन तीनों का ही समन्वित रूप दृष्टिगत होता है। यह समन्वित दृष्टि शुक्ल जी के पहले की हिन्दी समीक्षा में नहीं दिखाई पड़ती और बाद की समीक्षाओं में भी प्रौढ़ता लक्षित नहीं होती। इसी इतिहास-दृष्टि ने सर्वप्रथम विभिन्न कालों की परिस्थितियों, उनसे उत्पन्न चेतनाओं तथा साहित्य पर पड़ने वाले उन प्रभावों के अनुसार हिन्दी साहित्य का एक वैज्ञानिक काल-विभाजन सम्भव किया और कवियों की कालगत विशेषताओं, उनके परिवेशों तथा उनके व्यक्तित्वों के सन्दर्भ में उनकी कृतियों का मूल्यांकन सम्भव किया। इस प्रकार शुक्ल जी ने काव्य के आस्वाद व मूल्यांकन को ऐतिहासिक सन्दर्भों से जोड़ा। यह उल्लेखनीय है कि शुक्ल जी पहले समीक्षक हैं, जिन्होंने समकालीन साहित्य को भी उसी जागरूकता और तन्मयता से पहचानने और आकलित करने की तत्परता दिखाई जिस जागरूकता और तन्मयता से प्राचीन साहित्य को। इस कथन के सन्दर्भ में छायावाद के ऊपर लिखी गयी उनकी समीक्षा की ओर ध्यान जाना स्वाभाविक है। समीक्षकों ने यह आक्षेप किया है कि शुक्ल जी छायावाद को सही ढंग से यानी सही सन्दर्भों में नहीं समझ सके थे। यह आक्षेप काफी हद तक सही है, लेकिन हमें इस आक्षेप के उत्तर में दो बातें कहनी हैं। एक तो यह कि शुक्ल जी ने छायावाद पर जिस रहस्यवाद या आध्यात्मिकता का दोष लगाया था वह छायावाद की मूल चेतना में न सही, उसकी भंगिमा में और लाक्षणिक शैली में तो वर्तमान थी ही और स्वयं प्रसाद एवं महादेवी ने छायावाद की भारतीयता सिद्ध करने के लिए उसे आध्यात्मिक परम्परा से जोड़ा था। बाद में छायावाद की हिमायत करने वाले आलोचक भी छायावादी काव्य में तरह-तरह की आध्यात्मिक गरिमा का संकेत ढूँढते रहे। दूसरी बात यह है कि शुक्ल जी अपनी समकालीन साहित्यधारा छायावाद के प्रति जितने जागरूक रहे, बाद में आने वाले गण्यमान्य समीक्षक अपनी समकालीन नयी साहित्य धाराओं के प्रति न केवल उतने जागरूक नहीं रह सके, बल्कि उनके प्रति उदासीन हो गये। इतभा ही नहीं, जहाँ शुक्ल जी साहित्य की सभी विधाओं के प्रति जागरूक रहे, वहाँ बाद में समीक्षकों ने अपनी जागरूकता कुछ ही विधाओं के प्रति दिखाई। आजकल नयी खोजें हो रही हैं, उन खोजों के आधार पर हो सकता है कुछ कालों के नामों में कुछ परिवर्तन सम्भव हो जाए, लेकिन शुक्ल जी की ही इतिहास-चेतना अभी तक हमारे साहित्य-इतिहास का मूल आधार बनी हुई है। आलोचकों ने मुक्त स्वर में कहा है, शुक्ल जी की इतिहास-दृष्टि छायावाद की सामाजिक भूमिका की व्याख्या करने में भले ही असफल रही, लेकिन वर्तमान कविता की व्याख्या करते समय उन्होंने कुछ ऐसे सूत्रों को पकड़ा जो इतिहास और काव्य की उनकी समझ की बारीकी सूचित करते हैं। आज हम कविता में जिस चिन्तन या बौद्धिकता की बात करते हैं उसकी शुरुआत भारतेन्दु काल में ही हो चुकी थी और शुक्ल जी ने बड़ी स्पष्टता से इसकी ओर निर्देश किया। उन्होंने

कहा कि "भारतेन्दु काल में सामान्य विषयों पर छोटे-छोटे निबन्धों या प्रबन्धों की शुरुआत हुई जिनमें भाव और विचार की मिश्रित धारा कुछ दूर तक चलती थी। पहले इस प्रकार के विषय कुछ उक्ति-वैचित्र्य के साथ एक ही पद्य में कहे जाते थे अर्थात् वे मुक्तक-सूक्तियों के रूप में ही होते थे।"

आलोचकों ने मुक्त स्वर से स्वीकार किया है कि शुक्ल जी जैसी रसज्ञता विरल है, उनके सिद्धान्तों में विसंगतियाँ या अपूर्णताएँ खोजी जा सकती हैं, लेकिन वे कृतियों के सौन्दर्य की सही पहचान करने में नहीं चूकते। उनकी साहित्य-दृष्टि रसवादी है, वे समस्त आध्यात्मिक या लौकिक, नैतिक या भोगवादी घटाटोपों के बीच घिरी हुई रचना के भावात्मक सौन्दर्य को खोज निकालना चाहते हैं, यह भावात्मक सौन्दर्य वास्तव में मानव-जीवन की गहरी पहचान के कारण उत्पन्न होता है। मानवमन के सत्य से काव्य की पहचान जितनी ही व्यापक और गहरी होगी,उसका सौन्दर्य भी उतना ही व्यापक और गहरा होगा, किन्तु यह भी तो सही है कि कुछ कवियों की पहचान मनुष्य के बहुत सीमित पक्ष से होती है, लेकिन जितनी होती है, गहरी होती है। वह काव्य एक जीवन-खंड से सम्बद्ध होकर भी एक तीव्र सौन्दर्य-चेतना उत्पन्न करता है। शुक्ल जी की काव्य दृष्टि ने हमारे इतिहास में आने वाली समूची कृतियों का आस्वाद और मूल्यांकन करते समय इसी व्यापक दृष्टि का परिचय दिया है। वे तुलसी, सूर, जायसी, बिहारी, घनानन्द, मैथिलीशरण गुप्त, प्रसाद, पन्त आदि अनेक प्रकार के कवियों की काव्य-छवियों को बड़ी सहृदयता और मार्मिकता से उद्‌घाटित करते चले जाते हैं। शुक्ल जी आवश्यकतानुसार तुलनात्मक पद्धति से कई समकालीन रचनाओं की काव्य-छवियों की तारतमिक महत्ता तथा मूल्य-चेतना भी उद्‌घाटित करते हैं, किन्तु वे सबसे पहले एक कुशल व्याख्यात्मक समीक्षक हैं, इसलिए रचनाओं पर शुरू से ही अपनी मान्यताओं और जीवन-मूल्यों को लाद देने के स्थान पर उनकी अपनी दुनिया की खोज करते हैं और इस दुनिया की निजता के बीच उसके भाव-सौष्ठव को अधिक गहराई से पहचानने का प्रयत्न करते हैं और उस भाव-सौष्ठव के उद्‌घाटन और आकलन के लिए उचित परिवेश की सृष्टि कर लेते हैं। इसलिए जहाँ वे तुलसी के विराट्-सन्दर्भों के बने हुए भावलोक का मुग्ध भाव से आस्वाद लेते हैं वहीं एक सीमित जीवन-सन्दर्भ से निर्मित बिहारी के शृंगारमूलक भाव का भी। तुलसी की अपेक्षा सीमित जीवन को लेकर चलने वाले सूरदास की भावात्मक गहराइयों के अनेक स्तरों का वे जिस मार्मिकता से उद्‌घाटन करते हैं वह अन्यत्र विरल है, किन्तु जहाँ दो समकालीन कवियों की पारस्परिक महत्ता का आकलन करना होता है वहाँ उनकी लोक-जीवन की विराटता और गहनता से निर्मित जीवन-दृष्टि ऊपर उठ आती है। हम पुनः दोहरा दें कि इनकी मूल्यवादी दृष्टि भावात्मक समृद्धि से असम्पृक्त नीतिवाद नहीं है। उन्हीं के शब्दों में "सूर और

तुलसी को हमें उपदेशक के रूप में न देखना चाहिए। ये उपदेशक नहीं हैं। अपनी भावुकता और प्रतिभा के बल से लोक-व्याप्त भीतर के भगवान् की मनोहर मूर्ति प्रतिष्ठित करने वाले हैं। उनका शस्त्र भी मानव हृदय है और लक्ष्य भी।" वास्तव में कबीर को शुक्ल जी ने कवि के रूप में जो ऊँचा स्थान नहीं दिया वह मूलतः इसी उपदेशवाद के नाते। शुक्ल जी यह तो मानते हैं कि कबीर की प्रतिभा बड़ी प्रखर थी और इनकी कृतियों में भी कहीं-कहीं विलक्षणता और चमत्कार है, किन्तु यह भी स्पष्ट करते हैं कि मनुष्य-मनुष्य के बीच जो रागात्मक सम्बन्ध है वह कबीर के द्वारा व्यक्त न हुआ। शुक्ल जी की दृष्टि में कबीर ने मानवीय सत्यों के स्थान पर निर्गुण ब्रह्म के प्रति कहीं अपने ज्ञान को, कहीं अपने प्रेम को व्यक्त किया है। आज के आलोचकों ने कबीर को लेकर शुक्ल जी की समीक्षा की सीमाओं को या उनके पक्षपातपूर्ण व्यवहार को उद्घाटित करना चाहा है। इधर कबीर के ऊपर बहुत-से महत्त्वपूर्ण ग्रन्थ लिखे गये हैं। जो कबीर की महत्ता को सर्वोपरि सिद्ध करना चाहते हैं। इस सन्दर्भ में कुछ बातों पर विचार करना आवश्यक है। शुक्ल जी के बाद कबीर की महत्ता दो दृष्टियों से उद्घाटित की गयी। छायावादी संस्कार के आलोचकों ने रवीन्द्र की तरह कबीर में रहस्यवादी स्वर ढूँढकर उससे अपना नैकट्य अनुभव किया। दूसरे हजारीप्रसाद द्विवेदी जैसे इतिहास-खोजियों ने मुख्यतः कबीर में प्रायः उस सांस्कृतिक और धार्मिक भूमिका की खोज की जिससे भक्तिकाल को एक नये परिप्रेक्ष्य में अधिक गहराई से समझा जा सके, किन्तु कबीर के सूखे उपदेशों, उलटवाँसियों या ब्रह्मजीव-माया-मूलक ज्ञान की बातों को कविता के रूप में स्थापित करने का पुरुषार्थ किसी से सम्भव नहीं हो सका। वास्तव में आज के सन्दर्भ में कविता ने जो नया मोड़ लिया उसके नाते कबीर की अधिकांश कविताएँ हमारे लिए अत्यधिक प्रासंगिक हो उठी हैं। विशेषतया वे कविताएँ जो बड़े ही तीखेपन से अनेक सामाजिक और मानवी विसंगतियों को उद्घाटित कर हमारे हृदय पर सीधे चोट करती हैं। आचार्य द्विवेदी ने कबीर की इस मस्ती और उसके सौन्दर्य को सर्वप्रथम रेखांकित किया था। लेकिन जब नये चिन्तन और सम्वेदन के इस दौर में सहयात्रा करने वाले आज के बहुत-से रसवादी आलोचकों को भी कबीर में काव्य-सौष्ठव नहीं दिखाई पड़ता, तो आचार्य शुक्ल पर यह दोष लगाना कहाँ तक न्यायसंगत है।

शास्त्रीय दृष्टि से शुक्ल जी के सिद्धान्तों की अनेक सीमाएँ हो सकती हैं, व्यावहारिक समीक्षा में भी उनकी अद्भुत काव्य-मर्मज्ञता के बावजूद कुछ कवियों या काव्य रूपों के प्रति पक्षपातपूर्ण व्यवहार दिखाई पड़ सकता है, उनमें मध्यकालीन नैतिकता की बू भी खोजी जा सकती है, किन्तु सर्वत्र ऐसा लगता है कि शुक्ल जी की समीक्षा हमें जीवन-सन्दर्भों में निर्मित सर्जनात्मक प्रश्नों की गहराई और घुमावों में से गुजरती हुई चल रही है और अपनी जीवन्तता से लगातार प्रभावित कर रही है।

आचार्य रामचन्द्र शुक्ल और कथालोचन

आचार्य शुक्ल ने हिन्दी कथा-साहित्य पर अलग से कुछ नहीं लिखा है। हिन्दी साहित्य का इतिहास लिखते हुए उन्होंने हिन्दी उपन्यास और कहानी का विकास दिखाया है। इस प्रक्रिया में उन्होंने उपन्यास और कहानी की विशेषताओं का भी संक्षेप में उल्लेख किया है। आचार्य शुक्ल ने काव्य के अतिरिक्त अन्य किसी विधा की कृतियों पर अलग से नहीं लिखा, किन्तु इतिहास में अन्य विधाओं की प्रवृत्तियों और विकास के सम्बन्ध में जितना कहा है वह उनकी उन विधाओं की बुनियादी शक्ति की गहरी पहचान का प्रमाण प्रस्तुत करता है।

शुक्ल जी की एक बहुत बड़ी विशेषता है उनके चिन्तन का देशीपन। वे किसी भी विधा की बुनियादी प्रवृत्तियों और किसी भी रचना की मूल शक्तियों की तो सही पहचान करते ही हैं, किन्तु वे हमेशा यह अनुभव करते हैं कि शक्ति अपने ही परिवेश और परम्परा से प्राप्त होती है। किसी विधा का रूप विदेश से लिया गया हो सकता है, किन्तु उसकी प्राणमत्ता और चेतना अपने आसपास के जगत् के अनुभव और अपनी परम्परा की जीवन्त शक्तियों की पहचान से ही प्राप्त होती हैं यानी कोई रचना अपने अनुभव और चेतना में देशी होकर ही अपनी पहचान बनाती है और यही रचना अपनी सुदीर्घ परम्परा की शक्ति का विकास कर उसकी अगली कड़ी भी बनती है और अपनी चेतना के देशीपन के कारण ऐसी रचनाएँ विदेशी रूप को भी अपने अनुकूल बदलती रहती हैं, उसे ज्यों-का-त्यों लेकर नहीं चलतीं।

रामचन्द्र शुक्ल से पूर्व कथा-समीक्षा का कोई व्यवस्थित और व्यापक रूप नहीं दिखाई पड़ता। भारतेन्दु और द्विवेदी काल में कुछ छिटपुट समीक्षाएँ ही दिखाई पड़ती हैं, वे भी किसी पुस्तक की रिव्यू के रूप में। हिन्दी कहानी की शुरुआत तो सन् 1901 में होती है, किन्तु हिन्दी का पहला विशिष्ट उपन्यास 'परीक्षागुरु' सन् 1882 में आ चुका था और उसके आसपास बहुत से सामाजिक, ऐतिहासिक, जासूसी और तिलस्मी-ऐसारी उपन्यास लिखे गये, किन्तु रामचन्द्र शुक्ल से पूर्व किसी ने व्यवस्थित रूप से उपन्यासों पर समीक्षा नहीं लिखी। हाँ, प्रेमधन ने

गजाधर सिंह द्वारा अनूदित रमेशचन्द्र दत्त के उपन्यास 'वंग विजेता' की, बालकृष्ण भट्ट ने 'परीक्षागुरु' की तथा बालमुकुन्द गुप्त ने 'तारा' की, कुछ लम्बी समीक्षाएँ अवश्य कीं। किन्तु ये समीक्षाएँ एक-एक पुस्तक पर आधारित हैं और उनका स्वर साहित्यिक से ज्यादा नैतिक है। अतः आचार्य शुक्ल के सामने कथा-समीक्षा का विदेशी प्रतिमान तो था, किन्तु साहित्य पर आधारित कोई देशी प्रतिमान नहीं था और आचार्य शुक्ल विदेशी प्रतिमानों के पीछे न दौड़कर अपने देशी सन्दर्भ में प्रतिमान निश्चित करने वाले आचार्य थे।

शुक्ल जी ने 'हिन्दी साहित्य का इतिहास' के अपने वक्तव्य में कहा है—"आधुनिक काल में गद्य का आविर्भाव सबसे प्रधान साहित्यिक घटना है।" साहित्यिक घटना इसलिए कि गद्य के आविर्भाव से साहित्य के भीतर अनेकरूपता का विकास हुआ। यानी गद्य के कारण अनेक काव्येतर विधाओं का आविर्भाव और विकास हुआ जिससे हमारा साहित्य बहुत समृद्ध हुआ। फिर उन्होंने आधुनिक काल में उपन्यास-कहानी पर लिखते हुए कहा, "वर्तमान जगत् में उपन्यासों की बड़ी शक्ति है। समाज जो रूप पकड़ रहा है, उसके भिन्न-भिन्न वर्गों में जो प्रवृत्तियाँ उत्पन्न हो रही हैं, उपन्यास उनका विस्तृत प्रत्यक्षीकरण ही नहीं करते, आवश्यकतानुसार उनके ठीक विन्यास, सुधार अथवा निराकरण की प्रवृत्ति भी उत्पन्न कर सकते हैं। समाज के बीच खानपान के व्यवहार तक में जो भद्दी नकल होने लगी है—गर्मी के दिनों में भी सूटबूट कसकर टेबुलों पर जो प्रीतिभोज होने लगा है—उसको हँसकर उड़ाने की सामर्थ्य उपन्यासों में ही है। लोक या जन-समाज के बीच काल की गति के अनुसार जो गूढ़ और चिन्त्य परिस्थितियाँ खड़ी होती रहती हैं, उनको गोचर रूप में सामने लाना और कहीं-कहीं निस्तार का मार्ग भी प्रत्यक्ष करना उपन्यासों का काम है।"

प्रस्तुत उद्धरण बड़े महत्त्व का है। इसमें पहली बार उपन्यास के वास्तविक महत्त्व को रेखांकित किया गया। शुक्ल जी की दृष्टि में उपन्यास वर्तमान जगत् में एक बड़ी शक्तिशाली विधा है। उसकी शक्ति उसके मनोरंजन में नहीं है, बल्कि इस बात में है कि वह बदलते हुए समाज के विभिन्न वर्गों की प्रवृत्तियों का साक्षात्कार करता है तथा उसके ठीक विन्यास, सुधार अथवा निराकरण की प्रवृत्ति भी उत्पन्न करता है। शुक्ल जी ने उपन्यास की शक्ति सामाजिक यथार्थ के साक्षात्कार और दिशा-निर्देश की प्रवृत्ति उत्पन्न करने में मानी। वे उपन्यास को यदि मनोरंजन से नहीं जोड़ते तो उपदेश से भी नहीं जोड़ते। उन्होंने सुन्दर बदलाव का नारा देने की बात नहीं की, उसकी प्रवृत्ति उत्पन्न करने की बात कही। प्रवृत्ति जब भी उत्पन्न होगी यथार्थ से गुजरने की प्रक्रिया से ही होगी। प्रवृत्ति नारों से नहीं, लेखकीय टिप्पणियों से नहीं, सतही उपदेशों से नहीं, वरन् यथार्थ के गहरे साक्षात्कार के बीच मूल्यों की पहचान से पैदा होती है। वह बहुत भीतरी और

सौन्दर्य-प्रक्रिया से पैदा होने वाली चीज है। इसलिए यह विचार स्थापित किया जा सकता है कि प्रेमचन्द और रामचन्द्र शुक्ल दोनों ही ने उपन्यास को मनोरंजन और उपदेश के क्षेत्र से निकालकर यथार्थ और मूल्य की सुदृढ़ भूमिका पर प्रतिष्ठित होते देखना चाहा।

मनोरंजन उपन्यास का बहुत आवश्यक किन्तु ऊपरी गुण है। इस गुण के माध्यम से रस-संचार करना, भाव-विभूति जगाना और चरित्रों की विशिष्टताओं की पहचान उभारना साहित्यिक उपन्यासों का काम होता है। इसलिए शुक्ल जी ने मनोरंजन की दृष्टि से धूम मचाने वाले उपन्यास 'चन्द्रकान्ता' और 'चन्द्रकान्ता सन्तति' को साहित्य की कोटि में नहीं रखा। उनकी दृष्टि में "इन उपन्यासों का लक्ष्य केवल घटना-वैचित्र्य रहा, रस-संसार, भाव-विभूति या चरित्र-चित्रण नहीं। ये वास्तव में घटना-प्रधान कथानक या किस्से हैं जिनमें जीवन के विभिन्न पक्षों के चित्रण का कोई प्रयत्न नहीं, इससे ये साहित्य की कोटि में नहीं आते।" ध्यान देने की बात है कि शुक्ल जी उपन्यास का सम्बन्ध रस-संचार, भाव-विभूति और चरित्र-चित्रण से तो जोड़ते ही हैं, जीवन की व्यापकता और वैविध्य की पहचान से भी जोड़ते हैं। उपन्यास में जीवन के विविध पक्षों का चित्रण होना चाहिए। वास्तव में इस विधा की सार्थकता जीवन की विविधता को रूपायित करने में ही है जिसकी ओर निबन्ध के शुरू में ही उद्धृत शुक्ल जी का उद्धरण इशारा करता है।

दूसरी ओर 'परीक्षा गुरु' जैसे सामाजिक उपन्यास पर लिखते हुए शुक्ल जी ने लिखा—"श्रीनिवासदास ने 'परीक्षागुरु' नाम का एक शिक्षा-प्रद उपन्यास भी लिखा। वे खड़ी बोली की बोलचाल के शब्द और मुहावरे अच्छे लाते थे। अतः उनकी भाषा संयत और साफ-सुथरी तथा रचना बहुत कुछ सोद्देश्य होती थी।" शुक्ल जी ने इस उपन्यास की सोद्देश्यता, उपदेश-प्रधानता और भाषा की सफाई तथा संयम को ही रेखांकित किया। उन्हें इस उपन्यास में या तो उपन्यास के और गुण दिखाई नहीं पड़े या उनकी चर्चा नहीं की। यदि दिखाई नहीं पड़े तो कहा जा सकता है कि यह शिक्षाप्रद उपन्यास अपनी उपदेशात्मकता के बावजूद उन्हें बहुत प्रभावित नहीं कर सका।

अतः फिर उस बात की ओर लौटा जा सकता है जिसकी खोज शुक्ल जी उपन्यास में करते हैं। "लोक या किसी जन-समाज के बीच काल की गति के अनुसार जो गूढ़ और चिन्त्य परिस्थितियाँ खड़ी होती रहती हैं उनका गोचर रूप में सामने लाना और कहीं-कहीं निस्तार मार्ग भी प्रत्यक्ष करना उपन्यासों का काम है।" इस दृष्टि से जब शुक्ल जी ने विचार किया तो लगा—इस तृतीय उत्थान में हमारा उपन्यास और कहानी-साहित्य ही सबसे अधिक समृद्ध हुआ। "नूतन विकास लेकर आने वाले प्रेमचन्द जी जो कर गये वह तो हमारे साहित्य की एक निधि ही है, उनके अतिरिक्त पं. विश्वम्भर नाथ कौशिक, बाबू प्रताप नारायण

श्रीवास्तव, श्री जैनेन्द्र कुमार ऐसे सामाजिक उपन्यासकार तथा बाबू वृन्दावनलाल वर्मा ऐसे ऐतिहासिक उपन्यासकार उपन्यास-भंडार की बहुत सुन्दर पूर्ति करने जा रहे हैं।'' जाहिर है कि शुक्ल जी ने सामाजिक जीवन-यथार्थ का चित्रण करने वाले उपन्यासों को विशेष महत्त्व दिया है। सामाजिक जीवन-यथार्थ अपने भीतर राजनीतिक और आर्थिक पहलुओं को समेटे रहता है। ''सामाजिक उपन्यासों में देश में चलने वाले राष्ट्रीय तथा आर्थिक आन्दोलनों का आभास बहुत कुछ रहता है। ताल्लुकदारों के अत्याचार, भूखे किसानों की दारुण दशा के बड़े चटकीले चित्र उसमें प्रायः पाए जाते हैं।'' इस सन्दर्भ में शुक्ल जी की देशी रचनात्मक दृष्टि एक अहम सवाल उठाती है। वह यह कि क्या उपन्यासकारों को राजनीतिक दलों द्वारा प्रचारित बातें लेकर चलना चाहिए या वस्तुस्थिति पर अपनी दृष्टि भी डालनी चाहिए। जाहिर है राजनीतिक दलों का मुख्य सरोकार एक खास प्रकार के दृष्टिकोण या विचारधारा से होता है और वे आदमी को सम्पूर्णता में देखने के स्थान पर खंड रूप में देखते हैं। उपन्यासकार या साहित्यकार आदमी को सम्पूर्णता में देखता है और उसे एक विचारधारा के तहत गढ़ता नहीं है, उसके और उसके परिवेश के बीच रहकर उसका भीतर से बाहर तक साक्षात्कार करता है। यानी लेखक के सामने एक जीवन्त परिवेश और उस परिवेश से जुड़ा मनुष्य-समाज रहता है। लेखक उसका अनुभव करता है और फिर उन अनुभवों को अपनी दृष्टि विशेष या विचारधारा से विश्लेषित और सर्जित करता है। इसलिए जो चीज एक राजनीतिक के लिए फार्मूला होती है वह साहित्यकार के लिए जीने की वस्तु होती है। वह उसे जीकर, उसका अनुभव कर उसकी संश्लिष्ट वास्तविकता का साक्षात्कार करता है तब उसे लगता है कि एक खास तरह के राजनीतिक के लिए जो जमींदार शोषक का प्रतीक होता है वह उपन्यासकार के लिए सुख-दुःख और अच्छाई-बुराई से स्पन्दित एक आदमी भी होता है। अपने आसपास के जमींदारों का साक्षात्कार करके ही जाना जा सकता है कि जो जमींदार राजनीतिकों के लिए या विचारधारा से ही काम चला लेने वाले लेखकों के लिए फट से शोषक का प्रतीक बन जाते हैं। उनमें 98 प्रतिशत जमींदार ऐसे हैं जो साधारण हैं और वे भी किसानों ही की कोटि में आते हैं। शुक्ल जी ने अपने समय के शोषण की पहचान की थी और यह अनुभव किया था कि राजनीतिकों द्वारा प्रचारित बातों और अनुभव से गृहीत बातों में अन्तर होता है। शासन देश का शोषण कर रहा है, किन्तु उस शोषण का सारा आघात गाँव के ऊपर ही होता है, नगर के महाजन उससे बचे रहते हैं। यानी गुलामी पूरे देश के लिए एक-सी अमूर्त और एक-सी भयानक चीज नहीं है, उसकी पीड़ा ठोस है और उस पीड़ा में सभी एक ही तरह नहीं फँसे हुए हैं। आजादी का आन्दोलन मात्र राष्ट्रीय स्वाधीनता प्राप्ति के लिए था। यदि उसने देश के उन वर्गों की ठोस पहचान की होती जो देश और विदेश दोनों की मार झेल रहे थे, जिनकी

पीड़ा का वास्तविक स्रोत गरीबी, भुखमरी और तज्जन्य अमानवीय यन्त्रणा था तो उस आन्दोलन का स्वरूप इतना वायवीय नहीं होता और न उसकी उपलब्धियाँ इतनी अरूप होतीं, बल्कि उसका मुँह शोषित-पीड़ित वर्गों की ओर रहा होता और उसकी उपलब्धियाँ भी उन्हीं के सन्दर्भ में आँकी जातीं।

आचार्य शुक्ल ने उपन्यासकार को अपने देश की वास्तविकता के अनुभव से जोड़ते हुए कहा—"उन्हें यह भी देखना चाहिए कि अंग्रेजी राज्य जमने पर भूमि की उपज या आमदनी पर जीवन निर्वाह करने वालों (किसान और जमींदारों दोनों) की ओर नगर के रोजगारियों या महाजनों की परस्पर क्या स्थिति हुई। उन्हें यह भी देखना चाहिए कि राजकर्मचारियों का इतना बड़ा चक्र ग्रामवासियों के सिर पर ही चला करता है, व्यापारियों का वर्ग उससे प्रायः बचा रहता है। भूमि ही यहाँ सरकारी आय का प्रधान उद्‌गम बना दी गयी है। व्यापार श्रेणियों को यह सुविधा विदेशी व्यापार को फलता-फूलता रखने के लिए दिया गया था जिससे उनकी दशा उन्नत होती आयी और भूमि से सम्बन्ध रखने वाले सब वर्गों की—क्या जमींदार, क्या किसान, क्या मजदूर—गिरती गयी।" आगे लिखते हैं—"जमींदारों के अन्तर्गत हमें 98 प्रतिशत साधारण जमींदारों को लेना चाहिए, 2 प्रतिशत बड़े-बड़े ताल्लुकेदारों को नहीं। किसान और जमींदार एक ओर तो सरकार की भूमि सम्बन्धी नीति से पिसते जा रहे हैं दूसरी ओर उन्हें भूखों मारने वाले नगरों के व्यापारी हैं जो इतने घोर श्रम से पैदा की हुई भूमि की उपज का भाव अपने लाभ की दृष्टि से घटाते-बढ़ाते रहते हैं। भाव किसानों के हाथ में नहीं। किसानों से बीस सेर के भाव से अन्न लेकर व्यापारी सात-आठ सेर के भाव से बेचा करते हैं। नगरों के मजदूर तक पान-बीड़ी के साथ सिनेमा देखते हैं, गाँव के जमींदार और किसान कष्ट से किसी प्रकार दिन काटते हैं। कहने का तात्पर्य यह कि हमारे उपन्यासकारों को वर्तमान जीवन के भीतर अपनी दृष्टि गड़ाकर देखना चाहिए, केवल राजनीतिक दलों की बातों को लेकर ही न चलना चाहिए। साहित्य को राजनीति के ऊपर रहना चाहिए, सदा उसके इशारों पर ही न नाचना चाहिए।" आचार्य शुक्ल देश और समाज की सामान्य वास्तविकताओं से उपन्यास-लेखन का सम्बन्ध जोड़कर उसकी विशिष्ट प्रकृति और शक्ति की पहचान रेखांकित कर रहे हैं और सामान्य वास्तविकताओं के केन्द्र में गाँव और किसानी जीवन को रख रहे हैं। इस केन्द्रीय भारतीय जीवन का सत्ता, नगर और व्यवसाय के किन बिन्दुओं पर तनाव है, इसकी ओर भी संकेत कर रहे हैं। ध्यान देने की बात है कि शुक्ल जी गाँव और कृषि जीवन को ठोस आर्थिक परिस्थितियों के बीच पहचानना चाहते हैं, रूमानी दृष्टि से उसके पास नहीं पहुँचना चाहते।

शुक्ल जी अपने देश और समाज के अन्य पक्षों की उपेक्षा नहीं करते, किन्तु वे केन्द्र को हमेशा दृष्टि में रखते हैं। "अपने देश में यूरोपीय रहन-सहन की

पद्धति पर जीवन जीने वाले कुछ वर्ग भी पैदा हो रहे हैं, कुछ उपन्यास उन्हीं के यथार्थ तक अपने को सीमित रखे हुए हैं। उनमें मिस्टर, मिसेज, प्रोफेसर, होटल, क्लब, ड्राइंग रूम, टेनिस मैच, सिनेमा, मोटर पर हवाखोरी, कॉलेज के छात्रावस्था के बीच प्रणय-व्यापार इत्यादि ही सामने आते हैं।'' शुक्ल जी मानते हैं—''यह ठीक है कि अंग्रेजी शिक्षा के दिन-दिन बढ़ते हुए प्रचार से देश के आधुनिक जीवन का यह भी एक पक्ष हो गया है, पर सामान्य पक्ष नहीं। भारतीय रहन-सहन, खान-पान, रीति-व्यवहार प्रायः सारी जनता के बीच बने हुए हैं। देश के असली सामाजिक और घरेलू जीवन को दृष्टि से ओझल करना हम अच्छा नहीं समझते।''

विदेशीपन में रस लेने वाले उपन्यासों को अतिरिक्त महत्ता देकर देशी जमीन की ताकत पर बने उपन्यासों की उपेक्षा करना आज का फैशन हो गया है। शुक्ल जी ने अपने समय में ही इस खतरे को भाँपकर देश की सामान्य जनता के यथार्थ पर आधारित उपन्यासों की शक्ति रेखांकित की थी। ''द्वितीय उत्थान के भीतर बंगला से अनूदित अथवा उसके आदर्श पर लिखे गये उपन्यासों में देश की सामान्य जनता के गार्हश्थ्य और पारिवारिक जीवन के बड़े मार्मिक और सच्चे चित्र रहा करते थे। प्रेमचन्द के उपन्यासों में भी निम्न और मध्य श्रेणी के गृहस्थों के जीवन का बहुत सच्चा स्वरूप मिलता रहा।''

शुक्ल जी जीवन-यथार्थ को परिस्थितियों के उद्घाटन तक सीमित नहीं रखते, उसे मनःस्थितियों की गहराई तक खींच ले जाते हैं। मानव-जीवन के केन्द्र में तो मानव ही है न। और मानव कोई सरल इकाई नहीं है, यह न जाने कितने सम्वेदनों और चिन्ताओं का संश्लिष्ट रूप है और हर मनुष्य एक-दूसरे से मिलता हुआ कहीं न कहीं अलग है, उसका कोई न कोई रंग विशिष्ट है। जीवन-यथार्थ के उद्घाटन में मानव-चरित्रों का केन्द्रीय योगदान होता है और मानव-चरित्र अपने वास्तविक रूप में सपाट, इकहरे नहीं होते, वर्तुल और संश्लिष्ट होते हैं। यह सवाल प्रेमचन्द ने भी उठाया और आचार्य शुक्ल ने भी। और सच बात तो यह है कि प्रेमचन्द से पूर्व के उपन्यासों में अन्तःप्रकृति या शील के चित्र के उद्घाटन के दर्शन नहीं होते। प्रेमचन्द के ही उपन्यासों को देखकर शुक्ल जी नें हिन्दी उपन्यासों के सन्दर्भ में यह बात उठाई। ''द्वितीय उत्थान के मौलिक उपन्यासकारों में शील-वैचित्र्य की उद्भावना नहीं के बराबर थी। प्रेमचन्द के ही कुछ पात्रों में ऐसे स्वाभाविक ढाँचे की व्यक्तिगत विशेषताएँ मिलने लगीं जिन्हें सामने पाकर अधिकांश लोगों को यह भासित हो कि कुछ इसी ढंग की विशेषता वाले व्यक्ति हमने कहीं-न-कहीं देखे हैं। ऐसी व्यक्तिगत विशेषता ही सच्ची विशेषता है। उसे झूठी विशेषता और वर्गगत विशेषता दोनों से अलग समझना चाहिए। मनुष्य-प्रकृति की व्यक्तिगत विशेषताओं का संगठन भी प्रकृति के और विधानों के समान कुछ ढर्रों पर होता है अतः ये विशेषताएँ बहुतों को दिखाई पड़ती रहती हैं चाहे वे उन्हें शब्दों में व्यक्त

न कर सकें।" "अतः प्रकृति या शील के उत्तरोत्तर उद्‌घाटन का कौशल भी प्रेमचन्द के दो-एक उपन्यासों मे, विशेषतः 'गबन' में देखने में आया। सत् और असत्, भला और बुरा दो सर्वथा भिन्न वर्ग करके पात्र-निर्माण करने की अस्वाभाविक प्रथा भी इस तृतीय उत्थान में कुछ कम हुई पर मनोवृत्तियों की अस्थिरता का वह चित्र अभी बहुत कम दिखाई पड़ा जिसके अनुसार कुछ परिस्थितियों में मनुष्य अपने शील और स्वभाव के विरुद्ध आचरण कर जाता है।" यहाँ ध्यान देने की बात है कि शुक्ल जी शील-वैचित्र्य की बात तो करते हैं, किन्तु पश्चिम के शील-वैचित्र्य वादियों के विपरीत उसे प्रकृति के और विधानों के समान ही एक ढर्रे पर संगठित होता हुआ मानते हैं, अर्थात् उस वैचित्र्य की भी एक सामान्यता है, गोचरता है, तार्किकता है। वह देश-दुनिया से परे कोई निहायत अजूबा चीज नहीं। मनुष्य की ऐसी ही विशेषताएँ उसे वर्गगत विशेषताओं की यान्त्रिक इकाई और झूठी विचित्रताओं की असहज तस्वीर होने से बचाती हैं और उपन्यास को एक गहरी संक्रान्त दुनिया के रूप में परिणत करती हैं।

शुक्ल जी साहित्य की अस्मिता और शक्ति की पहचान के केन्द्र में सामाजिक या लोकगत जीवन-यथार्थ को अवश्य रखते थे, किन्तु उनकी दृष्टि बँधी हुई नहीं थी। उनकी खुली दृष्टि सामाजिक या लोकगत जीवन-यथार्थ के किसी निपट बद्ध और रूढ़ रूप से बँधकर नहीं चलती थी। दरअसल वे पश्चिम से आने वाले वादों के कायल नहीं थे। वे अपनी जानी-पहचानी दुनिया के सत्य को अनुभव से पकड़ने और उस पर व्यापक दृष्टि डालने के पक्षपाती थे। इसलिए वे किसी रूढ़ विचारधारा में फँसे साहित्य का समर्थन करने के स्थान पर अपने अनुभव और चिन्तन के रंग से जुड़े लोकधर्मी साहित्य का समर्थन करते थे, किन्तु साहित्य का इतिहास लिखने की प्रक्रिया में उन्हें सभी तरह के लेखन की पहचान तो करनी ही थी। कथा-साहित्य के सन्दर्भ में भी उन्होंने यह काम किया है यद्यपि सूत्र रूप में किया है। उन्होंने अपने समय में लिखे जाते हुए उपन्यासों के कथावस्तु और लक्ष्य के अनुसार कई भेद देखे। जैसे घटना-वैचित्र्य प्रधान उपन्यास, मनुष्य के अनेक पारिवारिक सम्बन्धों की मार्मिकता पर लक्ष्य रखने वाले उपन्यास, समाज के भिन्न-भिन्न वर्गों की परस्पर स्थिति और उनके संस्कार चित्रित करने वाले उपन्यास, अन्तःवृत्ति अथवा शील-वैचित्र्य और उनके संस्कार चित्रित करने वाले उपन्यास, भिन्न-भिन्न जातियों और मतानुयायियों के बीच मनुष्यता के व्यापक सम्बन्ध पर जोर देने वाले उपन्यास, समाज में पाखंड पूर्ण कुत्सित पक्षों का उद्‌घाटन करने वाले उपन्यास, बाह्य और आभ्यन्तर प्रकृति की रमणीयता का समन्वित रूप में चित्रण करने वाले उपन्यास।

जाहिर है शुक्ल जी ने इन उपन्यासों पर कोई टिप्पणी नहीं की है, केवल सूत्र रूप में उनके स्वरूप की ओर इशारा ही किया है, लेकिन इससे पूर्व वे घटना-वैचित्र्य

वाले उपन्यासों के प्रति अपनी नापसन्दगी और सामाजिक यथार्थ तथा शील-वैचित्र्य वाले उपन्यासों के प्रति अपनी पसन्दगी जाहिर कर चुके थे। इससे प्रकारान्तर से संक्षेप में ही सही उनकी इतिहासमूलक पहचान के साथ-साथ आलोचनात्मक दृष्टि स्पष्ट हो चुकी थी। यदि वे विस्तार से लिखते तो शायद और बातें स्पष्ट होतीं।

मैं बार-बार शुक्ल जी की दृष्टि के देशीपन की बात उठाई है। यह देशीपन सार्वभौमता या अन्तरराष्ट्रीयता के विरोध में नहीं है, बल्कि ज़ीवन और साहित्य की एक ठोस मूर्त जमीन की पहचान के रूप में है जिसके बिना साहित्य न देशी होता है न सार्वभौम। अतः अपनी जमीन पर नजर गड़ाए रखने वाले शुक्ल जी ने पश्चिम से आने वाली उपन्यास विधा को देशी सन्दर्भ में फलते-फूलते और विकसित होते देखना चाहा। उन्होंने स्पष्ट कहा, "इसमें तो कोई सन्देह नहीं कि उपन्यास और छोटी कहानी दोनों के ढाँचे हमने पश्चिम से लिये हैं। हैं भी ये ढाँचे बड़े सुन्दर। हम समझते हैं कि ढाँचों तक ही रहना चाहिए। पश्चिम के भिन्न-भिन्न दृष्टियों से किए गये वर्गीकरण, उनके सम्बन्ध में निरूपित तरह-तरह के सिद्धान्त भी हम समेटते चलें इसकी कोई आवश्यकता नहीं दिखाई देती। उपन्यासों और छोटी कहानियों का हमारे वर्तमान हिन्दी साहित्य में इतनी अनेकरूपता के साथ विकास हुआ है कि उनके सम्बन्ध में हम अपने कुछ स्वतन्त्र सिद्धान्त स्थिर कर सकते हैं। अपने ढंग पर उनके भेद-उपभेद निरूपित कर सकते हैं।" अपनी जमीन के साथ साहित्य की गहरी सम्पृक्ति की गहरी समझदारी शुक्ल जी को देश-विदेश के किसी भी रचनाकार मूलक आतंक से मुक्त रखती है और वे बाहर से आने वाली उस बड़ी से बड़ी आँधी के खिलाफ तनकर खड़े हो जाते हैं जिसका हमारी जमीन से कोई सम्बन्ध नहीं होता और बाहर की उन सारी बातों को सहज मन से स्वीकारते भी हैं जिनका सम्बन्ध हमारे अपने परिवेश के साहित्य से जुड़ता है या जिनसे जुड़कर हमारा साहित्य शक्ति पा सकता है। शुक्ल जी ने यूरोप में यथार्थवाद की उठी हुई एक प्रवृत्ति के बारे में टिप्पणी करते हुए लिखा—"उपन्यासों के भीतर लम्बे-लम्बे दृश्यवर्णनों तथा धारा-प्रवाह भाव व्यंजनापूर्ण भाषण की जो प्रथा पहले थी वह यूरोप में बहुत कुछ छाँट दी गयी, अर्थात् वहाँ उपन्यासों से काव्य का रंग बहुत कुछ हटा दिया गया। यह बात वहाँ नाटक और उपन्यास के क्षेत्र में यथातथ्यवाद की प्रवृत्ति के साथ-साथ हुई। इससे उपन्यास कला की अपनी निज की विशिष्टता निखरकर झलकी, इसमें सन्देह नहीं। वह विशिष्टता यह है कि घटनाएँ और पात्रों के क्रिया-कलाप ही भावों को बहुत कुछ व्यक्त कर दें, पात्रों के प्रगल्प भाषण की उतनी अपेक्षा न रहे। पात्रों के थोड़े से मार्मिक शब्द ही हृदय पर पड़ने वाले प्रभाव को पूर्ण कर दें। इस तृतीय उत्थान का आरम्भ होते-होते हमारे हिन्दी साहित्य में उपन्यास का यह पूर्ण विकसित और परिष्कृत स्वरूप लेकर स्वर्गीय प्रेमचन्द जी आए।" यूरोप के यथातथ्यवाद के इस स्वस्थ प्रभाव को

स्वीकारते हुए भी उसके अतिवादी रूप के खतरे को पहचानने से वे न चूके। उन्होंने एक तो शील वैचित्र्य को यूरोप के अतिवादी ढंग के विपरीत एक स्वाभाविक ढाँचे को व्यक्तिगत विशेषता माना, जिसका संगठन भी प्रकृति के और विधानों के समान कुछ ढरों पर होता है और जिसका बहुत सुन्दर रूप प्रेमचन्द के कुछ पात्रों में दिखाई पड़ता है। दूसरे उन्होंने काव्यत्व के अवयव को एकदम यूरोपीय ढर्रे पर निकाल देने का विरोध किया। काव्यत्व हमारा परम्परागत अवयव है इसे यूरोप की नकल पर क्यों निकाल दिया जाए? "उपन्यास और नाटक दोनों से काव्यत्व का अवयव बहुत कुछ निकालने की प्रवृत्ति किस प्रकार यूरोप में हुई और दृश्यवर्णन, प्रगल्भ भावव्यंजना, आलंकारिक चमत्कार आदि किस प्रकार हटाए जाने लगे हैं, इसका उल्लेख ऊपर कर आए हैं। उसके अनुसार इस तृतीय उत्थान में हमारे उपन्यासों के ढाँचों में कुछ परिवर्तन हुआ। परिच्छेदों के आरम्भ में लम्बे-लम्बे काव्यमय दृश्यवर्णन जो पहले रहा करते थे, बहुत कम हो गये, पात्रों के भाषण का ढंग अधिक स्वाभाविक और व्यावहारिक हुआ। उपन्यास को काव्य के निकट रखवाने वाला पुराना ढाँचा एकबारगी छोड़ नहीं दिया गया।" शुक्ल जी बाहरी प्रभाव के ग्रहण की बात करते-करते अपनी परम्परा के अवशिष्ट रह जाने की ही बात नहीं करते, बलपूर्वक यह कहना चाहते हैं कि बाहर के स्वस्थ प्रभाव को ग्रहण करने की प्रक्रिया में आँख मूँदकर अपनी परम्परा की अच्छी बातें क्यों छोड़ दी जाएँ? वे आगे कहते हैं—"छोड़ा क्यों जाए? उसके भीतर हमारे भारतीय कथानक गद्य प्रबन्धों, जैसे कादम्बरी, हर्ष चरित के स्वरूप की परम्परा छिपी हुई है। यूरोप उसे छोड़ रहा है, छोड़ दे। यह कुछ आवश्यक नहीं कि हम हर कदम उसी के पीछे रखें।" फिर शुक्ल जी यूरोप में नाटक और उपन्यास से काव्यत्व को बाहर निकालने के कारणों की ओर संकेत करते हैं—"वहाँ जब फ्राँस और इटली के कलावादियों द्वारा काव्य भी बेलबूटे की नक्काशी की तरह जीवन से सर्वथा पृथक् कहा जाने लगा, तब जीवन को ही लेकर चलने वाले नाटक और उपन्यास का उससे सर्वथा पृथक् समझा जाना स्वाभाविक ही था, पर इस अत्यन्त पार्थक्य का आधार प्रमाद के अतिरिक्त और कुछ नहीं। जगत् और जीवन के नाना पक्षों को लेकर प्रकृत काव्य भी बराबर चलेगा और उपन्यास भी। एक चित्रण और भावव्यंजना को प्रधान रखेगा, दूसरा घटनाओं के संचरण द्वारा विविध परिस्थितियों की उद्भावना को। उपन्यास न जाने ऐसी कितनी परिस्थितियाँ सामने लाते हैं जो काव्यधारा के लिए प्रकृत मार्ग खोलती है।" शुक्ल जी की यह टिप्पणी काव्य और उपन्यास की मूल प्रकृतियाँ स्पष्ट करती हुई उनके अन्तस्सम्बन्धों की बहुत सही पहचान कराती है। प्रेमचन्द से लेकर आज तक के उपन्यासों में उपन्यास और काव्य के सहज अन्तस्सम्बन्धों को देखा जा सकता है। जहाँ ये अन्तस्सम्बन्ध सहज और गहरे हैं वहाँ उपन्यास एक अतिरिक्त शक्ति प्राप्त कर उठा है। शुक्ल

जी देख रहे थे कि भारतीय लेखक यूरोपीय लेखन के प्रवाह में अन्धाधुन्ध बह रहा था। शुक्ल जी सावधान करते हुए लिखते हैं—"अब यह आदत छोड़नी चाहिए कि कहीं हार्डी का उपन्यास पढ़ा और उसमें अवसाद या दुःखवाद की गम्भीर छाया देखी तो चट से बोल उठे कि अभी हिन्दी के उपन्यासों को यहाँ तक पहुँचने में बहुत देर है। बौद्धों के दुःखवाद का संस्कार किस प्रकार जर्मनी के शोपन हावर से होता हुआ हार्डी तक पहुँचा यह भी जानना चाहिए।"

शुक्ल जी पश्चिम से अभिभूत हुए बिना उसकी नवीन प्रवृत्तियों की पहचान करते हैं और भारतीय साहित्य पर उसके प्रभाव का आकलन करते हैं, साथ ही नवीन साहित्य के विधान में अपनी परम्परा के प्रभाव की खोज करने से भी नहीं चूकते। वे नवीन साहित्य को प्राचीन साहित्य से अलगाने वाले सम्वेदनागत या शिल्पगत बिन्दुओं की पहचान भी बहुत सफाई से कर लेते हैं। आधुनिक कथा-साहित्य के शिल्प के बारे में लिखते हुए उन्होंने अपने यहाँ की दो कथा-परम्पराओं को सामने रखा—(1) वृहत्कथा, वैताल पचीसी, सिंहासन बत्तीसी इत्यादि की घटना-चक्र में रमाने वाली कथा-परम्परा, (2) कादम्बरी, माधवानल, कामकन्दला, सीत वसन्त आदि उन ग्रन्थों की परम्परा जो वृत्त-वैचित्र्य पूर्ण होते हुए भी कथा के मार्मिक स्थलों में रमाने वाले आख्यान हैं। प्रथम में इतिवृत्त का प्रवाह मात्र होता है, पर दूसरी कोटि की कहानियों में भिन्न-भिन्न स्थितियों का चित्रण या प्रत्यक्षीकरण भी पाया जाता है। शुक्ल जी मानते हैं कि आधुनिक ढंग के उपन्यासों और कहानियों के स्वरूप का विकास इसी भेद के आधार पर क्रमशः हुआ है। उन्होंने उपन्यास में काव्यात्मकता बनाए रखने की हिमायत तो की ही, साथ ही उसके स्वरूप-निर्माण में नाटकों के प्रभाव को भी देखा अर्थात् उन्होंने कथा-साहित्य के सन्दर्भ में कई विधाओं के अन्तस्सम्बन्धों की पहचान की और उसे ठीक माना। उन्होंने नाटक के प्रभाव को दिखाते हुए भी कथा-साहित्य की आधुनिक संरचना की अपनी पहचान की ओर संकेत किया।

"इस स्वरूप के विकास के लिए कुछ बातें नाटकों से ली गयीं, जैसे कथोपकथन, घटनाओं का विन्याश-वैचित्र्य, वाह्य और आभ्यन्तर परिस्थिति का चित्रण तथा उसके अनुरूप भाव-व्यंजना। इतिवृत्त का प्रवाह तो उसका मूल रूप था ही, वह तो बना ही रहेगा। उसमें अन्तर इतना ही पड़ा कि पुराने ढंग की कथा-कहानियों में कथा का प्रवाह अखंड गति से एक ओर चलता था जिसमें घटनाएँ पूर्वापर क्रम से जुड़ती सीधी चली जाती थीं पर यूरोप में जो नये ढंग के कथानक नॉवेल के नाम से चले और बंग भाषा में आकर उपन्यास कहलाए, वे कथा के भीतर की कोई भी परिस्थिति आरम्भ में रखकर चल सकते हैं और उसमें घटनाओं की शृंखला लगातार सीधी न जाकर इधर-उधर की शृंखलाओं में गुम्फित होती चलती है और अन्त में जाकर सबका समाहार हो जाता है। घटनाओं के

विन्यास की यही वक्रता या वैचित्र्य उपन्यासों और आधुनिक कहानियों की वह प्रत्यक्ष विशेषता है जो उन्हें पुराने ढंग की कथा-कहानियों से अलग करती है।''

शुक्ल जी ने बहुत थोड़े में अपने समय तक ही आधुनिक हिन्दी कथा की संम्वेदनात्मक और संरचनात्मक प्रकृति की बहुत अच्छी पहचान उभारी है, किन्तु एक प्रश्न उठता है कि उपन्यास को जीवन से जुड़ी इतनी सशक्त विधा मानते हुए भी उन्होंने उस पर अलग से कुछ क्यों नहीं लिखा। अलग से लिखना तो दूर रहा, इतिहास में जैसे उन्होंने काव्य पर निबन्ध और नाटक विधाओं का इतिहास लिखने के क्रम में विशिष्ट कृतिकारों और कृतियों का कुछ विस्तार से विवेचन किया, उस तरह कथा-साहित्य के सन्दर्भ में क्यों नहीं किया? जगह-जगह प्रेमचन्द की शक्तियों का उल्लेख करते हुए उन्होंने उन पर अलग से क्यों नहीं लिखा? आधुनिक काल को गद्य काल कहने वाले और गद्य में उपन्यास की आत्यन्तिक शक्ति को स्वीकार करने वाले शुक्ल जी ने कथा-साहित्य पर क्यों नहीं अलग से लिखा या इतिहास में ही प्रेमचन्द के कथा-साहित्य का क्यों नहीं विस्तार से विवेचन किया, यह एक प्रश्न है? इसे शुक्ल जी का वह अन्तर्विरोध भी कह सकते हैं जिसकी परम्परा आज तक चली आ रही है, यानी आज तक लोग गद्य काल की इस समृद्धि के युग में प्रतिमान की खोज कविता के सन्दर्भ में ही कर रहे हैं। समृद्ध हो रहा है गद्य और चिन्ता बनी हुई है कविता के प्रतिमान की।

आचार्य हजारीप्रसाद द्विवेदी की आलोचना-दृष्टि

लोग कभी-कभी व्यक्ति की किन्ही मान्यताओं को उसी की अन्य मान्यताओं से काटना चाहते हैं। उसी के एक गुण को समृद्ध बताकर दूसरे गुण को उससे पराभूत करना चाहते हैं, लेकिन प्रायः होता ऐसा है कि उस व्यक्ति का एक गुण दूसरे का पूरक बनकर उसे और भी प्रदीप्त कर देता है। लोग किसी विशेष अभिप्राय से इस पूरकता को लुप्त कर उसे खंडित रूप में देखना चाहते हैं। मैंने प्रायः कुछ आलोचकों को यह कहते सुना है कि हजारीप्रसाद द्विवेदी सर्जक तो बहुत बड़े हैं, किन्तु आलोचक के रूप में उतने शक्तिमान नहीं। कुछ लोग तो सलाह भी देते पाए गये हैं कि वे निबन्ध (व्यक्तिपरक निबन्ध) और उपन्यास ही लिखें आलोचना के चक्कर में क्यों पड़ते हैं? यानी वे यह कहते हैं कि द्विवेदी जी अपना सर्वोत्तम रचनात्मक साहित्य के माध्यम से ही दे सकते हैं, आलोचना के फेर में पड़कर वे अपनी सर्वोत्तम शक्ति का सदुपयोग नहीं करते।

वास्तव में इस कथन के पीछे यह धारणा छिपी हुई है कि आलोचना बौद्धिक व्यापार है। आलोचक विश्लेषण-शक्ति से सम्पन्न एक तटस्थ न्यायाधीश है जो गम्भीरता का भारी चेहरा पहने हुए आलोच्य कृतियों पर निर्लिप्त व्याख्या और निर्णय प्रस्तुत करता है, जिसमें बौद्धिकता का एक आतंक और भाराक्रान्तता होती है, जिसे सर्जनात्मकता से कुछ लेना-देना नहीं होता। क्या सचमुच आलोचक वह न्यायाधीश है जो घटना-स्थल और घटना की प्रतिक्रियाओं से दूर बैठा हुआ वकीलों की बहसों पर फैसला देता है, और यह फैसला मानवीय है या अमानवीय इसकी चिन्ता उसे कम होती है, नियम-पालन की चिन्ता अधिक होती है। आलोचना में सर्जनात्मकता का रस देखकर ऐसे ही आलोचक चौंक उठते हैं, और यह कहना शुरू कर देते हैं कि इस आलोचक को तो रचना के क्षेत्र में रहना चाहिए था, जैसे कि आलोचना का सर्जनात्मकता से कोई सम्बन्ध नहीं। शायद ऐसे ही आलोचकों को ध्यान में रखकर कहा गया है असफल कवि आलोचक बन जाता है।

मैं सर्जनात्मकता और आलोचना के इस आत्यन्तिक अलगाव का पक्षपाती नहीं। सर्जनात्मक प्रतिभावाला ही आलोचक सर्जन की वास्तविक प्रक्रिया को

पहचान सकता है। वही अनुभव कर सकता है कि कलाकृतियों में सर्जन की समस्या कितनी जटिल और संश्लिष्ट होती है और कला की मूल प्रकृति क्या है? सर्जनात्मक प्रतिभा-सम्पन्न आलोचक शुष्क सिद्धान्तों की बात नहीं करता, सिद्धान्तों या कृतियों का निर्लिप्त बौद्धिक विवेचन मात्र नहीं करता। वह अपनी रचनात्मक प्रतिभा से भावावेग को समझाने का प्रयास करता है, कवि द्वारा अनुभूत और अभिव्यक्त सत्य-चेतना को अनुभूत कराने की चेष्टा करता है और इस तरह वह अपनी कल्पना से रचनात्मक सौन्दर्य की सृष्टि करता हुआ पाठकों को सौन्दर्य के माध्यम से सौन्दर्य तक ले जाता है, इन सारी रचनात्मक क्रियाओं के साथ उसकी विश्लेषणपरक बौद्धिकता और चिन्तनशीलता लगी रहती है। "जब तक सहृदय का व्यक्तित्व कवि के साथ एकाकार नहीं हो जाता तब तक रस का अनुभव नहीं हो सकता। समीक्षक जब तक अपना अहंकार लेकर बैठा रहेगा तब तक रस नहीं पा सकेगा।" स्वयं शुक्ल जी ने कहा है कि "काव्य का जो चरम लक्ष्य सर्वभूत को आत्मभूत कराके अनुभव कराता है उसके साधन में ही अहंकार का त्याग है।"

सर्जनात्मकता से सर्वथा हीन आलोचना बन्ध्या आलोचना है जो केवल सिद्धान्त की बात करती है, किन्तु यह नहीं देखती कि इन सिद्धान्तों की बहस से सर्जित होने वाले साहित्य का पथ कितना प्रशस्त होता है या कि उसका मूल्यांकन कितना सही हो पाता है। द्विवेदीजी की आलोचना में सर्जनात्मकता का सौन्दर्य इस बात का परिचायक नहीं है कि उन्हें सर्जन-साहित्य में ही रत रहना चाहिए। था, बल्कि उल्टे यह सिद्ध करता है कि उसके स्पर्श से आलोचना-साहित्य कितना गौरवान्वित हो जाता है। सर्जनात्मकता का रस होने से ही द्विवेदी जी की समीक्षा-दृष्टि में एक ऐसा लचीलापन है कि वे एक ही साथ पूर्व के रसवाद और पश्चिम की ट्रेजडी, सामंजस्यवादी प्राचीन साहित्य और द्वन्द्व-उद्वेलित नवीन साहित्य सब का आस्वाद ले सकते हैं और इन साहित्यों को समझने के लिए इन्हें प्रभावित करने वाले तत्त्वों—परम्परा, युग, समाज, सर्जक का व्यक्तित्व, समकालीन कृतिकारों का व्यक्तित्व आदि—का विश्लेषण करते हैं।

कहा जा सकता है कि द्विवेदी जी की समीक्षा-दृष्टि मूलतः रचनात्मक है। इनकी दृष्टि रचना के मूल सौन्दर्य और उसके विधायक तत्त्वों को समझने का प्रयन्त करती है अर्थात् ये इस सिद्धान्त के समर्थक हैं कि साहित्य के सौन्दर्य का आस्वाद् और परीक्षण साहित्य के ही मानदंडों से होना चाहिए, किन्तु साहित्य क्या है? इसी बिन्दु पर विचारों में अलगाव लक्षित होने लगता है। जब यह कहा जाता है कि साहित्य में सामाजिकता नहीं है, मानवता नहीं है, सांस्कृतिक मूल्य नहीं है, तो क्या यह अर्थ होता है कि साहित्य साहित्येतर क्षेत्र में घसीटा जा रहा है या इन सबका साहित्य के सर्जन और मूल्य के साथ अपरिहार्य सम्बन्ध जोड़ा जा रहा है।

दोनों बातें कही जा सकती हैं। बहुत-से विचारक इस मत के हैं कि साहित्य अपने भीतर से सामाजिक और मानववादी स्वरों को मुखर करे यानी वह एक विशेष प्रकार के सामाजिक उद्देश्य से प्रेरित हो। साहित्य की साहित्यिकता का आग्रह करने वाले इस प्रकार की उद्देश्यपरकता का विरोध करते हैं, किन्तु साहित्य में सामाजिकता और मानववाद को समाविष्ट करने की एक दूसरी भी दृष्टि है, जो मूलतः रचनात्मक है अर्थात् जो मानती है कि स्वस्थ और सशक्त साहित्य के सर्जन के मूल में ही सामाजिकता और मानववादिता होती है। यह समाजिकता साहित्य पर आरोपित नहीं है, बल्कि उसका मूल स्रोत है। उससे विच्छिन्न होने पर या क्षीण रूप से सम्बद्ध होने पर साहित्य अपनी शक्ति खो बैठता है। उसमें सौन्दर्य अन्य उपकरणों से भी आता है, परन्तु वह सौन्दर्य ऊपरी और प्रभावहीन होता है। द्विवेदी जी ने सामाजिकता और मानववाद के इसी सर्जनात्मक पहलू को साहित्य के साथ सम्बद्ध किया है। यह स्पष्ट है कि वे मानववाद और सामाजिकता के स्वर को वहन करने वाले साहित्य को ही उच्च साहित्य कहते हैं, किन्तु उनकी सामाजिकता और मानववाद आदर्श के आवेश में साहित्य पर आरोपित नहीं किया गया है, बल्कि उसे साहित्य-सर्जन की मूल शक्ति के रूप में पाया गया है।

साहित्य का मूल सम्बन्ध यथार्थ जगत् से है। वह यथार्थ जगत् से जितना ही अधिक सम्बद्ध होगा उतना ही प्रभावशाली होगा! द्विवेदी जी स्पष्ट रूप से इस सत्य को पहचानते हैं। साहित्य के कथ्य और अभिव्यक्ति दोनों में सामाजिकता अर्थात् वाह्य सत्ता का रूप निहित है; अर्थात् भाव, विचार और भाषा ये सभी प्रकृत्या सामाजिक हैं। इनकी सामाजिकता की शक्तियों के साथ इनका उपयोग करने वाला साहित्य ही धन्य होता है। ''काव्य भी स्थूल-जगत् से विच्छिन्न होकर नहीं रह सकता क्योंकि शब्द और अर्थ शब्दों द्वारा सूचित वाह्य सत्ता को प्रकट करते हैं। एक व्यक्ति के चित्त में स्थित अर्थ को दूसरे के चित्त में प्रवेश कराके ही शब्द सार्थक होता है।''

द्विवेदी जी संगीत के साथ तुलना करते हुए, काव्य की मूल सामाजिक प्रकृति को स्पष्ट करते हुए कहते हैं—''वस्तुतः अर्थहीन छन्द-प्रवाह ही संगीत है, संगीत में वाह्य-जगत् की उस सत्ता से, जो शब्द द्वारा प्रकाशित होती है, कम-से-कम योग होता है, ठीक उसी प्रकार जिस प्रकार गणित में उस अन्तर सत्ता से, जो आवेग कम्पित स्वर से प्रकाशित होती है, कम-से-कम योग होता है। चेतना के एक प्रान्त पर संगीत है दूसरे पर गणित। संगीत में जिसे स्वर कहते हैं वह एक प्रकार का वेग ही है। वाह्य अर्थों से युक्त होने पर वह आवेग के रूप में प्रकट होता है। परन्तु जिस प्रकार शब्द प्रकाश्य अर्थ के द्वारा विषय सत्ता से बँधा रहता है उस प्रकार संगीत नहीं बँधा रहता। वह अपने आप ही स्पन्दित होता है। ताल उसमें उसी प्रकार की अनुभूति क्षमता भरता रहता है जिस प्रकार छन्द आवेग में। काव्य

द्वारा और संगीत द्वारा स्पन्दित मानव चित्त के आवेगों में थोड़ा अन्तर होता है। काव्य में आवेग द्वारा जो स्पन्दन उत्पन्न होता है वह वाह्य सत्ता से पूर्णतया सम्बद्ध होता है। हम वाह्य घटनाओं की अनुभूति से चालित होते रहते हैं। काव्य पाठक के सुख-दुःख का आवेग उत्पन्न करता है। मनुष्य दूसरों के सुख-दुःख से प्रभावित होता है, उसके साथ उसकी सम्वेदना होती है और अन्त तक उस सुख-दुःख को अनुभव करने लगता है। इस प्रकार काव्य मनुष्य-मनुष्य के भीतर वर्तमान एकत्व का प्रतिष्ठापक हो जाता है। काव्य प्रमाणित कर देता है कि व्यक्ति मानव के ऊपरी विभेदों के नीचे एक अभेद है, एकता है।''

द्विवेदी जी इस प्रकार काव्य की मूल प्रकृति सामाजिक मानते हैं। काव्य वाह्य सत्ता से सम्बन्ध स्थापित पर मानव-समुदाय की आन्तरिक एकता को उद्घाटित करता है। यहाँ एक बात विशेष ध्यान देने की है कि द्विवेदी जी किसी साम्प्रदायिक या राजनीतिक विचार से प्रेरित होकर सामाजिकता को साहित्य के ऊपर नहीं लादते, वे तो सामाजिकता को साहित्य का मूल उत्स और विषय मानते हैं। इसलिए जहाँ किसी साम्प्रदायिक आग्रह से ग्रस्त सामाजिकतावादी आलोचक या सर्जक एक विशेष प्रकार की (असाहित्यिक) दृष्टि से गृहीत सामाजिक जीवन को साहित्य के लिए श्रेयस्कर मानते हैं, वहाँ द्विवेदी जी एक सर्जक की दृष्टि से 'सामाजिक तत्त्वों का कला में ग्रहण' के प्रश्न पर विचार करते हैं। इसलिए उनकी सामाजिकता में या मानववाद में वैसा कोई साम्प्रदायिक आग्रह नहीं दिखाई देता जो सामाजिकता या मानवता को एक वर्ग, एक स्थान और काल तक सीमित कर दे। वे सामाजिक सत्ता की चेतना से उद्भूत हर युग के हर प्रकार के साहित्य को समान भाव से सराह लेते हैं।

सामाजिक सत्ता से सम्बन्ध जोड़ने का अर्थ है वृहत्तर जीवन-सत्यों से सम्बन्ध जोड़ना। जीवन-शक्ति की मूल वस्तु है। वह जिस साहित्य में नहीं है, वह अपने समस्त प्रसाधनों और संगीतमयता के बावजूद प्राणवान और प्रभावशाली नहीं हो सकता, लेकिन द्विवेदी जी एक रूढ़ या दलवादी सामाजिक दृष्टि-सम्पन्न आलोचक की तरह इतर साहित्य को नगण्य या तुच्छ मानकर फेंक नहीं देते, वे उसके भी सौन्दर्य का विश्लेषण करते हैं—आग्रही दृष्टि से नहीं, रचनात्मक दृष्टि से। वाह्य सत्ता से सम्बन्ध न रखने वाली कृतियाँ शब्दालंकारों की झनझनाहट, अतिशयोक्ति की चमक, चमत्कारवादिता और मृदु कम्पन के बावजूद अनुभूति पैदा करने की शक्ति नहीं रखतीं और उनका मूल्य इसीलिए बहुत अधिक नहीं है फिर भी उनकी अपनी छवि तो है। जिस काव्य में केवल शब्दालंकार ही झंकार उत्पन्न करता है, अर्थ का भार कम होता है, वह बहुत कुछ उसी प्रकार का असान्द्र या हल्का अनुभूतिजनक आवेग-कम्पन उत्पन्न करता है जो संगीत करता है पर उसमें संगीत की अबाध गति भी नहीं होती और अर्थ-जगत् से सम्पूर्ण विच्छेद भी नहीं होता

क्योंकि उसके शब्द बराबर वाह्य सत्ता से श्रोता का सम्बन्ध जोड़ते रहते हैं और स्वर के स्वच्छन्द प्रवाह में बाधा उत्पन्न करते रहते हैं। वे बिहारी का एक दोहा उद्धृत करते हुए इस बात को अधिक स्पष्ट करते हैं–"वस्तुतः अलंकार जब आवेग-सहचर होकर आते हैं तो काव्य में अत्यधिक ऊर्जस्वल तेज भर देते हैं पर जब आवेग-हीन होकर आते हैं तो चमत्कारी उक्ति भर देते हैं। वे उस अवस्था में बिजली की कौंध के समान एक क्षणिक ज्योति विकीर्ण कर अन्तर्धान हो जाते हैं। यह क्षणिक ज्योति हमारे बड़े काम की नहीं होती, केवल अन्तर की चेतना पर मृदुल आघात करके विलीन हो जाती है। रीति कवि की अज्ञात यौवना नायिका ने जब अपनी दासी को ईख की दतुअन ले आने के अपराध में झिड़का था तो उसकी सरसता ने ऐसी ही एक क्षणिक ज्योति उत्पन्न की थी। अधर के माधुर्य से द्रतुअन कहीं भी मीठी होकर ईख-सी नहीं लगने लगती। इसलिए इस दोहे में मृदु कम्पन उत्पन्न करने की शक्ति होते हुए भी वह उतना अनुभूति प्रेरक नहीं हो पाया, क्योंकि कम्पन का हेतु बाह्य सत्ता से असम्पृक्त होने के कारण स्थायी नहीं होता और न अनुभूति को गाढ़ा रंग ही देता है। दोहा इस प्रकार है–

अधर परस मीठी भई, दई हाथ सों डारि।
लावाति दतुअनि ऊख की, नोखी खिजमतिगारि।।

लेकिन प्रश्न यहीं समाप्त नहीं हो जाता। यह कविता भी एक श्रेणी के लोगों को आनन्द देती है इसलिए इसे उपेक्षा की दृष्टि से नहीं देखा जा सकता।

सामाजिकता के आग्रही ऐसी कविताओं को तुच्छ मानकर या तो इन्हें छोड़ देते हैं या इनका मजाक उड़ाते हैं, किन्तु द्विवेदी जी अनुभव करते हैं कि कला की दृष्टि से इनकी भी विवेचना होनी चाहिए, इनके भीतर जो रस और आनन्द देने वाला सौन्दर्य है उसे प्रकाशित करना चाहिए। वाह्य सत्ता कला नहीं है वह तो कला उत्स है। कला में वह ज्यों-की-त्यों नहीं गृहीत होती। कला एक संश्लिष्ट व्यापार है, उसमें पदार्थ एक विशेष प्रक्रिया से मिल-जुलकर रसायन तैयार करते हैं, इसलिए साहित्य और कला की चर्चा रूढ़ या दलवादी सामाजिक दृष्टि से नहीं हो सकती। द्विवेदी जी कहते हैं–"कविता की चर्चा करते समय मुझसे इतना ठूँठ होने की आशा आप नहीं कर सकते, पर मेरी आपत्ति उसी व्यक्ति को दतुअन के मीठी लगने पर है जो स्वयं उस माधुर्य का धनी है।" फिर भी वे इस प्रकार की उक्तियों के प्रयोग के मूल कारणों की खोज करते हुए इनकी सार्थकता प्रमाणित करते हैं–"रूढ़ि नितान्त निरर्थक नहीं होती, केवल काल-प्रवाह में लुढ़कते आने के कारण उसके मूल अर्थ घिसकर अदृश्य हो गये रहते हैं। इन रूढ़ियों को, अर्थों को और आचारों का एक ऐसा मूल्य मिलता है जो लोक-कल्पित और अवास्तव होता है। अधरसंस्पर्श से दतुअन का मीठी हो जाना, इसी प्रकार कल्पित और अवास्तव अर्थ है पर वह भी एक श्रेणी के सहृदय के चित्त में आवेग-कम्पन

उत्पन्न करता ही है।'

वाह्य सत्ता से स्वस्थ साहित्य का सहज सम्बन्ध है यह बात सिद्ध हो जाने पर यह जानना शेष रहता है कि वाह्य सत्ता क्या है। वाह्य सत्ता सतह पर दिखाई पड़ने वाली सत्ता मात्र नहीं है। इसका अर्थ उस सत्ता से है जो किसी व्यक्ति तक सीमित न हो, बल्कि समष्टि में व्याप्त हो। किन्तु क्या बाहर फैली हुई समस्त सत्ता का सब कुछ समेटना कलाकार के लिए आवश्यक है? क्या बाहर दिखाई पड़ने वाला सब कुछ सत्य है? इस सन्दर्भ में विचार करते हुए द्विवदी जी ने कहा है—"ज्ञान दोमुँहा पदार्थ है। उसके एक ओर तथ्य है दूसरी ओर सत्य। सभी तथ्य सत्य नहीं होते। ऐसा कह सकते हैं कि तथ्यों के भीतर सत्य ओत-प्रोत होकर वर्तमान रहता है। प्रत्येक व्यक्ति अपनी ज्ञानेन्द्रियों के सहारे कुछ तथ्यों की उपलब्धि करता है और कुछ बातों को उपलब्धियों के सहारे स्मरण करता है। इन्हीं उपलब्धियों और स्मृतियों के ताने-बाने से व्यक्ति की दुनिया बनती है। परन्तु यह दुनिया बदलती रहती है। वैयक्तिक तथ्य-जगत् से टकराते रहते हैं और सामान्य तत्त्व छँट-छँटकर हमारी ज्ञानराशि के रूप में परिणत होते रहते हैं। इस प्रकार नित्य हमारे वैयक्तिक ज्ञान में परिवर्तन होते रहते हैं। इससे दो बातें सिद्ध होती हैं—एक तो यह कि व्यक्ति के अन्तःकरण से गृहीत तथ्यात्मक ज्ञानराशि सम्पूर्ण रूप से वैयक्तिक नहीं होती। वह दूसरों की उपलब्धि और स्मृति से बनी तथ्यात्मक ज्ञानराशि से टकरा-टकराकर बना हुआ-सा पदार्थ है जिससे हम अन्तर्वैयक्तिक तथ्य-जगत् कह सकते हैं।...दूसरी बात यह मालूम होती है कि यह अन्तर्वैयक्तिक तथ्य-जगत् निरन्तर परिवर्धमान और परिवर्तमान पदार्थ है, यह गतिशील है। "इससे सिद्ध होता है कि सत्य वही नहीं है जिसे व्यक्ति अपनी इन्द्रियों से उपलब्ध करता है, सत्य वह है जो अनेक लोगों की उपलब्धियों का सामान्य रूप होता है। सत्य बदलता रहता है वह स्थिर नहीं रहता। इस प्रकार हम यदि मानवसमष्टि को देखें तो पाएँगे कि अपनी सीमाओं से जूझते हुए उनसे निकलने की अदम्य इच्छा और अनवरत गति मानव का सबसे बड़ा सत्य है। जब हम व्यक्तिगत दृष्टि से अलग-अलग व्यक्तियों को देखते हैं या जीवन के उपरले स्तरों को देखते हैं तो हमें ऐसा लगता है कि मानव कमजोर है, हीन है, स्वार्थी है, पशुवृत्ति का शिकार है। हमें यही सत्य मालूम पड़ता है। किन्तु जब हम मानव-जीवन के सामूहिक प्रवाह को देखते हैं, सतह के नीचे की धारा को देखते हैं तो ऐसा प्रतीत होता है कि समष्टि-मानव अपनी सीमाओं और हीनताओं के बावजूद बड़ा ही समर्थ, सशक्त और महान् हैं उसे उच्चतम उपलब्धियाँ भले ही प्राप्त न हो सकी हों, किन्तु उपलब्धियों के लिए उसकी अखंड सामूहिक यात्रा अपने आप में कम महत्त्वपूर्ण और कम सत्य नहीं है। समूह मानव की इस अखंड यात्रा का ही परिणाम है, उन सभ्यताओं और संस्कृतियों का जन्म और विकास जो अपने भीतर

उच्च जीवन-मूल्यों की ज्योति जगाये मानव को अन्धकार से प्रकाश में लाने की चेष्टा करते रहते हैं। 'नाखून क्यों बढ़ते हैं?' शीर्षक निबन्ध में द्विवेदी जी ने नाखून को मनुष्य की पशुता की निशानी माना है अर्थात् मनुष्य में पशुता के संस्कार आज भी हैं। यह सत्य है किन्तु उससे बड़ा सत्य यह है कि मनुष्य पशुता की निशानी को बार-बार काटने का प्रयत्न करता है। जो कलाकार मानव की जिजीविषा और सिसृक्षा को नहीं पहचानते, वे व्यक्ति-जीवन की हीनताओं और सीमाओं तथा जीवन की सतह पर उतराने वाली घटनाओं को ही सत्य मान लेते हैं और या तो उनका चित्र उतारकर यथार्थवादी होने का दम भरते हैं या उनसे घबराकर उनकी उपेक्षा कर एक कल्पित आदर्श-लोक की स्थापना करते हैं। वास्तव में यह सत्य नहीं है, खंडित सत्य है या कि सत्याभास है। द्विवेदी जी साहित्य की इस दृष्टि का विरोध करते हैं। वे मानववादी चिन्तक और सर्जक हैं किन्तु उनका मानववाद समाजशास्त्रीय विश्लेषण पर आधारित है, मिथ्या आदर्शवादी परिकल्पनाओं पर नहीं। दूसरे इनका मानववाद रूढ़ और स्थूल नहीं है, वह युग सापेक्ष गतिशीलता से समन्वित है तथा मानव की आधारभूत प्रवृत्तियों पर आधारित होने के नाते अधिक व्यापक और सार्वभौम है। द्विवेदी जी मनःशास्त्रीय, शरीर-शास्त्रीय, प्राणि-शास्त्रीय सत्यों का विवेचन करते हुए तथा ऐतिहासिक विकास दिखाते हुए मानववाद की प्रतिष्ठा करते हैं। उनका मानववाद साहित्य का स्रोत भी है और लक्ष्य भी, यथार्थ भी है और गन्तव्य भी। साहित्य जीवन को ज्यों-का-त्यों नहीं लेता, वह सौ बातों में से एक बात को चुनता है और जब वह चुनता है तो उसे क्यों न चुने जो वृहत्तर सत्य है और सत्य होकर भी मंगलप्रद है। द्विवेदी जी कलावादियों और आनन्दवादियों की तरह साहित्य को अपने आप में लक्ष्य नहीं मानते, उसे साधन ही मानते हैं और वह साधन है मानव की चेतना के विकास का। "जो साहित्य हमारी वैयक्तिक क्षुद्र संकीर्णताओं से हमें ऊपर उठा ले जाए और सामान्य मनुष्यता के साथ एकत्व का अनुभव करावे वही उपादेय है। उसके भावपक्ष के लिए किसी देश-विदेश या काल-विशेष की नैतिक आचार-परम्परा का मुँह जोहना आवश्यक नहीं है। हमें दृढ़ता से केवल एक बात पर अटल रहना चाहिए और वह यह कि जिसे काव्य या नाटक या उपन्यास साहित्य कहकर हमें दिया जा रहा है वह हमें हमारी पशु सामान्य मनोवृत्तियों से ऊपर उठाकर समस्त जगत् के सुख-दुःख को समझने की सहानुभूतिमय दृष्टि देता है या नहीं। हमें उस एक की अनुभूति में सहायता पहुँचा रहा है या नहीं जिसे व्यक्ति ने अपने अनेक स्वार्थों के बलिदान के बाद उपलब्धि योग्य बनाया है। जो भी साहित्य इसके बाहर पड़े अर्थात् हमारी पशु-सामान्य वृत्तियों को बड़ी करके दिखावे—हमें स्वार्थी और खंड-विच्छिन्न बनावे, उसे हम साहित्य नहीं कह सकते—चाहे जितने बड़े साहित्यिक दल या समुदाय का समर्थन उसे प्राप्त हो।"

कहा जा चुका है कि द्विवेदी जी का मानववाद किसी दलीय या साम्प्रदायिक दृष्टि से निर्दिष्ट मानववाद नहीं है। जब वे मानववाद का नाम लेते हैं तो उनके सामने मानवता का कोई निश्चित स्थिर स्थूल स्वरूप नहीं होता। वे उन तमाम भावों, विचारों, व्यापारों को मानवता का अंग मानते हैं जो व्यक्ति को वृहत्तर सत्य से जोड़ते हैं, जो मनुष्य के भीतर स्थित भेदबुद्धि, खंड-भाव को तोड़ते हैं। यह स्पष्ट है कि मानववाद मात्र एक भाव नहीं है, जिसे कल्पना में जिया जाए, वह आचार भी है और भाव तथा आचार सभी नवीन चिन्ताओं, प्रयोगों और वाह्य तथ्य जगत् से प्रभावित होते रहते हैं। इसलिए द्विवेदी जी का मानववाद किसी एक काल या स्थान की सीमा में आबद्ध न होकर, एक रूढ़ निष्प्राण स्वरूप न धारण कर युगों-युगों की चिन्ता और भाव-घाटियों में बहता नया होता हुआ, नये प्रश्नों और मूल्यों से जुड़ता हुआ मानववाद है। जो लोग मात्र भाव की दुनिया में जीते हैं वे बदले हुए यथार्थ के परिवेश में बदले हुए मानववाद के प्रश्नों और मूल्यों को नहीं पहचान पाते हैं। वे अतीत के मूल्यों के प्रति आसक्त होकर नवीन मूल्यों को झुठलाते हैं तथा मानव-मंगल का मार्ग अवरुद्ध करते हैं। जो प्रबुद्ध होते हैं वे नये यथार्थ के परिवेश में बदले मानों का बोध ग्रहण करते हैं। ''सभी मानों के मूल में कुछ पुराने संस्कार और नये अनुभव होते हैं। यह समझना गलत है कि किसी देश के मनुष्य सदा-सर्वदा किसी व्यापार या आचार को एक ही समान मूल्य देते आए हैं। पिछली शताब्दी में हमारे देशवासियों ने अपने अनेक पुराने संस्कारों को भुला दिया है और बचे संस्कारों के साथ नये अनुभवों को मिलाकर नवीन मूल्यों की कल्पना की है। वैज्ञानिक तथ्यों के परिचय से राजनीतिक, सामाजिक और आर्थिक परिस्थितियों के दबाव से और आधुनिक शिक्षा के मानवतावादी दृष्टि के बहुत प्रचार से हमारी पुरानी मान्यताओं में बहुत अन्तर आ गया है।'' द्विवेदी जी ने मानववाद के विभिन्न स्वरूपों और उसकी लम्बी परम्परा का विवेचन किया है। साहित्य हमारे सामाजिक यथार्थ से ही बनता है। अतः समाज के चिन्तन, विश्वास, मूल्य, सौन्दर्य-बोध में जो परिवर्तन उपस्थित होते हैं वे साहित्य में प्रतिफलित होते हैं। इसी कोटि का साहित्य सशक्त कहा जा सकता है।

द्विवेदी जी की समीक्षा-दृष्टि का अध्ययन करते समय उनकी एक बहुत बड़ी और मूल्यवान विशेषता की ओर सहज ही ध्यान आकृष्ट होता है। वह है सन्तुलनवादी प्रवृत्ति। सन्तुलनवादी दृष्टि का अर्थ व्यावहारिक् ढंग से समझौता करने वाली दृष्टि नहीं होता। समझौतावादी पंचायती दृष्टि होती है—'थोड़ा तुम नवो थोड़ा तुम। थोड़ी तुम्हारी बात सही, थोड़ी तुम्हारी बात।' यह दृष्टि सत्य-निर्णय में सहायक नहीं होती। ''सन्तुलित दृष्टिकोण का मतलब बिल्कुल दूसरा है। भावावेशवश या मोहवश कभी-कभी मनुष्य जीवन के किसी एक पक्ष पर आवश्यकता से अधिक बल देने लगता है और इस प्रकार जीवन को देखने और समझने की एकांगी दृष्टि

का विकास होता है। यदि इस प्रकार की दृष्टि वाला व्यक्ति बौद्धिक-शक्ति-सम्पन्न हुआ तो वह साहित्य में इस दृष्टि की प्रतिष्ठा बढ़ा देता है। इस प्रकार समय-समय पर जीवन को देखने की एकांगी दृष्टियों का प्रादुर्भाव होता रहता है। इन दृष्टियों में सच्चाई के एक-एक पार्श्व को जरूरत से ज्यादा महत्त्व दे दिया जाता है। सन्तुलित दृष्टिकोण इन्हीं एकांगी दृष्टियों की अतिवादिता से विनिर्मुक्त और इन सबमें पायी जाने वाली सच्चाई पर आधारित समग्र दृष्टि है।"

द्विवेदी जी सन्तुलित दृष्टि को सत्यान्वेषी की दृष्टि मानते हैं। यह दृष्टि जहाँ एक ओर सत्य की समग्र मूर्ति को देखने का प्रयत्न करती है वहीं दूसरी ओर वह अपने को सुधारते रहने को प्रस्तुत रहती है। हम लोग जो भी कार्य करते हैं उसके मूल में हमारे जीवन का कोई-न-कोई तत्त्ववाद अवश्य रहता है। जान में या अनजान में तत्त्ववाद हमेशा हमारे क्रियाकलाप का नियन्त्रण करता रहता है। विचार के क्षेत्र में वह अधिक स्पष्ट तथा सुचिन्तित रूप में आता है। साहित्य पर जब हम विचार करते हैं तब भी हमारा अपना दृष्टिकोण प्रधान हो उठता है। सत्यान्वेषी का कर्तव्य होता है कि वह उन सभी तत्त्ववादों को पहचाने जो मिलकर सत्य की मूर्ति को अखंड बनाते हैं। इसी सन्तुलनवादी दृष्टि के कारण द्विवेदी जी पर यह आरोप लगाया जा सकता है कि उनके मानववाद या समाजवाद का कोई निर्दिष्ट रूप नहीं दिखाई पड़ता। यह सत्य है किन्तु रूप निर्दिष्ट हो भी नहीं सकता। इसीलिए तो तत्त्वचिन्तकों ने सत्य को निश्चित आकार न देकर निराकार ही माना है। वह यह भी नहीं है, वह भी नहीं है नेति-नेति है अर्थात् वह इतना गतिशील, व्यापक और सूक्ष्म है कि उसे कुछ विशिष्ट आकारों मात्र से व्यक्त नहीं किया जा सकता। साहित्य में यह प्रश्न और भी जटिल हो जाता है। एक कलाकार न जाने कितने सूक्ष्म और स्थूल तन्तुओं के योग से कला का निर्माण करता है। वह अपने व्यक्तित्व और अन्तर्वैयक्तिक तथ्य अन्य-जगत् से न जाने कितने दृश्य-अदृश्य प्रभाव ग्रहण करता है। न जाने उसकी कला की किन-किन भंगिमाओं से सौन्दर्य की दीप्ति मुखर हो उठती है। कला की संश्लिष्टता के प्रभाव को ग्रहण करने वाला व्यक्ति भी उतना ही संश्लिष्ट और कोमल होना चाहिए। एक निश्चित बनी-बनाई दृष्टि लेकर समस्त साहित्य की यात्रा करने वाले और सर्वत्र दो टूक फैसला देने वाले आलोचक किसी कृति को इस खाने में या उस खाने में डालते चलते हैं। एक निर्दिष्ट समाजवादी दृष्टि वाले प्रगतिशील आलोचकों ने साहित्य को प्रगतिशील-प्रतिक्रियावादी, वैयक्तिक-सामाजिक, आदर्शवादी-यथार्थवादी कठघरों में झोंकना चाहा था। उनके सामने सामाजिक यथार्थ का एक निश्चित रूढ़ स्वरूप था। द्विवेदी जी का मानववाद और सामाजिक यथार्थवाद अत्यन्त वैज्ञानिक व्याख्याओं पर आधारित होकर भी साम्प्रदायिक रूढ़ि से मुक्त है। अतः वे अपने ढंग से मानवता की ज्योति जगाने वाले भक्ति-काव्य, छायावादी काव्य,

प्रगतिवादी साहित्य सभी का समान भाव से आस्वादन और मूल्य-परीक्षण कर लेते हैं। हिन्दी के कबीर, तुलसी, सूर, जायसी, प्रसाद, पन्त, निराला, महादेवी, प्रेमचन्द, अज्ञेय सभी अपने-अपने ढंग से इन्हें प्रभावित करते हैं, क्योंकि अपने-अपने ढंग से ये सारे सर्जक मानव की अन्तर्निहित एकता के सत्य को उद्भासित करते हैं और सभी मानवीय-छवि तथा कला-छवि के शिल्पी हैं। साहित्य का मानववाद नीतिशास्त्र के मानवतावाद की तरह तथा उसका यथार्थवाद, इतिहास-राजनीतिविज्ञान के यथार्थवाद की तरह स्थूल नहीं होता। वह सूक्ष्म और संश्लिष्ट होता है। दूसरे सौन्दर्य के माध्यम से व्यक्त होता है। सौन्दर्य स्वयं हमारी मानवता को प्रभावित करने वाला तत्त्व है। इसलिए जो साहित्य मात्र सौन्दर्य-विधान करता है वह भी प्रकारान्तर से हमारी मानवता को जाग्रत करता है। सौन्दर्य साहित्य का माध्यम भी है और लक्ष्य भी। लक्ष्य के रूप में प्रतिबिम्बित सौन्दर्य वह नहीं है जो हमारी इन्द्रियों को मोहासक्त कर चेतना को जड़ीभूत करे, वरन् वह है जो जड़ीभूत चेतना को द्रवित और जाग्रत कर जीवन की व्यापकता में प्रसारित करे। द्विवेदी जी सुन्दरता के इसी रूप के उपासक हैं। सौन्दर्य चाहे माध्यम के रूप में हो, चाहे लक्ष्य के रूप में, वह सन्तुलन से ही प्रादुर्भूत होता है। हमारी चेतना को स्पन्दनशील बनाने वाला सौन्दर्य विशेष सन्तुलन की अपेक्षा रखता है। द्विवेदी जी सौन्दर्य को भी सामाजिक सन्दर्भ में ही स्वीकारते हैं। वे शाश्वत, युग-समाज-निरपेक्ष आत्मगत सौन्दर्य को बहुत मूल्य नहीं देते। सौन्दर्य का सम्बन्ध व्यापक समाज की यथार्थ-चेतना से है, सामाजिक यथार्थ की चेतना के आलोक में जो सौन्दर्य को गढ़ता है वही सौन्दर्य-शिल्पी है। वही सौन्दर्योपासक है : "साहित्य के उपासक अपने पैर के नीचे की मिट्टी की उपेक्षा नहीं कर सकते। हम सारे वाह्य-जगत् को असुन्दर छोड़कर सौन्दर्य की सृष्टि नहीं कर सकते। सुन्दरता सामंजस्य का नाम है। जिस दुनिया में छोटाई-बड़ाई, धनी और निर्धन में, ज्ञानी और अज्ञानी में आकाश और पाताल का अन्तर हो, वह दुनिया सामंजस्य की नहीं कही जा सकती और इसलिए वह सुन्दर भी नहीं है। इस वाह्य असुन्दरता के ढूह पर खड़े होकर आन्तरिक सौन्दर्य की उपासना नहीं हो सकती। हमें उस वाह्य असौन्दर्य को देखना ही पड़ेगा। निरन्न, निर्वसन जनता के बीच खड़े होकर आप परियों के सौन्दर्य-लोक की कल्पना नहीं कर सकते। साहित्य सुन्दर का उपासक है। इसलिए साहित्य को असामंजस्य को दूर करने का प्रयत्न पहले करना होगा। सौन्दर्य और असौन्दर्य का कोई समझौता नहीं हो सकता। सत्य अपना पूरा मूल्य चाहता है। उसे पाने का सीधा और एक मात्र रास्ता उसकी कीमत चुका देना ही है। इसके अतिरिक्त कोई दूसरा रास्ता नहीं है। हमारे देश का वाह्य रूप न तो आँखों को प्रीति देने लायक है न कानों, न मन को, न बुद्धि को। यह सच्चाई है।" इस उद्धरण का तात्पर्य यही है कि वही साहित्यकार सौन्दर्य का निर्माण कर सकता है जो अपने सामाजिक

दायित्व को समझता है और कई प्रकार के तत्त्वों को परस्पर अनुस्यूत करता है। जब वह परम्परा और आधुनिकता, आत्म और वाह्य को परस्पर गूँथता है, जब उसमें सुन्दरता के साथ ही साथ सामाजिक असुन्दरता का बोध तथा उसे दूर करने की तड़प होती है, जब उसमें सामाजिक चेतना मूर्तिमान हो उठती है तभी वह जीवन-सौन्दर्य को गढ़ सकता है। असुन्दरता को मिटाने वाला विद्रोही स्वर भी सुन्दर है और सामाजिक पीड़ा के बीच चुपचाप बैठकर मंगल-प्रवचन करने वाले आत्मोन्मुखी कलाकारों के अमन राग असुन्दर हैं।

कहा जा चुका है कि द्विवेदी जी की समीक्षा-दृष्टि मूलतः सर्जनात्मक है। वह समग्र जीवन-रचना के लिए हर प्रकार के तत्त्ववाद को स्वीकार करना चाहती है और साहित्य भी समग्र तभी होगा जब उसमें समग्र जीवन-दृष्टि की उष्मा होगी। दृष्टि के सामने मूल प्रश्न यह नहीं होता कि क्या छोड़ा जाए, बल्कि यह होता है कि कहाँ-कहाँ से क्या-क्या लिया जाए? इस तत्त्वसंग्रही वृत्ति के साथ अतत्त्व-त्यागी वृत्ति अपने आप लगी हुई है। किन्तु त्याग करने वाली वृत्ति में कभी-कभी किसी पूर्वग्रह के कारण तत्त्वों का भी त्याग हो जाता है। रुचि विशेष से ग्रस्त होने के कारण वह कभी-कभी अन्य सुन्दर चीजों का भी त्याग कर देती है, किन्तु तत्त्वसंग्रही की वृत्ति उदार होती है। जहाँ कहीं जीवन को गढ़ने वाले तत्त्व दिखाई पड़ते हैं उन्हें ले लेती है। इसी दृष्टि से प्रेरित होकर द्विवेदी जी ने जीवन और साहित्य के भिन्न-भिन्न क्षेत्रों में दिखाई पड़ने वाले तत्त्वों को एक साथ स्वीकार किया है। समीक्षा के क्षेत्र में निर्णयात्मक, व्याख्यात्मक, प्रभाववादी समीक्षा-दृष्टियाँ एक-दूसरे से भिन्न और कुछ अंशों में एक-दूसरे की विरोधिनी दिखाई पड़ती हैं, किन्तु द्विवेदी जी इन तीनों समीक्षा-दृष्टियों के भीतर निहित मूल मर्मों को एक साथ अनुस्यूत कर एक को दूसरे का पूरक बना देते हैं। निर्णयात्मक समीक्षा, उत्तम, मध्यम और निष्कृट श्रेणियों का भेद स्वीकार करती है, किन्तु व्याख्यात्मक समीक्षा केवल प्रकार-भेद स्वीकार करती है। व्याख्यात्मक समीक्षा वैज्ञानिक समीक्षा है जो व्याख्या करती है, निर्णय नहीं देती। द्विवेदी जी इन दोनों समीक्षाओं की उपलब्धियों को स्वीकार करते हुए कहते हैं, "लेकिन वनस्पति शास्त्र के बबूल और गुलाब का जाति-भेद बताने के बाद भी एक ऐसे शास्त्र की आवश्यकता रह जाती है जो बताए कि इन दोनों में किसका विनियोग मानव-जाति के कल्याण में किया जा सकता है। उसी प्रकार समालोचक नहीं तो कोई और ही बताए कि इस कविता से समाज को क्या लाभ या हानि है—अर्थात् समाज के लिए कौन कितना उत्कृष्ट या अपकृष्ट है।" इस प्रकार वे प्रभाववादी समीक्षा के भीतर निहित उसके सौन्दर्य को समीक्षा के लिए हितकर मानते हैं। आचार्य शुक्ल प्रभाववादी समीक्षा को विशेष महत्त्व नहीं देते। उसका न ज्ञान के क्षेत्र में न भाव के क्षेत्र में कोई मूल्य है, किन्तु द्विवेदी जी शुक्ल जी से दूर तक सहमत होते हुए भी प्रभाववादी समीक्षा

के सुन्दर तत्त्वों को स्वीकार करते हैं। शुक्ल जी समीक्षा के बुद्धिमूलक चिन्तन को प्रधान मानते हैं, किन्तु वे भूल जाते हैं कि काव्य की समीक्षा कितनी भी बुद्धिमूलक क्यों न हो वह भावावेग को समझाने का प्रयत्न करती है। द्विवेदी जी की दृष्टि में यह कार्य प्रभाववादी समीक्षा बड़ी कुशलता से कर लेती है। चिन्तन और गवेषणा के साथ प्रभाववादी समीक्षा की रचनात्मकता मिल जाती है तो समीक्षा नयी छवि से दीप्त हो उठती है। द्विवेदी जी अपनी अनेक व्यावहारिक समीक्षाओं में इस सन्तुलित पद्धति को अपनाकर चले हैं। कबीर और सूर की आलोचना करते समय द्विवेदी जी ने उनके काव्य-सौन्दर्य को विश्लेषण-बुद्धि और रचनात्मक हृदय दोनों से समझाने का बड़ा सुन्दर प्रयास किया है। उनके बहुत-से अन्य निबन्ध भी (जैसे समालोचक की डाक, गीत गोविन्द की विरहिणी राधा आदि) इस कोटि की आलोचना का स्वस्थ स्वरूप प्रस्तुत करते हैं।

परम्परा और प्रगति का सम्बन्ध अविच्छिन्न है। द्विवेदी जी की सन्तुलनवादी दृष्टि इन दोनों में भी सामंजस्य स्थापित करती है। यह बड़ा स्पष्ट है कि द्विवेदी जी वर्तमान जीवन को बहुत महत्त्व देते हैं। वे मानव-समूह के विकास में घोर आस्था रखते हैं। नये रूप में जो कुछ सामने आ रहा है वह हमारे ऐतिहासिक विकास का परिणाम है। उसे भला-बुरा कहकर हम छुट्टी नहीं पा सकते। उसकी नवीन छवियों को, शक्तियों को स्वीकार करना है, उसकी कुरूपताओं से जूझना है, प्रश्नों को समझना है, समस्याओं को हल करना है। वर्तमान जीवन-प्रवाह से कटकर हम जीवन को नहीं देख सकते। इसे ही हमें सुन्दर बनाना है। द्विवेदी जी आधुनिक जीवन चेतना-सम्पन्न साहित्य को इसीलिए सच्चा साहित्य मानते हैं। परम्परा की ओर पीछे लौटने वाला जीवन और साहित्य अपने दायित्व और सौन्दर्य से चूक जाता है। परम्परा को वर्तमान की ओर उन्मुख करना है न कि वर्तमान को परम्परा की ओर। वर्तमान को समझने के लिए परम्परा को समझना आवश्यक होता है क्योंकि जो वर्तमान हमारे सम्मुख आया है वह एकाएक नहीं आया है। वह न जाने कितने घात-प्रतिघातों का परिणाम है। न जाने उसके साथ कितने कारण जुड़े हुए हैं जो अतीत के गर्भ में अदृश्य हैं। उन कारणों को समझना वर्तमान को समझने में सहायक होता है। दूसरे, अतीत में जो विचार-सम्पदा और भाव-सम्पदा सुरक्षित है वह हमारी मदद करती है। इस प्रकार परम्परा या इतिहास हमारे वर्तमान के सहायक के रूप में ही स्वीकार किए जा सकते हैं, हमारे वर्तमान जीवन के लक्ष्य के रूप में नहीं। ''यह गलत बात है कि मनुष्य कभी पीछे लौटकर ठीक हू-ब-हू उन्हीं विचारों को अपनाएगा जो पहले थे। जो लोग मध्य युग की भाँति, सोचने की आदत को इस भयंकर वात्याचक्र की उलझन से बच निकलने का साधन समझते हैं वे गलती करते हैं। इतिहास चाहे और किसी क्षेत्र में अपने को दुहरा लेता हो, विचारों के क्षेत्र में वह जो गया सो गया।...पर इतिहास हमारी

मदद अवश्य करता है। रह-रहकर प्राचीन काल के मानवीय अनुभव हमारे साहित्यकारों के चित्त को चंचल और वाणी को मुखर बनाते अवश्य हैं पर वे व्यक्ति साहित्यकार की विशेषता रूप में ही जी सकते हैं। इसलिए द्विवेदी जी मानते हैं कि भारतीय अलंकारशास्त्र उपयोगी हैं यदि वे प्रेरणा-स्रोत के रूप में कार्य करें। यदि वे संस्कार बनकर, पाठक को देश और काल से बाहर जाने के लिए बाध्य करें तो उनकी उपयोगिता नहीं रहेगी। "भारतीय मनीषा के सर्वोत्तम अंगों में से एक का प्रतिनिधित्व करने वाले इन ग्रन्थों को यों नहीं छोड़ देना चाहिए। नयी मनीषा इन्हें प्रेरणा-स्रोत मानकर चरितार्थ होगी।" इस सन्दर्भ में भारतीय रसवाद की चर्चा की जा सकती है। रसवाद भारतीय साहित्य-मनीषा की श्रेष्ठ उपलब्धि कहा जा सकता है, किन्तु उस रसवाद का निर्माण और आस्वादन करने के लिए एक विशेष प्रकार की सामंजस्यवादी मनोवृत्ति आवश्यक होती है। प्राचीन भारतीय व्यवस्था सामंजस्यवादी थी। यानी भारतीय जनमानस समस्त मानवीय व्यापारों और सम्बन्धों को ईश्वरीय व्यवस्था द्वारा निर्मित और संचालित मानता था। असन्तोष और विषमता के भाव नहीं पैदा होते थे। रसवाद इसी सामंजस्यवादी मनोवृत्ति की उपज है। "रसबोध पर विचार करते समय इन पंडितों ने स्वीकार किया है कि दो विरुद्ध भाव एक ही आश्रय के मन में आ सकते हैं। यह अवश्य है कि जिसे वे रसबोध कहते हैं—जो सामाजिक सहृदय के मानसिक संस्कारों की उपेक्षा करके नहीं टिक सकता—उसके लिए ऐसे दो तुल्य बल संवेग घातक सिद्ध होते हैं। इसलिए भारतीय अलंकारशास्त्र और सहृदय या तो उनमें से एक को अंग और दूसरे को अंगी समझेगा, नहीं तो सदोष समझेगा। आज के नवशिक्षित चित्त में ऐसा कोई संस्कार नहीं है जिसके कारण ऐसे तुल्य-बल संवेगों की उपस्थिति देखकर दोष देखने की या संगति लगाने की आवश्यकता अनुभूत हो। ट्रेजडियों में तरस खाना, करुणार्द्र होना तथा त्रास और विभीषिका ये दोनों विरोधी भाव तुल्य-बल से विराजमान रहते हैं। आज के द्वन्द्व उद्वेलित बुद्धिवादी युग का भारतीय नये ढंग से सोचता है, वह सोचता है कि मनुष्य के ऐसे अनेक मानसिक आवेग और संवेग हैं जो एक-दूसरे को क्षीण-बल बनाते हैं।" अतः आज का भारतीय पाठक ट्रेजडियों का रसास्वादन अधिक अच्छी तरह कर सकता है। आधुनिक जीवन में सम्वेदनाओं की उलझन, भावों-विचारों का द्वन्द्व, संकल्प-विकल्प का संघर्ष इस कदर बढ़ गया है कि रसवादी प्रणाली से साहित्य इन सबको नहीं व्यक्त कर सकता और न सचेत पाठक ही इस प्रकार के सामंजस्य रसधर्मी साहित्य से तृप्ति पा सकता है। रस की छवियों को नये सन्दर्भ में नया अर्थ दिए बिना स्वीकार नहीं किया जा सकता।

अन्त में कहा जा सकता है कि द्विवदी जी की समीक्षा-दृष्टि बड़े व्यापक धरातल पर बनी है। वे साहित्य के संश्लिष्ट स्वरूप को निर्मित और प्रभावित करने वाले सभी तत्त्वों को पहचानते हैं, उनकी परीक्षा करते हैं, उनका आस्वाद लेते

हैं। वे प्राचीन के पंडित हैं, नवीन के व्याख्याता हैं, बुद्धि के धनी हैं, सहृदयता के पुंज हैं, सामाजिक शक्ति के आकांक्षी हैं, सौन्दर्य के उपासक हैं। भावों और विचारों की समृद्धि साहित्य में देखना चाहते हैं तथा शब्दों के मर्मज्ञ और शिल्पी हैं। वे स्रष्टा के व्यक्तित्व के अध्येता हैं और उसके समूचे परिवेश के सत्यों (जिनके बीच वह सर्जन करता है) को जानने के आग्रही हैं। इस प्रकार द्विवेदी जी साहित्य को परखते समय उसके समस्त सौन्दर्य और असौन्दर्य तथा उन्हें प्रभावित करने वाले तत्त्वों का अध्ययन करते हैं। वे आस्वाद सब का लेते हैं (बशर्ते वे अपने किसी न किसी गुण के कारण साहित्य हों) किन्तु मूल्यांकन के समय उनका अपना स्पष्ट मानदंड सामने रहता है—"काव्य केवल कौशल नहीं है। वह मनुष्य को पशु-सामान्य धरातल से ऊपर उठाकर मनुष्य के उच्चासन पर बैठाने का साधन है।"

शुक्लोत्तर समीक्षा में सर्जकों का योगदान

शुक्लोत्तर समीक्षा में प्रमुख योगदान देने वाले सर्जकों की परम्परा छायावाद से प्रारम्भ होती है। यों समय की दृष्टि से देखा जाए तो छायावाद शुक्ल जी की समकालीन प्रवृत्ति है। एक ओर शुक्ल जी अपनी समीक्षाओं में व्यस्त थे दूसरी ओर छायावादी कवि अपने सर्जन के साथ उनकी भूमिकाएँ या अलग से निबन्ध लिखने में। फिर भी ऐतिहासिक विकास-क्रम से देखा जाए तो छायावादी समीक्षा की प्रवृत्ति शुक्ल जी की समीक्षा प्रवृत्ति के बाद ही विकसित हुई। छायावादी कवियों के पश्चात् फिर नवलेखन (जिसमें प्रयोगवाद और नयी कविता दोनों के कवि आते हैं तथा कवियों के अतिरिक्त कहानीकार, उपन्यासकार और नाटककार भी आते हैं) के ही सर्जक ऐसे दीखते हैं जिन्होंने अपने नवसर्जन के सन्दर्भ में साहित्य के बुनियादी सवालों को समझने-बूझने का प्रयत्न किया। प्रगतिवाद के कवियों की रुचि इधर नहीं थी और उन्हें आरम्भ से ही आलोचक मिल गये थे इसलिए उन्हें इसकी आवश्यकता भी अनुभव नहीं हुई।

छायावाद को यह सौभाग्य प्राप्त हुआ कि उसे अपने कवि-विचारकों के अतिरिक्त समर्थ आलोचकों का बल मिला। आरम्भ में उसका चाहे जितना विरोध हुआ हो, बाद में वह आलोचकों और अध्यापकों का लाडला बन गया। यह कहा जा सकता है कि छायावादी कवियों ने अपने नवीन सर्जन के सन्दर्भ में जो बातें कहीं उनका आत्मगत महत्त्व ही अधिक था, उस समूचे काव्य का प्रवृत्तिगत विवेचन और मूल्यांकन होना बाकी था। यह दायित्व आलोचकों ने सँभाला, किन्तु नवलेखन के सर्जकों को ये दोनों कार्य स्वयं करने पड़े अर्थात् उन्होंने अपने लेखन की प्रवृत्तियों को ऐतिहासिक सन्दर्भ में स्पष्ट भी किया तथा काव्य या साहित्य के बुनियादी प्रश्नों का पुनः एक बार उत्तर खोजने का प्रयत्न किया। नवलेखन के सर्जकों पर यह आरोप लगाया जाता है कि वे अपने आलोचक स्वयं बन बैठे। किन्तु यह नहीं देखा जाता कि वे इस माने में कितने अभागे रहे कि उन्हें आलोचक नहीं मिले और जो दो-एक नये उनके साथ उभरे भी वे उल्टा-सीधा करने में ही लगे रहे।

छायावाद के सर्जकों की समीक्षाओं पर दृष्टि डालें तो एक विचित्र बात दिखाई पड़ती है। वह यह कि छायावादी कवि अपने सर्जन में नवीन भाव-बोध से प्रभावित होता है, किन्तु स्पष्टीकरण करते समय सर्जन का सम्बन्ध सुदूर अतीत या लम्बी दार्शनिक परम्परा से जोड़ देता है। विशेषतया प्रसाद और महादेवी ने ऐसा अधिक किया है। छायावाद और रहस्यवाद नाम छायावाद के वास्तविक स्वरूप को समझने में सबसे अधिक बाधक रहे हैं। बाद के आलोचकों ने छायावाद नाम को एक नाम माना और उसकी प्रवृत्तियों के विवेचन के माध्यम से उसे समझने पर बल दिया तथा रहस्यवाद के भ्रामक स्वरूप को स्पष्ट कर छायावाद को मध्ययुगीन धर्म-चेतना या रहस्य चेतना से अलग एक सांस्कृतिक और युगीन चेतना माना, किन्तु प्रसाद ने अपनी दार्शनिक शैली में छाया और रहस्य दोनों को एक लम्बी भारतीय परम्परा से जोड़कर मानो उसे चिरन्तन काव्य-परम्परा में प्रतिष्ठित करना चाहा। महादेवी में भी यह प्रवृत्ति है अपने ढंग से। उन्होंने भी छायावाद के भाव-बोध को आधुनिक युग-सन्दर्भ में न परखकर एक सनातन काव्य-प्रवाह का अंग माना। वे भी अपने 'रहस्यवाद' नामक निबन्ध में छायावादी रहस्य का सम्बन्ध वैदिक काल की रहस्यानुभूति से जोड़ती हैं। उनकी दृष्टि में वह भावात्मक रहस्यानुभूति हिन्दी में जायसी, कबीर आदि की कविताओं से होकर वर्तमान काल तक पहुँचती है। वे स्पष्ट मानती हैं कि छायावाद का दर्शन ब्रह्म का ऋणी है। इस प्रकार से ये दोनों कवि छायावाद के निजी स्वरूप को समझने में सहायता न देकर उसे वैदिककाल और मध्यकाल से जोड़ देते हैं। शायद वे कुछ आलोचकों के उत्तर में यह साबित करना चाहते रहे कि छायावाद पश्चिम से लिया गया माल नहीं है, भारत की सुदीर्घ परम्परा की ही कड़ी है। निराला का क्षेत्र कुछ दूसरा रहा। उन्होंने छायावाद के स्पष्टीकरण या साहित्य के बुनियादी प्रश्नों के चिन्तन में अपने को न प्रवृत्त कर कुछ कृतियों की व्याख्या कर कला के मर्म की मीमांसा की। किस कविता में कला विकलांग हो गयी है, किसमें जीवन का सम्वेदन पक्ष है, किसमें केवल रूप पक्ष, किसमें दोनों, किसमें जीवन का स्वर अधिक मुखर है किसमें कम, आदि तत्त्वों की इन्होंने सक्षम मीमांसा की। 'पन्त और पल्लव' तथा 'मेरे गीत और कला' में इनकी कला-मर्मज्ञता स्पष्ट है।

पन्त का स्वर सबसे अलग रहा। कहा जा सकता है कि इन सभी कवियों में छायावाद को समझने में जितनी सहायता पन्त ने की उतनी किसी ने नहीं। कारण यह है कि पन्त की दृष्टि अनावश्यक प्राचीन दार्शनिक ऊहापोह में न खोकर वर्तमान चेतना को पहचानने में सचेत रही। या यों कहें कि उन्होंने जिस नवीन संवेदन का अनुभव किया था उसका विवेचन नवीन दृष्टि से ही किया। उन्होंने छायावाद की चेतना को युगीन सन्दर्भों में समझा और मध्यकालीन तथा द्विवेदीकालीन चेतना से उसका अन्तर स्पष्ट किया। पल्लव की भूमिका इस दृष्टि से एक

ऐतिहासिक दस्तावेज है। पन्त ने निरन्तर 'स्व' के साथ 'पर' को, भीतर के साथ बाहर को जोड़ने का प्रयत्न किया। उनकी दृष्टि निरन्तर सामाजिक होती गयी और इस प्रकार उन्होंने सौन्दर्य को सामाजिक चेतना के साथ सम्पृक्त करना चाहा। ऐतिहासिक और सांस्कृतिक परम्परा के साथ आधुनिक साहित्य को अनावश्यक रूप से जोड़ते रहने के बावजूद उन्होंने यथार्थवाद के स्वरूप की अच्छी व्याख्या की। प्रसाद भारतेन्दु युग से आरम्भ होने वाले साहित्य को यथार्थवादी मानते हैं। उनकी दृष्टि में यथार्थवादी कविता वेदनावादी है। उसका प्रमुख लक्षण है लघुता की ओर दृष्टिपात। प्रसाद यथार्थवाद की इतनी सही व्याख्या करने के बावजूद यथार्थवादी को इतिहासकार से अधिक महत्त्व नहीं देते। उनकी दृष्टि में यथार्थवाद में आदर्शवाद को जोड़कर ही उसे साहित्य में ग्रहण किया जा सकता है। दुःख-दग्ध जगत् (यानी यथार्थ) और आनन्दपूर्ण स्वर्ग (यानी आदर्श) का एकीकरण ही साहित्य है। सच्च बात तो यह है कि हर छायावादी अपने-अपने ढंग से यथार्थ और आदर्श का समन्वय करने का पक्षपाती है।

छायावाद और रहस्यवाद को समझने-समझाने से सम्बन्धित निबन्धों के अतिरिक्त छायावादी सर्जकों ने ऐसे भी निबन्ध लिखे जिनमें साहित्य के कुछ मौलिक प्रश्नों की विवेचना की गयी है। इन निबन्धों में छायावादी सर्जन के अनुकूल आत्मानुभूति की प्रधानता स्वीकार की गयी है अर्थात् आत्मानुभूति ही काव्य का परम कथ्य है। प्रसाद के शब्दों में काव्य आत्मा की संकल्पात्मक अनुभूति है तो महादेवी के शब्दों में "आज हमारा हृदय ही हमारा संसार है। हम अपनी प्रत्येक साँस का इतिहास लिख रखना चाहते हैं और प्रत्येक कम्पन को अंकित करने के लिए उत्सुक हैं और प्रत्येक स्वप्न का मूल्य पा लेने के लिए विकल हैं।"

इस प्रकार यदि आचार्य शुक्ल की समीक्षा-प्रवृत्तियों की तुलना में इन सर्जकों की समीक्षा-प्रवृत्तियों को देखें तो पाएँगे कि जहाँ शुक्ल जी जीवन के मार्मिक-प्रसंगों की अनुभूतियों को महत्त्व देते थे वहाँ इन्होंने आत्मानुभूतियों को महत्त्व दिया। महादेवी के शब्दों में जीवन का जो स्पर्श विकास के लिए अपेक्षित है उसे पाने के उपरान्त छोटा-बड़ा, लघु-गुरु, सुन्दर-विरूप, आकर्षक-भयानक कुछ भी बहिष्कृत नहीं किया जाता। शुक्ल जी की सौन्दर्य-दृष्टि अपने ढंग से वस्तून्मुखी थी, किन्तु छायावादी कवियों की सौन्दर्य-दृष्टि आत्मोन्मुखी है। 'जल का एक रंग भिन्न-भिन्न रंग वाले पात्रों में जैसे अपना रंग बदल लेता है उसी प्रकार चिरन्तन सुख-दुःख हमारे हृदयों की सीमा और रंग के अनुसार बनकर प्रकट होता है।" शुक्ल जी प्रत्यक्ष सत्य को ही भाव का आलम्बन मानते थे इसलिए वे लोकानुभूति और काव्यानुभूति में अन्तर नहीं मानते थे और रस ब्रह्मानन्दसहोदर या अलौकिक है इसे अस्वीकारते थे। उनकी दृष्टि में रस सुखात्मक भी है और दुःखात्मक भी, किन्तु छायावाद के कवियों ने इसे स्वीकार नहीं किया। महादेवी जी के शब्दों में

"प्रत्येक सच्चे कलाकार की अनुभूति प्रत्यक्ष सत्य ही नहीं अप्रत्यक्ष सत्य का भी स्पर्श करती है।" प्रसाद जी स्पष्ट स्वीकार करते हैं कि रस आनन्दमय होता है और ब्रह्मानन्दसहोदर है। इनकी दृष्टि में अनुभूतियों का आलम्बन मूर्त-जगत् ही नहीं अदृश्य-जगत् भी है।

जो हो, यह कहा जा सकता है कि आचार्य शुक्ल की मान्यताओं के पश्चात् समीक्षा के क्षेत्र में जो नयी मान्यताएँ उभरीं, उनकी ओर इन कवियों ने संकेत मात्र किया, उनका समुचित विवेचन और विकास तो इस धारा के आलोचकों ने ही किया। इसलिए इस काल के आलोचकों की तुलना में सर्जकों का चिन्तन कुछ महत्त्व का ही ठहरता है।

नवलेखन के सर्जकों के सम्बन्ध में यह बात नहीं कही जा सकती। उन्होंने अपने सर्जन के भीतर जिस नवीन चेतना, सम्वेदना या समस्या का अनुभव किया उसे चिन्तक के स्तर पर सही ढंग से समझा और उसका सम्यक् विवेचन किया, दूसरे इनके आधार पर एक नयी समीक्षा दृष्टि का विकास किया और समकालीन कृतियों का मार्मिक मूल्यांकन किया, तीसरे साहित्य के बुनियादी सवालों को नये ढंग से समझने का प्रयत्न किया। कहा जा चुका है कि नवलेखन की समीक्षा को समीक्षकों का योगदान कम मिला। सारा का सारा काम सर्जकों को ही करना पड़ा। चूँकि उन्होंने अपने सर्जन के सन्दर्भ में आलोचना को समझने-बूझने का प्रयास किया अतः उनकी नवीन चेतना, नवीन सम्वेदना, नवीन प्रश्नों के विशिष्ट कोण इस काल की आलोचना को प्राप्त हुए और वह विशद भले ही न हुई हो, पैनी और गहन जरूर हुई।

नवलेखन की प्रवृत्तियों को स्पष्ट करने के लिए प्रयोगवाद, नयी कविता, नयी कहानी, आंचलिक उपन्यास आदि पर अनेक निबन्ध लिखे गये। सुविधा के लिए यहाँ मैं केवल कविता के सन्दर्भ में बात करना चाहूँगा। नवलेखन के सर्जकों ने इस बात को बार-बार स्पष्ट करना चाहा कि नवलेखन का भावबोध क्या है, उसकी प्रवृत्तियाँ क्या हैं, इतिहास की परम्परा से वह कहाँ तक जुड़ा हुआ है, वह आज के यथार्थ को कितनी सच्चाई से व्यक्त कर रहा है और इस दायित्व को निभाने में इससे पूर्व का साहित्य कितना समर्थ और असमर्थ रहा है। नवलेखन जिए हुए सत्य को व्यक्त करना चाहता है इसलिए अनुभव की प्रामाणिकता उसकी प्रमुख विशेषता है। अनुभव की प्रामाणिकता पर बल देने के कारण ही वह उस विराट् महत् या अखंड चिरन्तन सत्य की बात नहीं करता जो केवल आरोपित है, उसके भीतर से नहीं गुजरा है। इसीलिए वह क्षण और लघु मानव की बात करता है। सामान्य मानव अपने परिवेश में जो अनुभव कर रहा है, जो जीवन जी रहा है—वही सत्य है, उसे ही वह जानता है और कला के स्तर पर वही सत्य सत्य होता है, शेष इतिहास या समाचार-पत्र बन जाता है। आज के जीवन-आवर्तों के बीच वह जो

अनुभूतियाँ प्राप्त कर रहा है वे उलझी हुई और खंडित हैं—उन्हें ही व्यक्त करना यथार्थवादी साहित्य की दृष्टि हो सकती है। मूल्य भी आज ओढ़ने की वस्तु नहीं रह गया है, जीने की वस्तु है और जिस मूल्य को हम जी रहे हैं वह बहुत ही विसंगतिपूर्ण है और पहले के महान् मूल्य अर्थहीन रूप में ही शेष रह गये हैं। लोग उन्हें अवसर पर धराऊ कपड़े की तरह पहन लेते हैं। इस प्रकार अनेक बातें हैं जो नवलेखन में उभरी हैं। 'तारसप्तक' और अन्य सप्तकों के कवियों ने अपने-अपने वक्तव्यों में नवलेखन की संक्रान्त जीवन-चेतना की ओर संकेत किया है। लक्ष्मीकान्त वर्मा ने 'नयी कविता के प्रतिमान', धर्मवीर भारती ने 'मानव मूल्य और साहित्य', अज्ञेय ने 'आत्मनेपद', 'हिन्दी साहित्य एक आधुनिक परिदृश्य', मुक्तिबोध ने 'एक साहित्यिक की डायरी' और 'नयी कविता का आत्म-संघर्ष', गिरिजाकुमार माथुर ने 'नयी कविता : सीमाएँ और सम्भावनाएँ' में नवलेखन की प्रवृत्तियों को समझाने का प्रयत्न किया है।

अभी-अभी कहा गया है कि नवलेखन ने अनुभव की प्रामाणिकता पर बल दिया है। कहा जा सकता है कि छायावाद ने भी तो आत्मानुभूति पर बल दिया था, आत्मानुभूति प्रामाणिक होती है। फिर नवलेखन अकेले इसका श्रेय क्यों लेना चाहता है। नवलेखन की समीक्षा-दृष्टि इस ऐतिहासिक बोध के दायित्व से बेखबर नहीं है। गिरिजाकुमार माथुर ने 'तारसप्तक' के नये संस्करण के पुनश्च वाले वक्तव्य में और विजयदेव नारायण साही ने 'लघु मानव के बहाने आज की कविता पर एक बहस' में इस ऐतिहासिक सन्दर्भ को समझने का प्रयत्न किया है। वैसे देखा जाए तो आत्मानुभूति की बात करने वाले हर छायावादी कवि ने अपने ऊपर एक महत् का, दार्शनिकता का, आदर्श का आरोपण कर लिया है। हर जगह उसके अपने निजी सत्य का विराट् सत्य के साथ यानी ज्ञात का अज्ञात के साथ, ससीम का असीम के साथ, लोक का अध्यात्म के साथ नकली समन्वय दिखाई पड़ता है। दूसरे उनकी दृष्टि यथार्थवादी और बौद्धिक न होकर शुद्ध भाववादी थी। दूसरी ओर प्रगतिवाद भी सामाजिक जीवन के यथार्थ को अनुभव के माध्यम से नहीं सिद्धान्तों और फार्मूलों के माध्यम से पाने का प्रयास कर रहा था और वह सामाजिक विराट् सत्य के नाम पर केवल नारे दे रहा था। श्री माथुर ने आज की कविता के सम्बन्ध में लिखते हुए कहा है—''सम्वेदना और वर्गीकृत आधारों के स्थान पर सर्वथा अन्तरंग एवं आत्मानुभूत प्रतिक्रियाओं को अधिक मूल्यवान् मानकर कलात्मक वैभव के एक ऐसे असीमित और अनवलोकित क्षेत्र का उद्घाटन हो चुका है जिसका पूर्वकालीन कवियों को भान नहीं था। छोटी से छोटी, निपट आत्मीय और निकटतम स्थिति के अनुभव-खण्डों को भी कविता के लिए अयोग्य नहीं समझा गया बल्कि उन्हें ही सार्थक एवं मूल्यवान माना गया, क्योंकि यही छोटी मृदु (डेलिकेट) प्रतिक्रियाएँ आदमी को अधिक स्वाभाविक और परिपूर्ण रूप से व्यक्त

करती हैं, असामान्य घटनाएँ अथवा अनुभव नहीं। पिछले कवियों की दृष्टि में असाधारण और असाधारण के साथ जुड़ा चमत्कारी बिम्ब-मंडल (आरा) ही मूल्यवान होता था। और चूँकि असाधारण स्थितियाँ, घटनाएँ या व्यक्तित्व कम होते हैं अतः पिछले कवियों का 'वस्तु' क्षेत्र सीमित होता था। वे जीवन के और जगत् के क्रिया-कलापों एवं आदमी से सम्बन्धित घटना-क्रम को मोटे रूप में विभाजित प्राथमिक वर्गों (जनरलाइज्ड कैटेगरीज) में देखने के आदी थे, जिसके कारण उनकी अनुभूति विशेषीकृत न होकर सामान्यीकृत थी।..."नव काव्य ने इस सामान्यीकृत चेतना और वर्गीकृत सम्वेदना को बिल्कुल अस्वीकार कर दिया। सौन्दर्य की शास्त्र-सम्मत व्याख्याओं के स्थान पर सौन्दर्य-बोध को स्थिति सापेक्ष्य अनुभूति के साथ जोड़ा गया।" विजयदेव नारायण साही ने अपने उपर्युक्त लम्बे निबन्ध में मूलतः प्रसाद और अज्ञेय के माध्यम से दो युगों के अन्तर को समझा है—छायावाद की नहीं छायावाद के पश्चात् के भी काव्यविकास को नयी कविता के परिप्रेक्ष्य में रखा है और समूचे सर्जन को एक सामाजिक और राजनीतिक चेतना के परिवेश में विचारा है।

समीक्षा के क्षेत्र में स्वयुगीन प्रवृत्तियों पर ही विचार करना अलम नहीं होता, बल्कि उन प्रवृत्तियों को उस धरातल पर प्रतिष्ठित करना होता है जहाँ वे पिछली प्रवृत्तियों से अलग होकर भी सर्जन के बुनियादी सूत्रों के द्वारा कहीं न कहीं जुड़ी होती हैं। इस प्रकार आलोचना नवीन कविता की व्याख्या और मूल्यांकन ही नहीं करती, बल्कि कविता की समझदारी का भी विकास करती है। उस समझदारी का विकास एकाएक नहीं होता, वह परम्परा से जुड़ा होता है। उस परम्परा में नयी कड़ी जोड़नी होती है। यह तभी सम्भव है जब साहित्य के उन बुनियादी सवालों पर विचार किया जाए जिनके अन्तर्गत नये और पुराने सभी आ जाते हैं। इस दिशा में नवलेखन के बहुत-से सर्जक प्रवृत्त नहीं हुए हैं यों आंशिक रूप से बहुतों ने कहीं-न-कहीं इस प्रश्न को छुआ है, किन्तु विशेष प्रवृत्त हुए हैं अज्ञेय और मुक्तिबोध। और फिर वही बुनियादी सवाल साहित्य की साहित्यिकता कहाँ है अर्थात् वह क्या है जिसके अभाव में साहित्य साहित्य नहीं रह जाता। दूसरे शब्दों में साहित्य का मूल कथ्य है? अज्ञेय फिर इस प्रश्न पर विचार करते हुए उत्तर देते हैं—"कवि का कथ्य उसकी आत्मा का सत्य है (यह एक गोल-सी बात है अतः इसके सत्य होने की सम्भावना काफी है) यह भी कहना ठीक होगा कि वह सत्य व्यक्तिबद्ध नहीं है, व्यापक है और जितना ही व्यापक है उतना ही काव्योत्कर्षकारी है। किन्तु यदि हम यह मान लेते हैं तब व्यक्ति सत्य और व्यापक सत्य की दो पराकाष्ठाओं के बीच में उसके कई स्तरों की उद्भावना करते हैं और कवि इन स्तरों में से किसी पर भी हो सकता है।...और आज की सम्भावना सापेक्ष्य है, जीवन की बढ़ती हुई जटिलता के परिणामस्वरूप व्यापकता का घेरा क्रमशः

अधिकाधिक सीमित होना चाहता है।''

व्यापकता सापेक्ष शब्द है वह कोई मूर्त वस्तु नहीं है और वह आज के जीवन के दबावों और जटिलताओं के कारण अनिवार्य भाव से सीमित हो रही है, अतः वह काव्य का बुनियादी सत्य नहीं हो सकती। ऊपर के वक्तव्य में बुनियादी बात यह है कि कवि का कथ्य उसकी आत्मा का सत्य होता है। वह सत्य आत्मा का है, भोगा हुआ है, उसे अनुभूति में पाया गया है इसलिए विश्वसनीय है। यह भोगा हुआ सत्य मानव-अनुभूति बन जाता है इसलिए वह व्यक्ति का होकर भी उसकी दैनिक निजी वस्तुओं की तरह केवल उसका नहीं रह जाता, औरों से भी जुड़ जाता है। इसलिए अज्ञेय अपने उसी वक्तव्य में स्पष्ट करते हैं कि ''मैं स्वान्तःसुखाय नहीं लिखता, कोई भी कवि केवल मात्र स्वान्तः सुखाय लिखता है या लिख सकता है यह स्वीकार करने में मैंने अपने को सदा असमर्थ पाया है। अन्य मानवों की भाँति अहम मुझमें भी मुखर है और आत्माभिव्यक्ति का महत्त्व मेरे लिए भी किसी से कम नहीं है पर क्या आत्माभिव्यक्ति अपने आप में सम्पूर्ण है? अपनी अभिव्यक्ति किन्तु किस पर?'' अज्ञेय की यह बात वास्तव में सत्य के स्वरूप की ओर संकेत करती है। यदि किसी पर अभिव्यक्ति करनी है तो माध्यम को इस प्रकार बनाना पड़ेगा कि दूसरा हमारी बात समझ सके, किन्तु इस बात में भी वह तत्त्व होना चाहिए जो औरों से जुड़ सके। तो फिलहाल बात उस बात की हो रही थी जो काव्य का कथ्य है।

यह कहा जा सकता है कि कवि व्यापकता को अच्छा मानता है किन्तु यदि वह व्यापकता को जीकर अपनी आत्मा का सत्य नहीं बना लेता तो व्यापकता एक असाहित्यिक शब्द रह जाती है जो फार्मूलों, घोषणाओं और नारों को जन्म देती है। इसलिए अज्ञेय अपने एक दूसरे निबन्ध में अनुभूति पर विशेष बल देते हुए कहते हैं कि सम्वेदनशील प्राणी अनुभूति को अमान्य कभी नहीं कर सकता। परिणाम यह होता है कि वह अनुभूति पर अतिरिक्त आग्रह करने लगता है। आलोचक इसे असन्तुलन कहकर उड़ा सकते हैं या वे प्रश्न उठा सकते हैं, जैसा कि कुछ शास्त्रीय आलोचकों ने उठाया है, कि अनुभूति की इतनी चर्चा से लाभ क्या? निजी दुःख-सुख या संघर्ष निजी ही हैं उससे जो व्यापक या सार्वजनिक उपलब्धि हो वही सामने लानी चाहिए, किन्तु उपलब्धि का खंडन किए बिना भी यह कहा जा सकता है कि कलाकार के सत्य और वैज्ञानिक के सत्य में अन्तर है तो यही कि कलाकार का सत्य रागात्मक सम्बन्ध पर आश्रित है अर्थात् मानवीय संघर्षों और अनुभूतियों के सन्दर्भ में ही सार्थक है।

आज के वैविध्यपूर्ण सामाजिक जीवन के व्यापक सत्य को अनुभूति के आधार पर पाने में हम असमर्थ हैं। मान लीजिए कि साहित्येतर धर्म अपनाकर उसे पा भी लिया जाए तो वह किसके लिए होगा? आज के समाज के विभिन्न वर्गों और

स्थितियों के लोगों के मानसिक और सामाजिक स्तरों में इतना भेद है कि कोई भी शब्द एक ही प्रकार का भाव या विचार सब तक प्रेषित नहीं कर सकता, व्यापकता एक अमूर्त और अनिश्चित सत्य है। इसलिए अज्ञेय के शब्दों में ''कला या साहित्य के आग्रह में बुनियादी आग्रह जीवनानुभूति का होना चाहिए, अनुभूति आत्यन्तिक है, इतर सब कुछ केवल सन्दर्भ।'' अनुभूति का आग्रह होने से ही क्षण का आग्रह स्वीकारा गया है। या यों कहा जाए कि 'क्षण का आग्रह अनुभूति की प्राथमिकता का आग्रह है।'

इस प्रकार अज्ञेय और आज के सभी सर्जक भोगे हुए जीवन-सत्य या अनुभूति को काव्य का बुनियादी सत्य मानते हैं, किन्तु तब यह प्रश्न होता है कि क्या जीवनानुभूति का प्रश्न कोई नया प्रश्न है जो पहली बार उठा है। नहीं, यह प्रश्न नया नहीं है। जीवनानुभूति को पहले भी स्वीकार किया गया है, किन्तु दूसरे अर्थ में। अब तक अनुभूति को जीवन के मार्मिक प्रसंगों तथा सामान्यीकृत अनुभवों या भावों से जोड़ा गया है। इसका परिणाम यह हुआ है कि जो अनुभूतियाँ काव्य के भीतर से उठती रही हैं वे सामान्य विराटता को ओढ़े रहती हैं या जीवन के कुछ मान्य मार्मिक प्रसंगों की गहराई लिये रहती हैं। इस प्रकार एक अद्भुत विरोधाभास लक्षित होता है, वह यह कि देखने में तो ये कविताएँ समग्र जीवन की व्याप्ति को धारण किए हुए प्रतीत होते हैं, किन्तु जीवन्त मनुष्य के जीवन के अनन्त क्षण और उन क्षणों की अनन्त अनुभूतियाँ पुल के नीचे से पानी की तरह गुजर जाती हैं और पुल अर्थहीन वैभव की तरह यहाँ से वहाँ तक टँगा रहता है। कहना न होगा कि छायावाद के समान आत्मानुभूति को महत्त्व देने वाला काव्य भी इस अनुभूति-विहीन उदात्त, आदर्श दार्शनिकता से आक्रान्त हुए बिना न रह सका। यह भी कहना न होगा कि छायावाद का जो दार्शनिक गौरव और मूल्य-निष्ठा सामान्य पाठकों को अभिभूत या आतंकित करती है वह सर्जन के स्तर पर कितनी रीति और अर्थहीन प्रतीत होती है।

अनुभूति को काव्य का सत्य मान लेने से बात समाप्त नहीं हो जाती। यह भी देखना होता है कि वास्तव में एक जीवन्त व्यक्ति की अनुभूतियाँ क्या सरल, निश्छल और 'कैटेगराइज्ड' होती हैं या जटिल मौलिक और विशिष्ट। आज के जीवन-सन्दर्भ में यह और भी जीवित प्रश्न बन गया है क्योंकि आज का मनुष्य ऐसे परिवेश में जी रहा है जो उसे एक ही साथ कई-कई सम्वेदनाओं यानी उलझी हुई सम्वेदनाओं, भावों और विचारों की संक्रान्तियों टूटते और न बनते मूल्यों के द्वन्द्वों से गुजरने के लिए विवश कर रहा है और चूँकि आज का साहित्य जिए हुए जीवन-सत्य या परिवेश संयुक्त व्यक्ति के यथार्थ को जीवन्त रूप में प्रस्तुत करने का पक्षपाती है इसलिए उसके सामने यह प्रश्न और भी जीवन्त रूप में उपस्थित हो रहा है। आज का सर्जक विभाजनबद्ध सरल-निश्छल भावों और अनुभूतियों के

स्थान पर जीवन की सहज प्रक्रिया से उपजे हुए भावों और अनुभूतियों के संक्रान्त रूपों को यथार्थ मानता है। यह भावों को आपस में तो संक्रान्त मानता ही है उन्हें बौद्धिकता के साथ भी उलझा हुआ पाता है। वह भाव या रस के स्थान पर भाव-बोध, सम्वेदनात्मक ज्ञान या ज्ञानात्मक सम्वेदन कहना उपयुक्त समझता है। इसलिए यह स्पष्ट है कि आज का सर्जक जिस आत्मानुभूति को काव्य का बुनियादी सत्य मानता है वह आज के सन्दर्भ में कुछ और है।

अब प्रश्न यह है कि आत्मानुभूति क्या अपनी प्रवृत्ति से निस्संग या परिवेश निरपेक्ष स्वकेन्द्रित कोई सहज सनातन सत्ता है? मुक्तिबोध ने इस प्रश्न को विस्तार से उठाया है। उनका कहना है, "कवि, कहानी-लेखक, उपन्यासकार की सौन्दर्य-प्रतीति में वह सामाजिक दृष्टि सन्निहित है जिसका उसने उन जीवन-प्रसंगों के मार्मिक आकलन के समय उपयोग किया था। इस सामाजिक दृष्टि के बिना वह सौन्दर्य प्रतीति ही असम्भव हो सकती थी। हो सकता है कि यह दृष्टि उसने परम्परा से, सामाजिक-राजनीतिक वायुमंडल से, प्राचीन तथा नवीन संस्कारों से प्राप्त की हो। किसी भी विषय के आत्मगत आकलन तथा संकलन करने के समय से हमारे मन में उसकी विविध बातों का जो मूल्यांकन शुरू होता है वह अन्त तक रहता है। जब तक कि वह सर्जनशील प्रक्रिया समाप्त नहीं हो जाती। मतलब यह कि जीवन-प्रसंगों में तल्लीनता प्राप्त कर हम उसमें इतने डूब नहीं जाते कि समाधि लग जाती हो। वरन् मूल्यांकनकारी शक्ति के सचेत प्रयोग से हम उसके मार्मिक अंश उठाते हैं, अपनी ज्ञान-सम्वेदनाओं और संवेदना ज्ञान के प्रयोग से हम उनके उचित अंशों को प्रस्तुत करने के लिए अनवरत मूल्यांकन और सतत सम्पादन करते जाते हैं—चाहे वह चित्रकला ही क्यों न हो। इस मूल्यांकन के अन्तर्गत जिन मूल्यों से प्रेरित होकर हम जिसे मर्म कहने-समझने लगते हैं और उसके यथायोग्य हार्दिक संकलन, सम्पादन तथा प्रस्तुतीकरण का योगाभ्यास करते हैं, वे मूल्य और वह मर्म, बिना हमारी सामाजिक दृष्टि के असम्भव है (चाहे वह रवीन्द्रनाथ की उर्वशी क्यों न हो)।"[1]

यदि हम उपर्युक्त बातों को समेटकर नवलेखन की समीक्षा की आधारभूत मान्यताओं को रखना चाहें तो वे ये होंगी—

(1) जिया हुआ सत्य ही काव्य का सत्य है और जीकर पाया गया सत्य या अनुभूति विशिष्ट होती है। सर्जक के व्यक्तित्व और परिवेश के अनुसार उसमें विभिन्न कोण और छायाएँ उगती रहती हैं।

(2) इस जिए हुए सत्य को सर्जनात्मक रूप देते समय सर्जन की मूल्यांकनकारी दृष्टि साथ-साथ लगी होती है। यह दृष्टि सामाजिक होती है। इसलिए सच्ची और जीवन्त कलाकृति केवल अनुभव तक ही नहीं ठहर जाती।

---

1. सौन्दर्य-प्रतीति और सामाजिक दृष्टि : नयी कविता का आत्म संघर्ष

(3) परिवेश या समाज एक विकासशील वस्तु है अतः सामाजिकता का अर्थ है विकास के एक बिन्दु तक पहुँचे हुए समाज के भाव-मूल्य, सम्बन्ध और चिन्तन के अनेक आवर्तों की अनुभूति और आकलन क्षमता। इस प्रकार सामाजिक सन्दर्भ में मूल्य, मर्यादा, नैतिकता, आदर्श सभी जिए हुए सत्य के अंग बन जाते हैं। नैतिकता उन्हीं की थोपी हुई होती है जो समाज का जीवन न जीकर भी उसके मूल्यों और नैतिकताओं के बारे में जोर-जोर से बोलते हैं।

कहना न होगा कि नवलेखन की दृष्टि मूल्यों को अस्वीकार नहीं करती, बल्कि उसे पाने के लिए बेचैनी अनुभव करती है। भारती ने 'मानव मूल्य और साहित्य' में विस्तार से इस बात का विचार किया है कि आज के सन्दर्भ में मूल्य क्या है, सर्जक का दायित्व क्या है, उन्हें पाने और व्यक्त करने की प्रक्रिया में लेखक किन संकटों से गुजरता है। भारती के शब्दों में यह दायित्व नया कवि अपनी पीड़ा, विवेक और चेतना के द्वारा ही खोजना चाहता है। यह किसी वाह्यारोपित दायित्व को स्वीकार नहीं करता।

अतः मुक्तिबोध के शब्दों में "साहित्य-समीक्षा के मूल बीज वास्तविक जीवन में तजुर्बा के बाद होने वाले ज्ञान-सम्वेदन तथा सम्वेदन-ज्ञान में ही हैं। इसलिए समीक्षक का आदि कर्त्तव्य वास्तविक जीवन की सम्वेदनात्मक समीक्षा-शक्ति का विकास करना है। यदि साहित्य जीवन का उद्घाटन है तो समीक्षक को जानना ही पड़ेगा कि जीवन वास्तविक जीवन है कि नहीं।"[1]

और जब हम वास्तविक जीवन-अनुभव की कसौटी पर साहित्य को परखना आरम्भ करते हैं तो पाते हैं कि बहुतेरा सुन्दर माना हुआ साहित्य जीवन के साक्षात् अनुभवों पर नहीं विभाजित और स्वीकृत अनुभवों के ज्ञान पर आधारित है अर्थात् साहित्यकार अपने काल तक विकसित समाज के जीवन के गहन अनुभवों और चिन्तन आवर्तों को न जीकर किसी अतीतकालीन भाव और सौन्दर्यलोक में जीता होता है या अनुभवों को जीवन्त प्रवाह से न लेकर कैटेगराइज्ड सामान्य भावों, प्रसंगों और चरित्रों से लेता है। इसलिए वह एक स्वीकृत भाव-परिधि में नयी-नयी भंगिमाएँ तो पैदा करता है, किन्तु वह यह नहीं प्रमाणित कर पाता कि नये जीवन के सन्दर्भ में उसके सर्जन की कोई सार्थकता है। सर्जन की सार्थकता तो जीवन के विशिष्ट अनुभवों, नयी जिज्ञासाओं, नये मूल्यों की खोजों और नये सामाजिक सम्बन्धों के अहसास से प्राप्त होती है। यह अहसास आज के सर्जन के लिए और भी आवश्यक हो गया है क्योंकि आज का समाज और जीवन बहुत ही जटिल हो

1. नयी कविता का आत्म-संघर्ष

गया है। आज की समीक्षा आज के सर्जक के सन्दर्भ में इस सत्य को पहचान सकी है कि सामाजिक विकास की संक्रान्त स्थितियों में टूटते और बनते हुए मूल्यों को बराबर पहचानना होता है। सर्जन न जाने अपने को कितनी बार तोड़ता और जोड़ता है। और यही उसका आत्म-संघर्ष है, मुक्तिबोध इसी को नयी कविता का आत्म-संघर्ष कहते हैं।

नवलेखन के सर्जकों ने समीक्षा की इन दृष्टियों से समकालीन और पूर्वकालीन कृतियों का मूल्यांकन भी किया है। इस मूल्यांकन में जीवन-सत्यों की खोज विशेष रूप से उभरी है। भाव, सौन्दर्य, भाषा, मूल्य—सभी एक ही जीवन-सत्य की कड़ी में गुँथकर एक हो गये हैं और सब मिलकर एक जीवन को उभारते हैं। उसी जीवन-सत्य की परख आकलन का विषय है। सिद्धान्त और व्यवहार—दोनों स्तरों पर इस समीक्षा ने सर्जन-प्रक्रिया पर विशेष बल दिया और सर्जन-प्रक्रिया को समझना साहित्य को साहित्य की दृष्टि से समझना है।

इन शक्तियों के साथ इस समीक्षा की कुछ स्पष्ट व्यावहारिक सीमाएँ भी हैं जिन्हें प्रस्तुत सन्दर्भ में देखा जा सकता है। सर्जन और समीक्षा का कार्य एक ही व्यक्ति में केन्द्रित हो गया। जब सर्जक अपनी पीढ़ी की समीक्षा करता है तब वह चाहने पर भी अपने से निस्संग नहीं रह पाता, जाने-अनजाने वह अपने सर्जन को प्रतिमान रूप में सामने रखता है इसलिए उसे अपनी या अपने गुट की सामान्य कृतियाँ भी उपलब्धि प्रतीत होने लगती हैं और दूसरों की उपलब्धियाँ भी सामान्य लगने लगती हैं। उदाहरण के लिए वात्स्यायन के उस बहुचर्चित निबन्ध को लिया जा सकता है जिसमें उन्होंने अज्ञेय की उपलब्धियों और शक्तियों का मुक्त मन से आकलन किया था। गिरिजाकुमार माथुर में भी यह तत्त्व रह-रहकर उभरा है। 'परिमल' गुट और कहानी के क्षेत्रों में नयी कहानी गुट की आपसी लेन-देन वाली समीक्षाओं से पाठक परिचित होंगे। छोटे स्तर पर तो अनेक महारथी हैं जो अपने या अपने दल के बारे में डंका पीटते रहना ही आलोचना का धर्म समझते हैं।

दूसरी सीमा है उपलब्धि की चर्चा का अभाव और प्रवृत्तिगत विवेचन की अधिकता। विशेषतया फुटकर कविताओं के सम्बन्ध में ऐसा दिखाई पड़ता है कि उनकी समग्र सौन्दर्योपलब्धि की मीमांसा न कर उन्हें या उनके टुकड़ों को किसी सिद्धान्त या प्रवृत्ति के विवेचन के सिलसिले में उद्धृत कर दिया जाता है। इससे इतना ही नहीं होता कि एक विशिष्ट नयी कविता का समग्र सौन्दर्य आकलित होने से रह जाता है वरन् यह भी होता है कि काव्य सौन्दर्य की दृष्टि से कम महत्त्व की और किसी अवधारणा या विचारधारा की दृष्टि से विशेष महत्त्व की कविताएँ उद्धृत की जाती हैं और इन कविताओं का भी चयन किया जाता है अपने-अपने दल और अपेक्षाकृत स्थापित साहित्य से। स्वयं अज्ञेय की अनेक ऐसी कविताएँ उद्धृत की गयी हैं जो कविताएँ कम हैं नये फार्मूले अधिक। इसी प्रवाह

का परिणाम यह है कि 'चाँदनी चन्दन सदृश हम क्यों कहें?' जैसी कविता अच्छी कविताओं से ऊपर आ जाती है।

कविता के समग्र सौन्दर्य के स्थान पर प्रवृत्ति को ही ले उड़ने का एक परिणाम यह भी हुआ कि हर दो साल बाद उठने वाला आन्दोलन अपने पूर्ववर्ती साहित्य को चुका हुआ, रूमानी और जड़ मानने लगा है अर्थात् जब तक कोई आन्दोलन अपनी नवीन चेतना के भीतर से उठकर उपलब्धि का उच्च स्तर छूने के योग्य होता है तब तक दूसरा आन्दोलन उसे चुका हुआ मान लेता है। और अब तो एक ऐसा वर्ग भी आया है जो उपलब्धि और मूल्य की चर्चा करना भी साहित्य के सन्दर्भ में अप्रासंगिक मानता है, किन्तु व्यावहारिक सीमाएँ कहाँ नहीं हैं? उनसे किसी धारा की मूल चेतना और शक्ति को नकारा नहीं जा सकता और कहा जा सकता है कि जहाँ नवलेखन की समीक्षा इन सीमाओं से उबरी है—या इनके बावजूद अपनी शक्तियों से सम्पन्न है वहाँ वह सैद्धान्तिक और व्यावहारिक दोनों स्तरों पर बहुत गहन संश्लिष्ट, जीवनोन्मुख तथा पैनी हो उठी हैं उसने समीक्षा को नयी दिशा ही नहीं दी—नवीन उपलब्धि भी प्रदान की है।

■■■